Leibinger/Müller/Wiesner · Öffentliche Finanzwirtschaft

W0051815

Öffentliche Finanzwirtschaft

Ein Grundriss
für die öffentliche Verwaltung in Bund und Ländern

begründet von
Prof. Herbert Wiesner
Dozent a.D. an der Hochschule des Bundes für öffentliche Verwaltung,
Mannheim

fortgeführt von
Prof. Dr. Bodo Leibinger und Reinhard Müller
Dozenten an der Hochschule des Bundes für öffentliche Verwaltung, Brühl

14., neu bearbeitete Auflage

R. v. Decker

Reihe „Handbücher und Kommentare"

© 2017 R. v. Decker, Verlagsgruppe Hüthig Jehle Rehm GmbH, Im Weiher 10, 69121 Heidelberg

Satz: preXtension, Grafrath
Druck: CPI Clausen & Bosse, Birkstr. 10, 25917 Leck

ISBN 978-3-7685-0549-9

Vorwort

Öffentliche Finanzwirtschaft wird von verschiedenen Wissenschaftsdisziplinen geprägt. Der juristische Ansatz reicht vom Verfassungsrecht bis zum einfachen Kassenrecht, der ökonomische Ansatz von volkswirtschaftlichen Fragen der Wirtschafts- und Sozialpolitik bis zu einzelwirtschaftlichen Fragen der Organisation. Im Mittelpunkt der Betrachtung steht der staatliche Haushaltsplan. Er wird von der Verwaltung nach genau festgelegten Regeln aufgestellt und ausgeführt, von den Regierungen beschlossen und von den Parlamenten durch Haushaltsgesetz festgestellt. Allein auf Grund seines Umfangs kann der Haushaltsplan nicht ohne Einfluss auf die Gesamtwirtschaft bleiben.

Mit diesem Buch soll erneut der Versuch unternommen werden, die komplexe und umfangreiche Materie der öffentlichen Finanzwirtschaft geschlossen und vor allem verständlich wiederzugeben. Dabei werden auch die Grundzüge der Randgebiete Vergaberecht und Zuwendungsrecht dargestellt. Das Buch soll Studierenden und Praktikern auch als Nachschlagewerk dienlich sein.

Von der 13. Auflage an sind wir für den Inhalt des gesamten Werkes alleine verantwortlich, da sich unser geschätzter Kollege Wiesner vollständig zurückgezogen hat. Ihm gilt unser ganz besonderer Dank. Prof. Wiesner hat die ersten 10 Auflagen des Buches in den Jahren 1973 bis 2003 als Alleinautor verfasst und dem Werk hohes Ansehen in Hochschulen und gleichermaßen auch bei Praktikern verschafft. Es ist uns eine Ehre, aber auch eine große Freude, dieses Standardwerk zur Öffentlichen Finanzwirtschaft weiterführen zu dürfen.

Köln, im März 2017   *Bodo Leibinger*
                                                   Reinhard Müller

„Der Staatshaushalt muss ausgeglichen sein. Die öffentlichen Schulden müssen verringert werden. Die Arroganz der Behörden muss gemäßigt und kontrolliert werden. Die Zahlungen an ausländische Regierungen müssen verringert werden, wenn der Staat nicht bankrott gehen soll. Die Leute sollen wieder lernen zu arbeiten, statt auf öffentliche Rechnung zu leben. "
Marcus Tullius Cicero, 55 vor Christus

Inhaltsübersicht

Inhaltsverzeichnis

Abbildungsverzeichnis

Abbildungen

Übersichten

Abkürzungsverzeichnis

a.a.O.	am angeführten Ort
AO	Abgabenordnung
Art.	Artikel
BAföG	Bundesausbildungsförderungsgesetz
BAnz	Bundesanzeiger
BBesG	Bundesbesoldungsgesetz
BBG	Bundesbeamtengesetz
BEEG	Bundeselterngeld- und Elternzeitgesetz
Begr.	Begründung
BesGr	Besoldungsgruppe
BEZ	Bundesergänzungszuweisungen
BfB	Bundesmonopolverwaltung für Branntwein
BGB	Bürgerliches Gesetzbuch
BGBl.	Bundesgesetzblatt
BHO	Bundeshaushaltsordnung
BIP	Bruttoinlandsprodukt
BKGG	Bundeskindergeldgesetz
BLK	Bund-Länder-Kommission für Bildungsplanung und Forschungsförderung
BM	Bundesminister(ium)
BMF	Bundesminister(ium) der Finanzen
BMI	Bundesminister(ium) des Innern
BMWi	Bundesminister(ium) für Wirtschaft und Energie
BR	Bundesrat
BO-BReg	Geschäftsordnung der Bundesregierung
BReg	Bundesregierung
BRH	Bundesrechnungshof
BRKG	Bundesreisekostengesetz
BT	Bundestag
BUKG	Bundesumzugskostengesetz
BVerfG	Bundesverfassungsgericht
BVerfGE	Entscheidungssammlung des Bundesverfassungsgerichts
EntflechtG	Gesetz zur Entflechtung von Gemeinschaftsaufgaben und Finanzhilfen
FinAusglG	Finanzausgleichsgesetz
Fn	Fußnote
FPL	Funktionenplan
GAK	Gemeinschaftsaufgabe Verbesserung der Agrarstruktur und des Küstenschutzes

GG	Grundgesetz
GGO	Gemeinsame Geschäftsordnung der Bundesministerien
GO	Geschäftsordnung
GO-BT	Geschäftsordnung des Bundestages
GPL	Gruppierungsplan
grds.	grundsätzlich
GVBl	Gesetz- und Verordnungsblatt
GWB	Gesetz gegen Wettbewerbsbeschränkungen
GWK	Gemeinsame Wissenschaftskonferenz
HG	Haushaltsgesetz
HGrG	Gesetz über die Grundsätze des Haushaltsrechts des Bundes und der Länder (Haushaltsgrundsätzegesetz)
Hpl	Haushaltsplan
HRB	Haushaltstechnische Richtlinien des Bundes
HÜL	Haushaltsüberwachungsliste
i.d.F.	in der Fassung
Kap	Kapitel
KBestB	Kassenbestimmungen des Bundes
KonzVgV	Konzessionsvergabeverordnung
ku	künftig umzuwandeln
kw	künftig wegfallend
LHO	Landeshaushaltsordnung
LMF	Landesminister(ium) der Finanzen
LRH	Landesrechnungshof
LV	Landesverfassung
LZB	Landeszentralbank
MinBlFin	Ministerialblatt des Bundesministers der Finanzen
NJW	Neue Juristische Wochenschrift
RB Bau	Richtlinien des Bundes für die Durchführung von Bauaufgaben
Rdschr	Rundschreiben
RHO	Reichshaushaltsordnung
Rn	Randnummer
S.	Seite
s.	siehe
SektVO	Sektorenverordnung
StWG	Gesetz zur Förderung der Stabilität u. des Wachstums der Wirtschaft
Tit	Titel
UhVorschG	Unterhaltsvorschussgesetz
UVgO	Unterschwellenvergabeverordnung
VBRO	Buchführungs- und Rechnungslegungsordnung für das Vermögen des Bundes

VerfGH	Verfassungsgerichtshof
Vgl.	Vergleiche
VgV	Vergabeverordnung
VOB	Vertrags- und Vergabeordnung für Bauleistungen
VOL	Vertrags- und Vergabeordnung für Leistungen
VSVgV	Vergabeverordnung Verteidigung und Sicherheit
VV-BHO	Verwaltungsvorschriften zur Bundeshaushaltsordnung
VV-HB	Verwaltungsvorschriften zur Haushaltssystematik des Bundes
VwKostG	Verwaltungskostengesetz
VwVG	Verwaltungsvollstreckungsgesetz
WoGG	Wohngeldgesetz
WoPG	Wohnungsbau-Prämiengesetz
WRV	Weimarer Reichsverfassung
ZIVIT	Zentrum für Informationsverarbeitung und Informationstechnik im Geschäftsbereich des Bundesministeriums der Finanzen

Literaturverzeichnis

Andreae/Mauser, Finanztheorie, Stuttgart/Düsseldorf, 1969.

Andreae/Schlögl, Finanzpolitik, Stuttgart/Düsseldorf, 1975.

Bofinger, Peter, Wir sind besser als wir glauben. Wohlstand für alle, München 2005.

Borrmann/Schwanenberg, Öffentliche Finanzwirtschaft, 2. Aufl., Köln/Berlin/Bonn/ München, 1992.

Bundesministerium der Finanzen (Hg.), Rundschreiben vom 23.11.2015 – II A2 – H 1200-14/10063: Bildung von Ausgaberesten im flexibilisierten Bereich.

Bundesministerium der Finanzen (Hg.), Das System der Öffentlichen Haushalte, Berlin, Stand: Oktober 2006 und August 2015.

Bundesministerium der Finanzen: Rundschreiben zur vorläufigen/endgültigen Haushaltsführung der vergangenen Jahre.

Dittrich, Bundeshaushaltsordnung mit Schwerpunkt Zuwendungsrecht, Kommentar, Loseblattwerk mit 52. Aktualisierung 2017.

Engels/Eibelshäuser, Kommentar zum Haushaltsrecht, Loseblattwerk mit 65. Aktualisierung.

Fuchs, Haushaltsrecht und Haushaltswirtschaft in der staatlichen Verwaltung, Herford, 2000.

Geigant/Sobotka/Westphal, Lexikon der Volkswirtschaft, 7. Aufl., Landsberg/Lech, 2000.

Giese/Schunck/Winkler, Verfassungsrechtsprechung in der Bundesrepublik, Frankfurt, 1966.

Gläser, Finanzpolitische Willensbildung in der Bundesrepublik Deutschland, Berlin, 1964.

Görg, Finanzwirtschaft, öffentliche, in: Evangelisches Staatslexikon, 3. Aufl., Stuttgart/Berlin, 1987.

Haller, Finanzpolitik, 5. Aufl., Tübingen, 1972.

Hansmeyer/Rürup, Staatswirtschaftliche Planungsinstrumente, 2. Aufl., Tübingen, 1975.

Hedtkamp, Lehrbuch der Finanzwissenschaft, 2. Aufl., Neuwied, 1977.

Heinig, Das Budget, 1. Bd., Tübingen, 1949.

Heller, R. F., Haushaltsgrundsätze für Bund, Länder und Gemeinden, Systematische Gesamtdarstellung, 2. Aufl., Heidelberg, 2010.

Henle, Finanzpolitik und Finanzverfassung, München/Wien, 1980.

Henneke, Öffentliches Finanzwesen – Finanzverfassung – Eine systematische Darstellung, 3. Aufl., Heidelberg, 2014, 3. völlig neu bearbeitete Auflage 2018.

Hirsch, Parlament und Verwaltung, Teil 2, Stuttgart/Berlin/Köln/Mainz, 1968.

Kamp/Langheinrich/Stamm, Die Ordnung der öffentlichen Finanzen, Bonn, 1971.

Kamp/Schönebeck/Smolinski/Weiler, Öffentliche Finanzwirtschaft, Köln, 1975.

Klein, Öffentliche Finanzwirtschaft, in: Handbuch für die öffentliche Verwaltung (HÖV), Neuwied/Darmstadt, 1984.

Koesters, Ökonomen verändern die Welt, 4. Aufl., Hamburg, 1984.

Kolms, Finanzwissenschaft, Bd. 1, 4. Aufl., Berlin/New York, 1974.

Korff, Haushaltspolitik – Instrument öffentlicher Macht, Stuttgart/Berlin/Köln/Mainz, 1975.

Krämer/Schmidt, Zuwendungsrecht – Zuwendungspraxis, Loseblattwerk, 5 Ordner, Heidelberg, 131. Aktualisierung 2017.

Krüger-Spitta/Bronk, Einführung in das Haushaltsrecht und die Haushaltspolitik, Darmstadt, 1973.

Kunst/Herzog/Schneemelcher (Hg.), Evangelisches Staatslexikon, 3. Aufl., Stuttgart/Berlin, 1987.

Leibholz/Rinck, Grundgesetz, Kommentar anhand der Rechtsprechung des Bundesverfassungsgerichts, Loseblattsammlung mit 73. Aktualisierung 2017.

Leibinger, Hans-Bodo/Rohwer, Bernd, Was kann die Fiskalpolitik noch leisten?, in: Konjunkturpolitik, 29. Jg. 1983, Heft 3, S. 141-162.

Leibinger, Hans-Bodo, Fiskalpolitik unter veränderten Rahmenbedingungen: Eine Analyse am Beispiel der Bundesrepublik Deutschland, Berlin, 1985.

Leibinger, Hans-Bodo/Jordan, Bernd, Das Notbewilligungsrecht des Bundesministers der Finanzen nach Art. 112 GG – Erfahrungen aus dem ersten Jahrzehnt nach dem Urteil des Bundesverfassungsgerichts, in: Die Öffentliche Verwaltung (DÖV), 42. Jg., H. 1/1989, S. 16-21.

Leibinger, Hans-Bodo, Öffentliche Kreditaufnahme – ein haushaltspolitischer Bumerang?, in: Der Verwaltungswirt (DVW) 6/89, S. 15-18 und 1/90, S. 11-17.

Mackscheidt/Steinhausen, Finanzpolitik 1 – Grundfragen fiskalpolitischer Lenkung, 3. Aufl., Tübingen/Düsseldorf, 1978.

Mäding, Haushaltsplanung, Haushaltsvollzug, Haushaltskontrolle, Baden-Baden, 1987.

Maunz/Dürig, Grundgesetz, Kommentar, Loseblattsammlung 78. Auflage 2016.

Maunz/Schmidt-Bleibtreu/Klein/Bethge, Grundgesetz, Kommentar, Loseblattsammlung mit 50. Aktualisierung 2017.

Meyers Handbuch über die Wirtschaft, 3. Aufl., Mannheim/Wien/Zürich, 1974.

Möller (Hg.), Gesetz zur Förderung der Stabilität und des Wachstums der Wirtschaft, Kommentar, 2. Aufl., Hannover, 1969.

Morell, Der Bundeshaushalt – Recht und Praxis, Kommentar, Wiesbaden, 1983.

Müller, R., Das System des Finanzausgleichs zwischen Bund, Ländern und Gemeinden, KKZ 1984, S. 141-149.

Müller, R., Der Beauftragte für den Haushalt – eine finanzwirtschaftliche Leitungsfunktion, KKZ 1986, S. 61-67.

Müller, R., Die Funktionen des Haushaltsplans als Lerngegenstand der Fachhochschulen für öffentliche Verwaltung, KKZ 1987, S. 2-10.

Müller, R., Finanzkontrolle beim Bund, KKZ 1987, S. 81-89.

Müller, R., Lernziele, Lerninhalte und Lehrkonzeption des Studienfachs Öffentliche Finanzwirtschaft im Grundstudium an der Fachhochschule des Bundes für öffentliche Verwaltung – ein konkreter Fall des Zusammenwirkens der Verwaltungswissenschaften, in: Auf dem Weg zur Verwaltungswissenschaft – 10 Jahre Fachhochschule des Bundes für öffentliche Verwaltung, hg. v. Rupert Eilsberger und Hans-Ludwig Schmahl, Köln, 1989.

Müller, R., Das Studienfach Öffentliche Finanzwirtschaft im Grundstudium an der Fachhochschule des Bundes für öffentliche Verwaltung, KKZ 1990, S. 41-46.

Müller, R., Die Ordnung der öffentlichen Finanzwirtschaft in der Bundesrepublik Deutschland, KKZ 1990, S. 201-210, 224-227.

Müller, R., Neue finanzwirtschaftliche Steuerungsmodelle im kommunalen Bereich – Stand der Entwicklung und haushaltsrechtlicher Änderungsbedarf, VR 1995, S. 217-228.

Mussgnug, Der Haushaltsplan als Gesetz, Göttingen, 1976.

Neumark (Hg.), Theorie und Praxis der Budgetgestaltung, in: Handbuch der Finanzwissenschaft, Bd. 1, 3. Aufl., Tübingen, 1977.

Neumark, F., Der Reichshaushaltsplan, Jena, 1929.

Nöll von der Nahmer, Lehrbuch der Finanzwissenschaft, Bd. 1, Köln/Opladen, 1964.

Noll, Finanzwissenschaft, München, 1979.

Patzig, Haushaltsrecht des Bundes und der Länder, Kommentar, Baden-Baden, 1984.

Peffekoven, Einführung in die Grundbegriffe der Finanzwissenschaft, 3. Aufl., Darmstadt, 1996.

Penning, Optische Finanzwissenschaft, Herne/Berlin, 1978.

Piduch, Bundeshaushaltsrecht, Kommentar, Stuttgart/Berlin/Köln/Mainz, Loseblattsammlung.

Reding/Postlep, Finanzwissenschaft I, II, III, München, 1978.

Reiberg/Wobser, Handbuch für die Einnahmen und Ausgaben der Behörden der Bundesrepublik, 8. Aufl., Heidelberg, 1987.

Rose/Falthauser (Hg.), Die Haushälter, Köln, 1990.

v. Rosen-v. Hoewel/Weichsel, Öffentliche Finanzwirtschaft, Stuttgart, 1971.

Rothkegel, Finanzplanung und Konjunkturpolitik, Stuttgart, 1973.

Rürup/Körner, Finanzwissenschaft – Grundlagen der öffentlichen Finanzwirtschaft, 2. Aufl., Düsseldorf, 1997.

Schmölders, Finanzpolitik, 3. Aufl., Heidelberg/New York, 1970.

Schutt/Stoßberg, Tragfähigkeit der öffentlichen Finanzen, in: Gatzer/Schweisfurth (Hg.), Öffentliche Finanzwirtschaft in der Staatspraxis. Tragfähigkeit der öffentlichen Finanzen, Berlin 2015, S. 327-356.

Siekmann, Staatliches Haushaltsrecht, Köln/Stuttgart/Berlin/Hannover/Kiel/Mainz/München, 1982.

Smekal, Finanzen intermediärer Gewalten (Parafisci), in: Handwörterbuch der Wirtschaftswissenschaften, Stuttgart, 1981.

Staender, Lexikon der öffentlichen Finanzwirtschaft, 5. Aufl., Heidelberg, 2000.

Stein v., Finanzwissenschaft, Bd. I, 5. Aufl. 1975 (Nachdruck der Ausgabe Leipzig 1885).

Steinfatt/Schuy, Handbuch des Haushalts-, Kassen- und Rechnungswesens, Loseblattwerk, 2 Ordner, Heidelberg.

Stern, Das Staatsrecht der Bundesrepublik Deutschland, München, 1980.

Stern/Münch/Hansmeyer, Gesetz zur Förderung der Stabilität und des Wachstums der Wirtschaft, Kommentar, 2. Aufl., Stuttgart, 1972.

Stickrodt, Finanzrecht – Grundriß und System, Berlin, 1975.

Theiß, Das Nothaushaltsrecht des Bundes, Berlin, 1975.

Ulsenheimer, Untersuchungen zum Begriff „Finanzverfassung", Stuttgart, 1969. Verwaltungsvorschriften zur Haushaltssystematik des Bundes (VV-HS) in der überarbeiteten Fassung vom 7.8.2012. Die VV-HS beinhalten den Gruppierungsplan, den Funktionenplan und die Haushaltstechnischen Richtlinien des Bundes (HRB). Die HRB wurden zuletzt am 15.12.2008 angepasst. Zur Zeit ist eine Entwurfsfassung anzuwenden.

Vogt, Staatliches Haushaltsrecht, in: Handbuch für die öffentliche Verwaltung (HÖV), Neuwied/Darmstadt, 1984.

Weichsel, Öffentliche Finanzwirtschaft, Stuttgart, 1976.

Westermeier/Wiesner, Das staatliche Haushalts-, Kassen- und Rechnungswesen, 9. Aufl., Heidelberg u. a. 2012.

Wittmann, Einführung in die Finanzwissenschaft, 8. Aufl., Stuttgart/New York, 2000.

Zunker, Finanzplanung und Bundeshaushalt, Frankfurt/Berlin, 1972.

A. Öffentliche Finanzwirtschaft und Finanzverfassung

I. Zum Begriff der Öffentlichen Finanzwirtschaft

Die Beschaffung, Verwaltung und Verwendung der erforderlichen Finanzmittel 1
für Maßnahmen zur gesamtstaatlichen Aufgabenerfüllung ist Regelungsgegenstand der Öffentlichen Finanzwirtschaft. Die finanzwirtschaftliche Seite der staatlichen Aufgabenerfüllung ist neben der Zweckerfüllung eine umfassende Querschnittsaufgabe, da jegliche staatliche Maßnahme finanzielle Vorgaben (Gebäude, Personal usw.) und finanzielle Auswirkungen (Kosten der einzelnen Aufgabenerfüllung) zwangsläufig mit sich bringt.

„Öffentliche Finanzwirtschaft" ist die finanzielle Grundlage des staatlichen Verwal- 2
tungshandelns in der gesamten öffentlichen Verwaltung; sie ist somit das finanzpolitische Grundlagenfach öffentlicher Aufgabenerfüllung mit gesamtstaatlicher Querschnittsfunktion.

„Öffentliche Finanzwirtschaft" ist in den Ländern mit freiheitlich-demokratischer Grundordnung der selbstständige verfassungsrechtliche Funktionsbereich des Staates und der ihm eingegliederten Träger öffentlicher Verwaltung, der unter Beachtung gesamtwirtschaftlicher Zwecke auf die Erzielung von Einnahmen zur Deckung des durch die Erfüllung öffentlicher Aufgaben entstehenden Finanzbedarfs gerichtet ist und diese Ausgabenwirtschaft einschließlich der Prüfung aller relevanten Finanzvorgänge hinsichtlich ihrer Rechtmäßigkeit und Zweckmäßigkeit umfasst.[1]

Begriff und Wesenselemente der Öffentlichen Finanzwirtschaft werden durch 3
ihre Aufgaben (Funktionen) dargestellt:

„**Öffentliche Finanzwirtschaft**" ist die Wirtschaft des Gesamtstaates (Staatswirtschaft):

Sie umfasst die Gesamtheit aller staatlich-ökonomischen Aktivitäten der öffentlich-rechtlichen Gemeinwesen im Rahmen der **Beschaffung, Verwaltung** und **Verwendung** öffentlicher Mittel

- zum Zwecke staatlicher Aufgabenerfüllung in Form der Bereitstellung öffentlicher Güter und Dienstleistungen (= klassische finanzwirtschaftliche Bedarfsdeckungsfunktion),
- zur Erreichung wirtschaftspolitischer und sozialpolitischer Ziele (= moderne gesamtwirtschaftliche Lenkungsfunktion),
- zur Gestaltung internationaler und supranationaler entwicklungspolitischer, wehrpolitischer sowie wirtschafts- und währungspolitischer Finanzbeziehungen (= übernationale finanzpolitische Funktion).

---

1 Siehe *Görg*, Finanzwirtschaft, öffentliche, in: Evangelisches Staatslexikon, 2. Aufl., Stuttgart/Berlin, 1975.

Die „Öffentliche Finanzwirtschaft" ist als Wissenschaftsgegenstand der Finanzwissenschaft darüber hinaus zusätzlich durch verschiedene wissenschaftliche
Disziplinen geprägt:

4   Die Volkswirtschaftslehre ordnet die Öffentliche Finanzwirtschaft als gestalten-
den Faktor der Gesamtwirtschaft ein. Die Öffentliche Finanzwirtschaft beeinflusst das gesamtwirtschaftliche Geschehen in erheblichem Maße (= Staatsquote:
2015: 44,0 %[2]). Die Öffentliche Finanzwirtschaft ist somit Teil der Volkswirtschaft.

5   Die Finanzwissenschaft stellt empirische finanzwirtschaftliche Untersuchungen
an. Die aus der Betrachtung abgelaufener Wirtschaftszeiträume der Öffentlichen
Finanzwirtschaft gewonnenen Erkenntnisse sind Grundlagen für theoretische
Modelle (= Finanztheorie) zur Gestaltungsmöglichkeit der Finanzpolitik, d. h.
zur möglichen Gestaltung der Öffentlichen Finanzwirtschaft. Darüber hinaus
untersucht sie die Wirkungen der Öffentlichen Finanzwirtschaft auf die anderen
Wirtschaftssubjekte im Wirtschaftskreislauf.

6   Die Finanztheorie beschäftigt sich mit der Klärung des Wesens der Öffentlichen
Finanzwirtschaft als einer besonderen Wirtschaftsform im Gegensatz zu den privaten Wirtschaften der Haushalte und Unternehmen und mit den Auswirkungen
finanzwirtschaftlicher Maßnahmen auf die Volkswirtschaft.[3]

7   Das Staats- und Verfassungsrecht behandelt die Organisation des Staates und
regelt die umfangreiche Einbindung der Öffentlichen Finanzwirtschaft in die
gesamtstaatliche Ordnung (= Staats- und Finanzhoheit, Finanzverfassungsrecht
etc.).

8   Das Verwaltungsrecht regelt die Einbindung der Öffentlichen Finanzwirtschaft
mit ihrer Vielfalt von Rechtsnormen in die Verwaltungsrechtsordnung.

9   Die Politikwissenschaft stellt die politischen Entscheidungsabläufe auf dem
Gebiet der Öffentlichen Finanzwirtschaft dar und betrachtet das Gefüge der
Staatsgewalten und somit die Stellung der öffentlichen Verwaltung im politischen Willensbildungsprozess. Die Finanzpolitik verfolgt u. a. die Ziele der Konjunkturpolitik, der Wachstumspolitik, der Strukturpolitik, der Verteilungspolitik
sowie der Umweltpolitik.

10   Die Organisationslehre stellt die Verwaltungsabläufe im Rahmen der Maßnahmen der Öffentlichen Finanzwirtschaft dar (= Finanzplanung, Haushaltsaufstellung, Mittelbewirtschaftung etc.) und zeigt auf, wie die Öffentliche Finanzwirtschaft als staatliche Querschnittsaufgabe im gesamten öffentlichen Dienst Orga-
nisationsstrukturen im Behördenaufbau beeinflusst.

---

2   Quelle: Bundesfinanzministerium, http://www.bundesfinanzministerium.de/Content/DE/
    Monatsberichte/2016/07/Inhalte/Kapitel-6-Statistiken/6-1-12-entwicklung-der-staatsquo-
    te.html;jsessionid=29B75560768AE0E3CC68AC58D1BF4C1D Stand: 12.12.2016.
3   Vgl. *Nöll von der Nahmer*, a.a.O., S. 17.

Die „Öffentliche Finanzwirtschaft" besitzt als zentrales Wissenschaftsobjekt auf-   11
grund ihrer klassischen finanzwirtschaftlichen Bedarfsdeckungsfunktion und ihrer
modernen gesamtwirtschaftlichen Lenkungsfunktion sowie ihrer Einbindung in verschiedene wissenschaftliche Disziplinen einen unbestrittenen Selbstständigkeitsan-
spruch und als Wissenschaftsgegenstand somit einen eigenständigen Platz in der
Wissenschaft.[4]

II. Die Finanzverfassung

In der Staatslehre gehören zum Begriff „Staat" ein Staatsgebiet, ein Staatsvolk   12
und eine originäre Staatsgewalt. Die in Art. 20 Abs. 1 GG erfolgte Entscheidung
für den Föderalismus sowie das in Art. 28 Abs. 2 GG garantierte Selbstverwal-
tungsrecht der Gemeinden erfordert eine Aufteilung der staatlichen Zuständigkeiten zwischen den Gebietskörperschaften.

Die grundsätzliche Vorschrift ist dabei Art. 30 GG, der – dem föderalistischen
Gedanken entsprechend – für alle staatlichen Befugnisse und Aufgaben eine
Zuständigkeitsvermutung zu Gunsten der Länder beinhaltet. Diese Aussage
wird für die Gesetzgebung im Art. 70 Abs. 1 GG und für die Verwaltung in
Art. 83 GG konkretisiert. Die kommunale Ebene wird bezüglich der Aufgabenabgrenzung vom Grundgesetz in den Länderbereich einbezogen. Dabei muss den
Gemeinden nach Art. 28 Abs. 2 GG das Recht gewährleistet sein, alle Angelegenheiten der örtlichen Gemeinschaft im Rahmen der Gesetze in eigener Verantwortung zu regeln.

Eine Aufteilung von Zuständigkeiten zwischen Bund und Ländern muss zwangs-   13
läufig auch die Kompetenzen auf dem Gebiet der Finanzwirtschaft mit einschließen. Eine selbstständige, eigenstaatliche Aufgabenerfüllung durch die Länder ist
nur möglich, wenn diese mit ihnen originär zustehenden Finanzmitteln in die
Lage hierzu versetzt werden. Die Regelung der Zuständigkeiten auf dem Gebiet
der öffentlichen Finanzwirtschaft zwischen den Ebenen der Gebietskörperschaften, insbesondere zwischen Bund und Ländern, ist die wesentliche Aufgabe der
Finanzverfassung. Unter Finanzverfassung im weiteren Sinn ist die Gesamtheit
aller grundsätzlichen Regelungen auf dem Gebiet der öffentlichen Finanzwirtschaft zu verstehen. Finanzverfassung im engeren Sinn ist der Abschnitt X des
Grundgesetzes mit der Überschrift „Das Finanzwesen". Es handelt sich um die
Artikel 104a bis 115 des Grundgesetzes.

Die Finanzverfassung erhielt ihr heutiges Gesicht durch die Föderalismusrefor-   14
men. Auf der Grundlage der Vorarbeiten der Gemeinsamen Kommission von
Bund und Ländern zur Modernisierung der bundesstaatlichen Ordnung in den
Jahren 2003 und 2004 wurde mit dem Gesetz zur Änderung des Grundgesetzes

---

4   Vgl. *Kamp/Schönbeck/Smolinski/Weiler*, a.a.O., S. 30.

vom 28.8.2006 (BGBl. I S. 2039) die umfassendste Reform des Grundgesetzes seit seinem Inkrafttreten beschlossen. Ziel war es, die zahlreichen Verflechtungen zwischen Bund und Ländern abzubauen und die Gesetzgebungszuständigkeiten klarer zu trennen. In der Finanzverfassung wurden Mischfinanzierungen abgebaut und die Möglichkeit von Finanzhilfen des Bundes neu gefasst.

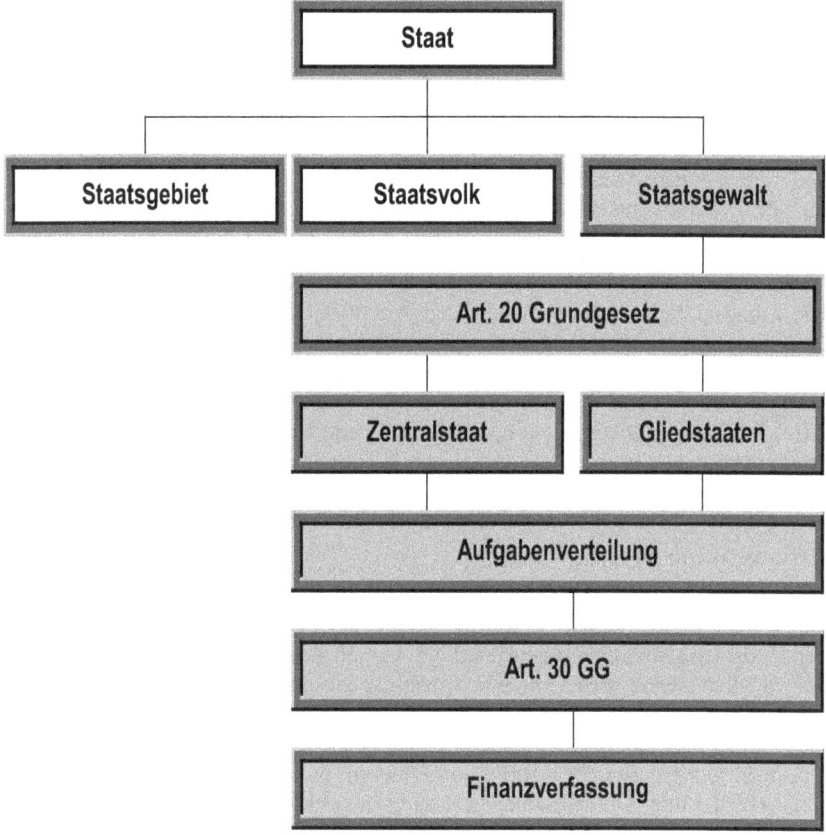

Abbildung 1: Vom Staatsbegriff zur Finanzverfassung

Im Jahr 2009 wurden in das Grundgesetz Regelungen zur **Begrenzung der Nettokreditaufnahme** von Bund und Ländern (Art. 109 Abs. 3 und 115 Abs.
2 GG) aufgenommen. Durch das „Gesetz zur Änderung des Grundgesetzes (Art. 91c,
91d, 104b, 109, 109a, 115, 143d)" vom 29.7.2009 (BGBl. I S. 2248) sind auf der
Grundlage der Beschlüsse der gemeinsamen Kommission von Bundestag und
Bundesrat zur Modernisierung der Bund-Länder-Finanzbeziehungen (Föderalis-
muskommission II) die haushaltsrechtlichen Regelungen des Grundgesetzes über
die Kreditaufnahme völlig neu geregelt worden. Es ist bestimmt worden, dass die
Haushalte von Bund und Ländern grundsätzlich ohne Einnahmen aus Krediten
auszugleichen sind (Schuldenbremse, Art. 109 Abs. 3 GG).

Das Grundgesetz befasst sich in dem Abschnitt „Das Finanzwesen" in den Arti-   15
keln 105, 106 und 108 mit dem Steuerbereich, im Artikel 109 mit der Haushaltswirtschaft, in den Artikeln 104a und 104b mit der Lastenverteilung und in Artikel 107 mit dem Finanzausgleich im engeren Sinne. Die Art. 110-115 GG enthalten grundsätzliche Regelungen des Bundeshaushaltsrechts.

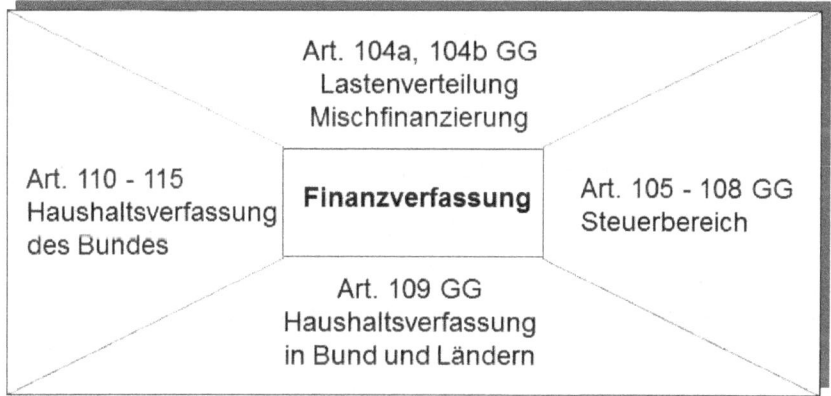

Abbildung 2: Die Regelungsbereiche der Finanzverfassung

Im Steuerbereich ist von herausragender Bedeutung, wem (Bund, Länder,   16
Gemeinden) welche Steuer als Einnahmequelle zusteht. Man bezeichnet das
Recht, über den Ertrag einer Steuer verfügen zu dürfen, als Ertragshoheit. Darüber hinaus ist von Bedeutung, wer das Recht der Gesetzgebung über die Steuern
hat und wer sie verwaltet.

Im Ausgabenbereich ist besonders von Interesse, wer welche staatlichen Ausga-   17
ben trägt. Das ist die Lastenverteilung zwischen Bund und Ländern. Grundsätzlich tragen Bund und Länder gesondert die die Ausgaben, die sich aus der Wahrnehmung ihrer Ausgaben ergeben (Lastverteilungsgrundsatz), doch gibt es auch
eine Reihe von Mischfinanzierungstatbeständen.

Im Bereich der Haushaltswirtschaft von Bund und Ländern stellt sich die Frage, wie unabhängig die Länder vom Bund sind bzw., welche gegenseitigen Verpflichtungen hier bestehen.

1. Steuern in der Finanzverfassung

18   Nach der Abgabenordnung sind Steuern „Geldleistungen, die nicht eine Gegenleistung für eine besondere Leistung darstellen und von einem öffentlich-rechtlichen Gemeinwesen zur Erzielung von Einnahmen allen auferlegt werden, bei denen der Tatbestand zutrifft, an den das Gesetz die Leistungspflicht knüpft …" (§ 3 Abs. 1 AO).

„Steuern" sind somit hoheitlich erhobene Zwangsabgaben ohne Anspruch auf konkrete Gegenleistung. Steuern haben finanzwirtschaftlichen Charakter (Bedarfsdeckungsfunktion), dienen der Erfüllung sozialpolitischer Ziele (Wohlfahrtsfunktion) und sind darüber hinaus ein Instrument der Wirtschaftssteuerung (gesamtwirtschaftliche Lenkungsfunktion).

19   Steuern werden aufgrund von Gesetzen erhoben, die den die Leistungspflicht des Steuerpflichtigen begründenden Tatbestand definieren, den anzuwendenden Tarif festsetzen und Vorschriften über das Erhebungsverfahren und evtl. Steuerbefreiungen beinhalten. Im Bund-Länder-Verhältnis ist deshalb zunächst von Bedeutung, wer die Gesetzgebungsbefugnis über die Steuern hat. Einer Regelung bedarf außerdem die Frage, ob Bundes- oder Landesbehörden eine Steuer erheben. Diese Verwaltungshoheit ist ebenfalls ein Regelungstatbestand der Finanzverfassung. Von ganz zentraler Bedeutung ist schließlich die Frage, wem der Ertrag welcher Steuern zusteht. Die Ertragshoheit ist im Grundgesetz in Art. 106 geregelt.

20   Entscheidend für die autonome Aufgabenerfüllung der Gebietskörperschaften ist deren Anspruch auf das Aufkommen bestimmter Steuern als eigene Einnahmen. Diese Ertragshoheit kann so gestaltet sein, dass die Erträge der einzelnen Steuern getrennt den Gebietskörperschaften zugewiesen werden oder dass ein Steuerverbund hergestellt wird, innerhalb dessen die Gebietskörperschaften quotal am Aufkommen einer oder mehrerer Steuern beteiligt werden. Man unterscheidet nach diesen Kriterien das Trennsystem und das Verbundsystem.

Das geltende System der Steuerquellenzuteilung ist ein Mischsystem aus dem Trenn- und dem Verbundsystem.

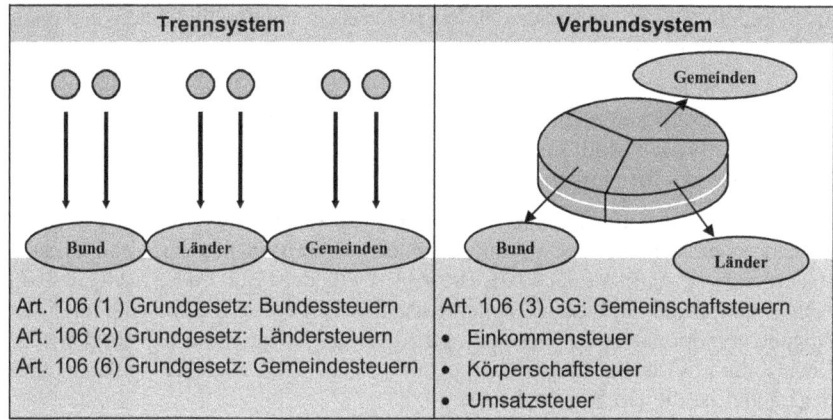

Abbildung 3: Die Verteilung der Steuern nach dem Trenn- und dem Verbundsystem

a) Die Aufteilung der Steuererträge nach dem Trennsystem

Art. 106 Abs. 1 GG weist dem Bund neben dem Ertrag der Finanzmonopole das   **21**
Aufkommen der Verbrauchsteuern mit Ausnahme der Biersteuer sowie das Aufkommen der Kraftfahrzeugsteuer, der Straßengüterverkehrsteuer, der Kapitalverkehrsteuer, der Versicherungsteuer, der Wechselsteuer, der einmaligen Vermögensabgaben und der zur Durchführung des Lastenausgleichs erhobenen Ausgleichsabgaben sowie der Ergänzungsabgabe zur Einkommensteuer und zur Körperschaftsteuer zu. Das dem Bund ebenfalls nach Art. 106 Abs. 1 GG zustehende Aufkommen aus den Zöllen und aus den Abgaben im Rahmen der Europäischen Gemeinschaften fließt an die Europäische Union als originäre Einnahme.

Das letzte noch bestehende Finanzmonopol ist das Branntweinmonopol. Nach-   **22**
dem der Ministerrat der EU und das Europäische Parlament mit der Verordnung (EU) Nr. 1234/2010 vom 15.12.2010[5] die letztmalige Verlängerung der EU-beihilferechtlichen Ausnahmeregelung zur Gewährung produktionsbezogener Beihilfen nach dem deutschen Branntweinmonopol formell beschlossen haben, dürfen die Brennereien nur noch bis Ende 2013 (landwirtschaftliche Verschlussbrennereien) bzw. noch bis Ende 2017 (Abfindungsbrenner, Stoffbesitzer und Obstgemeinschaftsbrennereien) Alkohol im Rahmen des Branntweinmonopols produzieren und an die Bundesmonopolverwaltung für Branntwein (BfB) abliefern. Das Branntweinmonopolgesetz vom 8. April 1922 tritt Ende 2017 außer Kraft, damit endet das deutsche Branntweinmonopol. Somit entfällt zum 1. Januar 2018

---

5   ABl. (EU) vom 30.12.2010, L 346/11.

auch die Subvention des Bundes für das Branntweinmonopol in Höhe von derzeit rund 80 Millionen Euro pro Jahr.

23   Die bedeutendste der nach dem Trennsystem dem Bund zustehenden Steuern sind die den Verbrauchsteuern zuzurechnenden Energiesteuern.[6] Weitere Steuern auf den Verbrauch sind zum Beispiel: die Tabaksteuer, die Kaffeesteuer, die Stromsteuer und die Schaumweinsteuer.

24   Den Ländern ist nach Art. 106 Abs. 2 GG das Aufkommen folgender Steuern zugesprochen worden: der Vermögensteuer, der Erbschaftsteuer, der Verkehrsteuern, soweit sie nicht nach Art. 106 Abs. 1 GG dem Bund oder nach Art. 106 Abs. 3 GG Bund und Ländern gemeinsam zustehen, der Biersteuer und der Abgabe von Spielbanken. Verkehrsteuern sind jene Steuern, die auf Vorgänge im Rechts- und Wirtschaftsverkehr erhoben werden. Eine wichtige Verkehrsteuer der Länder ist die Grunderwerbsteuer.

25   Den Gemeinden steht nach Art. 106 Abs. 6 GG das Aufkommen der Grund- und Gewerbesteuer, den Gemeinden und Gemeindeverbänden das Aufkommen der örtlichen Verbrauch- und Aufwandsteuern nach Maßgabe der Landesgesetzgebung zu. Zu den kommunalen Aufwandsteuern zählen insbesondere die Hundesteuer und die Zweitwohnungsteuer, Beispiele für die örtlichen (nicht überall erhobenen) Verbrauchsteuern sind die Getränkesteuer und die Verpackungsteuer.

b) Die Aufteilung der Steuererträge nach dem Verbundsystem

26   Nach dem Verbundsystem werden gemäß Art. 106 Abs. 3 GG in Verbindung mit Art. 106 Absätze 5 und 5a GG der Ertrag der Einkommensteuer und der Umsatzsteuer auf Bund, Länder und Gemeinden sowie gemäß Art. 106 Abs. 3 GG das Aufkommen der Körperschaftsteuer auf Bund und Länder verteilt.

27   Nach Art. 106 Absatz 3 GG sind Bund und Länder an der Einkommensteuer und der Körperschaftsteuer je zur Hälfte beteiligt. Für die Einkommensteuer gilt diese hälftige Aufteilung, soweit das Aufkommen nicht den Gemeinden zugewiesen wird. Die Gemeinden erhalten gem. Gemeindefinanzreformgesetz 15 % des Aufkommens an Lohnsteuer und an veranlagter Einkommensteuer sowie 12 % des Aufkommens an Kapitalertragsteuer.[7] Bund und Länder erhalten dementsprechend jeweils 42,5 % des Aufkommens an Lohnsteuer und an veranlagter Einkommensteuer sowie jeweils 44 % des Aufkommens an Kapitalertragsteuer.

28   Hingegen sind die Anteile von Bund, Ländern und Gemeinden an der Umsatzsteuer nicht in der Verfassung festgelegt. Hierzu bedarf es eines zustimmungsbe-

---

6   Das Energiesteuergesetz vom 15.7.2006 hat das bis dahin geltende Mineralölsteuergesetz abgelöst. Im Energiesteuergesetz wurden neben Mineralöl als weitere fossile Energieträger Steinkohle, Braunkohle sowie Koks und Schmieröle aufgenommen.

7   § 1 des Gesetzes zur Neuordnung der Gemeindefinanzen (Gemeindefinanzreformgesetz – GemFinRefG) in der Fassung der Bekanntmachung vom 10.3.2009, zuletzt geändert durch Artikel 3 des Gesetzes vom 21.11.2016 (BGBl. I S. 2613).

dürftigen Gesetzes, des Finanzausgleichsgesetzes, das die Verteilung nach folgenden Grundsätzen regelt:
- Bund und Länder haben im Rahmen der laufenden Einnahmen gleichmäßig Anspruch auf Deckung ihrer notwendigen Aufgaben und
- die Deckungsbedürfnisse des Bundes und der Länder sind so aufeinander abzustimmen, dass ein billiger Ausgleich erzielt, eine Überbelastung der Steuerpflichtigen vermieden und die Einheitlichkeit der Lebensverhältnisse im Bundesgebiet gewahrt wird.

Im Rahmen des Steuerverbundes bildet die Umsatzsteuer demnach das variable Element.

Aktuell stellt sich die Umsatzsteuerverteilung zwischen Bund und Ländern folgendermaßen dar: **29**
- Der Bund erhält vorab 4,45 % des Aufkommens.
- Vom danach verbleibenden Umsatzsteueraufkommen erhält der Bund zur Refinanzierung eines zusätzlichen Bundeszuschusses zur gesetzlichen Rentenversicherung (seit 1998) vorab 5,05 %.
- Von dem verbleibenden Aufkommen der Umsatzsteuer erhalten die Gemeinden vorab 2,2 % als Kompensation für den Wegfall der Gewerbekapitalsteuer sowie zusätzlich 500 Mio. € in den Jahren 2015 und 2016 und 1,5 Mrd. € im Jahr 2017.
- Von dem danach noch verbleibenden Umsatzsteueraufkommen stehen dem Bund 49,7 % und den Ländern 50,3 % zu. Darin sind enthalten Kompensationsbeträge für den Familienleistungsausgleich in Höhe von 6,3 %-Punkten. Der Bundesanteil wird um einen Festbetrag verändert. Dieser Betrag liegt im Jahr 2015 bei -1.173.788.000 €, im Jahr 2016 bei -2.810.788.000 und im Jahr 2017 bei -900.788.000 €. Der Länderanteil vermindert bzw. erhöht sich entsprechend. Der Festbetrag errechnet sich aus verschiedenen politischen Maßnahmen wie zuletzt durch Änderungen im Rahmen des Gesetzes zur weiteren Entlastung von Ländern und Kommunen ab 2015 und zum quantitativen und qualitativen Ausbau der Kindertagesbetreuung sowie zur Änderung des Lastenausgleichsgesetzes, des Gesetzes zur Förderung von Investitionen finanzschwacher Kommunen und zur Entlastung von Ländern und Kommunen bei der Aufnahme und Unterbringung von Asylbewerbern sowie des Asylverfahrensbeschleunigungsgesetzes.
- Die Mittelabführungen an die EU, teilweise in Form von MwSt-Eigenmitteln, erfolgen aus dem Gesamtsteueraufkommen des Bundes.

Im Ergebnis erhält der Bund im Jahr 2016 einen tatsächlichen Anteil am Umsatzsteueraufkommen von 51,6 % zur Erfüllung seiner Aufgaben.[8]

---

8 Finanzbericht der Bundesregierung 2017, S. 90, http://www.bundesfinanzministerium.de/ Content/DE/Standardartikel/Themen/Oeffentliche_Finanzen/Wirtschafts_und_Finanzdaten/ Finanzberichte/Finanzbericht-2017-anl.pdf;jsessionid=41C3A92F9AB9B7EB4FB089D E5D7D2F9D?__blob=publicationFile&v=2, Stand: 10.1.2017.

c) Die Gesetzgebungshoheit über Steuern

30 Die Gesetzgebungshoheit über Steuern ist in der Finanzverfassung im Art. 105 GG geregelt.

31 Nach Art. 105 Abs. 1 GG hat der Bund die ausschließliche Gesetzgebung über die Zölle und Finanzmonopole. Da der Zollbereich heute in die europäische Gesetzgebung fällt, gilt die ausschließliche Gesetzgebungskompetenz des Bundes praktisch nur noch für das Branntweinmonopol.

32 Über die übrigen Steuern, hat der Bund die konkurrierende Gesetzgebung, wenn ihm das Aufkommen dieser Steuern ganz oder zum Teil zusteht oder die Voraussetzungen des Artikels 72 Abs. 2 vorliegen.

Die Voraussetzungen des Art. 72 Abs. 2 liegen bei den bedeutenden Steuern in der Regel vor, da eine im Wesentlichen gleiche Besteuerung sowohl der Herstellung gleichwertiger Lebensverhältnisse im Bundesgebiet als auch der Wahrung der Wirtschaftseinheit dient. Dies hat im Ergebnis dazu geführt, dass alle wirklich bedeutenden Steuern bundesgesetzlich geregelt sind, auch wenn deren Ertrag den Ländern zusteht.

33 Den Ländern ausdrücklich vorbehalten ist nach Art. 105 Abs. 2a GG die Befugnis zur Gesetzgebung über die örtlichen Verbrauch- und Aufwandsteuern, solange und soweit sie nicht bundesgesetzlich geregelten Steuern gleichartig sind.

34 Nach Art. 105 Abs. 3 GG bedürfen Bundesgesetze über Steuern, deren Aufkommen den Ländern oder den Gemeinden (Gemeindeverbänden) ganz oder zum Teil zufließt, der Zustimmung des Bundesrates.

Nach **Artikel 105 des Grundgesetzes**

hat der Bund[1,2]		haben die Länder
– Art. 105 Abs. 1, 2 GG –		– Art. 105 Abs. 2, 2a GG –
die ausschließliche Gesetzgebung über Zölle und Finanzmonopole	die konkurrierende Gesetzgebung über die übrigen Steuern, wenn – ihr Aufkommen dem Bund ganz oder zum Teil zusteht[3] oder – ein Bedürfnis nach bundesgesetzlicher Regelung besteht[4]	die Gesetzgebung – wenn die Voraussetzungen für die konkurrierende Gesetzgebung des Bundes nicht gegeben sind, – soweit der Bund bei der konkurrierenden Gesetzgebung von seinem Recht keinen Gebrauch macht, – über die örtlichen Verbrauch- und Aufwandsteuern, solange und soweit die nicht bundesgesetzlich geregelten Steuern gleichartig sind.[5]

Anmerkungen:

1 Gesetzgebungskompetenz des Bundes für Steuerverteilung, Finanzausgleich und Finanzverwaltung:
   - über die Verteilung der Umsatzsteuer zwischen Bund und Ländern (Art. 106 Abs. 4 GG),
   - über den Gemeindeanteil an der Einkommensteuer und die Einführung eines Hebesatzrechts der Gemeinden für diesen Anteil (Art. 106 Abs. 5 GG),
   - über die Beteiligung von Bund und Ländern an dem Gewerbesteueraufkommen durch eine Umlage (Art. 106 Abs. 6 GG),
   - über die Abgrenzung und Zerlegung des örtlichen Steueraufkommens sowie über den Finanzausgleich (Art. 107 GG),
   - über den Aufbau der Landesfinanzbehörden und die Ausbildung der Steuerbeamten (Art. 108 Abs. 2 GG),
   - über das Zusammenwirken von Bundes- und Landesfinanzverwaltungen und die Übertragung von Verwaltungszuständigkeiten (Art. 108 Abs. 4 GG),
   - über das bei den Landesfinanzbehörden anzuwendende Verfahren (Art. 108 Abs. 5 GG),
   - über die Finanzgerichtsbarkeit (Art. 108 Abs. 6 GG).
2 Bundesgesetze über Steuern, deren Aufkommen den Ländern oder den Gemeinden (Gemeindeverbänden) ganz oder zum Teil zufließt, bedürfen der Zustimmung des Bundesrates (Art. 105 Abs. 3 GG).
3 Siehe dazu die Darstellung „Steuerertragshoheit", und zwar: „Bundessteuern" und „Gemeinschaftssteuern".
4 Voraussetzungen hierfür siehe in Art. 72 Abs. 2 GG.
5 Die Länder haben außerdem die Gesetzgebungskompetenz für die Kirchensteuer (Art. 140 GG i. V. m. Art. 137 der Weimarer Verfassung).

Abbildung 4: Gesetzgebungskompetenz im Steuerbereich
         Quelle: BMF

d) Die Verwaltungshoheit über Steuern

Die Verwaltungshoheit über die Steuern ist auf alle staatlichen Ebenen verteilt. 35
Nach Art 108 Abs. 1 GG werden
- die Zölle,
- die Finanzmonopole,
- die bundesgesetzlich geregelten Verbrauchsteuern
- die Einfuhrumsatzsteuer,
- die Kraftfahrzeugsteuer,
- sonstige auf motorisierte Verkehrsmittel bezogene Verkehrssteuern sowie
- die Abgaben im Rahmen der Europäischen Gemeinschaften

durch **Bundesfinanzbehörden**[9] verwaltet.

---

9 Zum Aufbau der Bundesfinanzverwaltung vgl.: http://www.steuerliches-info-center.de/DE/Bundesfinanzverwaltung/bundesfinanzverwaltung_node.html, Stand 27.12.2016.

36 Die übrigen Steuern werden durch Landesfinanzbehörden verwaltet (Art. 108 Abs. 2 S. 1 GG). Für die den Gemeinden oder Gemeindeverbänden allein zufließenden Steuern kann die den Landesfinanzbehörden zustehende Verwaltung durch die Länder ganz oder zum Teil den Gemeinden oder Gemeindeverbänden übertragen werden.

Der Aufbau der Landesfinanzbehörden und die einheitliche Ausbildung der Beamten können durch Bundesgesetz mit Zustimmung des Bundesrates geregelt werden. Soweit Mittelbehörden eingerichtet sind, werden deren Leiter im Einvernehmen mit der Bundesregierung bestellt.

Verwalten die Landesfinanzbehörden Steuern, die ganz oder zum Teil dem Bund zufließen, so werden sie im **Auftrag des Bundes** tätig. Art. 85 Abs. 3 und 4 gilt mit der Maßgabe, dass an die Stelle der Bundesregierung der Bundesminister der Finanzen tritt.

2. Weitere Einnahmen der Öffentlichen Finanzwirtschaft

37 Einnahmen der öffentlichen Hand sind neben den bereits erläuterten Steuern:
- Gebühren,
- Beiträge,
- Erwerbseinkünfte,
- Finanzausgleiche,
- die Kreditaufnahme,
- Münzeinnahmen,
- Rücklagen,
- kassenmäßige Überschüsse.

38 Man unterscheidet
- **Benutzungsgebühren**: Sie stellen das Entgelt für die Inanspruchnahme einer öffentlichen Einrichtung dar (z. B. städtisches Freibad),
- **Verwaltungsgebühren**: Sie sind das Entgelt für öffentliches, personenbezogenes Verwaltungshandeln (z. B. Grundbucheintragung),
- **Verleihungsgebühren**: Sie sind das Entgelt für die individuelle Zuerkennung von bestimmten Rechten (z. B. Konzessionsgebühr).

39 **Einnahmen aus Beiträgen**: „Beiträge" sind Abgaben, die zur Deckung der Kosten öffentlicher Einrichtungen von den wirtschaftlich Begünstigten ohne Rücksicht auf die tatsächliche Inanspruchnahme erhoben werden (z. B. Anliegerbeiträge).

40 **Einnahmen aus Erwerbseinkünften**: „Erwerbseinkünfte" sind Einnahmen aus Beteiligungen des Staates an privaten Unternehmen oder in hoheitlicher Form. Es sind Einnahmen, die der Staat nicht aufgrund seiner Finanzhoheit durch

Zwangsabgaben erzielt, sondern durch Beteiligungen an Privatfirmen (so ist z. B. der Bund und seine Sondervermögen unmittelbar an 107 Unternehmen des öffentlichen und privaten Rechts beteiligt[10].

Einnahmen aus Finanzausgleichen: „Finanzausgleiche" sind grundsätzlich die   41
Gesamtheit der finanziellen Beziehungen zwischen finanzstarken und finanzschwachen Trägern öffentlicher Finanzwirtschaft. Der bundesstaatliche Finanzausgleich umfasst dabei den

*   **passiven** Finanzausgleich, d. h. die Verteilung der öffentlichen Aufgaben   42
    (Art. 30 GG) und Ausgaben (Art. 104a GG), ferner den

*   **aktiven** Finanzausgleich, d. h. die Verteilung des öffentlichen Gesamtauf-   43
    kommens aller Steuereinnahmen (Art. 106 GG). Diese Form des Finanzaus-
    gleichs hat das Ziel, die einzelnen Gebietskörperschaften aus dem gesamten
    zur Verfügung stehenden Steueraufkommen möglichst so auszustatten, dass
    sie die ihnen nach dem Grundgesetz zugewiesenen staatlichen und kommu-
    nalen Aufgaben grundlegend erfüllen können. Darüber hinaus gibt es im
    föderativen Bundesstaat auch spezielle Steuerzuweisungen als

*   **vertikalen** Finanzausgleich, d. h. der Finanzausgleich wird zwischen   44
    Gebietskörperschaften unterschiedlicher Ebenen durchgeführt:
    – Bund – Länder,
    – Bund – Gemeinden,
    – Länder – Gemeinden.

Sofern durch die originäre Steuerverteilung eine ausgewogene Finanzmittelver-
sorgung der jeweiligen Gebietskörperschaft zur Erfüllung der ihr durch das
Grundgesetz zugeordneten Aufgaben nicht gegeben ist, muss eine entsprechende
Korrektur durch vertikalen Finanzausgleich vorgenommen werden.

Beim vertikalen Finanzausgleich hilft die übergeordnete Körperschaft mit
Finanzmitteln, um eine möglichst einheitliche Lebensqualität im Bundesgebiet
herzustellen, so etwa im Gesundheitswesen, in der inneren Sicherheit, im Bildungswesen.

Darüber hinaus gibt es den **horizontalen** Finanzausgleich, d. h. der Finanzaus-   45
gleich findet zwischen Gebietskörperschaften gleicher Ebene statt. Im Verhältnis
der Länder zueinander handelt es sich um den „Länderfinanzausgleich", der zwischen finanzstarken und finanzschwachen Ländern durchgeführt wird. Beim
horizontalen Finanzausgleich ist zwischen ausgleichspflichtigen und ausgleichs-
berechtigten Bundesländern zu unterscheiden, um regionale und strukturelle
Benachteiligungen eines Bundeslandes auf diese Weise auszugleichen.

---

10 Beteiligungsbericht des Bundes 2015, S. 11: https://www.bundesfinanzministerium.de/
    Content/DE/Standardartikel/Themen/Bundesvermoegen/Privatisierungs_und_Beteili-
    gungspolitik/Beteiligungspolitik/Beteiligungsberichte/beteiligungsbericht-des-bundes-
    2015.pdf?__blob=publicationFile&v=6, Stand 27.12.2016.

46	Der vertikale und horizontale Finanzausgleich wird in Form von „Ausgleichsbeiträ-
gen" und „Ausgleichszuweisungen"[11] bereitgestellt und stellt über die originäre
Steuerverteilung hinaus einen „finanziellen Feinschliff" der Finanzmittelversorgung
zum Zwecke der gesamtstaatlichen Aufgabenerfüllung für die jeweiligen Gebietskörperschaften dar.

47	Die Kriterien zur **Berechnung des Finanzausgleichs** enthält das „Gesetz über
den Finanzausgleich zwischen Bund und Ländern (FinAusglG)". Das Finanzausgleichsgesetz regelt
1. die Festsetzung des Beteiligungsverhältnisses von Bund und Ländern an der
Umsatzsteuer als vertikale Steuerertragskompetenz zwischen dem Bund und
der Ländergesamtheit (einschl. Gemeinden),
2. die horizontale Umsatzsteuerverteilung als horizontale Steuerertragsauftei-
lung zwischen den einzelnen Ländern,
3. den horizontalen Finanzausgleich unter den Ländern (Länderfinanzausgleich – LFA),
4. die den horizontalen Länderfinanzausgleich ergänzenden Bundesergänzungszuweisungen (BEZ) als vierstufiges aufeinander aufbauendes Finanzaus-
gleichssystem im föderativen Bundesstaat.

48	**Aufgabe** des Länderfinanzausgleichs (Art. 107 Abs. 2 GG) ist es, die Ergebnisse
der vorhergehenden Steuerverteilung unter den Ländern durch angemessene
Ausgleichsleistungen der finanzstarken an die finanzschwachen Länder im Interesse einer Annäherung der Lebensverhältnisse im Bundesgebiet zu korrigieren,
soweit nicht bereits die Umsatzsteuerverteilung die Finanzkraftunterschiede zwischen den Ländern abgebaut hat.

49	Ausgangspunkt und zentrale Messgröße für die Umverteilung der Mittel unter
den Ländern ist die **Finanzkraft der Länder**, wobei Finanzkraft und Finanzbedarf der Gemeinden berücksichtigt werden. Der Finanzkraftbegriff knüpft im
Wesentlichen an die Einnahmensituation eines Landes an. Er basiert also nicht
auf einer Gegenüberstellung von Einnahmen und Ausgabenlasten. Grundlage des
Finanzkraftvergleichs ist allerdings nicht die absolute Höhe der Steuereinnahmen
der Länder. Denn dann würden die größeren Länder allein wegen ihres Einnah-
mevolumens und ungeachtet ihrer Leistungskraft ausgleichspflichtig. Deshalb
wird die absolute Höhe der Steuereinnahmen auf die jeweilige Einwohnerzahl
der Länder bezogen und somit die Höhe der Steuereinnahmen pro Kopf der Einwohner ermittelt.

11	Zu den Begriffen s. § 4 des Gesetzes über den Finanzausgleich zwischen Bund und Län-
dern (Finanzausgleichsgesetz – FAG) vom 20. Dezember 2001 (BGBl. I S. 3955, 3956),
zuletzt geändert durch Artikel 1 des Gesetzes vom 1. Dezember 2016 (BGBl. I S. 2755).

Ausgleichspflicht oder Ausgleichsanspruch eines Landes bemessen sich danach, **50**
inwieweit die Finanzkraft des einzelnen Landes (**Finanzkraftmesszahl**) von der
länderdurchschnittlichen Finanzkraft (**Ausgleichsmesszahl**) abweicht. Bundesergänzungszuweisungen dienen der ergänzenden Deckung des allgemeinen
Finanzbedarfs der leistungsschwachen Länder nach Durchführung des Länderfinanzausgleichs. Bundesergänzungszuweisungen sind ebenfalls Ausdruck des
bündischen Einstehens füreinander, hier allerdings im Verhältnis zwischen Bund
und Ländern.

Die Regelungen zur Ausgestaltung des bundesstaatlichen Finanzausgleichs im Maß- **50a**
stäbegesetz vom 9. September 2001 sowie im Finanzausgleichsgesetz vom
20. Dezember 2001 treten mit Ablauf des 31. Dezember 2019 außer Kraft. Daher ist
für die Zeit ab 2020 eine Neuregelung der bundesstaatlichen Finanzbeziehungen
geplant. Bund und Länder haben sich auf folgende Änderungen verständigt[12]: Ab
2020 wird der Bund den Ländern jährlich gut 9,5 Milliarden Euro überweisen. Im
Gegenzug wird den Ausgleichszahlungen an die Länder erhält der Bund neue Kompetenzen. So soll es eine Infrastrukturgesellschaft des Bundes geben, die die Investitionen ins Fernstraßennetz bündelt. Mehr Zugriff könnte der Bund auch bei der Digi-
talisierung erhalten. Der gemeinsame Stabilitätsrat zur Überwachung der Haushalte
soll gestärkt und der Bundesrechnungshof mehr Kontrollrechte erhalten.

Im Einzelnen ist folgende Änderung des Länderfinanzausgleichs vorgesehen: **50b**

Die in **Artikel 107 GG** vorgesehene Möglichkeit eines Umsatzsteuervorwegaus-
gleichs soll entfallen. Die Verteilung des Länderanteils an der Umsatzsteuer
erfolgt grundsätzlich nach Maßgabe der Einwohnerzahl, modifiziert durch Zu-
und Abschläge zum angemessenen Ausgleich der Unterschiede in der Finanzkraft. Der Bund soll leistungsschwachen Ländern künftig auch Zuweisungen
zum Ausgleich der Steuerkraftunterschiede auf Gemeindeebene und zum Ausgleich unterdurchschnittlicher Teilhabe an Fördermitteln zur Forschungsförderung nach Artikel 91b GG gewähren können.

Durch eine beabsichtigte Änderung des **Artikels 125c GG** sollen die verfas- **50c**
sungsrechtlichen Voraussetzungen für eine Fortführung von zwei auf Artikel 104a Absatz 4 GG in der bis zum 1. September 2006 geltenden Fassung
gestützten Finanzhilfen des Bundes geschaffen werden: Finanzhilfen für Seeha-
fenlasten nach dem Gesetz über Finanzhilfen des Bundes nach Artikel 104a
Absatz 4 GG an die Länder Bremen, Hamburg, Mecklenburg-Vorpommern, Niedersachsen sowie Schleswig-Holstein für Seehäfen sowie Finanzhilfen für die
besonderen Programme nach § 6 Absatz 1 des Gemeindeverkehrsfinanzierungs-
gesetzes.

---

12 https://www.bundesrat.de/DE/plenum/themen/finanzausgleich/finanzausgleich.html,
    Stand 10.1.2017.

50d   In **Artikel 143d GG** soll die Möglichkeit eröffnet werden, den Ländern Saarland und Bremen angesichts ihrer besonders schwierigen Haushaltssituation Sanierungshilfen des Bundes zu gewähren, damit sie zukünftig in die Lage versetzt werden, die Vorgaben des Artikels 109 Absatz 3 GG zur Kreditaufnahme eigenständig einzuhalten.

50e   Durch Änderung des **Artikels 90 GG** soll die Verwaltung der Bundesautobahnen in Bundesverwaltung überführt werden. Der Bund soll sich dazu einer Gesellschaft des privaten Rechts bedienen können. In Artikel 143e GG sollen dem Bund die erforderlichen Kompetenzen zur Gewährleistung des Übergangs von der Bundesauftragsverwaltung zur Bundesverwaltung im Bereich der Bundesautobahnen eingeräumt werden.

50f   In **Artikel 104b GG** sollen Einflussmöglichkeiten des Bundes auf die Ausgestaltung der Länderprogramme zur Verwendung der Finanzhilfen eröffnet und die Informationsrechte zur Gewährleistung der zweckentsprechenden Verwendung der Mittel gestärkt werden.

50g   **Artikel 104c GG** soll die verfassungsrechtliche Grundlage für die Gewährung von Finanzhilfen des Bundes für bedeutsame Investitionen finanzschwacher Kommunen im Bereich der Bildungsinfrastruktur schaffen.

50h   In **Artikel 114 GG** soll dem Bundesrechnungshof das Recht eingeräumt werden, im Rahmen der Prüfung der Bundesverwaltung hinsichtlich der zweckgebundenen Vergabe von Bundesmitteln an die Länder bei Mischfinanzierungstatbeständen auch Erhebungen bei mittelbewirtschaftenden Stellen im Bereich der Länder vorzunehmen, um die zweckgerechte Verwendung der Mittel überprüfen zu können.

51   **Einnahmen aus Kreditaufnahmen**: Die öffentliche Kreditaufnahme dient – über die originäre und spezielle Steuerverteilung hinaus – der Beschaffung von Deckungsmitteln zur Schließung einer Finanzlücke in den öffentlichen Haushalten. Sie erfüllt
      • eine fiskalische Funktion und
      • eine wirtschaftspolitische Funktion:

52   **Fiskalische Funktion**: Die aus der Weimarer Reichsverfassung (Art. 87 WRV) stammende, in das Grundgesetz ursprünglich aufgenommene **objektbezogene** „und in der Regel nur **für Ausgaben zu werbenden Zwecken**" (Art. 115 GG i.d.F. von 1949) zulässige Neuverschuldung entspricht der fiskalischen Kreditaufnahme im Rahmen der klassischen Bedarfsdeckungsfunktion.

53   **Wirtschaftspolitische Funktion**: Die über die klassische Bedarfsdeckungsfunktion zur Abwehr einer Störung des gesamtwirtschaftlichen Gleichgewichts hinausgehende – konjunkturbedingte – Kreditaufnahme wird im Rahmen des „deficit spending" *(Keynes)* vorgenommen.

Durch das Gesetz zur Änderung des Grundgesetzes (Artikel 91c, 91d, 104b, 109, 54
109a, 115, 143d) v. 29.7.2009 (BGBl. I S. 2248) wurde die so genannte **Schuldenbremse** in das Grundgesetz aufgenommen. Durch diese Schuldenbremse sind die Haushalte der Länder in Zukunft grundsätzlich ohne Einnahmen aus Krediten auszugleichen (Art. 109 Abs. 2 Satz 1 GG). Für den Bund dürfen die Einnahmen aus Krediten 0,35 % im Verhältnis zum nominalen Bruttoinlandsprodukt nicht überschreiten (Art. 115 Abs. 1 Satz 2 GG).

Zusätzlich sind bei einer von der Normallage abweichenden konjunkturellen Ent- 55
wicklung die Auswirkungen auf den Haushalt im Auf- und Abschwung symmetrisch zu berücksichtigen. Abweichungen der tatsächlichen Kreditaufnahme von der **zulässigen Kreditobergrenze** werden auf einem Kontrollkonto erfasst; Belastungen, die den Schwellenwert von 1,5 % im Verhältnis zum nominalen Bruttoinlandsprodukt überschreiten, sind konjunkturgerecht zurückzuführen.

Näheres zum Verfahren zur Berechnung der Obergrenze der jährlichen Nettokreditaufnahme im Bundeshaushalt und zur Kontrolle der Einhaltung der Obergrenze im Haushaltsvollzug enthält das Gesetz zur Ausführung von Artikel 115 GG.[13]

Die Höhe der zulässigen Überschreitung der Schuldengrenze aus konjunkturellen 56
Gründen wird aus der Abweichung der **erwarteten wirtschaftlichen Entwicklung** von der konjunkturellen Normallage abgeleitet. Wird für das Haushaltsjahr eine von der Normallage abweichende wirtschaftliche Entwicklung erwartet, verändert sich die Höchstgrenze der zu veranschlagenden Einnahmen aus Krediten als Konjunkturkomponente um diejenigen Einnahmen aus Krediten, die der erwarteten Wirkung der konjunkturellen Entwicklung auf den Haushalt entsprechen.

Im Falle von **Naturkatastrophen** oder außergewöhnlichen Notsituationen, die 57
sich der Kontrolle des Staates entziehen und die staatliche Finanzlage erheblich beeinträchtigen, kann die Schuldengrenze aufgrund eines Beschlusses des Bundestages nach Artikel 115 Abs. 2 Satz 6 GG überschritten werden. Dieser Beschluss ist mit einem Tilgungsplan zu verbinden, der die Rückführung der zusätzlich aufgenommenen Kredite binnen eines angemessenen Zeitraumes vorsehen muss.

Einnahmen aus Münzprägung: „Münzeinnahmen" sind Bundeseinnahmen aus 58
der Ausprägung von Scheidemünzen. Der Bund prägt deutsche Euro-Münzen in von ihm beauftragten Münzstätten aus. Diese Münzen werden von der Deutschen Bundesbank in den Verkehr gebracht, die dem Bund den Nennbetrag gutschreibt. Aus der Differenz der Herstellkosten und des Nennbetrages ergibt sich der Münzgewinn[14].

---

13 Gesetz zur Ausführung von Artikel 115 des Grundgesetzes (Artikel 115-Gesetz – G 115) vom 10. August 2009 (BGBl. I S. 2702, 2704), zuletzt geändert durch Artikel 245 der Verordnung vom 31. August 2015 (BGBl. I S. 1474).
14 s. Münzgesetz (MünzG) vom 16. Dezember 1999 (BGBl. I S. 2402), zuletzt geändert durch Artikel 10 des Gesetzes vom 22. Dezember 2011 (BGBl. I S. 2959).

Übersicht 1: Länderfinanzausgleich
  Quelle: BMF, Finanzbericht

Länderfinanzausgleich: Zahler und Empfänger Horizontaler Finanzausgleich im engeren Sinne						
I. Ausgleichspflichtige Länder („Zahler") (–) – *in Mio € –*						
	2009	**2010**	**2011**	**2012**	**2013**	**2014**	**2015**
Nordrhein-Westfalen	59	–	–	-	–	–	–
Bayern	3.354	3.511	3.621	3.797	4.307	4.856	5.449
Baden-Württemberg	1.488	1.709	1.813	2.765	2.415	2.357	2.313
Hessen	1.902	1.752	1.799	1.304	1.702	1.756	1720
Hamburg	45	66	92	25	-	56	112
II. Ausgleichsberechtigte Länder („Empfänger") (+) – *in Mio € –*						
	2009	**2010**	**2011**	**2012**	**2013**	**2014**	**2015**
Schleswig-Holstein	-	-	-	-	-	-	-
Niedersachsen	110	259	209	178	107	278	418
Nordrhein-Westfalen	–	354	240	435	691	899	1.021
Rheinland-Pfalz	293	267	246	256	242	289	349
Schleswig-Holstein	169	101	119	134	168	173	248
Saarland	93	89	120	94	137	144	152
Hamburg	–	–	–	–	88	–	-
Bremen	433	445	518	521	588	604	626
Berlin	877	2900	2.999	.224	.328	.491	3.613
Sachsen	910	854	922	961	995	1.035	1.023
Sachsen-Anhalt	514	497	544	550	559	586	597
Thüringen	497	472	531	542	543	553	541
Brandenburg	501	401	443	543	518	510	495
Mecklenburg-Vorpommern	450	399	433	453	461	463	473
III. Gesamt	± 6.848	± 7.039	± 7.324	± 7.891	±8.424	±9.025	±9.595

Drei Bundesländer haben gegenwärtig überdurchschnittlich hohe Steuereinnahmen je Einwohner und müssen im Länderfinanzausgleich »abgeben«, die Länder Hamburg und Schleswig-Holstein liegen mit ihren Steuereinnahmen die Einwohner gerade im Durchschnitt, die anderen elf Bundesländer gehören zu den Empfängern, denn ihre Finanzkraft ist unterdurchschnittlich. Die größten Geberländer sind z.Zt. Bayern, Baden-Württemberg und Hessen, die zusammen fast 9,6 Milliarden € in den Länderausgleich einbringen. Nach der Verteilung der Umsatzsteuer und dem Länderfinanzausgleich im engeren Sinne ist die Finanzkraft der Länder weitgehend angeglichen. Die finanzstarken Länder liegen knapp über dem Durchschnitt, die finanzschwächsten Länder erreichen 95 Prozent vom Bundesdurchschnitt. Durch zusätzliche Fehlbetrags-Ergänzungszuweisungen des Bundes an finanzschwache Länder wird deren Finanzkraft auf mindestens 99,5 % des Länderdurchschnitts hinaufgeschleust. Bund und Länder haben sich auf eine Reform des Finanzausgleichssystems geeinigt.

Einnahmen aus Rücklagen: „Rücklagen" dienen im kameralen Rechnungswesen zum einen der Gewährleistung der rechtzeitige Leistung von Ausgaben (z. B. Pensionsrücklagen) (= Kassenverstärkungsrücklage) zum anderen als Maßnahme mit kontraktiver oder expansiver Wirkung zur Beeinflussung von konjunkturellen Schwankungen (= Konjunkturausgleichsrücklage).   **59**

Einnahmen aus kassenmäßigen Überschüssen: „Kassenmäßige Überschüsse" sind Einnahmen, die bei der haushaltsmäßigen Abwicklung positiver kassenmäßiger Jahresergebnisse vorheriger Jahre im Haushaltsplan veranschlagt sind.   **60**

3. Die öffentlichen Ausgaben

a) Der Lastenverteilungsgrundsatz

Als Verteilungsprinzip bei den Ausgaben gilt nach Art. 104a Abs. 1 GG der **Lastenverteilungsgrundsatz**, nach dem Bund und Länder *gesondert* die Ausgaben tragen, die sich aus der Wahrnehmung ihrer Aufgaben ergeben. Man spricht auch von einem **Trennsystem** bei der Finanzierung von Aufgaben.   **61**

Die in diesem Grundsatz ausgedrückte **Konnexität von Ausgaben und Aufgaben** ist in einem Bundesstaat mit autonomer Haushaltswirtschaft des Zentralstaates und der Gliedstaaten die einzige adäquate Lastenverteilung. Nur so wird ein sparsamer Vollzug gewährleistet und eine Kontrolle durch das jeweils zuständige parlamentarische Gremium ermöglicht. Immer dann, wenn eine Aufgabe ganz oder teilweise mit fremden Finanzmitteln durchgeführt wird, geht die für die Durchführung der Aufgabe zuständige Gebietskörperschaft tendenziell nicht so wirtschaftlich mit den Mitteln um wie bei der Durchführung der Aufgabe mit ausschließlich eigenen Mitteln. Auch im Verhältnis zwischen den Ländern und der kommunalen Ebene findet das Konnexitätsprinzip Anwendung.   **62**

Entscheidend für die konkrete Ausgaben- oder Lastenverteilung unter den Gebietskörperschaften ist demnach die vorgelagerte Frage, wie nämlich die Aufgaben im Staat verteilt sind.   **63**

Zwar beinhaltet Art. 30 GG – dem föderalistischen Gedanken entsprechend – für alle staatlichen Befugnisse und Aufgaben eine **Zuständigkeitsvermutung zu**   **64**

Gunsten der Länder, doch werden durch das Grundgesetz (insbesondere Art. 87–90 GG) dem Bund eine Reihe von Ausgaben ausdrücklich zugewiesen, was Art. 30 auch so vorsieht. Darüber hinaus sind im Zeitablauf immer mehr Kompetenzen dem Bund übertragen worden.

65   Den **Ländern** ist im Schwergewicht noch folgende Aufgaben verblieben (s. auch Abb. 4):
*   die Organisation ihres staatlichen Bereichs, einschließlich der Bestimmung des Anwendungsbereichs der Landesgesetze und der Staatshaftung,
*   das Kommunalwesen, einschließlich der territorialen und funktionalen Neuordnung,
*   die Rechtspflege,
*   das Polizei- und Ordnungswesen,
*   der kulturelle Bereich, insbesondere Schul- und Hochschulwesen und
*   der Bereich der Planung der eigenen Aufgaben.

66   Die **Aufgaben des Bundes** ergeben sich aus geschriebenem und ungeschriebenem Verfassungsrecht.

67   Verfassungsrechtlich **geschriebene Aufgaben des Bundes** sind insbesondere aus Art. 87 GG zu entnehmen; hiernach ist die Gesetzgebungszuständigkeit des Bundes auch für die Aufgabenabgrenzung bedeutsam.[15] Weitere verfassungsrechtlich vorgesehene Aufgabenbereiche des Bundes ergeben sich aus den Art. 87–96 GG[16] sowie im Falle des Art. 35 Abs. 2 GG. Beispiele für Bundesaufgaben sind danach:
*   Auswärtiger Dienst,
*   Verteidigung,
*   Bundespolizei,
*   Verwaltung des Luftverkehrs, der Wasserstraßen und der Bundesstraßen,
*   Zentralstellen für das polizeiliche Auskunfts- und Nachrichtenwesen sowie für die Kriminalpolizei und den Verfassungsschutz,
*   Kriegsfolgelasten u. a. m.

68   **Ungeschriebene Bundeszuständigkeiten** können sich
*   aus der Natur der Sache oder
*   kraft Sachzusammenhanges
ergeben. Sie ziehen fast zwangsläufig Interpretationsbedarf nach sich.

69   Das Bundesverfassungsgericht[17] sieht eine Kompetenz des Bundes **aus der Natur der Sache** dann begründet, wenn es sich um Aufgaben mit eindeutig überregionalem Charakter handelt, die ihrer Art nach nicht durch ein Land allein

---

15   Art. 87 Abs. 3 GG.
16   Art. 87a, 87b, 87d, 88, 89, 90 Abs. 3, 91, 95, 96 GG.
17   Vgl. BVerfGE 22, 217.

wirksam wahrgenommen werden können. Das Bundesverfassungsgericht nennt beispielhaft:

- zentrale Einrichtungen, deren Wirkungsbereich sich auf das Bundesgebiet als Ganzes erstreckt,
- gesamtdeutsche und internationalen Aufgaben.

Eine Bundeszuständigkeit **kraft Sachzusammenhanges** kann angenommen werden, wenn eine Tätigkeit unerlässliche Voraussetzung für die Erfüllung einer dem Bund verfassungsrechtlich zugewiesenen Aufgabe ist.[18] Hiernach ist es beispielsweise zulässig, dass der Bund unter dem Gesichtspunkt der Informationsgewinnung und Entscheidungsvorbereitung (etwa für Gesetze) Forschungsvorhaben oder wissenschaftliche Einrichtungen fördert.   70

Um Zweifelsfragen aus den ungeschriebenen Zuständigkeiten hinsichtlich der Finanzierung öffentlicher Aufgaben zu klären, war in der Finanzreform von 1969 der Abschluss **eines Verwaltungsabkommens zwischen Bund und Ländern** vorgesehen. Den Entwurf dieses sog. Flurbereinigungsabkommens („Verwaltungsvereinbarungen über die Finanzierung öffentlicher Aufgaben von Bund und Ländern") hat das Bundeskabinett am 7.6.1971 verabschiedet. Die Bundesländer haben dem Entwurf formell nie zugestimmt; er ist aber für die Praxis weitgehend Vorbild, d. h., Bund und Länder richten sich danach.   71

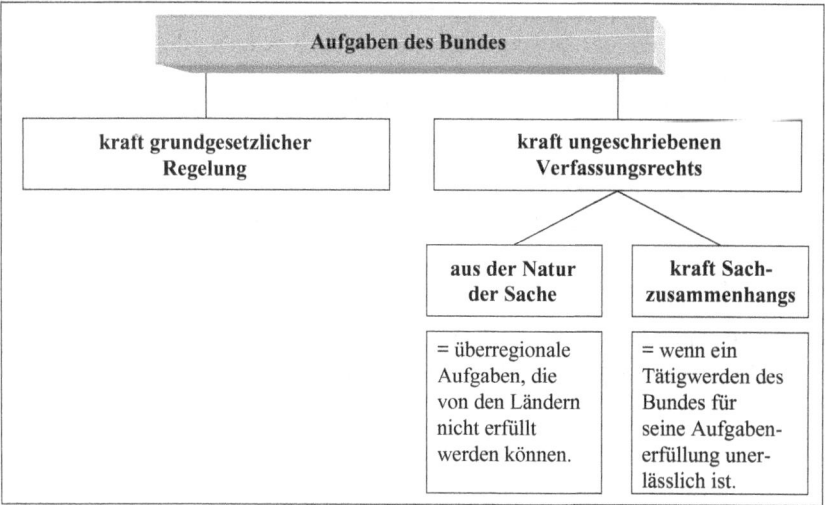

Abbildung 5: Geschriebene und ungeschriebene Zuständigkeiten des Bundes

---

18 Vgl. BVerfGE 26, 300.

72
- Das Grundgesetz schreibt als Lastverteilungsgrundsatz das Trennsystem vor. Danach tragen Bund und Länder gesondert die Ausgaben, die sich aus der Wahrnehmung ihrer Aufgaben ergeben (Konnexität von Ausgaben und Aufgaben).
- Wie die Aufgaben im Bundesstaat verteilt sind, ist eine vorgelagerte Frage. Dem föderativen Gedanken entsprechend hat das Grundgesetz (Art. 30) eine Kompetenzregelung zu Gunsten der Länder vorgenommen. Faktisch sind jedoch dem Bund immer mehr Aufgaben zugewachsen, so dass die Höhe der Bundesausgaben, die der einzelnen Länder bei weiten überragt.

b) Die Mischfinanzierungen

73   Der **Lastenverteilungsgrundsatz** des Art. 104a Abs. 1 GG (Trennsystem) gilt nur, soweit das Grundgesetz selbst nichts anderes bestimmt. In den Art. 104a und 104b sowie in den Artikeln 91a bis 91e hat das Grundgesetz einige Ausnahmen zu diesem Grundsatz vorgesehen.

74   Die Ausnahmen bestehen darin, dass bei bestimmten Aufgaben der Länder der Bund sich an der Finanzierung beteiligt, diese Aufgaben also gemischt finanziert werden. Es handelt sich um die sogenannten **Mischfinanzierungstatbestände**.

75   **Mischfinanzierungstatbestände** sind:
- die Erzeugung und Nutzung der Kernenergie nach Art. 87c GG,
- die Luftverkehrsverwaltung nach Art. 87d Abs. 2 GG,
- die Verwaltung der Bundeswasserstraßen nach Art. 89 Abs. 2 GG (soweit von Ländern beantragt),
- die Verwaltung der Bundesfernstraßen durch Länder nach Art. 90 Abs. 2 GG[19],
- die Landesfinanzverwaltung nach Art. 108 Abs. 3 GG,
- der Lastenausgleich nach Art. 120a Abs. 2 GG,
- sowie die Verwaltung bestimmter Geldleistungsgesetze (Art. 104a Abs. 3 S. 2 GG).
- **Bundesauftragsverwaltung** nach Art. 104a Abs. 2 i.V.m. Art. 104a Abs. 5 GG.

Ein **Beispiel** für die Bundesauftragsverwaltung ist die Wahrnehmung der **Aufgaben der staatlichen Verwaltung** nach dem Gesetz über die friedliche Verwendung der Kernenergie und den Schutz gegen ihre Gefahren (Atomgesetz). In den §§ 22-23 des Atomgesetzes werden die Kompetenzen der mit den Aufgaben dieses Gesetzes betrauten Bundesbehörden (das Bundesamt für Wirtschaft und Ausfuhrkontrolle (BAFA), das Bundesamt für Strahlen-

---

19   Hier wird es eine Änderung geben. In der Konferenz der Regierungschefinnen und Regierungschefs von Bund und Ländern am 14. Oktober 2016 in Berlin wurde u. a. eine Reform der Bundesauftragsverwaltung mit Fokus auf Bundesautobahnen und Übernahme in die Bundesverwaltung beschlossen. https://www.bundesregierung.de/Content/DE/Pressemitteilungen/BPA/2016/10/2016-10-14-beschluss-bund-laender.html, Stand 10.01.2017.

schutz, das Bundesverwaltungsamt, das Luftfahrt-Bundesamt und das Bundesamt für kerntechnische Entsorgungssicherheit) im Einzelnen geregelt. Nach § 24 Abs. 1 Atomgesetz werden die übrigen Verwaltungsaufgaben im Auftrage des Bundes durch die Länder ausgeführt.

- die Geldleistungsgesetze des Bundes, die von den Ländern ausgeführt werden und eine Mitfinanzierung durch den Bund vorsehen (Art. 104a Abs. 3 GG). Geldleistungsgesetze in diesem Sinne sind z. B.: 76
  - das Bundeswohngeldgesetz (WoGG):
    § 32 WoGG: „Wohngeld nach diesem Gesetz, das von einem Land gezahlt worden ist, ist diesem zur Hälfte vom Bund zu erstatten".
  - das Bundesausbildungsförderungsgesetz (BAföG):
    § 56 Abs. 1 BAföG: Die für die Ausführung dieses Gesetzes erforderlichen Mittel, einschließlich der Erstattungsbeträge an die Kreditanstalt für Wiederaufbau nach § 18d Absatz 2, trägt der Bund …
  - das Bundeskindergeldgesetz (BKGG):
    Nach § 8 BKKG trägt der Bund die Aufwendungen für die Durchführung des BKKG, die Länder tragen die Ausgaben für die Leistungen für Bildung und Teilhabe für ein Kind (§ 6b) und ihre Durchführung.
  - das Bundeselterngeld- und Elternzeitgesetz (BEEG):
    Nach § 12 Abs. 2 BEEG trägt der Bund die Ausgaben für das Elterngeld und das Betreuungsgeld vollständig.
  - das Wohnungsbau-Prämiengesetz (WoPG):
    § 7 WoPG: Der Bund stellt die Beträge für die Prämien den Ländern in voller Höhe gesondert zur Verfügung.
  - das Unterhaltsvorschussgesetz (UhVorschG):
    § 8 Abs. 1 UhVorschG: Geldleistungen, die nach dem Gesetz zu zahlen sind, werden zu einem Drittel vom Bund, im Übrigen von den Ländern getragen.

- die **Finanzhilfen** des Bundes für besonders bedeutsame Investitionen der Länder und Gemeinden (Art. 104b Abs. 1 GG). Mit der im Zuge der Föderalismusreform I in das GG neu eingefügten Bestimmung des Art. 104b GG wurde gegenüber der Vorläuferregelung in Art. 104a Abs. 4 GG a. F. das Instrument der Finanzhilfen des Bundes auf seine eigentliche Zielsetzung, Bundesmittel gezielt und flexibel zur Behebung konkreter Problemlagen einzusetzen, zurückgeführt.[20] Finanzhilfen dürfen zu drei Zwecken gewährt werden: 77
  1. zur Abwehr einer Störung des gesamtwirtschaftlichen Gleichgewichts,
  2. zum Ausgleich unterschiedlicher Wirtschaftskraft,
  3. zur Förderung des wirtschaftlichen Wachstums.

---

20 Stellungnahme von Günter Henneke im Rahmen der Anhörung des Rechtsausschusses des Deutschen Bundestages und des Finanzausschusses des Bundesrates am 4. Mai 2009 zur Föderalismusreform II, http://www.kreise.de/__cms1/images/stories/pdf/foederalismus/f1.pdf, Stand: 14.8.2013.

78   Während der erste Förderzweck Maßnahmen zur Förderung der Konjunktur, also zeitlich befristete Hilfen betrifft, ermöglichen der zweite und dritte Zweck längerfristige Finanzhilfen. Dem Bund eröffnet sich damit ein weites Feld der Einflussnahme auf die autonomen Finanzwirtschaften der Länder. Die Finanzhilfen müssen deshalb die **Ausnahme** bleiben.

79   Das die Förderung begründende zustimmungsbedürftige **Bundesgesetz** darf nur die förderungsfähigen Investitionsbereiche bestimmen und damit den generellen Verwendungszweck der Finanzhilfen bezeichnen.[21] Hinsichtlich der Lage, des Umfangs, der sachlichen Ausgestaltung oder der späteren Ausnutzung der mitfinanzierten Objekte bleibt es bei autonomen Entscheidungen der Länder.

80   Art. 104b Abs. 1 GG lässt ausdrücklich Finanzhilfen für Investitionen der Gemeinden zu. Der Bund tritt hier aber nicht in unmittelbare Rechtsbeziehungen zu den Gemeinden; Empfänger der Finanzhilfen für Investitionen der Gemeinden sind zunächst die Länder, die die Mittel quotal an ihre Gemeinden weiterleiten müssen.

81   Z.Z. werden folgende Finanzhilfen auf der Grundlage des Art. 104b Abs. 1 GG gewährt:[22]

– **Finanzhilfen für Stadtsanierung und -entwicklung**: Mit Finanzhilfen nach Artikel 104b GG beteiligt sich der Bund maßgeblich an der Förderung der Erneuerung, der Erhaltung und Stabilisierung von Städten und Gemeinden. Im Rahmen der Städtebauförderung werden die Finanzhilfen zur Beseitigung städtebaulicher Missstände eingesetzt. Mit den Programmen „Aktive Stadt- und Ortsteilzentren", „Städtebaulicher Denkmalschutz", „Soziale Stadt", „Stadtumbau Ost", „Stadtumbau West" sowie „Kleinere Städte und Gemeinden" wird die nachhaltige Lösung struktureller Probleme in den Städten und Gemeinden aller Größenordnungen unterstützt.

81a   Von 1990 bis 2015 sind den Ländern Programmmittel in Höhe von insgesamt rd. 12,86 Mrd. € bereitgestellt worden; rund zwei Drittel davon entfielen auf Grund der entsprechenden Nachholbedarfe auf die neuen Länder. Im Jahr 2017 wird die Städtebauförderung mit einem weiterhin hohen Programmvolumen von 0,74 Mrd. € wirksame Hilfen für die Städte und Gemeinden anbieten.

81b   Zusätzlich stellt der Bund im Jahr 2017 den Städten und Gemeinden 0,2 Mrd. € Programmmittel für den Investitionspakt Soziale Integration im Quartier zur Verfügung. Zweck der Förderung ist die Anpassung und Sanierung der sozialen Infrastruktur (z. B. Schulen, Kitas, Stadtteilzentren) als Grundlage des sozialen Zusammenhalts sowie der sozialen Inte-

---

21 Vgl. BVerfGE 39, 96.
22 Finanzbericht der Bundesregierung 2017, S. 17, http://www.bundesfinanzministe-rium.de/Content/DE/Standardartikel/Themen/Oeffentliche_Finanzen/Wirtschafts_und_Finanzdaten/Finanzberichte/Finanzbericht-2017-anl.pdf;jsessionid=7B5EE7AF290943535D0A76AADB9024E9?__blob=publicationFile&v=2, Stand: 02.01.2017.

gration aller Bevölkerungsgruppen, insbesondere im Hinblick auf die erfolgreiche Bewältigung des aktuellen Flüchtlingszuzugs. Der Investitionspakt ist für die Programmjahre 2017-2020 vorgesehen.

– **Finanzhilfen für Seehäfen:**   82
Der Bund gewährt den Ländern Bremen, Hamburg, Mecklenburg-Vorpommern, Niedersachsen sowie Schleswig-Holstein seit dem Jahr 2005 Finanzhilfen für besonders bedeutsame Investitionen im Bereich der Seehäfen, insbesondere für Maßnahmen zur Verbesserung der wirtschaftlichen Infrastruktur von Seehäfen wie den Bau oder Ausbau von Hafenanlagen, von Verkehrswegen und öffentlichen Verkehrsflächen. Die Finanzhilfen des Bundes betragen jährlich insgesamt rd. 38,3 Mio. € und sind bis zum Jahr 2019 befristet.

– **Verbesserung der Verkehrsverhältnisse in den Gemeinden:**   83
Zur Verbesserung der Verkehrsverhältnisse in den Gemeinden erhalten die Länder seit 2007 für den im Rahmen der Föderalismusreform I beschlossenen Wegfall von Bundesfinanzhilfen für Länderprogramme Kompensationszahlungen in Höhe von rd. 1,34 Mrd. € jährlich. Für die Jahre ab 2014 bis zum Auslaufen der Entflechtungsmittel im Jahr 2019 haben sich Bund und Länder im Kontext der Beteiligung der Länder an der Finanzierung des Solidaritätsfonds „Aufbauhilfe" darauf verständigt, die Mittel in unveränderter Höhe fortzuführen.
Im Rahmen des „Bundesprogramms" werden nach dem **Gemeindever-   84
kehrsfinanzierungsgesetz** (GVFG) jährlich rd. 332,6 Mio. € für ÖPNV-Schienenverkehrswege in Verdichtungsräumen und den zugehörigen Randgebieten zur Verfügung gestellt. Es werden Vorhaben mit zuwendungsfähigen Kosten über 50 Mio. € gefördert. Der Fördersatz beträgt bis zu 60 % der zuwendungsfähigen Kosten. Bund und Länder haben vereinbart, die Mittel des GVFG im Rahmen der Neuregelung der Bund-Länder Finanzbeziehungen ungekürzt über 2019 hinaus fortzuführen.

– **Kompensationsregelung nach Beendigung der Finanzhilfen für Woh-   85
nungsbau und -modernisierung**: Bis zum 31.12.2006 beteiligte sich der Bund mit Finanzhilfen nach Artikel 104a Abs. 4 GG (a. F.) an der sozialen Wohnraumförderung. Von 1991 bis 2006 wurden den Ländern hierfür Verpflichtungsrahmen von insgesamt 14,6 Mrd. € bereitgestellt, davon entfielen 5,5 Mrd. € auf die neuen Länder. Als Ausgleich für die Abschaffung der Finanzhilfe leistet der Bund gemäß Art. 143c GG i. V. m. § 3 EntflechtG.[23]

---

23 Gesetz zur Entflechtung von Gemeinschaftsaufgaben und Finanzhilfen (Entflechtungsgesetz – EntflechtG) vom 5.9.2006 (BGBl. I S. 2098, 2102), zuletzt geändert durch Artikel 4 des Gesetzes vom 15.7.2013 (BGBl. I S. 2401)

86 • die **Gemeinschaftsaufgaben** nach Art. 91a und 91b GG. Es handelt sich dabei begrifflich um Ausgaben der Länder, bei deren Erfüllung der Bund mitwirkt, wenn diese Ausgaben für die Gesamtheit bedeutsam sind und die Mitwirkung des Bundes zur Verbesserung der Lebensverhältnisse erforderlich ist. **Art. 91a GG** nennt folgende Bereiche:
   – Verbesserung der regionalen Wirtschaftsstruktur,
   – Verbesserung der Agrarstruktur und des Küstenschutzes.

87 Im Rahmen der Gemeinschaftsaufgabe „**Verbesserung der regionalen Wirtschaftsstruktur**" (GRW) werden mit Beteiligung des Bundes in strukturschwachen Regionen gewerbliche Investitionen, Investitionen in die kommunale wirtschaftsnahe Infrastruktur sowie Maßnahmen zur Kooperation und Vernetzung lokaler Akteure gefördert. Für die GRW sind im Bundeshaushaltsplan 2017 – wie im gesamten Finanzplanzeitraum – Mittel in Höhe von 600 Mio. € p. a. vorgesehen. Dieser Ansatz wird in den Haushaltsjahren 2016 bis 2018 ergänzt durch 24 Mio. € p. a. aus dem 10 Mrd. € – Programm für Zukunftsinvestitionen. Die Bundesmittel werden von den Ländern in gleicher Höhe kofinanziert.

88 Die Gemeinschaftsaufgabe „**Verbesserung der Agrarstruktur und des Küstenschutzes**" (GAK) stellt das wichtigste nationale Förderinstrument des Bundes zur Koordinierung der Agrarstrukturpolitik in Deutschland dar. Mit dem Koalitionsvertrag zwischen CDU/CSU und SPD ist vereinbart worden, die GAK zu einer Gemeinschaftsaufgabe ländliche Entwicklung weiterzuentwickeln. Der Bund beteiligt sich an der Finanzierung von Fördermaßnahmen im Rahmen der GAK im Bereich der Agrarstrukturverbesserung grundsätzlich mit 60 %; bei Maßnahmen zur Verbesserung des Küstenschutzes beträgt die Bundesbeteiligung 70 %. Im Bundeshaushalt 2017 sind für die GAK 765 Mio. € veranschlagt.

89 Das Forum für die Zusammenarbeit von Bund und Ländern im wissenschafts- und Forschungsbereich ist die **Gemeinsame Wissenschaftskonferenz** (GWK), die seit dem 1. Januar 2008 die bisherige Bund-Länder-Kommission für Bildungsplanung und Forschungsförderung (BLK) ersetzt. Der GWK gehören die für Wissenschaft und Forschung sowie die für Finanzen zuständigen Ministerinnen und Minister und Senatorinnen und Senatoren des Bundes und der Länder an. Sie behandelt alle Bund und Länder gemeinsam berührenden Fragen der Forschungsförderung, der wissenschafts- und forschungspolitischen Strategien und des Wissenschaftssystems. Die gemeinsame Förderung der Wissenschaft und Forschung erstreckt sich auf die in der Anlage zum GWK-Abkommen genannten Einrichtungen und Vorhaben von überregionaler Bedeutung. Zu den begünstigten Einrichtungen gehören Forschungseinrichtungen und Förderorganisationen wie etwa die Max-Planck-Gesellschaft, die Deutsche Forschungsgemeinschaft, die Mitgliedseinrichtungen der Wissenschaftsgemeinschaft Gottfried Wilhelm Leibniz und der Helmholtz-Gemeinschaft Deutscher Forschungszentren

sowie die Fraunhofer-Gesellschaft zur Förderung der angewandten Forschung.[24]
Die **Exzellenzinitiative** eröffnet den deutschen Hochschulen die Chance,   **90**
ihre Profile zu schärfen und Spitzenzentren mit hoher internationaler Attrak-
tivität zu schaffen. Die Mittel für die Förderung werden vom Bund und vom
jeweiligen Sitzland im Verhältnis 75 : 25 vom Hundert getragen. In 2016 sind
rd. 400 Mio. € aus dem Bundeshaushalt für die Exzellenzinitiative vorgesehen. Auf Basis des geänderten Art. 91b GG fördert der Bund Exzellenzuni-
versitäten erstmals dauerhaft, soweit die alle sieben Jahre stattfindenden Eva-
luationen positiv verlaufen.

Die Bund-Länder-Initiative zur Förderung des forschungsbasierten Ideen-,
Wissens- und Technologietransfers an deutschen Hochschulen – „Innovative
Hochschule" richtet sich insbesondere an Fachhochschulen sowie kleine und
mittlere Universitäten.

Die Verwaltungsvereinbarung zwischen Bund und Ländern über den **Hoch-**   **91**
schulpakt 2020 enthält ein Programm zur Aufnahme zusätzlicher Studienan-
fänger (erste Säule) sowie ein Programm zur Finanzierung von Programm-
pauschalen für von der DFG geförderte Forschungsvorhaben (zweite Säule).
Der Hochschulpakt ist bis zum Jahr 2020 konzipiert. Mit diesen Vereinbarungen stellen Bund und Länder auch bei steigenden Studienanfängerzahlen ein
bedarfsgerechtes Studienangebot sicher und gewährleisten eine hohe Qualität
des Studiums. Über die Gesamtlaufzeit des Hochschulpakts sind Bundesmittel in Höhe von 20,2 Mrd. € vorgesehen, die Länder stellen 18,3 Mrd. € zur
Verfügung. Die DFG-Programmpauschale wird ab 2016 für alle neu bewilligten Projekte der DFG um 10 % auf insgesamt 22 % der Projektmittel
erhöht.

Bund und Länder haben am 10. Juni 2010 eine Verwaltungsvereinbarung   **91a**
über ein gemeinsames Programm für bessere Studienbedingungen und mehr
Qualität in der Lehre (**Qualitätspakt Lehre**) beschlossen. Die Vereinbarung
gilt bis zum 31. Dezember 2020. In der Breite der Hochschullandschaft werden Maßnahmen zur Personalgewinnung, Personalqualifizierung und Weiter-
entwicklung der Lehrqualität gefördert. Insgesamt wird der Bund in den Jahren 2011 bis 2020 rd. 2 Mrd. € für den Qualitätspakt Lehre bereitstellen, das
jeweilige Sitzland stellt die Gesamtfinanzierung sicher.

Aufgrund von Artikel 91b Abs. 1 GG wirken Bund und Länder auch bei der
Förderung von Forschungsbauten an Hochschulen einschl. Großgeräte
zusammen. Hierfür stellt der Bund den Ländern bis zum 31. Dezember 2019
jährlich 298 Mio. € zur Verfügung (§ 9 Abs. 2 Ausführungsvereinbarung
Forschungsbauten an Hochschulen einschließlich Großgeräte – AV-FuG).

---

24 Zu den Gemeinschaftsaufgaben vgl. Finanzbericht der Bundesregierung 2017, S. 170-
    172,   http://www.bundesfinanzministerium.de/Content/DE/Standardartikel/Themen/
    Oeffentliche_Finanzen/Wirtschafts_und_Finanzdaten/Finanzbericht-2014-anl.pdf?__
    blob=publicationFile&v=2, Stand: 03/2017.

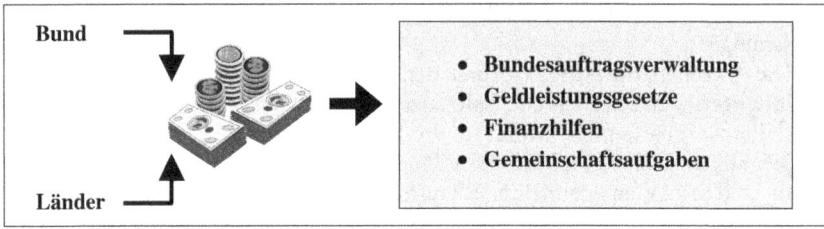

Abbildung 6: Mischfinanzierungstatbestände

92 **Das hohe Niveau der Mischfinanzierungen** ist **nicht unproblematisch.** In den zu den Gemeinschaftsaufgaben erlassenen Ausführungsgesetzen ist festgelegt, dass die Bundesregierung und die Landesregierungen die für die Durchführung der Aufgaben bei den einzelnen Gebietskörperschaften erforderlichen Ausgaben in die Haushaltsplanentwürfe einzustellen haben. Die Parlamente sind bei der gesetzlichen Feststellung der Haushaltspläne zwar in der Lage, die für die Durchführung der Gemeinschaftsaufgaben eingestellten Mittel zu reduzieren, in der Praxis wird man jedoch von einer faktischen Bindung der Parlamente durch die Entscheidung der administrativen Führung bzw. der Bund-Länder-Kommissionen sprechen müssen. Damit wird die Budgethoheit der Parlamente durch die von Planungskommissionen vorausbestimmten finanziellen Beteiligungen an Gemeinschaftsaufgaben nicht unwesentlich eingeschränkt, wenn es auch formell bei der Entscheidungsfreiheit der Parlamente bleibt. „Durch die gemeinsame Planung oder Finanzierungszuständigkeit, die Vielzahl der Einzelprogramme mit sich zum Teil überlagernden und kumulativen Wirkungen und die Ergänzung durch landeseigene Förderprogramme wurde eine unübersichtliche Entscheidungs- und Koordinierungsbürokratie mit starren Verfahrensabläufen und einem Korsett von gegenseitigen Abhängigkeiten geschaffen."[25]

93 Durch die Beteiligung der Länder an den Kosten der Gemeinschaftsaufgaben und an den durch Finanzhilfen des Bundes geförderten Investitionen werden nicht unwesentliche Teile der Länderhaushalte – bei den Finanzhilfen auch der kommunalen Haushalte – im Voraus gebunden und stehen nicht mehr zur Disposition für Aufgaben der Länder bzw. der Gemeinden. Damit wird durch die Mischfinanzierung auch die **Haushaltsautonomie der Länder** nach Art. 109 Abs. 1 GG tendenziell eingeschränkt.

94 Im Rahmen der Gemeinschaftsaufgaben und Finanzhilfen beteiligt sich der Bund an den Kosten für die Planung und Durchführung von Investitionen anteilmäßig. Die Folgekosten hingegen – die durch die geförderte Einrichtung bei ihrem Betrieb entstehenden laufenden Personal- und Sachkosten – sind ausschließlich

---

25 BWV – Band 09 – Finanzbeziehungen zwischen Bund und Ländern – Mischfinanzierungen nach Art. 91a, 91b und 104a Abs. 4 Grundgesetz; 1. Auflage, Stuttgart 2002, S. 93.

von den Ländern und Gemeinden zu tragen. Diese Kosten sind jedoch bei Bildungs-, Kultur- und Freizeiteinrichtungen aufgrund hoher Personalkosten beträchtlich.

Die bei einer gemischten Finanzierung einer Aufgabe zersplitterten Entschei- **95** dungskompetenzen führen auch zu einer **unklaren Verantwortungsabgrenzung.** Jede beteiligte Gebietskörperschaft sieht nur ihren eigenen Finanzierungsanteil. Eine von den Interessen einzelner Beteiligter losgelöste Wirtschaftlichkeitsuntersuchung des gesamten Projekts unterbleibt. Damit führt die Mischfinanzierung tendenziell zu einem unwirtschaftlicheren Umgang mit öffentlichen Mitteln.[26]

4. Die Haushaltsverfassung (als Teil der Finanzverfassung)

Die **Haushaltsverfassung** ist der Teil der Finanzverfassung, der gezielt auf die **96** Verfassungsvorschriften zur Haushaltsgestaltung des Staates abstellt.

In der Haushaltsverfassung des Grundgesetzes sind geregelt:
1. Die Haushaltsautonomie von Bund und Ländern (Art. 109 Abs. 1 GG),
2. Die gesamtwirtschaftliche Inpflichtnahme von Bund und Ländern unter Beachtung der Regelungen zur Haushaltsdisziplin auf nationaler und EU-Ebene (Art. 109 Abs. 2 u. 3 GG),
3. Die Einheit der Rechtsordnung von Bund und Ländern (Art. 109 Abs. 4 GG),
4. Bestimmungen, die sich allein auf den Bundeshaushalt beziehen (Art. 110 bis 115 GG).

Da die Regelungen der Punkte 2. bis 4. In gesonderten Kapitel behandelt werden, **97** soll hier der Fokus auf die **Haushaltsautonomie** von Bund und Ländern gelegt werden.

„Bund und Länder sind in ihrer Haushaltswirtschaft selbstständig und voneinander unabhängig." (Art. 109 Abs. 1 GG)

Die Haushaltsautonomie (selbstständig, unabhängig) bezieht sich auf alle Phasen des Haushaltskreislaufs, d. h., sowohl die Aufstellung, die Gesetzgebung, die Durchführung als auch die Kontrolle der Haushalte erfolgt in Eigenverantwortung der einzelnen Länder und des Bundes.

Eine solche Eigenverantwortung bei der Haushaltsgestaltung durch strikte Haushaltsrennung passt, genau wie das Trennsystem bei der Steuer- und Ausgabeverteilung, in das System eines föderalistischen Staatsaufbaus.

---

[26] S. hierzu auch BWV – Band 09 – Finanzbeziehungen zwischen Bund und Ländern – Mischfinanzierungen nach Art. 91a, 91b und 104a Abs. 4 Grundgesetz; 1. Auflage, Stuttgart 2002, S. 108.

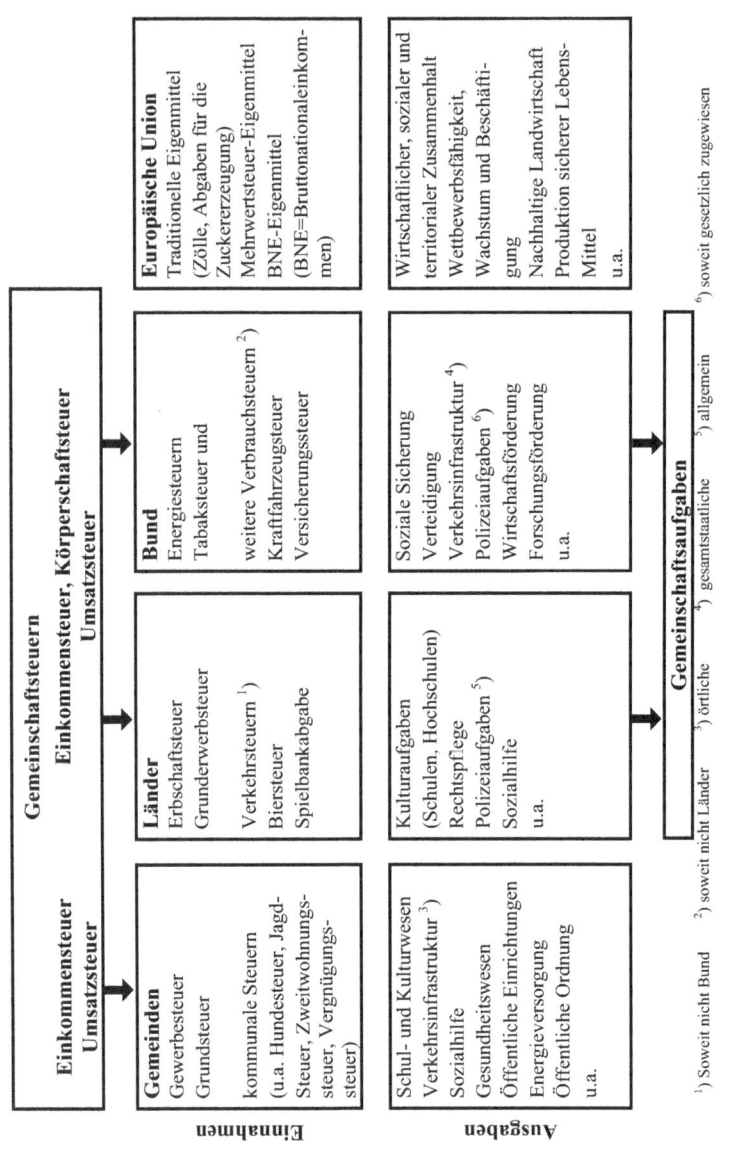

Abbildung 7: Steuer- und Aufgabenverteilung
        Quelle: BMF

Die **Finanzhoheit der Gemeinden** ist nicht ausdrücklich im Grundgesetz veran-   **98**
kert, doch verleiht das Recht auf kommunale Selbstverwaltung (Art. 28 Abs. 2
GG) auch den Gemeinden – im Rahmen der Bundes- und Landesgesetze – ein
hohes Maß an Selbstständigkeit und Unabhängigkeit. In allen Ländern haben die
Gemeinden das Recht, einen eigenen Haushaltsplan durch die kommunalen Ver-
tretungen festzustellen. Allerdings gibt es bei den Haushaltssatzungen (die den
Haushaltsgesetzen bei Bund und Ländern entsprechen) Genehmigungsvorbehalte
durch die Länder bezüglich

* des Gesamtbetrages der Kredite und Verpflichtungsermächtigungen,
* des Höchstbetrages der Kassenkredite und
* der Höhe der durch die Gemeinden festsetzbaren Steuersätze.

III. Träger der Öffentlichen Finanzwirtschaft

Als Träger der Öffentlichen Finanzwirtschaft kommen zahlreiche Körperschaf-   **99**
ten, Anstalten und Stiftungen des öffentlichen Rechts in Betracht. Sie alle erfüllen gesamtstaatliche, öffentliche Aufgaben. Die Vielzahl dieser Institutionen
hängt von der jeweiligen Wirtschaftsordnung ab. In einer Zentralverwaltungs-
wirtschaft ist der Staat Träger der gesamten Volkswirtschaft. In Wirtschaftsord-
nungen, deren Wirtschaftsverfassungen sich am System der freien Marktwirt-
schaft orientieren, ist die Zahl der öffentlichen Finanzwirtschaften abhängig von
dem Grad des staatlichen Einflusses auf die marktwirtschaftlichen Vorgänge.

Träger der „Öffentlichen Finanzwirtschaft" sind alle Institutionen, die eine **eigene**   **100**
oder eine **abgeleitete Finanzhoheit** (= Finanzgewalt) besitzen. Bund und Länder
besitzen demzufolge eine eigene Finanzhoheit; die übrigen Körperschaften und sonstigen öffentlichen Rechtsgebilde besitzen dagegen eine abgeleitete Finanzhoheit.

Als Träger der Öffentlichen Finanzwirtschaft gelten in der Bundesrepublik   **101**
Deutschland neben internationalen und supranationalen Organisationen sowie
den Gebietskörperschaften auch hilfsfiskalische Gebilde als parafiskalische,
intermediäre Finanzgewalten (Parafisci).

1. Internationale und supranationale Organisationen

Internationale Organisationen werden von autonomen Staaten geschaffen. Die-   **102**
se zwischenstaatlichen Organisationen handeln im festgelegten Rahmen für die
in ihnen vertretenen Staaten (z. B. NATO, Weltbank).

Die Finanzierung dieser internationalen zwischenstaatlichen Organisationen wird
durch Beiträge ihrer Mitglieder gesichert.

103 **Supranationale** Organisationen sind Zusammenschlüsse souveräner Staaten. Teile der nationalen staatlichen Hoheitsgewalt sind überdeckt durch Entscheidungen dieser supranationalen, überstaatlichen Organisationen. Souveräne **übernationale** Organe üben die ihnen übertragene supranationale Organisationsgewalt als **übernationales Recht** unmittelbar aus (z. B. Europäische Union – EU).

104 Laut dem Grundsatz des Vorrangs hat das EU-Recht ein höheres Gewicht als das Recht der Mitgliedstaaten. Kollidiert eine nationale Vorschrift mit unmittelbar anwendbarem EU-Recht, verliert sie ihre Anwendbarkeit.[27]

105 Die maßgeblichen Vorschriften für die **Gemeinschaftsfinanzen** finden sich in den Artikeln 310 bis 325 des Vertrages über die Arbeitsweise der Europäischen Union (AEUV):

Auf der Grundlage des aktuellen mehrjährigen Finanzrahmens und der Haushaltsleitlinien für das darauffolgende Jahr erstellt die Europäische Kommission den Entwurf für den Haushaltsplan und leitet diesen an den Rat und das Parlament weiter. Die Haushaltsbehörde – bestehend aus dem Rat und dem Parlament –ändert den Entwurf für den Haushaltsplan und nimmt ihn an.

Gelangen Parlament und Rat zu keiner Einigung, wird ein Vermittlungsausschuss einberufen, der innerhalb von 21 Tagen eine Einigung über einen gemeinsamen Entwurf herbeiführen muss. Dieser muss von beiden Teilen der Haushaltsbehörde gebilligt werden. Lehnt der Rat den Text ab, hat das Europäische Parlament das letzte Wort und kann den Haushalt verabschieden.

Der EU-Haushalt für das Jahr 2017 beläuft sich auf 134,49 Milliarden €.[28]

2. Der Bund

106 Der **Bundeshaushaltsplan** ist eine Zusammenstellung aller veranschlagten Haushaltseinnahmen, Haushaltsausgaben, Planstellen, Stellen sowie Verpflichtungsermächtigungen von allen Bundesbehörden für ein Jahr.

Die durch die parlamentarische Verabschiedung des Haushaltsgesetzes bewirkte Feststellung des Haushaltsplans bedeutet für die Bundesverwaltung die Ermächtigung, Ausgaben – sofern erforderlich – zu leisten und Verpflichtungen einzugehen. Die Einnahmenseite des Haushaltsplans entfaltet keine Rechtswirkung.

107 Als rechtlich unselbstständige Teile der Bundesverwaltung eingerichtete **Bundesbetriebe** und **Sondervermögen** haben sowohl nach Art. 110 Abs. 1 2. Halbsatz als auch nach § 26 BHO einen eigenen Wirtschaftsplan aufzustellen. Bundesbetriebe sind rechtlich unselbstständige abgesonderte Teile der Bundesverwaltung, deren

---

27 http://www.consilium.europa.eu/de/policies/eu-annual-budget/2017/; Stand: 02.01.2017.
28 Veröffentlichung des EU-Haushalts: http://publications.europa.eu/ressource/cellar/04767f14-fd7e-11e6-8a35-01aa75ed71a1.0004.01/DOC_1, Stand 26.5.2017.

Tätigkeit erwerbswirtschaftlich ausgerichtet ist. Sondervermögen sind ebenfalls rechtlich unselbstständige abgesonderte Teile des Bundesvermögens, sind jedoch durch Gesetz oder auf Grund eines Gesetzes entstanden und zur Erfüllung einzelner Aufgaben des Bundes bestimmt.[29] Auf die Wirtschaftpläne der Bundesbetriebe und Sondervermögen und das Verhältnis zum Haushaltsgrundsatz der Einheit und Vollständigkeit wird im Abschnitt „Haushaltsgrundsätze" näher eingegangen.

3. Die Länder

Die Ausübung der **staatlichen Befugnisse** und die Erfüllung der staatlichen Aufgaben ist Sache der Länder, soweit das Grundgesetz keine andere Regelung trifft oder zulässt. **108**

Nach Art. 109 Abs. 1 GG sind Bund und Länder in ihrer Haushaltswirtschaft selbstständig und voneinander unabhängig. Eingeschränkt wird die Haushaltsautonomie durch die Verpflichtung von Bund und Ländern, **109**

* gemeinsam die Verpflichtungen der Bundesrepublik Deutschland aus Rechtsakten der Europäischen Gemeinschaft auf Grund des Artikels 104 des Vertrags zur Gründung der Europäischen Gemeinschaft zur Einhaltung der Haushaltsdisziplin zu erfüllen und
* in diesem Rahmen den Erfordernissen des gesamtwirtschaftlichen Gleichgewichts Rechnung zu tragen (Art. 109 Abs. 2 GG),
* die Haushalte grundsätzlich ohne Einnahmen aus Krediten auszugleichen (Art. 109 Abs. 3 GG).

Sanktionsmaßnahmen der Europäischen Gemeinschaft im Zusammenhang mit den Bestimmungen in Artikel 104 des Vertrags zur Gründung der Europäischen Gemeinschaft zur Einhaltung der Haushaltsdisziplin tragen Bund und Länder im Verhältnis 65 zu 35. Die Ländergesamtheit trägt solidarisch 35 % der auf die Länder entfallenden Lasten entsprechend ihrer Einwohnerzahl; 65 % der auf die Länder entfallenden Lasten tragen die Länder entsprechend ihrem Verursachungsbeitrag.[30] **110**

Die finanzwirtschaftliche Darstellung der Landeshaushalte und der öffentlichen Unternehmen der Länder ist wie beim Bund in sinngemäß vergleichbarer Weise zu verstehen.

4. Die Gemeinden und Gemeindeverbände

Die Gemeinden und Gemeindeverbände stellen nach dem Grundgesetz keine dritte Ebene im Staatsaufbau dar, sondern **sind der inneren Gliederung der Länder zuzurechnen.** Das Grundgesetz geht somit vom zweistufigen Staatsauf- **111**

---

29   Nrn. 1.1 und 2.1 VV-BHO zu § 26.
30   Art. 109 Abs. 5 GG.

bau aus: Bund und Länder bilden hiernach den „Gesamtstaat". Die in Art. 20 Abs. 2 GG festgelegte Verfassungsnorm „... Alle Staatsgewalt geht vom Volke aus ..." besagt somit, dass die Gewaltenteilung (Legislative, Exekutive, Judikative) sich im „Staat", d. h. beim Bund und bei den Ländern vollzieht.

112   Die Gemeinden sind landesunmittelbare juristische Personen des öffentlichen Rechts, die den Ländern unmittelbar eingeordnet sind.

113   Die verfassungsrechtlich in Art. 28 GG normierte **Selbstverwaltungsgarantie** bedeutet u. a., dass die Gemeinden in Verfolg der gemeindlichen Hoheitsverwaltung jährlich jeweils einen **Gemeindehaushalt** aufzustellen haben, der vom Gemeinderat (Stadtrat) beraten und durch die Verabschiedung der Haushaltssatzung festgesetzt wird.

114   Die **örtliche Versorgung und Entsorgung** wird von den kommunalen Wirtschaftsverwaltungen (z. B. Verkehrsunternehmen, Sparkassen, Kreditanstalten) und von kommunalen Zweckverbänden (z. B. Wasserversorgung, Abfallbeseitigung) vorgenommen.

5. Hilfsfiskalische Gebilde (Parafisci)

115   „Parafisci" sind intermediäre Finanzgewalten, die selbst nicht Gebietskörperschaften sind, wohl aber öffentliche Aufgaben erfüllen, sich selbst verwalten, einer Staatsaufsicht unterliegen sowie teilweise mit Hoheitsrechten ausgestattet sind.[31]

Solche Parafisci sind z. B.:
* **Berufsfisci,** wie Innungen, Handwerkskammern, Handelskammern,
* **Sozialfisci,** wie gesetzliche Renten-, Kranken-, Unfall-, Pflege-, Arbeitslosenversicherung,
* **Kirchenfisci,** wie öffentlich-rechtliche Religionsgemeinschaften,
* **sonstige Fisci,** wie öffentlich-rechtliche Rundfunk- und Fernsehanstalten.[32]

IV. Öffentliche Finanzwirtschaft und Finanzverfassung (Kurzfassung)

116   Die **Bedeutung** der Öffentlichen Finanzwirtschaft wird durch ihre Aufgaben (Funktionen) dargestellt: „Öffentliche Finanzwirtschaft" ist die Tätigkeit des Staates, durch welche dieser die Mittel zur Erfüllung seiner Aufgaben beschafft, verwaltet und verwendet.

---

31 Vgl. *Smekal,* Finanzen intermediärer Gewalten (Parafisci), in: Handwörterbuch der Wirtschaftswissenschaften, Bd. 3, Stuttgart, 1981, S. 1-16.
32 Vgl. *Andreae/Mauser,* a.a.O., S. 24.

Hierbei hat die Öffentliche Finanzwirtschaft
* öffentliche Güter und Dienstleistungen bereitzustellen (= klassische Bedarfs-deckungsfunktion)
* wirtschaftspolitische und sozialpolitische Ziele anzustreben (= moderne gesamtwirtschaftliche Lenkungsfunktion)
* übernationale finanzpolitische Funktionen zu erfüllen.

Die „Öffentliche Finanzwirtschaft"   117
* ist Teil der Volkswirtschaft,
* liefert im Wesentlichen immaterielle Güter,
* erzeugt im Allgemeinen nicht messbare Leistungen,
* deckt ihren Finanzbedarf durch Steuern usw. selbst,
* erstrebt keinen Gewinn.

Von besonderer Bedeutung ist die Ausstattung der Träger der öffentlichen   118
Finanzwirtschaft mit **eigenen Einnahmequellen**. Für die Haupteinnahmequel-
len, die Steuern, legt die Finanzverfassung die Ertragshoheit, die Verwaltungshoheit und die Gesetzgebungshoheit über einzelne Steuerarten fest. Grundlage ist
dabei die Verteilung der Steuern nach dem Trennsystem und nach dem Verbundsystem.

Für den **Ausgabenbereich** liegt die Finanzverfassung die Lastenverteilung zwi-   119
schen Bund und Ländern fest. Neben dem Konnexitätsgrundsatz, nachdem die
Ausgabe der Aufgabe folgt, gibt es auch eine Reihe von Mischfinanzierungstatbeständen im Grundgesetz.

Die **Haushaltsverfassung** als Teil der Finanzverfassung regelt die Haushaltsau-   120
tonomie von Bund und Ländern im Sinne des föderalistischen Staatsaufbaus und
schreibt dem Staat eine gesamtwirtschaftliche Verantwortung zu (Art. 109
Abs. 1, 2 GG). Daneben gibt es eine Reihe von Bestimmungen, die sich allein auf
den Bundeshaushalt beziehen (Art. 110 bis 115 GG).

Träger der Öffentlichen Finanzwirtschaft sind die Träger öffentlicher Aufgaben   121
(Art. 30 GG/LV). Diese sind:
* internationale (z. B. NATO) und supranationale (z. B. EU) Organisationen,
* der Bund,
* die Länder,
* die Gemeinden und Gemeindeverbände,
* hilfsfiskalische/intermediäre Finanzgewalten (= Parafisci, z. B. öffentlich-rechtliche Rundfunk- und Fernsehanstalten).

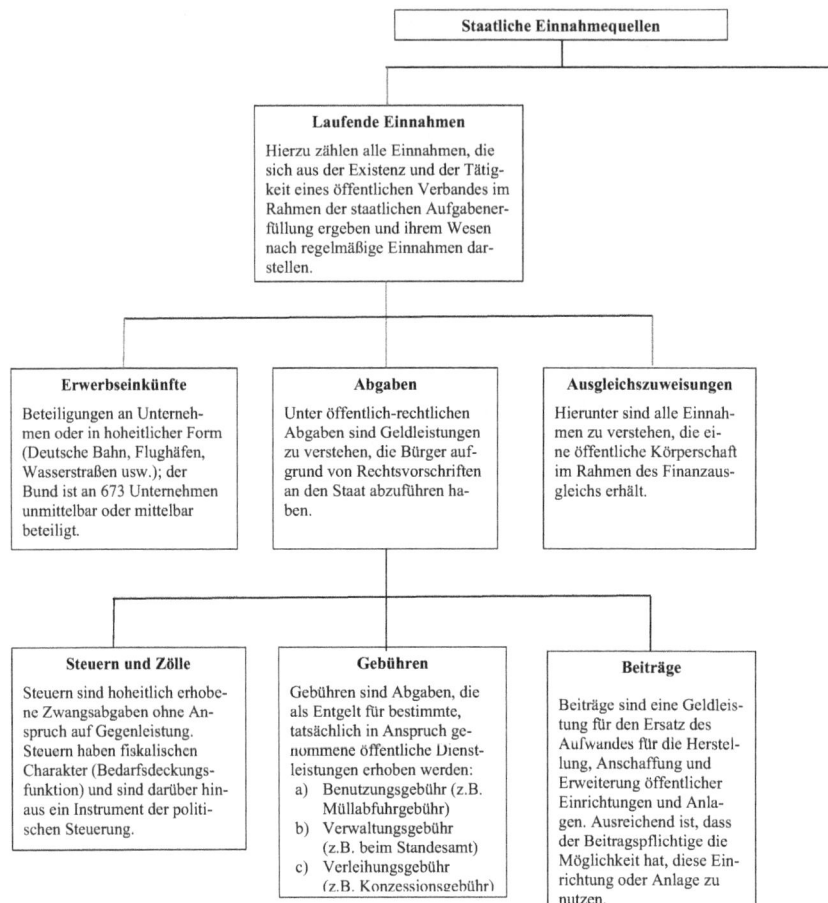

Abbildung 8: Die öffentlichen Einnahmen im Überblick

Laufende Einnahmen

Hierzu zählen alle sonstigen Einnahmen, die sich nicht aus laufenden
Einnahmen zur Deckung der Ausgaben im Rahmen der Aufgabenerfüllung ergeben und ihrem Wesen nach
einmalig sind - unabhängig von ihrer
Häufigkeit.

Öffentliche Kreditaufnahme

Hierunter sind alle im Hpl
veranschlagten Einnahmen aus
Krediten(§ 18 BHO) zu verstehen, die am nationalen oder
internationalen Geld- und
Kapitalmarkt aufgenommen
werden.

Entnahme von Rücklagen

Die Funktion von Rücklagen in
einem kameralen Rechnungswesen ist die Gewährleistung
der rechtzeitige Leistung von
Ausgaben (z.B. Pensionsrücklagen). Rücklagen werden als
Geld- oder Kapitalanlagen am
Kapitalmarkt vorgehalten.

Kassenmäßiger Überschuss

Der Überschuss (oder der
Fehlbetrag) ist der Unterschied zwischen den tatsächlich eingegangenen Einnahmen (Ist-Einnahmen) und den
tatsächlich geleisteten Ausgaben (Ist- Ausgaben).

Münzgewinn

Der Bund prägt deutsche Euro-
Münzen in von ihm beauftragten
Münzstätten aus. Diese Münzen wer-
den von der Deutschen Bundesbank
in den Verkehr gebracht, die dem
Bund den Nennbetrag gutschreibt.
Aus der Differenz der Herstellkosten
und des Nennbetrages ergibt sich der
Münzgewinn.

sonstige

Sonderabgaben sind Abgaben, die
nur einer Gruppe i. d. R als Aus-
gleichsabgabe (z.B. Ausbildungs-
platzabgabe, Abgabe nach dem
Milch- und Fettgesetz, Schwerbe-
hindertenabgabe) oder Branchen-
abgaben auferlegt werden.

B. Gesamtwirtschaftliche Bedeutung der öffentlichen Haushalte

I. Gesamtwirtschaftliche Ziele im Konjunkturverlauf

Das Bund und Ländern durch Art. 109 Abs. 1 GG garantierte Recht, über die 122
Gestaltung ihrer Haushalte frei zu entscheiden (Haushaltsautonomie), erfährt
durch Art. 109 Abs. 2 GG eine gewisse Einschränkung. Dort nämlich heißt es:

> **Bund und Länder** erfüllen gemeinsam die Verpflichtungen der Bundesrepublik
> Deutschland aus Rechtsakten der Europäischen Gemeinschaft […] zur Einhaltung
> der Haushaltsdisziplin und **tragen** in diesem Rahmen **den Erfordernissen des
> gesamtwirtschaftlichen Gleichgewichts Rechnung.**"

Hinter dieser Verfassungsvorschrift steht die Auffassung, dass die öffentlichen
Haushalte auch als Instrument der Wirtschaftspolitik dienen sollen.

Was unter dem „gesamtwirtschaftlichen Gleichgewicht" zu verstehen ist, sagt 123
das Grundgesetz nicht. Die Staatspraxis interpretiert diesen Begriff aber in
Anlehnung an die in § 1 StWG (Stabilitäts- und Wachstumsgesetz) genannten
gesamtwirtschaftlichen Ziele. Danach liegt der Zustand eines gesamtwirtschaftlichen Gleichgewichts vor, wenn die vier Ziele
• **hoher Beschäftigungsstand,**
• **Preisniveaustabilität,**
• **außenwirtschaftliches Gleichgewicht** sowie
• **stetiges und angemessenes Wirtschaftswachstum**

gleichzeitig erreicht sind. Da es aber an Zauberei grenzt, alle vier Ziele gleichzeitig zu realisieren, spricht man im Zusammenhang mit diesem gesamtwirtschaftlichen Zielbündel auch von einem **„magischen Viereck".**

Verletzt werden die gesamtwirtschaftlichen Ziele, wenn **konjunkturelle Störun-
gen** eintreten.

Wie in allen marktwirtschaftlich organisierten Volkswirtschaften tritt auch in der 124
Bundesrepublik Deutschland das Phänomen der Konjunkturzyklen auf. Während
das gesamtwirtschaftliche Produktionspotenzial, also die Produktionskapazität
(das potenzielle Angebot) einer Volkswirtschaft im langfristigen Trend recht ste-
tig gestiegen ist, unterliegt die gesamtwirtschaftliche Nachfrage im Zeitablauf
ausgeprägten Schwankungen. Phasen stark ansteigender Nachfrage nach Gütern
und Diensten (Aufschwung) schlagen sich in einer zunehmenden Auslastung der
Produktionskapazitäten nieder; in einer solchen Phase sinken die Stückkosten
und die Gewinnsituation der Unternehmen verbessert sich sowohl von der
Absatz- als auch von der Kostenseite her sehr deutlich.

Zumindest im fortgeschrittenen Aufschwung wird die starke Nachfrage es immer mehr Unternehmen ermöglichen, Preisanhebungen durchzusetzen (**nachfrageinduzierte Inflationstendenzen**).

125   Expandiert die Nachfrage anhaltend und schnell, gerät die Volkswirtschaft in eine Phase (Hochkonjunktur, Boom), in der die Unternehmen ihre Produktionskapazitäten zur Befriedigung der „überschäumenden" Nachfrage stärker auslasten als dies wirtschaftlich sinnvoll wäre, d. h. sie produzieren nahe an den technischen Grenzen ihrer Produktionsanlagen, wo Energieverbrauch und Verschleiß überproportional zunehmen. Zudem werden zunehmend Überstunden in den Betrieben geleistet und nach und nach auch Neueinstellungen vorgenommen. Als Folge dieser Entwicklung beginnen die Produktionskosten wieder zu steigen, vor allem dann, wenn die Gewerkschaften die verbesserte Beschäftigungssituation und die „explodierenden" Gewinne der Unternehmen zum Anlass nehmen, hohe Lohnforderungen durchzusetzen (kosteninduzierte Inflationstendenzen).

126   Die Unternehmen setzen den Lohnforderungen der Gewerkschaften häufig nur geringen Widerstand entgegen, da sie bei hoher Nachfrageintensität davon ausgehen (können), die gestiegenen Lohnkosten über Preisaufschläge auf die Käufer überwälzen zu können. Auch zusätzliche Gewinnaufschläge sind durchsetzbar, wenn die Produktion mit der Nachfrage nicht Schritt halten kann und die Lieferfristen immer länger werden.

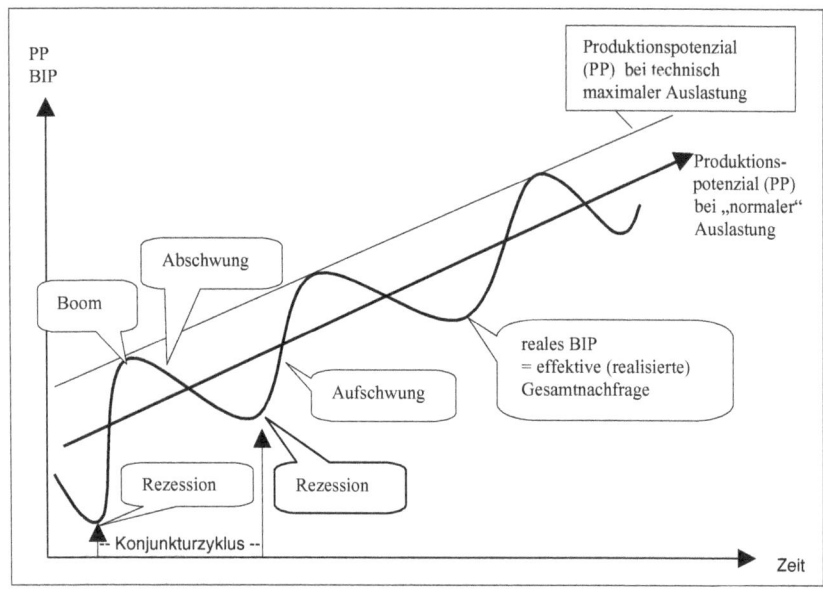

Abbildung 9: Konjunkturschwankungen

Spiegelbildlich verhält es sich, wenn die Wirtschaft, aus welchen Gründen auch   127
immer, aus der Boom-Phase heraus in eine Abschwungsphase einmündet. Die
nachlassende Nachfrage bewirkt, dass die Produktionskapazitäten (Maschinen
wie Mensch) zunehmend unterausgelastet sind. Der nachfragebedingte Druck auf
die Preise lässt nach, doch wird zunehmend das Ziel eines hohen Beschäftigungs-
standes verletzt.

Ein beginnender Abschwungsprozess birgt die Gefahr, sich rasch kumulativ zu   128
verstärken, da „Erwartungsfehler" als Akzelerator (Beschleuniger) wirksam werden: die Unternehmen fürchten die Absatzkrise und schränken aus diesem Pessi-
mismus heraus ihre Investitionsnachfrage stärker ein als es die objektive Absatz-
situation rechtfertigen würde; die Beschäftigten fürchten die Beschäftigungskrise
und erhöhen ihre Spartätigkeit (Vorsichts- oder Angstsparen) zu Lasten ihrer
Konsumnachfrage. Ohne staatliche Eingriffe droht die Rezession, also eine Phase
sehr schwacher Kapazitätsauslastung, häufig verbunden mit einem absoluten
Rückgang der gesamtwirtschaftlichen Aktivität, also des realen Bruttoinlandsprodukts.[33]

In einer solchen Rezessions-Phase ist nicht nur das **Beschäftigungsziel**, sondern
auch das **Ziel eines angemessenen Wirtschaftswachstums** verletzt.

II. Ansatzpunkte staatlicher Stabilisierungspolitik

Vom Staat wird durch Grundgesetz (Art. 109 Abs. 2) und Stabilitätsgesetz (§ 1   129
StWG) verlangt, dass er seine **Haushaltspläne als Instrument der Wirtschaftspolitik** einsetzt, mit dem Ziel, das gesamtwirtschaftliche Gleichgewicht zu erhalten
bzw. wiederherzustellen. Konkrete Handlungsanweisungen lassen sich aus diesen
Normen jedoch nicht ableiten.

War man in Deutschland in der Dekade Mitte der 60er bis Mitte der 70er Jahre
dazu übergegangen, das gesamtwirtschaftliche Gleichgewicht über **antizyklische
Konjunktursteuerung** (auch Globalsteuerung genannt) zu erreichen, wurde in
den beiden folgende Jahrzehnten eine eher angebotsseitige „Steuerung" der Wirtschaft präferiert. Während die Angebotspolitik auf eine mittelfristige Verbesserung der wirtschaftlichen Rahmenbedingungen setzt, zielt die (antizyklische)
Konjunkturpolitik auf eine kurzfristig orientierte Steuerung der Gesamtnachfrage
ab.

Antizyklische, d. h. dem Konjunkturzyklus entgegensteuernde staatliche Stabilisierungspolitik versucht, privaten Nachfrageschwankungen durch staatliche

---

33 Anders als in den USA gibt es in Europa keine einheitliche Definition für Rezession. In
den USA spricht man von Rezession, wenn das reale Bruttoinlandsprodukt in zwei aufeinander folgenden Quartalen schrumpft.

Nachfrage**impulse** entgegenzusteuern. Man spricht daher auch von staatlicher Nachfragepolitik. Eine solche Konjunkturpolitik kann sowohl über die Ausgabe- als auch über die Einnahmeseite des staatlichen Budgets betrieben werden. Das Stabilitäts- und Wachstumsgesetz (StWG) liefert hierfür einen umfangreichen Instrumentenkasten.

130   Wie eine solche **nachfrageseitige Stabilisierungspolitik** aussehen kann, wird anhand der einzelnen Komponenten der Gesamtnachfrage (bzw. des realen Bruttoinlandsprodukts) deutlich:

Grundsätzlich können die in einer Volkswirtschaft produzierten Güter für drei Zwecke verwendet bzw. nachgefragt werden. Sie können
1. von Inländern **konsumiert** werden,
2. von Inländern **investiert,** d. h. produktiv verwendet werden und sie können
3. ins Ausland **exportiert** werden.

Werden Güter exportiert, stehen sie für die binnenwirtschaftliche Verwendung nicht mehr zur Verfügung. Auf der anderen Seite stehen den Inländern nicht nur die in der eigenen Volkswirtschaft produzierten Güter zur Verfügung, sondern auch die Güter, die aus dem Ausland **importiert** werden.

131   Formal lässt sich dieser Sachverhalt wie folgt darstellen:

$$
\underset{\substack{\text{inländische} \\ \text{Produktion}}}{Y} \quad + \quad \underset{\substack{\text{Teil der ausländischen} \\ \text{Produktion}}}{Imp} \qquad = \qquad C \; + \; I \; + \; Ex
$$

$$
\underbrace{\hspace{5cm}}_{\substack{\textit{Herkunft} \text{ der zur Verfügung} \\ \text{stehenden Güter}}} \qquad \underbrace{\hspace{5cm}}_{\substack{\textit{Verwendung} \text{ dieser Güter} \\ (= \text{volkswirtschaftliche Endnachfrage})}}
$$

132   Die hier verwendeten üblichen Symbole sind häufig dem englischen Sprachgebrauch entnommen:

Y = Inlandprodukt (Y steht für „yield" = Ertrag, Ergebnis)
Imp = Import
C = Konsum („consumption")
I = Investition
Ex = Export

133   Da nun i. d. R. das **im Inland erzielte Produktionsergebnis** (Y) Gegenstand der Analyse ist, ist die Gleichung umzuformulieren, sind die Importe also auf die rechte Seite der Gleichung zu bringen:

$$
Y = C + I + \underbrace{Ex - Imp}_{\text{Außenbeitrag}}
$$

Der Saldo aus Exporten und Importen heißt auch **Außenbeitrag**. Berücksichtigt man, dass nicht nur die privaten Haushalte konsumieren, sondern auch der Staat, so kann der Konsum (C) in den privaten Verbrauch (C_{priv}) und den staatlichen Verbrauch (C_{St}) aufgeteilt werden.

Das Bruttoinlandsprodukt lässt sich dann über die Verwendungsseite wie folgt ermitteln:

Privater Verbrauch (C_{priv})

+ Staatsverbrauch (C_{St})

+ Bruttoinvestitionen, privat + staatlich (I)

   ⇨ Anlage-Investitionen = Ausrüstungen + Bauten)

   ⇨ Vorrats-Investitionen (Lagerinvestitionen)

+ Export – Import (Ex – Imp)

= Bruttoinlandsprodukt (Y)

Aus analytischen Zwecken, insbesondere wenn es um konjunkturpolitische Analysen geht, kann es sinnvoll sein, den privaten und den staatlichen Bereich scharf abzugrenzen. Man muss dann nicht nur beim Konsum, sondern auch bei den Investitionen zwischen privater und staatlicher Verwendung trennen:

$$Y = C_{priv} + \underbrace{C_{St} + I_{St}}_{^{C+I}A_{St} \, = \, Staatsnachfrage} + I_{priv} + Ex - Imp$$

Fasst man den Staatsverbrauch (C_{St}) und die staatlichen Investitionen (I_{St}) zu der Größe „**Ausgaben des Staates für Konsum und Investitionen**" ($^{C+I}A_{St}$), also zur gesamten Staatsnachfrage, zusammen, erhält man die folgende Gleichung:

$$Y = C_{priv} + I_{priv} + {}^{C+I}A_{St} + (Ex - Imp)$$
⇩
BIP = Gesamtnachfrage mit seinen 4 Komponenten

Steht Y für das Bruttoinlandsprodukt, so ergibt diese Gleichung die volkswirtschaftliche **Gesamtnachfrage** mit ihren vier Komponenten. Die Gleichung wird auch als **1. Keynes'sche Gleichung** bezeichnet.

Die Verwendungsrechnung des Bruttoinlandsprodukts zeigt wichtige Ansatzpunkte für die Finanzpolitik auf. Die Verwendungs- oder Nachfragegleichung macht deutlich:

(1) **Der Staat ist selbst Nachfrager** ($^{C+I}A_{St}$), d. h. er kann die Gesamtnachfrage (das BIP) **unmittelbar** durch Erhöhung oder Senkung seiner Konsum- und/oder

Investitionskäufe beeinflussen. Dadurch verändert sich auch die tatsächliche Auslastungs- und Beschäftigungssituation in den Unternehmen;

(2) Der Staat kann die Gesamtnachfrage auch **mittelbar** (indirekt) beeinflussen, indem er

- durch **Variationen von Transferausgaben** (Sozialleistungen, Subventionen wie z. B. Investitionszulagen) oder
- durch **Variation der Steuersätze**

die Kaufkraft der privaten Haushalte bzw. die Liquidität der privaten Unternehmen beeinflusst, so dass diese in die Lage versetzt werden, ihre Konsum-(C_{priv}) bzw. Investitionsnachfrage (I_{priv}) in gewünschter Richtung zu ändern. Die Abbildung 10 verdeutlicht diesen Zusammenhang.

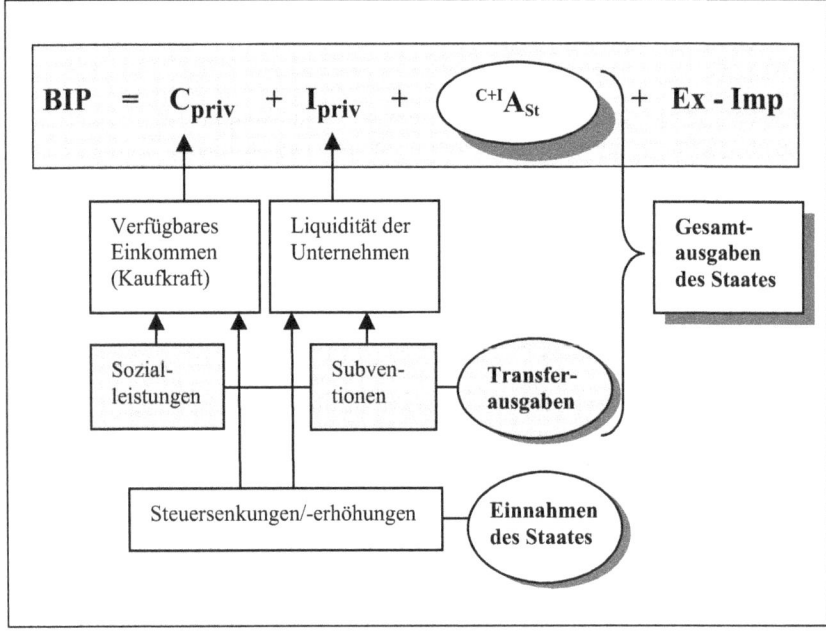

Abbildung 10: Ansatzpunkte der staatlichen Konjunkturpolitik

III. Wirkungsweise des konjunkturpolitischen Instrumentariums

Die Wirkungen der indirekten Maßnahmen (Transfers, Steuern) sind unsicherer als die von Variationen der Staatsnachfrage, da die Nachfrageeffekte von der Einkommensverwendung der privaten Wirtschaftssubjekte abhängen.   134

Für den Fall einer Steuersenkung zur Stimulierung der Konjunktur bedeutet dies: Werden die privaten Haushalte ihr höheres Einkommen nicht zum Teil sparen, zum Teil auch für den Kauf von Importgütern verwenden? In beiden Fällen erfahren die heimischen Unternehmen keine Absatzsteigerung, Nachfrage „versickert". Eine gewisse Kompensation des Nachfrageausfalls (nach Konsumgütern) könnte nur dann eintreten, wenn das durch die gestiegene Spartätigkeit erhöhte Angebot an Kapital zu Zinssenkungen am Kapitalmarkt führt und damit die Nachfrage nach Investitionsgütern (I_{priv}) anregt. Aber: kommt es in der Rezession, in der die Lage am Kapitalmarkt aufgrund allgemein nachlassender Kreditwünsche ohnehin entspannt ist, wirklich zu nennenswerten Zinssenkungen und ist die Investitionsnachfrage in einer solchen Situation wirklich so zinsreagibel?   135

Wie reagieren die privaten Unternehmen auf eine Steuersenkung? Werden sie die erhöhte Liquidität wirklich für mehr Investitions-Nachfrage (I_{priv}) nutzen oder werden sie angesichts einer schwachen Auslastung bestehender Kapazitäten eher Anlagen ins Geldvermögen tätigen? Nehmen sie Rationalisierungs-Investitionen vor, tritt zunächst die gewünschte Nachfrage- und Beschäftigungswirkung im Investitionsgüter produzierende Gewerbe ein, die über den Einkommenszuwachs und seiner Verausgabung noch multiplikativ verstärkt werden könnte; nach Installation der Rationalisierungs-Investitionen im Betrieb wird es dann zu Freisetzungen und Einkommensausfällen kommen. Welcher Nettoeffekt stellt sich aus kurzfristig-konjunktureller Sicht ein?   136

Variationen der Staatsausgaben für die Käufe von Konsum- und/oder Investitionsgütern (Realausgaben) sind in ihren kurzfristigen Nachfragewirkungen sicher, sie kommen in voller Höhe bei den Unternehmen an. Durch die verbesserte Absatz-, Auslastungs- und Beschäftigungssituation im Falle einer expansiven Fiskalpolitik können sich auch die Absatz- und Beschäftigungserwartungen der privaten Wirtschaftssubjekte stabilisieren. Zumindest ist es wahrscheinlich, dass überzogene, objektiv durch die wirtschaftliche Entwicklung nicht gerechtfertigte Ängste („Erwartungsfehler") durch die tatsächliche Verbesserung der Lage korrigiert werden.   137

Staatliche Nachfrage**impulse**, gepaart mit einer Stabilisierung der Absatz-, Einkommens- und Beschäftigungserwartungen, sind die Crux der Fiskalpolitik. Es war noch niemals Ziel staatlicher Nachfragepolitik, den gesamten privaten Nachfrageausfall zu kompensieren.

138 Von Bedeutung ist, dass zusätzliche Staatsausgaben (Nachfrageimpulse) nicht nur in ihrer tatsächlichen Höhe für zusätzliche Nachfrage sorgen. Die durch staatliche Aufträge veranlassten Einkommenssteigerungen bei privaten Haushalten führen bei diesen zu höheren Konsumausgaben, was zusätzliche Aufträge und Einkommen an anderer Stelle verursacht. Produktion und Volkseinkommen wachsen weiter. Dieser sich fortsetzende Multiplikatoreffekt kann im fortgeschrittenen Aufschwung noch verstärkt werden, wenn die Unternehmungen durch die erhöhte Konsumgüter-Nachfrage veranlasst werden, Erweiterungsinvestitionen vorzunehmen. Dieser Akzeleratoreffekt (Beschleunigungseffekt über die induzierte Investitionsnachfrage) bringt eine weitere Zunahme von Produktion und Volkseinkommen mit sich.

Die Höhe der Multiplikator- und ggf. Akzelerator-Wirkungen ist freilich ungewiss; sie hängt entscheidend davon ab, inwieweit es gelingt, die Absatz-, Einkommens- und Beschäftigungserwartungen von Produzenten und Konsumenten zu stabilisieren und zu verbessern.

139 Wurde in der Bundesrepublik Mitte der 60er bis Mitte der 70er Jahre noch stark auf die Wirksamkeit der Konjunkturpolitik über die öffentlichen Haushalte (Fiskalpolitik) vertraut, so ist in den Jahren danach die kurzfristig ausgerichtete Fiskalpolitik zunehmend in Misskredit geraten, vor allem weil sie zu einem starken Anstieg der **Staatsverschuldung geführt** hat.

> Es ist unbestritten, dass Ausgabensenkung und Steuererhöhung per se kontraktiv (bremsend), Ausgabenerhöhung und Steuersenkung per se expansiv wirken. Freilich muss bei allen Maßnahmen auch deren **Finanzierung** mit in die Wirkungsanalyse einbezogen werden.

140 Als **Finanzierungsquellen expansiver Maßnahmen** kommen grundsätzlich in Betracht:
• Steuererhöhungen oder
• Kredite.

141 **Steuererhöhungen** sind in Rezessionsphasen wenig sinnvoll, da sie den privaten Haushalten und den Unternehmen Kaufkraft bzw. Liquidität entziehen und damit die expansiven Maßnahmen wieder (weitgehend) kompensieren.

142 Eine (zusätzliche) öffentliche **Kreditaufnahme** (deficit spending) ist daher in Rezessionsphasen die einzig sinnvolle Finanzierungsart, da mit ihr kein direkter Entzugseffekt (kein Kaufkraftentzug) bei den Privaten verbunden ist.

Allerdings ist auch eine **Kreditfinanzierung** konjunkturpolitischer Maßnahmen nicht in jedem Falle ohne negative Rückwirkung auf die private Nachfrage möglich. Indirekte **Entzugs- bzw. Verdrängungseffekte** (Crowding-out-Effekte) sind denkbar, wenn

- die erhöhte staatliche Nettokreditaufnahme auf ein begrenztes Geldangebot stößt, so dass es zu Zinssteigerungen und damit zur Verdrängung privater Investitionen kommt (zinsbedingtes Crowding-out);
- die privaten Marktteilnehmer mit der erhöhten öffentlichen Nettokreditaufnahme Erwartungen verbinden, die hemmend auf die Konsum- und Investitionsneigung wirken. Denkbar wäre, dass die privaten Haushalte und Unternehmen wegen der steigenden Staatsverschuldung baldige Steuererhöhungen oder Kürzungen von Sozialtransfers oder Subventionen befürchten und deshalb als Reaktion auf die erhöhte staatliche Kreditaufnahme bereits heute Vorsorge zu Lasten ihrer aktuellen Konsum- und Investitionsnachfrage treffen (erwartungsbedingtes oder psychologisches Crowding-out).

IV. Nationale Schuldenbremse und europäischer Fiskalpakt

In Deutschland ist es in den 90er Jahren im Zuge der Finanzierung der Deutschen Einheit zu einem extensiven Anstieg der öffentlichen Verschuldung gekommen. Danach setzte eine Konsolidierungsphase ein mit (nahezu) ausgeglichenen Staatshaushalten in den Jahren 2007 und 2008. Die weltweite Finanz- und Wirtschaftskrise der Jahre 2008/2009 führte auch in Deutschland zu einem drastischen Wachstumseinbruch (Rückgang des realen BIP um 5,6 % im Jahr 2009), dem die Bundesregierung mit hochdimensionierten Konjunkturprogrammen (Abwrackprämie, Konjunkturprogramme I und II, …) entgegensteuerte. Konjunkturbedingte Steuermindereinnahmen und Mehrausgaben sowie eine stark expansiv ausgerichtete Fiskalpolitik ließen die Neuverschuldung des Staates ungeahnte Ausmaße annehmen. Allein im Jahre 2009 belief sich das öffentliche Finanzierungsdefizit auf 90 Mrd. €, 2010 waren es noch einmal knapp 80 Mrd. €. Um das Vertrauen der Märkte nicht zu verlieren und psychologisch bedingte Crowding-Out-Effekte auszulösen, wurde gleichzeitig mit den Konjunkturprogrammen eine sogenannte Schuldenbremse beschlossen. Nach den zum 1.1.2011 in Kraft getretenen neuen **Schuldenregeln** der Art. 109 Abs. 3 und Art. 115 Abs. 2 GG dürfen die Länder ab 2020 grundsätzlich keine neuen Kredite mehr aufnehmen, beim Bund liegt die jährliche Neuverschuldungsgrenze (strukturelles Defizit) bei 0,35 % des BIP. Um eine aktive Konjunkturpolitik nicht zu behindern, lässt das Grundgesetz im Falle von Konjunktureinbrüchen Ausnahmen von der Verschuldungsgrenze zu, verlangt aber, dass über den Konjunkturverlauf hinweg ein Ausgleich erfolgt.   143

Auch in anderen **europäischen Ländern** hat die Finanz- und Wirtschaftskrise der Jahre 2008/09 und die damit verbundene Rettung „systemrelevanter" Banken zu einer ausufernden Staatsverschuldung geführt, die das gesamte Währungssystem, also den Bestand des Euro als gemeinsames Zahlungsmittel gefährdete. Eine gemeinsame Währung, in der es naturgemäß keine Auf- und Abwertungen der   144

nationalen Währungen mehr gibt, kann nur funktionieren, wenn die beteiligten Mitgliedstaaten eine weitgehend abgestimmte Finanz- und Wirtschaftspolitik betreiben. Im Maastricht-Vertrag von 1992 wurden daher sogenannten Konvergenzkriterien für den Beitritt eines Landes zur Währungsunion (Euro-Raum) festgelegt:
1. Stabiles Preisniveau,
2. Stabile langfristige Zinssätze,
3. Stabile Wechselkurse,
4. Obergrenze für das jährliche staatliche Defizit,
5. Obergrenze für den öffentlichen Schuldenstand.

Die beiden zuletzt genannten fiskalpolitischen Kriterien wurden dann wie folgt konkretisiert:
*   **Defizitquote:** das gesamtstaatliche Finanzierungsdefizit eines Mitgliedstaates darf 3 % des BIP nicht überschreiten;
*   **Schuldenstandsquote:** der Schuldenstand eines Mitgliedstaates darf 60 % des BIP nicht überschreiten.

145   Damit die Haushaltsdisziplin auch **nach Beitritt** in die Währungsunion gewährleistet bleibt, haben die Staats- und Regierungschefs der EU 1997 den europäischen **Stabilitäts- und Wachstumspakt** (SWP) beschlossen, durch den alle Mitgliedsstaaten dazu verpflichtet werden, mittelfristig einen **strukturell ausgeglichenen oder überschüssigen Staatshaushalt** zu erreichen. Als Obergrenze für das jährliche Haushaltsdefizit und den Schuldenstand wurden die **Maastricht-kriterien** (Defizitquote maximal 3 % des BIP, Schuldenstandsquote maximal 60 % des BIP) festgeschrieben. Höhere Defizite werden nur zeitlich begrenzt und in begründeten Ausnahmefällen, z. B. im Falle schwerer Rezessionen oder Naturkatastrophen, zugelassen. Zudem wurden Sanktionsmaßnahmen für „Defizitsünder" installiert, die jedoch durch eine entsprechende Mehrheit des Rates beschlossen werden muss.

146   Die weltweite Finanz- und Wirtschaftskrise 2008/09 hatte in allen Staaten die jährlichen Defizite und damit auch die **öffentlichen Schuldenstände** erheblich nach oben gedrückt. Im EU-Raum insgesamt hat sich die Schuldenstandsquote in den Jahren 2008 bis 2012 um mehr als 10 %-Punkte auf nunmehr 90,6 % des BIP erhöht, in Deutschland ergab sich in diesem kurzen Zeitraum ein Anstieg von 66,0 % auf 81,9 % des BIP. Damit die Mitgliedstaaten der Eurozone ihre Schuldenstandsquote wieder dauerhaft zurückführen, wurde 2011 der Stabilitäts- und Wachstumspakt verschärft und um einen **Schuldenabbaupfad (1/20-Regelung)** ergänzt. Danach kann das Defizitverfahren nicht nur ausgelöst werden, wenn das jährliche Defizit 3 % des BIP übersteigt, sondern auch dann, wenn
1.   die Schuldenstandsquote eines Mitgliedstaates 60 % des BIP übersteigt *und*
2. a) die Referenzüberschreitung (Wert der aktuellen Schuldenstandsquote minus 60 % des BIP) in den drei vorangegangenen Jahren nicht um durchschnittlich mindestens 1/20 pro Jahr reduziert wurde oder

2. b) keine Reduktion in dieser Höhe für das letzte Jahr mit verfügbaren Angaben und die beiden Folgejahre von der Europäischen Kommission prognostiziert wird.[34]

Mit der Verschärfung des Stabilitäts- und Wachstumspaktes wurde auch an einem europäischen Fiskalpakt gearbeitet, mit dem die jährlichen Defizite auf europäischer Ebene nach dem Muster der deutschen Schuldenbremse des GG mittelfristig und dauerhaft begrenzt werden sollte. In dem am 2.3.2012 von allen EU-Staaten mit Ausnahme Großbritanniens und der Tschechischen Republik unterzeichneten „**Fiskalvertrag**" (Vertrag über Stabilität, Koordinierung und Steuerung in der Wirtschafts- und Währungsunion) verpflichten sich die Vertragsstaaten zur Umsetzung innerstaatlicher und dauerhaft verbindlicher Fiskalregeln, möglichst auf Verfassungsebene. Der Fiskalvertrag, der zum 1.1.2013 in Kraft gesetzt wurde, bezieht sich auf das strukturelle, also um Konjunktureinflüsse bereinigte Defizit, das in der Regel 0,5 % des BIP nicht überschreiten darf. Lediglich für Mitgliedstaaten, deren Schuldenstandsquote 60 % des BIP erheblich unterschreitet, wird die Obergrenze des gesamtstaatlichen Defizits auf 1 % des BIP festgesetzt. **147**

Da auch auf europäischer Ebene die Fiskalregel auf das strukturelle Defizit abstellt, wird staatliche Konjunkturpolitik nicht behindert. Im Falle eines Konjunktureinbruchs darf neben das strukturelle auch ein konjunkturelles Defizit treten, was das Gesamtdefizit entsprechend erhöht. Allerdings wären solche konjunkturellen Defizite durch konjunkturbedingte Überschüsse in Phasen guter Konjunktur wieder zu tilgen, was ja dem Geist einer (symmetrisch angelegten) antizyklischen Konjunkturpolitik durchaus entspricht. **148**

V. Gesamtwirtschaftliche Bedeutung der öffentlichen Haushalte (Kurzfassung)

Die in Art. 109 Abs. 1 GG vorgeschriebene Haushaltsautonomie von Bund und Ländern wird durch Abs. 2 insofern eingeschränkt, als Bund und Länder verpflichtet werden, mit ihrer Haushaltsgestaltung den Erfordernissen des gesamtwirtschaftlichen Gleichgewichts Rechnung zu tragen. Ein solcher Auftrag erfordert eine Koordination der Haushalte von Bund und Ländern; auch die Gemeindehaushalte sind nach § 16 StWG einzubeziehen; **149**

Unter dem **gesamtwirtschaftlichen Gleichgewicht** versteht man einen Zustand, bei dem die **vier Ziele des § 1 StWG** – hoher Beschäftigungsstand, Preisniveau- **150**

---

34 Vgl. BMF, Fiskalregeln, Beitrag vom 12.01.2017, www.bundesfinanzministerium.de/ Content/DE/Standardartikel/Themen/Oeffentliche_Finanzen/Fiskalregeln/nationale-europaeische-Fiskalregeln.htlm#Schuldenbremse, Stand 29.01.2017.

stabilität, außenwirtschaftliches Gleichgewicht, stetiges und angemessenes Wirtschaftswachstum – gleichzeitig erreicht sind.

151   Zur Erhaltung oder Wiederherstellung des gesamtwirtschaftlichen Gleichgewichts ist stabilisierende (also nicht prozyklisch wirkende) Haushaltspolitik unerlässlich. Die Eignung antizyklischer Haushaltspolitik ist umstritten:

152   • Bei **stabilisierender** Haushaltspolitik sind konjunkturbedingte Steuerausfälle und Mehrausgaben ohne Kompensation hinzunehmen: der Haushalt hat also bewusst Defizite in Kauf zu nehmen.

153   • Bei **antizyklischer** Haushaltspolitik steigen diese Defizite in Abschwungs- oder Rezessionsphasen weiter an, da über gezielte Mehrausgaben und/oder Steuersenkungen dem Konjunkturverlauf aktiv gegengesteuert wird.

   • Konjunkturbedingte Mehreinnahmen in Phasen der Hochkonjunktur dürfen nicht für zusätzliche Ausgaben genutzt werden; sie sollten zum Schuldenabbau oder für Rücklagen genutzt werden.

Jährlicher Haushaltsausgleich (im materiellen Sinn) ist bei wirtschaftspolitischem Einsatz des Haushalts nicht möglich. Haushaltsausgleich kann nur als überzyklisches Ziel verfolgt werden.

Auch eine mittelfristig orientierte Angebotspolitik kommt ohne stabilisierende Haushaltspolitik nicht aus. Prozyklische Haushaltspolitik ist immer schädlich.

154   Die **Finanz- und Wirtschaftskrise** 2008/09 hat weltweit zu einem kräftigen Anstieg der jährlichen Defizite und des öffentlichen Schuldenstandes geführt. Um die Staatsfinanzen mittelfristig wieder in den Griff zu bekommen, wurden

   • in Deutschland die sogenannte **Schuldenbremse** in das GG aufgenommen. Danach dürfen grundsätzlich die Länder ab 2020 gar keine neuen Kredite aufnehmen, beim Bund wurde die Obergrenze des strukturellen Defizits ab 2016 auf 0,35 % des BIP festgelegt;

   • auf EU-Ebene zum 1.1.2013 der **Fiskalvertrag** in Kraft gesetzt, der die Vertragsländer verpflichtet, Regelungen zur Begrenzung des öffentlichen Defizits in nationales Recht umzusetzen. Das strukturelle Defizit darf danach 0,5 % des BIP grundsätzlich nicht überschreiten. Zudem wurde der Stabilitäts- und Wachstumspakt verschärft. Sanktionen dürfen auch gegen diejenigen Staaten eingeleitet werden, die ihre Schuldenstandsquote nicht sukzessive auf 60 % des BIP zurückführen (1/20-Regel).

Neben die strukturellen Defizite können sowohl auf nationaler Ebene als auch auf EU-Ebene konjunkturelle Defizite treten, so dass staatliche Konjunkturpolitik möglich bleibt. Eine konjunkturell bedingte Kreditaufnahme ist bei guter Konjunktur wieder zu tilgen. Konjunkturpolitik erfolgt symmetrisch.

C. Haushaltsrecht und Haushaltssystematik

Der öffentliche Haushalt ist ein politisches und spätestens seit der Finanzreform   **155**
von 1969 eindeutig auch zu einem ökonomischen Steuerungsinstrument geworden. Gleichwohl vollzieht sich die öffentliche Haushaltswirtschaft in einem
strengen rechtlichen Rahmen. Sowohl bei der Aufstellung des Haushaltsplans als
auch später, während seiner Ausführung, sind Gesetze, Rechtsverordnungen,
Verwaltungsvorschriften und Erlasse zu beachten.

Jeder, der „mit Haushalt zu tun hat", muss sich durch den Rechtsdschungel hin-
durch schlagen. Zuweilen wissen selbst erfahrene Praktiker nicht immer sofort, wo
sie für ein konkretes Problem eine Lösung hernehmen, die einer späteren Überprü-
fung Stand hält. Das Haushaltsrecht ist nicht gerade anwenderfreundlich!

Wir wollen im Folgenden die wichtigsten Rechtsvorschriften nennen, deren
Inhalt grob kennzeichnen und bereits hier ein paar Hinweise für die praktische
Handhabung geben. Exemplarisch soll dabei das Haushaltsrecht des Bundes
herangezogen werden; für die Landeshaushalte – soweit sie kameral geführt werden gelten die Rechtsvorschriften entsprechend.

I. Rechtsgrundlagen

Die Einzelheiten des Bundeshaushaltsrechts ergeben sich aus einer Fülle von   **156**
Gesetzen, Rechtsverordnungen, Verwaltungsvorschriften und Erlassen.

1. Gesetze

- **Grundgesetz (GG)**, insbesondere der X. Abschnitt „Das Finanzwesen":   **157**
  - Art. 104a bis 109: Finanzverfassung: regelt die Kompetenzverteilung
    zwischen Bund und Ländern auf dem Gebiet der Finanzwirtschaft,
  - Art. 110 bis 115: Haushaltsverfassung des Bundes;

- **Gesetz zur Förderung der Stabilität und des Wachstums der Wirtschaft**   **158**
  (Stabilitäts- und Wachstumsgesetz – StWG) vom 8.6.1967 (BGBl. I S. 582),
  zuletzt geändert durch Gesetz vom 31.10.2006 (BGBl. I S. 2407):
  - Definition der wirtschaftspolitischen Ziele („magisches Viereck"),
  - Instrumente zur Erreichung der wirtschaftspolitischen Ziele;

- **Gesetz über die Grundsätze des Haushaltsrechts des Bundes und der**   **159**
  Länder (Haushaltsgrundsätzegesetz – HGrG) vom 19.8.1969 (BGBl. I
  S. 1273), zuletzt geändert durch Gesetz vom 15.7.2013 (BGBl. I S. 2398):

- für Bund und Länder gemeinsam geltende Grundsätze für die Aufstellung und Ausführung des Haushaltsplans sowie das Kassen- und Rechnungswesen,
- aus diesem Rahmengesetz leiten der Bund die Bundeshaushaltsordnung (BHO) und die Länder ihre jeweiligen Landeshaushaltsordnungen (LHO) ab,
- mit dem Gesetz zur Modernisierung des Haushaltsgrundsätzegesetzes (Haushaltsgrundsätzemodernisierungsgesetz – HGrGMoG) vom 31.7.2009 (BGBl. I S. 2580) wurde die Möglichkeit zur **Koexistenz unterschiedlicher Systeme des Rechnungswesens und der Haushaltsdarstellung** geschaffen (neben der bislang zwingend vorgeschriebenen Kameralistik nunmehr auch Doppik, erweiterte Kameralistik, produktorientierte Haushalte, Produkthaushalte). Die Novellierung sollte ein Mindestmaß an Einheitlichkeit gewähren;

160 • **Bundeshaushaltsordnung (BHO)** vom 19.8.1969 (BGBl. I S. 1284), zuletzt geändert durch Art. 8 des Gesetzes zur Neuorganisation der Zollverwaltung vom 3.12.2015 (BGBl. I S. 2178):
grundlegende Vorschriften über die Aufstellung und Ausführung des Bundeshaushaltsplans sowie die Kassen- und Buchführung, die Rechnungslegung und Rechnungsprüfung bei der bundesunmittelbaren Verwaltung, den bundesunmittelbaren juristischen Personen des öffentlichen Rechts und den Sondervermögen;

Beachte: Die Bestimmungen der BHO sind zusammen mit den dazu ergangenen **Verwaltungsvorschriften** (VV-BHO) zu lesen.

161 • Das jährliche **Haushaltsgesetz (HG)** des Bundes:
- Feststellung des Haushaltsplans und generelle Ausgabeermächtigung,
- Kreditermächtigung,
- Ermächtigungen an den Bundesminister der Finanzen zur Übernahme von Bürgschaften, Garantien oder sonstigen Gewährleistungen,
- zeitlich begrenzte Änderungen des Haushaltsrechts;
- Regelungen zur Flexibilisierung der Bewirtschaftung,
- Regelungen zur Personalbewirtschaftung etc.;

162 • **Gesetz über den Bundesrechnungshof** (Bundesrechnungshofgesetz – BRHG) vom 11.7.1985 (BGBl. I S. 1445), zuletzt geändert durch Art. 15 Abs. 82 des Gesetzes vom 5.2.2009 (BGBl. I S. 160):
grundlegende Regelungen über Stellung, Organisation und Arbeitsweise des Bundesrechnungshofs;

163 • **Gesetz zur Errichtung eines Stabilitätsrates und zur Vermeidung von Haushaltsnotlagen** (Stabilitätsratsgesetz – StabiRatG) vom 10.8.2009

(BGBl. I S. 2702), zuletzt geändert durch Art. 33 der Verordnung vom 31.8.2015 (BGBl. I S. 1474):
- Einrichtung eines Gremiums von Bund und Ländern, das seit dem Jahr 2010 regelmäßig die Finanzlage von Bund und Ländern prüft und im Falle von drohenden Haushaltsnotlagen Sanierungsmaßnahmen vorschlägt und vereinbart.
- Hintergrund ist die Schuldenregel des Grundgesetzes (Art. 109 Abs. 3, Art. 115 GG).

2. Rechtsverordnungen und Verwaltungsvorschriften

- **Allgemeine Verwaltungsvorschriften zur Bundeshaushaltsordnung (VV-BHO)** vom 14.3.2001 (GMBl. 2001 S. 307), zuletzt geändert durch RdSchr. d. BMF vom 14.12.2016 – IIA2-H1005/13/10014: 001, DOK 2016/1134697: Interne Ausführungsbestimmungen zu den einzelnen Paragraphen der BHO, um eine einheitliche Handhabung des Haushaltsrechts in allen Bundesbehörden zu gewährleisten;   **164**

- **Verwaltungsvorschriften zur Haushaltssystematik des Bundes (VV-HS)**, bestehend aus   **165**
  - **Gruppierungsplan**: dient der Titel-Einteilung nach ökonomischen Aspekten,
  - **Funktionenplan**: Gliederung des Haushaltsplans nach Aufgaben,
  - **Haushaltstechnische Richtlinien des Bundes (HRB)**: Vorschriften zur einheitlichen Gestaltung des Haushaltsplans, z. B. Festtitel, Darstellung und Formulierung der Haushaltsvermerke, Planstellen usw.;

Die VV-HS sind hauptsächlich für die an der Haushaltsaufstellung beteiligten Stellen von Bedeutung.

- **Kassenbestimmungen für die Bundesverwaltung (KBestB)**; Neufassung aufgrund der Neustrukturierung der Bundeskassen vom 5.3.2012 (GMBl S. 282), Stand 9.3.2016: Vorschriften über die Einrichtung der Kassen, die Zahlung und Buchführung durch die Kassen sowie über Kassenprüfungen;   **166-167**

- die jährlichen **Verwaltungsvorschriften über die Haushalts- und Wirtschaftsführung**: konkrete Vorschriften zur praktischen Haushaltsführung durch das BMF;   **168**

- ggf. die **Verwaltungsvorschriften über die vorläufige Haushaltsführung**: das BMF regelt auf der Grundlage des Art. 111 GG, wie konkret zu verfahren ist, sollte der Haushaltsplan nicht vor Beginn eines Haushaltsjahres festgestellt sein (Vorschriften für die „haushaltslose" Zeit);   **169**

170 • **Sonstige Verwaltungsvorschriften/(Rund-) Erlasse des BMF sowie des jeweiligen Ministeriums**, z. B. zur Haushaltsaufstellung, zur Flexibilisierung des Haushaltsvollzugs etc.

II. Entwicklung des Haushaltsrechts

171 Noch bis in das Jahr 2009 hinein schrieb das Haushaltsgrundsätzegesetz (HGrG) für Bund und Länder die kamerale Gestaltung des Haushalts- und Rechnungswesens zwingend vor. Erst mit der Novellierung dieses Gesetzes durch das Haushaltsgrundsätzemodernisierungsgesetz (HGrGMoG) vom 31.7.2009 wurde die Möglichkeit eröffnet, statt einer kameralen Haushaltsführung die Doppik einzuführen oder auf eine wie immer erweiterte Kameralistik umzustellen oder produktorientierte Haushalte bzw. Produkthaushalte zu erstellen.

172 Während sich im kommunalen Bereich eine Umstellung des Haushaltswesens von der traditionellen (einfachen) Kameralistik hin zur **kaufmännischen Buchführung (Doppik)** schon seit längerem vollzieht und auch schon weit fortgeschritten ist, erweist sich der Reformstand von Bundesland zu Bundesland noch als sehr unterschiedlich. So haben sich etwa die Länder Bremen, Hamburg, Hessen und Nordrhein-Westfalen ebenfalls für die Doppik in ihren Landesverwaltungen entschieden, während die anderen Länder eine erweiterte Kameralistik eingeführt haben.[35] Von einer **„erweiterten Kameralistik"** kann gesprochen werden, wenn zwar das öffentliche Haushalts- und Rechnungswesen im Kern kameralistisch bleibt (d. h. Planung und Rechnungslegung erfolgen anhand von Einnahmen und Ausgaben), jedoch um betriebswirtschaftliche Elemente, wie z. B. die Kosten- und Leistungsrechnung (KLR) oder eine Vermögensrechnung, ergänzt wird.

173 Auch der **Bund** stellt sukzessive auf eine erweiterte, oder wie es dort heißt: eine **„Moderne Kameralistik"** um. Zur Ermittlung des Reformbedarfs des Bundes und zur Erarbeitung entsprechender Konzepte, hatte das Bundesministerium der Finanzen im Oktober 2006 eine Projektgruppe „Modernisierung des Haushalts- und Rechnungswesens" (Projektgruppe MHR) eingerichtet, die im Juli 2008 ein Grobkonzept und im Juni 2009 ein detailliertes Feinkonzept vorgelegt hatte. Das Feinkonzept enthielt als Kernelemente den Aufbau eines Produkthaushalts, die flächendeckende Etablierung der KLR und die Erstellung einer umfassenden Vermögensrechnung. Das Projekt MHR (Modernisierung des Haushalts- und Rechnungswesens) wurde dann aber im Jahr 2010 neu ausgerichtet. Nicht weiter verfolgt wurde insbesondere der Aufbau eines Produkthaushalts, womit ein zen-

---

35 Über den jeweils aktuellen Stand der Haushaltsreform in den einzelnen Bundesländern sowie auch des Bundes informiert regelmäßig das Internetportal HaushaltsSteuerung.de: http://www.haushaltssteuerung.de/haushaltsreform-Bund.html.

trales Modernisierungsvorhaben eingestellt wurde. Einige Elemente des Feinkonzepts wurden gleichwohl umgesetzt. Wir werden darauf noch eingehen. Unverändert beibehalten wurde bei der erfolgten Umstellung aber die gewohnte Haushaltsstruktur (mit Einzelplan, Kapitel, Titel), wie sie im Folgenden näher beschrieben wird. Der gleiche Aufbau gilt auch für die weiterhin kameralistisch orientierten Landeshaushalte. Bei denjenigen Ländern, die auf einen doppisch basierten Haushalt umgestellt haben, sieht § 10 HGrG Variationen vor.

III. Gliederung des Bundeshaushalts (Haushaltssystematik)

1. Überblick

Der Bundeshaushalt besteht aus dem Haushaltsgesetz (HG) und dem Haushaltsplan (Hpl). Der Haushaltsplan wiederum setzt sich zusammen aus einem Gesamtplan mit vier Übersichten und den derzeit 23 Einzelplänen. Die Einzelpläne wiederum sind unterteilt in Kapitel und Titel (Abbildung 11).   174

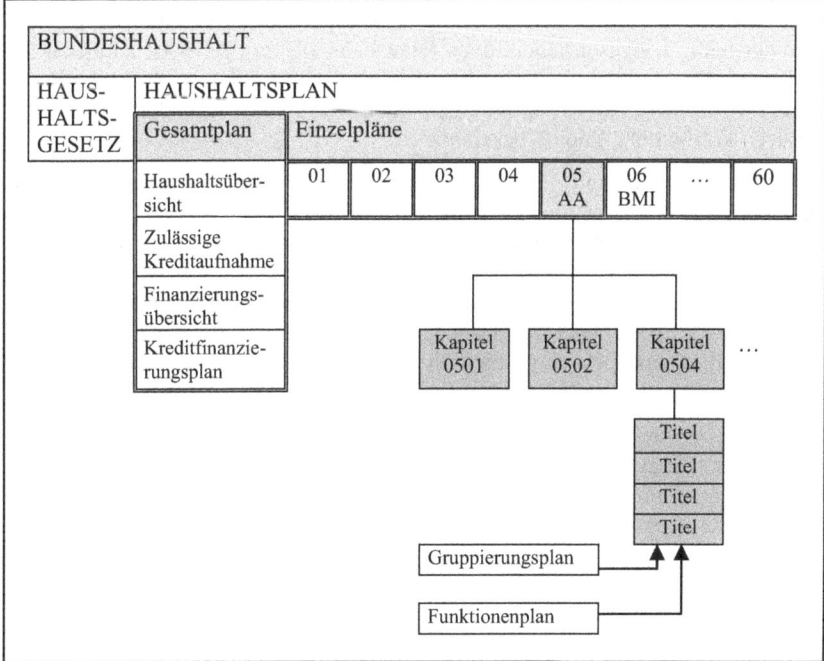

Abbildung 11: Haushaltssystematik im Überblick

175   Grob lässt sich sagen: **Einzelpläne** sind im Wesentlichen die Pläne der einzelnen
        Ministerien und der Verfassungsorgane. Ministerien haben einen Geschäftsbe-
        reich, haben Behörden. Die Pläne dieser Behörden nennt man Kapitel, sie sind
        Teil des Einzelplans. Neben den Behörden gibt es auch noch Kapitel, die nach
        sachlichen Kriterien gebildet werden. **Titel** sind die konkrete Bezeichnung der
        Einnahmen und Ausgaben des jeweiligen Kapitels. Sie werden durch den soge-
        nannten **Gruppierungsplan** nach ökonomischen Arten eingeteilt. Zusätzlich
        erlaubt der **Funktionenplan** eine Einteilung der Einnahmen und Ausgaben nach
        der Art der öffentlichen Aufgaben (Funktionen).

2. Das Haushaltsgesetz

a) Bedeutung des Haushaltsgesetzes

176   „Der Haushaltsplan wird für ein oder mehrere Rechnungsjahre, nach Jahren
        getrennt, vor Beginn des ersten Rechnungsjahres durch das Haushaltsgesetz festge-
        stellt." (Art. 110 Abs. 2 GG).

177   Durch diesen Satz im Grundgesetz wird die **Budgethoheit des Parlamentes** ver-
        fassungsmäßig festgeschrieben, denn (Haushalts-) Gesetzgeber ist natürlich das
        Parlament. Die Budgethoheit gilt allgemein als das „vornehmste Recht des Parla-
        mentes". *Lorenz von Stein* hat es als „Hauptausdruck und Träger der verfassungs-
        mäßigen Freiheit überhaupt" bezeichnet.[36]

178   Der Zweck des Haushaltsgesetzes ist also die Feststellung des jährlichen Haus-
        haltsplans, der damit im organschaftlichen Verhältnis Legislative-Exekutive ver-
        bindlich wird. Das Bundesverfassungsgericht hat festgestellt, dass das Haushalts-
        gesetz nicht lediglich ein im Haushaltsplan enthaltenes Zahlenwerk feststellt,
        sondern zugleich **Bewilligung der im Haushaltsplan veranschlagten Ausgabe-
        mittel** enthält, somit die Ermächtigung an die Regierung darstellt, diese Mittel
        für die in den einzelnen Ausgabetiteln des Haushaltsplans festgelegten Zwecke
        auszugeben.[37]

179   Das Bundesverfassungsgericht hat überdies festgestellt, dass das Haushaltsgesetz
        und auch der Haushaltsplan letztlich Recht im Sinne des Art. 93 Abs. 1 Nr. 2 GG
        ist und deshalb im **Normenkontrollverfahren** auf seine Vereinbarkeit mit dem
        Grundgesetz geprüft werden kann (BVerfGE 20, 90).

180   Nach herrschender Meinung ist das Haushaltsgesetz in seiner Rechtsnatur kein
        materielles Gesetz im Sinne des Rechtssatzcharakters mit Außenwirkung, da es

---

36 *Stein, L.v.*, Finanzwissenschaft, Bd. I, 5. Aufl. 1975, S. 206 (Nachdruck der Ausgabe
    Leipzig 1885).
37 BVerfGE 20, 93.

keine Rechtsbeziehung zwischen den Bürgern untereinander oder im Verhältnis zum Staat begründet oder verändert und keinen Eingriff in Freiheit oder Eigentum im Sinne des historisch-konventionellen Rechtssatzbegriffes darstellt. Das Haushaltsgesetz ist aber in jedem Fall ein formelles Gesetz, ein Gesetz also, das im formellen Gesetzgebungsverfahren zustande kommt und die Regierung und die Verwaltung an dieses Gesetz und seine Anlage – den Haushaltsplan – bindet.

b) Inhalt des Haushaltsgesetzes

Das Haushaltsgesetz enthält eine Reihe von Bestimmungen; viele dieser Bestimmungen wiederholen sich von Jahr zu Jahr und unterscheiden sich mitunter nur durch die jeweiligen Geldansätze (vgl. hierzu das **HG 2017 im Anhang** zu diesem Buch!).   181

Das Haushaltsgesetz enthält **allgemein**   182
* die Feststellung des Haushaltsplans (regelmäßig § 1 HG). Damit wird der Haushaltsplan für verbindlich erklärt und eine generelle Ausgabeermächtigung an die Regierung erteilt,
* sachlich und zeitlich begrenzte **besondere** Vollmachten gegenüber der Regierung und
* zeitgesetzliche **zusätzliche, besondere** Rechtsvorschriften über die jährliche Haushalts- und Wirtschaftsführung einer Gebietskörperschaft (= Besonderes Haushaltsrecht).

Das Haushaltsgesetz beinhaltet **obligatorisch**   183
* die Feststellung des auf eine zu nennende Summe in Einnahmen und Ausgaben ausgeglichenen Haushaltsplans,[38]
* die Ermächtigung für den BMF/LMF zur Aufnahme von Deckungskrediten und Kassenkrediten[39] (regelmäßig § 2 HG),
* die Ermächtigung für den BMF/LMF zur Übernahme von Bürgschaften, Garantien oder sonstigen Gewährleistungen[40] (regelmäßig § 3 HG). Zu den Begriffen:
  – Bürgschaft: Hier steht der Bürge (Bund) für die Verbindlichkeiten des Schuldners ein;
  – Garantien: hier übernimmt der Bund die Risiken eines Schadens. Im Unterschied zur Bürgschaft, übernimmt der Bund also nicht die Haftung

---

38 Vgl. Art. 110 Abs. 2 GG/LV.
39 Siehe Art. 115 GG/LV i. V. m. § 18 Abs. 2 BHO/LHO.
40 Die Kredit- und Gewährleistungsermächtigungen dürfen nicht durch den Haushaltsplan, sondern nur durch das Haushaltsgesetz erteilt werden, weil sie nach Art. 115 GG/LV einer gesetzlichen Ermächtigung bedürfen und der Haushaltsplan selbst nicht Gesetz, sondern nur die notwendige Anlage des Haushaltsgesetzes ist; darüber hinaus entfaltet der Haushaltsplan in seiner Einnahmenseite keine Rechtswirkung; vgl. auch § 18 Abs. 2 BHO/LHO.

für fremde Schuld, sondern tritt für Ersatz eines entstehenden Schadens
ein, sichert also einen Erfolg;
- „Sonstige" Gewährleistungen: hier handelt es sich um Verträge, die ähnlichen wirtschaftlichen Zwecken wie Bürgschaften und Garantien dienen,
• den Tag des Inkrafttretens des Haushaltsgesetzes (Art. 82 Abs. 2 GG).

184   Darüber hinaus kann das Haushaltsgesetz – **fakultativ** – beinhalten
• zeitgesetzliche besondere Ermächtigungen zum Vollzug des Haushaltsplans,
• kurzfristige, nur für die Gültigkeitsdauer dieses Haushaltsgesetzes bestimmte
  Sonderregelungen von haushaltswirksamen Vorschriften **bestehender anderer** nicht zustimmungsbedürftiger **Gesetze** (z. B. BHO), soweit dadurch
  nicht sogleich zustimmungsbedürftige Rechtsvorschriften berührt werden,[41]
• allgemeingültige Haushaltsvermerke,
• Bestimmungen, die über die allgemeine Gültigkeitsdauer des Haushaltsgesetzes (31.12.) hinaus bis zum Tage der Verkündung des Haushaltsgesetzes des
  folgenden Haushaltsjahres weiter gelten.

185   Im Übrigen dürfen nach Art. 110 Abs. 4 GG in das Haushaltsgesetz nur Vorschriften aufgenommen werden, die sich auf die Einnahmen und Ausgaben des
Bundes (sachliches Bepackungsverbot) und auf den Zeitraum beziehen, für den
das Haushaltsgesetz beschlossen wird (zeitliches Bepackungsverbot). Darauf soll
bei den Besonderheiten des Haushaltsgesetzes gleich noch näher eingegangen
werden.

c) Besonderheiten des Haushaltsgesetzes

186   Das Haushaltsgesetz des Bundes ist ein durchaus „normales", in dem üblichen
Gesetzgebungsverfahren für Einspruchsgesetze zustande gekommenes Gesetz. In
einigen Punkten weist es aber Besonderheiten gegenüber anderen Gesetzen auf:

187   (1) Da das Haushaltsgesetz die Aufgabe hat, den für ein Kalenderjahr[42] geltenden Haushaltsplan festzustellen, d. h., ihm verbindlichen Charakter zu geben,
tritt es immer **zum 1.1. des Jahres in Kraft** (ggf. rückwirkend).

188   (2) Die Geltungsdauer des Haushaltsjahres ist von vorn herein begrenzt („**Zeitgesetz**"). Das Haushaltsgesetz gilt immer nur ein Jahr, höchstens – beim
Doppelhaushalt – zwei Jahre.[43]

189   (3) Das Haushaltsgesetz hat keine Außenwirkung gegenüber dem Bürger (keine
Allgemeinverbindlichkeit), d. h.:
- keinem Bürger kann durch das Haushaltsgesetz eine Verpflichtung auferlegt werden;
- kein Bürger kann Ansprüche an den Staat aus dem Haushaltsgesetz ableiten;

---

41   Vgl. *Staender, K.*, a.a.O., S. 81.
42   Nach § 4 BHO ist das Haushaltsjahr das Kalenderjahr.
43   Näheres hierzu beim Kapitel Haushaltsgrundsätze (Grundsatz der Jährlichkeit).

– das Haushaltsgesetz entfaltet nur Binnenwirkung im Verhältnis Legislative – Exekutive, d. h., für die Regierung und ihre Verwaltung ist das
Haushaltsgesetz verbindlich (formelles Gesetz, kein materielles Gesetz).

(4) In das Haushaltsgesetz dürfen nicht beliebige Inhalte aufgenommen werden. Es   **190**
gilt das sogenannte sachliche und zeitliche Bepackungsverbot, das in Art. 110
Abs. 4 GG formuliert ist: „In das Haushaltsgesetz dürfen nur Vorschriften aufgenommen werden, die sich auf die Einnahmen und die Ausgaben des Bundes
und auf den Zeitraum beziehen, für den das Haushaltsgesetz beschlossen wird."
Durch diese Regelung wird das Haushaltsgesetz zum Finanz- und Zeitgesetz.
Das sachliche Bepackungsverbot ist dahingehend zu interpretieren, dass durch
das Haushaltsgesetz nicht die geltende Rechtsordnung geändert werden darf.
Rechtsordnungen, die sich auf den Vollzug des Haushaltsplans beziehen (z. B.
eine Erweiterung der Vorschriften der BHO), widersprechen dem sachlichen
Bepackungsverbot allerdings nicht. Mit dem sachlichen Inhaltsverbot soll verhindert werden, dass das Aufstellungs- und Feststellungsverfahren mit haus-
haltsunabhängigen Diskussionen belastet wird.[44]

3. Der Haushaltsplan: Gesamtplan und Einzelpläne

Die für die Gliederung des Bundeshaushaltsplans maßgeblichen Vorschriften   **191**
sind die **Verwaltungsvorschriften zur Haushaltssystematik des Bundes** (VV-
HS). Die VV-HS beinhalten
• den Gruppierungsplan,
• den Funktionenplan und
• die Haushaltstechnischen Richtlinien des Bundes (HRB).

Die HRB regeln in Ergänzung der Bestimmungen der Bundeshaushaltsordnung
und der Verwaltungsvorschriften zur Bundeshaushaltsordnung die formale Darstellung des Haushaltsplans nach einheitlichen Grundsätzen.

Was die Haushaltspläne selbst betrifft, so bestimmen zunächst zwei Motive ihre   **192**
Gliederung. Zum einen wenden sich entsprechend ihrer politischen Funktion die
Haushaltspläne an die Öffentlichkeit. Die Öffentlichkeit soll einen Überblick über
die Höhe und Struktur der staatlichen Einnahmen und Ausgaben erhalten. Zum
anderen ist der Adressat des Haushaltsplans die Exekutive, der in allen Einzelheiten nach Höhe und Zweck die Ausgaben verbindlich vorgegeben werden. Aus diesen Bedürfnissen heraus sind die öffentlichen Haushalte zunächst horizontal
gegliedert in einen Übersichtsteil und in einen detaillierten Ermächtigungsteil.

Für die Gliederung des Bundeshaushaltsplans schreibt § 13 Abs. 1 BHO die
Gliederung in einen Gesamtplan und die Einzelpläne vor.

---

44 *Borrmann, F.-G., Schwanenberg, M.,* 1992, S. 110 ff.; *Piduch, E.,* Kommentar zu
Art. 110 GG, Rn. 82-89.

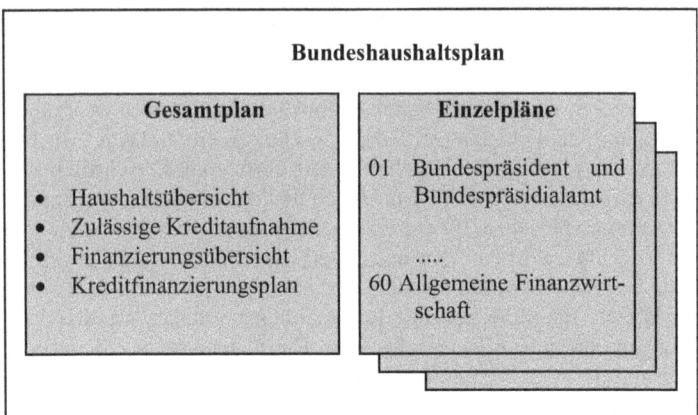

Abbildung 12: Gesamtplan und Einzelpläne

4. Der Gesamtplan

193   Der Gesamtplan wird als Anlage des Haushaltsgesetzes im Bundesgesetzblatt veröffentlicht. Er gibt Übersichten über die ca. 3000 Seiten umfassenden Einzelpläne, dient also einer besseren Transparenz des Haushalts. Nach § 13 Abs. 4 BHO enthält der Gesamtplan zurzeit vier Übersichten über den Bundeshaushaltsplan:

- die Haushaltsübersicht (Teil I des Gesamtplans),
- die Berechnung der zulässigen Kreditaufnahme (Teil II),
- die Finanzierungsübersicht (Teil III) und
- den Kreditfinanzierungsplan (Teil IV).

Beachte: Die genannten Übersichten werden im Folgenden verkürzt dargestellt. Die **vollständige Darstellung** findet sich in der **Anlage** zu diesem Buch (HG 2017 mit Gesamtplan)!

a) Haushaltsübersicht

(1) Einnahmen und Ausgaben

194   In der Haushaltsübersicht werden die Einnahmen und Ausgaben, die Verpflichtungsermächtigungen, sowie die flexibilisierten Ausgaben nach § 5 HG für jeden Einzelplan aufgezeigt. Einnahmen und Ausgaben werden dabei in Gruppen zusammengefasst (z. B. Personalausgaben, sächliche Verwaltungsausgaben, Investitionsausgaben).

Die nachfolgende Tabelle zeigt die Übersicht über die **Einnahmen und Ausgaben** nach Einzelplänen.

Übersicht 2: Teil I: Haushaltsübersicht 2017: Einnahmen und Ausgaben (verkürzte Darstellung)

Epl.	Bezeichnung	Einnahmen				Ausgaben			
		Summe Einnahmen Mio €	Steuern Mio €	Verwaltungseinnahmen Mio €	übrige Einnahmen Mio €	Summe Ausgaben Mio €	Personalausgaben Mio €	...	Ausgaben für Investitionen Mio €
01	Bundespräsident und Bundespräsidialamt	0,2	–	0,0	0,2	36,5	21,1	...	1,0
...	...								
05	Auswärtiges Amt	149,5	–	149,1	0,4	5.232,4	989,1	...	234,1
06	Bundesministerium des Innern	620,4	–	614,1	6,4	8.977,6	4.140,7	...	976,3
...	...								
14	Bundesministerium der Verteidigung	412,0	–	321,4	90,6	37.004,8	17.822,0	...	318,5
...	...								
30	Bundesministerium für Bildung und Forschung	36,3	–	30,2	6,0	17.649,9	118,8	...	2.454,9
32	Bundesschuld	1.253,4	–	646,9	606,5	19.991,0	–	...	1.485,0
60	Allgem. Finanzverwaltung	315.766,3	301.344,4	5.618,1	8.803,8	11.204,4	208,9	...	205,7
	Summe Haushalt 2017	329.100,0	301.344,4	14.369,6	13.386,0	329.100,0	31.988,3	...	36.071,3

(2) Verpflichtungsermächtigungen

194 Mit dem Instrument der Verpflichtungsermächtigungen ermächtigt das Parlament die Verwaltung, bereits im laufenden Jahr Verpflichtungen einzugehen, die erst in den Folgejahren zu Zahlungen führen (Näheres vgl. Kapitel V.2.). Mit dem Eingehen der Verpflichtungen werden also bereits künftige Haushalte belastet.

Die nachfolgende Tabelle zeigt, dass durch die bewilligten Verpflichtungsermächtigungen des Jahres 2017 künftige Haushaltsjahre in Höhe von insgesamt 84,1 Mrd. € belastet werden können und wie sich diese Belastung auf die einzelnen Jahre verteilt.

Übersicht 3: Teil I: Haushaltsübersicht 2017: Verpflichtungsermächtigungen und deren Fälligkeiten (verkürzte Darstellung)

Epl	Bezeichnung	Verpflichtungsermächtigung 2017	von dem Gesamtbetrag (Spalte 3) dürfen fällig werden				
			2018	2019	2020	Folgejahre	in künftigen Haushaltsjahren
		1000 €	1000 €	1000 €	1000 €	1000 €	1000 €
1	2	3	4	5	6	7	8
02	Deutscher Bundestag..........	25.677	11.408	2.665	978	-	10.626
04	Bundeskanzlerin und Bundeskanzleramt.......	1.038.176	248.876	299.727	201.038	288.535	-
05	Auswärtigs Amt......	1.579.143	830.500	471.210	219.520	57.913	-
06	Bundesministerium des Inneren......	1.459.214	447.336	273.192	171.946	566.740	-
...	...	...	...	...	...	...	...
14	Bundesministerium der Verteidigung......	25.043.388	2.594.281	2.986.569	2.938.933	12.663.605	3.860.000
...	...	...	...	...	...	...	...
30	Bundesministerium für Bildung und Forschung	7.031.546	1.876.452	1.764.621	1.383.858	1.706.615	300.000
60	Allgemeine Finanzverwaltung...............	873.600	228.300	70.300	55.000	520.000	-
	Summe	84.079.276	16.780.783	13.846.746	10.166.877	22.168.746	21.116.124

(3) Flexibilisierte Ausgaben nach § 5 HG

195 Seitdem für die Verwaltungskapitel im Bundeshaushalt eine Flexibilisierung der Bewirtschaftung durch weitgehende Deckungs- und Übertragungsmöglichkeiten (vgl. Abschnitt E. Haushaltsgrundsätze) geschaffen wurde, gibt es im Gesamtplan eine weitere Übersicht, in der die flexibilisierten Kapitel des Bundeshaushaltsplans aufgeführt und quantifiziert sind. § 5 Abs. 1 HG 2017 verweist auf diese Übersicht.

Übersicht 4: Teil I: Haushaltsübersicht: Flexibilisierte Ausgaben nach § 5 HG 2017 (verkürzte Darstellung)

Epl.	Bezeichnung	Kapitel	Summe 2017 1.000 €
01	Bundespräsident und Bundespräsidialamt	01, 11, 12, 13	25 908
...	...	...	...
05	Auswärtiges Amt	04, 11, 12, 13	1.266.259
06	Bundesministerium des Innern	11, 12, 14, 15, 16, 17, 18, 19, 20, 23, 24, 25, 28, 29, 33, 34, 35	5.167.979
...	...	...	...
14	Bundesministerium der Verteidigung	03, 07, 11, 12, 13	5.980.005
...	...	...	...
30	Bundesministerium für Bildung und Forschung	02, 11, 12	149.745
	Summe		**21.273.121**

Anmerkung: Die Übersicht verdeutlicht, dass vom **gesamten Ausgabevolumen** in Höhe von 329,1 Mrd. € **nur 6,5 %** (21,27 Mrd. €) der Flexibilisierung unterliegen. Das sind aber dennoch fast die Hälfte aller Ausgabetitel.

b) Berechnung der zulässigen Kreditaufnahme gemäß „Schuldenbremse"

196 Die verfassungsmäßig verankerte Schuldenregel verpflichtet die Länder, ihre Haushalte ab dem Jahr 2020 grundsätzlich ohne Einnahmen aus Krediten auszugleichen (Art. 143d Abs. 1 S. 4 GG). Für den Bund gilt seit dem Jahr 2016 ein solcher „materieller" Haushaltsausgleich als erreicht, wenn die Einnahmen aus Krediten 0,35 % des nominalen Bruttoinlandsprodukts nicht überschreiten (Art. 109 Abs. 3 S. 4 und 115 Abs. 1 S. 2 GG). Man spricht in diesem Zusammenhang auch von einer zulässigen **„strukturelle Neuverschuldung"**, also von einem Kreditrahmen, der sich auch dann ergibt, wenn sich die Volkswirtschaft in einer „ausgeglichenen" („normalen") Konjunkturlage befindet. Diese Strukturkomponente als Produkt der prozentualen Vorgabe von 0,35% und des BIP des Vorjahres, stellt den Ausgangswert für die maximal zulässige Kreditaufnahme für den Bundeshaushalt dar. Sie beläuft sich für das Jahr 2017 auf etwa 10,6 Mrd. € (vgl. Übersicht 5).

Zusätzlich sind bei einer von der „Normallage" abweichenden **konjunkturellen Entwicklung** die Auswirkungen auf den Haushalt im Auf- und Abschwung **symmetrisch** bei der Haushaltsaufstellung **zu berücksichtigen** und entsprechend höhere oder niedrigere Ermächtigungen für die Nettokreditaufnahme zu veranschlagen (**Konjunkturkomponente**). Abweichungen der tatsächlichen Kreditaufnahme von der zulässigen Kreditobergrenze werden auf einem **Kontrollkonto** erfasst; Belastungen, die den Schwellenwert von 1,5 % des nominalen Bruttoinlandsprodukts überschreiten, sind konjunkturgerecht zurückzuführen (Art. 115 Abs. 2 GG). Die hierzu erlassene einfachgesetzliche Regelung des § 8 Abs. 3 Art. 115-Gesetz[45] sieht eine Rückführungspflicht nur in Jahren des Aufschwungs vor, damit die konjunkturelle Entwicklung nicht geschwächt wird.

Bei der Berechnung der Schuldengrenze sind auch die (neu geschaffenen) **Sondervermögen** des Bundes zu berücksichtigen, die seit dem Jahr 2011 der Schuldenregel zu unterwerfen sind. Lediglich die am 31.12.2010 bestehenden Kreditermächtigungen für bereits eingerichtete Sondervermögen bleiben unberührt. Damit sind Anreize zur Umgehung der Verschuldungsobergrenzen mittels der Einrichtung von Sondervermögen entfallen.

Ein weiterer Korrekturfaktor stellen die **„finanziellen Transaktionen"** dar (§ 3 Art. 115-Gesetz). Finanzielle Transaktionen sind nicht-vermögenswirksame Einnahmen und Ausgaben. Hierbei handelt es sich
- um die *Einnahmen* aus der Veräußerung von Beteiligungen, aus der Kreditaufnahme beim öffentlichen Bereich sowie aus Darlehensrückflüssen und
- um die *Ausgaben* für den Erwerb von Beteiligungen, für Tilgungen an den öffentlichen Bereich und für die Vergabe von Darlehen.[46]

Damit wird in der Schuldenregel die Veränderung der Vermögensposition des Bundes (Begründung von Forderungen und Verbindlichkeiten) berücksichtigt. So führt etwa eine Darlehensvergabe (Ausgabe) nicht zum Anstieg des Defizits, da ihr ein entsprechender Forderungserwerb gegenübersteht. Bei Privatisierungserlösen (Einnahmen) erfolgt ein Tausch zwischen Beteiligungsvermögen und Kassenzugang. Privatisierungseinnahmen können also nicht zur Einhaltung der

---

45 Gesetz zur Ausführung von Art. 115 des Grundgesetzes (Artikel 115-Gesetz – G 115) vom 10.8.2009 (BGBl. I S. 2702,2704), zuletzt geändert durch Art. 4 des Gesetzes vom 15.7.2013 (BGBl. I S. 2398).
46 BMF, Das System der öffentlichen Haushalte, Stand 2015, S. 25.

Kreditgrenze genutzt werden; sie verringern zwar eine etwaige Nettokreditaufnahme, schränken aber gleichzeitig den zulässigen (strukturellen) Neuverschul-
dungsspielraum ein.[47] Maßgeblich für den Verschuldungsspielraum ist letztlich
die Veränderung der Vermögensposition des Bundes.

Übersicht 5: Teil II: Berechnung der zulässigen Nettokreditaufnahme für 2017
(vereinfacht)

Komponenten zur Berechnung der zulässigen Kreditaufnahme	Betrag für 2017 in Mrd. €
Maximal zulässige strukturelle Nettokreditaufnahme (0,35% des Vorjahres-BIP)	10,62
– Saldo der finanziellen Transaktionen..	-0,65
– Konjunkturkomponente... (konjunkturbedingte Steuermindereinnahmen/-mehreinnahmen und Mehrausgaben/Minderausgaben)	-1,95
– ggf. Rückführungspflicht aus Kontrollkonto................................	–
= maximal zulässige Nettokreditaufnahme.....................................	13,21
Tatsächliche Nettokreditaufnahme des Bundes und der Son-dervermögen	
Nettokreditaufnahme des Bundes..	0
+ Finanzierungsdefizite der („neuen") Sondervermögen................	3,22
= **Für die Schuldenregel relevante tatsächliche Kreditaufnah-me**	3,22

c) Finanzierungsübersicht

197   Die Finanzierungsübersicht zeigt den **Finanzierungssaldo auf**, der sich aus einer
Gegenüberstellung der laufenden Einnahmen und Ausgaben ergibt. Der seit den
siebziger Jahren negativen Finanzierungssalden entsprachen stets der Summe aus
der **Nettokreditaufnahme** und den Münzeinnahmen des Bundes. Rücklagen
wurden bis 2013 nicht gebildet.

Auch nach der aktuellen Planung der Jahre 2016 und 2017 weist der Bundeshaushalt Defizite in Höhe von 6,4 Mrd. € bzw. 7,0 Mrd. € auf (vgl. Übersicht 6).
Sie sollen aus den Rücklagen der Jahre 2014 (0,5 Mrd. €) und 2015 (12,8 Mrd. €)
gedeckt werden. Tatsächlich hat sich die finanzielle Entwicklung des Bundes
wesentlich besser dargestellt, als erwartet. Nach dem vorläufigen Haushaltsab-

---

47   Vgl. hiezu auch ebda, S. 24 ff.

schluss 2016, ergibt sich für 2016 kein Defizit, sondern erneut ein Überschuss in Höhe von 6,2 Mrd. €.[48]

Übersicht 6: Teil III: Finanzierungsübersicht 2017 (verkürzte Darstellung)

	2017	2016
	– Mrd. € –	
1. Berechnung des Finanzierungssaldos		
1.1 Einnahmen... (ohne Kreditaufnahme und Münzeinnahmen)	322,05	310,52
1.2 Ausgaben.. (ohne Ausgaben zur Schuldentilgung)	329,10	316,90
Finanzierungssaldo (– =Defizit, + =Überschuss)	**– 7,05**	**– 6,39**
2. Deckung des Finanzierungsdefizits		
2.1 Münzeinnahmen......................................	0,32	0,29
2.2 Nettokreditaufnahme...............................	–	–
2.3 Entnahme aus Rücklagen.........................	6,73	6,10
2.4 Summe (2.1 bis 2.3)................................	7,05	6,39
3. Verwendung des Überschusses		
3.1 Zuführung an Rücklagen..........................	–	–

d) Kreditfinanzierungsplan

Im **Kreditfinanzierungsplan** werden die im Jahr voraussichtlich aufzunehmen-   198
den Kredite und die voraussichtlich zu leistenden Tilgungsleistungen differen-
ziert nach Fristigkeit (kurz-, mittel- und langfristige Schulden-Papiere) detailliert
dargestellt.

Alle vier Teile des Gesamtplans – Haushaltsübersicht, Berechnung der zulässi-   199
gen Kreditaufnahme, Finanzierungsübersicht und Kreditfinanzierungsplan – verfolgen das Ziel, eine **Übersicht über den Haushaltsplan** zu geben. Mit dem
Kreditfinanzierungsplan wird außerdem das Ziel verfolgt, die öffentlichen Haushalte miteinander vergleichbar zu machen. In den Haushalten der Länder wird
nämlich die Kreditaufnahme brutto, im Bundeshaushalt jedoch netto veranschlagt. Diese unterschiedliche Art der Veranschlagung zwischen Bund und Ländern lässt § 12 HGrG ausdrücklich zu.

---

48   Vgl BMF, Monatsbericht Januar 2017, S. 5.

Übersicht 7: Teil IV: Kreditfinanzierungsplan 2017 (verkürzte Darstellung)

	2017	2016
	– Mrd. € –	
1. Einnahmen aus Krediten (Bruttokreditaufnahme)	**178,1**	**193,6**
davon: über 4 Jahre	103,9	106,5
1–4 Jahre	51,1	51,0
unter 1 Jahr	23,1	36,0
2. Ausgaben zur Schuldentilgung (einschl. Marktpflege)	**167,7**	**192,8**
davon: über 4 Jahre	87,8	114,2
1–4 Jahre	58,5	50,7
unter 1 Jahr	21,3	27,9
3. Saldo (Bruttokreditaufnahme – Tilgungsausgaben)	**(10,4)**	**(0,8)**
4. Nettokreditaufnahme (nach Korrekturen um Marktpflege, NKA-relevante und nicht NKA-relevante Posten sowie Zuführung zur bzw. Entnahme aus Rücklagen.).	**0,0**	**0,0**

Anmerkung: Die vollständige Darstellung ist wesentlich komplizierter.

5. Die Einzelpläne

a) Ministerialpläne und Realpläne

200   Die Einzelpläne stellen die eigentliche Arbeitsgrundlage für die Verwaltung dar. Hier sind die Haushaltsmittel detailliert aufgeführt. Insgesamt besteht der Bundeshaushaltsplan derzeit aus 23 Einzelplänen. Von diesen sind 21 – also der überwiegende Teil – nach dem Ministerialprinzip und zwei nach dem Realprinzip gegliedert.

201   Die nach dem **Ministerial- oder Ressortprinzip** gegliederten Einzelpläne (Epl 01–30) beinhalten die auf den Geschäftsbereich eines Ministeriums entfallenden Haushaltsmittel (Gliederung nach organisatorischen Zuständigkeiten). Streng genommen ist die Bezeichnung Ministerialprinzip nicht ganz korrekt, denn die Einzelpläne 01 bis 04 (Bundespräsident, Bundestag, Bundesrat, Bundeskanzlerin) sowie die Einzelpläne 19 und 20 (Bundesverfassungsgericht und Bundes-

rechnungshof) sind keine Ministerien. Man ist hier aber in der Abgrenzung groß-zügig.

Die **Realpläne** (Epl. 32 und 60) enthalten solche Haushaltsmittel, die nicht einem Ministerium zuzuordnen sind. Es erfolgt eine ressortübergreifende Gliede-rung nach Sachgebieten. So sind im Epl. 32 die Kredite veranschlagt, im Epl. 60 spielen die Steuereinnahmen eine wichtige Rolle. Steuern und Kredite dienen zur Finanzierung aller Einzelpläne.   **202**

Übersicht 8: Die Einzelpläne des Bundeshaushalts 2017

01	Bundespräsident und Bundespräsidialamt
02	Deutscher Bundestag
03	Bundesrat
04	Bundeskanzlerin und Bundeskanzleramt
05	Auswärtiges Amt
06	Bundesministerium des Innern
07	Bundesministerium der Justiz und für Verbraucherschutz
08	Bundesministerium der Finanzen
09	Bundesministerium für Wirtschaft und Energie
10	Bundesministerium für Ernährung und Landwirtschaft
11	Bundesministerium für Arbeit und Soziales
12	Bundesministerium für Verkehr und digitale Infrastruktur
14	Bundesministerium der Verteidigung
15	Bundesministerium für Gesundheit
16	Bundesministerium für Umwelt, Naturschutz, Bau und Reaktorsicher-heit
17	Bundesministerium für Familie, Senioren, Frauen und Jugend
19	Bundesverfassungsgericht
20	Bundesrechnungshof
21	Die Bundesbeauftragte für den Datenschutz und die Informationsfrei-heit
23	Bundesministerium für wirtschaftliche Zusammenarbeit und Entwick-lung
30	Bundesministerium für Bildung und Forschung
32	Bundesschuld
60	Allgemeine Finanzverwaltung

b) Kapitel

203 Die Einzelpläne gliedern sich in der nächsten Stufe in **Kapitel**. Während der Einzelplan die Haushaltsmittel des Geschäftsbereichs eines Ministeriums beinhaltet, enthält ein Kapitel im Allgemeinen die auf eine Behörde innerhalb des Geschäftsbereichs entfallenden Haushaltsmittel. Kapitel können auch nach sachlich-fachlichen Gesichtspunkten gebildet werden (z. B. Kapitel „Sonstige Bewilligungen" oder Kapitel für spezifische Fachaufgaben oder Programme).

204 Die Kapitel untergliedern einen Einzelplan
     • nach **Verwaltungszweigen** (Behörden) und
     • nach **fachlichen Gesichtspunkten** (Gruppen von Einnahmen, Ausgaben und Verpflichtungsermächtigungen).

205 Ein Kapitel wird mit vierstelligen Ziffern dargestellt. Die ersten beiden Ziffern des Kapitels bezeichnen den Einzelplan. Welche Kapitel zu einem Ministerium gehören, ist dem Deckblatt eines jeden Einzelplans zu entnehmen (vgl. Abb. 13).

Bundeshaushaltsplan 2017

Einzelplan 05

Auswärtiges Amt

Inhalt

Kapitel	Bezeichnung	Seite
	Vorwort zum Einzelplan...	2
	Überblick zum Einzelplan...	3
0501	Sicherung von Frieden und Stabilität................................	5
0502	Bilaterale Zusammenarbeit und Pflege der Auslandsbeziehungen	17
0504	Pflege kultureller Beziehungen zum Ausland.......................	34
0510	Sonstige Bewilligungen..	57
0511	Zentral veranschlagte Verwaltungseinnahmen und –ausgaben......	60
0512	Bundesministerium...	68
0513	Deutsches Archäologisches Institut................................	84
	Übersichten..	93
	Personalhaushalt...	101

Abbildung 13: Deckblatt eines Einzelplans

Bei Kapiteln für Behörden werden i. d. R. in einer Vorbemerkung die Rechts-   **206**
grundlagen für die Errichtung sowie Aufgaben der Behörde in den Grundzügen
dargestellt. Es folgt – genau wie bei den Einzelplänen – ein finanzieller Überblick.

– Kapitel ..01 bis ..09:	Fach- und Programmausgaben (Fachkapitel)	**209**
– Kapitel ..10:	Sonstige Bewilligungen (Dieses Fachkapitel dient als „Auffangposition". Es werden hier die Fach- und Programmausgaben zusammengefasst, die vom Volumen und/oder ihrer Bedeutung her kein eigenes Kapitel rechtfertigen)	
– Kapitel ..11:	Zentral veranschlagte Verwaltungseinnahmen und -ausgaben des Einzelplans	
– Kapitel ..12:	Bundesministerium	
– Kapitel ..13 ff:	Behörden des Geschäftsbereichs	

Es gibt also letztlich eine Drei-Teilung: **211**
1. Bis zu 10 (nach Bedarf) vorangestellte **Fachkapitel**
2. Ein **Zentralkapitel** „Zentral veranschlagte Verwaltungseinnahmen und -aus-
gaben" (Kapitel ..11)
3. Die **Behörden**, beginnend mit dem Ministerium (Kapitel ..12 ff.)

Mit den bis zu zehn vorangestellten Fachkapiteln soll eine stärkere fachliche   **212**
Ausrichtung der Einzelpläne bewirkt werden. In dem neu geschaffenen Zentral-
veranschlagungs-Kapitel werden gemäß den Bestimmungen der HRB[49]
bestimmte Verwaltungsausgaben für den Geschäftsbereich der Ministerien zentral gebündelt. Einen Schwerpunkt bildet hierbei der Bereich Versorgung, aber
auch weitere ausgewählte Titelbereiche wie z. B. Öffentlichkeitsarbeit, Sachverständige und Spenden werden hier veranschlagt.

Wie die neue Haushaltsstruktur heute aussieht und wie unterschiedlich sich die   **213**
Fachkapitel der jeweiligen Einzelpläne darstellen, kann der Übersicht 9 entnommen werden.

---

49 Ebenda, Nr. 3.3 und 4.2.

Übersicht 9: Fachkapitel, Zentralkapitel und Behörden in drei ausgewählten Einzelplänen 2017

Einzelplan 08 (BMF)		Einzelplan 09 (BMWi)		Einzelplan 10 (BMELV)	
0801	Wiedergutmachung des Bundes	0901	Innovation, Technologie und Neue Mobilität	1001	Landwirtschaftliche Sozialpolitik
0802	Lasten im Zusammenhang mit dem Aufenthalt bzw. Abzug von ausländischen Streitkräften	0902	Mittelstand: Gründen, Wachsen, Investieren	1002	Gesundheitlicher Verbraucherschutz und Ernährung
		0903	Energie und Nachhaltigkeit	1003	Gemeinschaftsaufgabe „Verbesserung der Agrarstruktur und des Küstenschutzes"
0803	Finanzierung der Nachfolgeeinrichtungen der Treuhandanstalt	0904	Chancen der Globalisierung		
				1004	Marktordnung, Maßnahmen der Notfallvorsorge
				1005	Nachhaltigkeit, Forschung und Innovation
				1006	Internationale Maßnahmen
0810	Sonstige Bewilligungen	0910	Sonstige Bewilligungen	1010	Sonstige Bewilligungen
0811	Zentral veranschlagte Verwaltungseinnahmen und -ausgaben (insbes. Versorgung der Beamtinnen und Beamten)	0911	Zentral veranschlagte Verwaltungseinnahmen und -ausgaben (insbes. Versorgung der Beamtinnen und Beamten)	1011	Zentral veranschlagte Verwaltungseinnahmen und -ausgaben (insbes. Versorgung der Beamtinnen und Beamten)
0812	Bundesministerium	0912	Bundesministerien	1012	Bundesministerium
0813	Bundeszollverwaltung	0913	Physikalisch-Technische Bundesanstalt	1013	Julius Kühn-Institut, …
0814	Bundesamt für zentrale Dienste und offene Vermögensfragen	0914	Bundesamt für Materialforschung und –prüfung	1014	Friedrich Loeffler-Institut, Bundesforschungsinstitut für Tiergesundheit
0815	Bundeszentralamt für Steuern	0915	Bundesamt für Geowissenschaften und Rohstoffe	1015	Max Ruber Institut, Bundesforschungsinstitut für Ernährung und Lebensmittel
…	…	…	…	…	…

214 Dass die „Fach- und Programmhaushalte" der Kapitel ..01 bis ..10 von „Produkthaushalten" noch weit entfernt sind, zeigt sich allein darin, dass die Personalausgaben in den jeweiligen Behörden belassen wurden, also nicht in den Fachkapiteln geführt werden.

215 Im Vorwort der Einzelpläne und in den Vorbemerkungen der Fachkapitel werden jeweils die wesentlichen Politikbereiche bzw. finanzwirksamen Schwerpunkte und Ziele, die mit den veranschlagten Mitteln erreicht werden sollen, dargestellt.

c) Titel

Innerhalb eines Kapitels werden die Einnahmen und Ausgaben in Titeln darge-   **216**
stellt. Ein Titel ist damit im Haushaltsplan die **kleinste Unterteilung der Einnahmen und Ausgaben.**

Ein Titel stellt sich im Bundeshaushaltsplan mit einer fünfstelligen Titelnummer,   **217**
einer Zweckbestimmung und einem Ansatz dar. Die Titelnummer wird noch um
eine Funktionskennziffer ergänzt. Dem Ansatz des laufenden Jahres wird der
Vorjahres-Ansatz und das Ist-Ergebnis des Vorvorjahres gegenübergestellt, um
eine Entwicklung deutlich zu machen. Die Funktionskennziffer verdeutlicht, für
welche staatliche Aufgabe (z. B. Bildung) eine Ausgabe vorgesehen ist. Der
Ansatz in der 3. Spalte der Kopfleiste beinhaltet bei Ausgabetiteln die Höchstgrenze, bis zu der die Exekutive vom Parlament für den jeweiligen Zweck
ermächtigt worden ist, Ausgaben zu leisten.

Einem Titel können **Haushaltsvermerke** und **Erläuterungen** beigefügt werden.   **218**

			0511 Deutsches Archäologisches Institut		
Titel Funktion	Zweckbestimmung		Soll 2017 1000 €	Soll 2016 Reste 2016 1000 €	Ist 2015 1000 €
514 01 - 165	Verbrauchsmittel, Haltung von Fahrzeugen und dgl.		82	82	81
⬇ Funktions- kennziffer	⬇ Titelnummer Zweckbestimmung (Dispositiv) Verpflichtungsermächtigungen Haushaltsvermerke Erläuterungen		⬇ Ansatz Aktuell	⬇ Ansatz Vorjahr einschl. Reste	⬇ Ist- Ergebnis Vorvorjahr

Abbildung 14: Bestandteile eines Titels

Im Haushaltsplan (2017) werden neben dem Soll-Ansatz des Vorjahres (Soll 2016)   **219**
auch die in dieses Jahr übertragenen Ausgabereste des Vorvorjahres (2015) ausgewiesen, was die Transparenz des Haushaltswesens verbessern soll. Wir werden
darauf zurückkommen, nachdem wir bei der Diskussion der Haushaltsgrundsätze
das Instrument der Bildung von Ausgaberesten kennengelernt haben.

Merke: Der Titel umfasst Titelnummer und Funktion, Zweckbestimmung,
Ansatz für Einnahmen oder Ausgaben sowie gegebenenfalls Verpflichtungsermächtigungen, Haushaltsvermerke und Erläuterungen. Die Einteilung der Titel
ist durch den Gruppierungsplan vorgegeben.

(1) Der Gruppierungsplan

220 Der **Gruppierungsplan** (genau: Verwaltungsvorschriften über die Gruppierung der Einnahmen und Ausgaben des Haushaltsplans nach Arten) ist für Bund und Länder (mit kameralem Rechnungswesen) verbindlich festgelegt (§§ 10 Abs. 2, 49a HGrG). Er systematisiert die Einnahmen und Ausgaben nach **ökonomischen Arten**. Die Einteilung der Einnahmen und Ausgaben nach dem Gruppierungsplan entspricht der Aufteilung im Staatskonto in der volkswirtschaftlichen Gesamtrechnung. Im Vordergrund steht dabei eine Einteilung, aus der sich die unmittelbare Nachfrage der öffentlichen Hand am Markt (Verbrauch und Sachinvestitionen) und die Beeinflussung der privaten Nachfrage durch Übertragungen und Darlehensgewährungen der öffentlichen Haushalte leicht unterscheiden lassen. Die Gliederung nach ökonomischen Arten tritt neben die institutionelle Gliederung (in Einzelpläne und Kapitel).

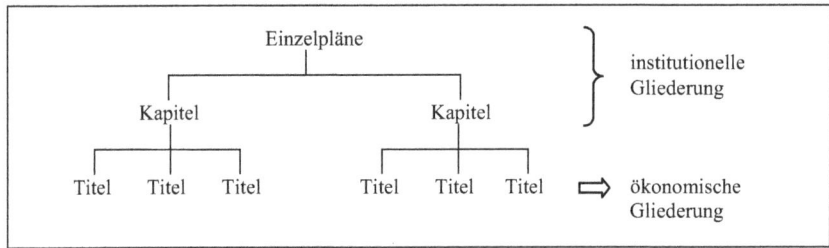

Abbildung 15: Institutionelle und ökonomische Gliederung des Haushaltsplans

221 Die 5-stellige Titelnummer, die entscheidende Ordnungskennziffer der Titel, wird aus dem Gruppierungsplan abgeleitet. Dabei gibt der Gruppierungsplan eine Einteilung in Hauptgruppen, Obergruppen und Gruppen verbindlich vor.

222 Die **Hauptgruppe** stellt die erste Ziffer des Titels dar. Sie benennt die Einnahme- bzw. Ausgabeart noch als groben Block (z. B. Personalausgaben).

Innerhalb der (insgesamt zehn) Hauptgruppen werden entsprechend dem Dezimalsystem durch Anhängen einer zusätzlichen Stelle **Obergruppen** mit gleichem ökonomischen Gehalt geschaffen. Die Hauptgruppe wird durch die Obergruppe weiter unterteilt bzw. präzisiert (z. B. Bezüge und Nebenleistungen).

Durch Anhängen einer weiteren Stelle entstehen die **Gruppen**, die letztlich eine weitere Präzisierung der Obergruppen bedeuten (z. B. Bezüge und Nebenleistungen der Beamtinnen, Beamten, Richterinnen und Richter). Damit sind die ersten drei Stellen des Titels für Bund und Länder verbindlich vorgegeben (vgl. den Auszug aus dem Gruppierungsplan in der nachfolgenden Übersicht).

Eine **weitere Aufteilung** im Haushaltsplan (Ziffern 4 und 5 der Titelnummer) ist in das Ermessen von Bund und des einzelnen Landes gestellt.

Übersicht 10: Gruppierungsplan – Ein Auszug

Hauptgruppen:

0	Einnahmen aus Steuern und steuerähnlichen Abgaben sowie EU-Eigenmittel
1	Verwaltungseinnahmen, Einnahmen aus Schuldendienst und dgl.
2	Einnahmen aus Zuweisungen und Zuschüssen mit Ausnahme für Investitionen
3	Einnahmen aus Schuldenaufnahmen, aus Zuweisungen und Zuschüssen für Investitionen, besondere Finanzierungseinnahmen
4	Personalausgaben
5	Sächliche Verwaltungsausgaben, militärische Beschaffungen usw., Ausgaben für den Schuldendienst
6	Ausgaben für Zuweisungen und Zuschüsse mit Ausnahme für Investitionen
7	Baumaßnahmen
8	Sonstige Ausgaben für Investitionen und Investitionsförderungsmaßnahmen
9	Besondere Finanzierungsausgaben

Obergruppen:

z. B.

01	Gemeinschaftsteuern und Gewerbesteuerumlage
02	EU-Eigenmittel (nur Bund)
03/04	Bundessteuern
05/06	Landessteuern
11	Verwaltungseinnahmen
12	Einnahmen aus wirtschaftlicher Tätigkeit und Vermögen (ohne Zinsen)
27	Zuschüsse von der EU
32	Schuldenaufnahmen am Kreditmarkt
41	Aufwendungen für Abgeordnete und ehrenamtlich Tätige
42	Bezüge und Nebenleistungen
43	Versorgungsbezüge und dgl
51-54	Sächliche Verwaltungsausgaben
55	Militärisch Beschaffungen, Materialerhaltung, ... sowie militärische Anlagen (nur Bund)
57	Zinsausgaben an Kreditmarkt.
81	Erwerb von beweglichen Sachen
82	Erwerb von unbeweglichen Sachen

Gruppen:_

z. B.

011	Lohnsteuer
012	Veranlagte Einkommensteuer
015	Umsatzsteuer
032	Tabaksteuer
111	Gebühren, sonstige Entgelte
119	Sonstige Verwaltungseinnahmen
325	Schuldenaufnahme auf dem sonstigen inländischen Kreditmarkt
411	Aufwendungen für Abgeordnete
422	Bezüge und Nebenleistungen der Beamtinnen, Beamten, Richterinnen und Richter

Übersicht 10: (Fortsetzung)

428	Entgelte der Arbeitnehmerinnen und Arbeitnehmer (Beschäftigte)
511	Geschäftsbedarf und Kommunikation sowie Geräte, Ausstattungs- und Ausrüstungsgegenstände, sonstige Gebrauchsgegenstände
514	Verbrauchsmittel, Haltung von Fahrzeugen und dgl.
517	Bewirtschaftung der Grundstücke, Gebäude und Räume
519	Unterhaltung der Grundstücke und baulichen Anlagen
526	Ausgaben für Sachverständige, Gerichtskosten und ähnliche Ausgaben
683	Zuschüsse für laufende Zwecke an private Unternehmen (soweit nicht Gruppe 662)
811	Erwerb von Fahrzeugen
812	Erwerb von Geräten und sonstigen beweglichen Sachen

223   Ein Beispiel aus dem Haushaltsplan verdeutlicht den Aufbau eines Titels:

		Deutsches Archäologisches Institut		0511
Titel	Zweckbestimmung	Soll 2017 1000 €	Soll 2016 Reste 2016 1000 €	Ist 2015 1000 €
Funktion				
422 01	Bezüge und Nebenleistungen der planmäßigen Beamtinnen und Beamten	5 996	5 996	5 995

4   = Hauptgruppe „Personalausgaben"
42 = Obergruppe „Dienstbezüge und Nebenleistungen"
422 = Gruppe „Bezüge und Nebenleistungen der Beamtinnen und Beamten"

Abbildung 16: Aufbau einer Titelnummer

(2) Festtitel

224   Der Gruppierungsplan schreibt die ersten drei Stellen eines Titels (die Gruppe) für Bund und Länder verbindlich vor. Der Bund hat in seinen Haushaltstechnischen Richtlinien (HRB, Nr. 4.2.) für eine Reihe von Titeln eine weitere Festlegung in der 4. und 5. Stelle vorgenommen. Man spricht hier auch von **Festtiteln**, also von Titeln, die mit ihrer 5-stelligen Titel-Nummer und der dazu gehörenden Zweckbestimmung einheitlich für alle Einzelpläne bindend festgelegt sind (= Titel mit fester Textvorgabe; **Standardtexte**). So wird etwa der „Beamtentitel" der Gruppe 422 beim Bund wie folgt näher untergliedert:

422   = *Gruppe:* „Bezüge und Nebenleistungen der Beamtinnen, Beamten, Richte-   **225**
       rinnen und Richter"
422 . 1 Bezüge und Nebenleistungen der **planmäßigen** Beamtinnen und Beamten
422 . 2 Bezüge und Nebenleistungen der beamteten **Hilfskräfte**
422 . 3 Bezüge der Anwärterinnen und Anwärter sowie Nebenleistungen der Beam-
       tinnen und Beamten **auf Widerruf** im Vorbereitungsdienst

Weitere Beispiele für **Festtitel** auf der Einnahmen- und Ausgabenseite sind: **226**

111 . 1 Gebühren, sonstige Entgelte
119 . 1 Einnahmen aus Veröffentlichungen
119 . 9 Vermischte Einnahmen
124 .1 Einnahmen aus Vermietung, Verpachtung und Nutzung
381 01 Leistungen von Bundesbehörden zur Durchführung von Aufträgen
381 07 Leistungen von Bundesbehörden zur Durchführung von ressortübergrei-
       fenden Aufgaben
514 . 1 Verbrauchsmittel, Haltung von Fahrzeugen und dgl.
519 . 1 Unterhaltung der Grundstücke und baulichen Anlagen
526 . 1 Gerichts- und ähnliche Kosten
526 . 2 Sachverständige, Ausgaben für Mitglieder von Fachbeiräten und ähnli-
       chen Ausschüssen
527 . 1 Dienstreisen
527 . 3 Reisen in Angelegenheiten der Personalvertretungen und der Gleichstel-
       lungsbeauftragten sowie in Vertretung der Interessen schwerbehinderter
       Menschen
539 . 9 Vermischte Verwaltungsausgaben
711 . 1 Kleine Neu-, Um- und Erweiterungsbauten
712 . 1 Baumaßnahmen von mehr als 2.000.000 € im Einzelfall
811 . 1 Erwerb von Fahrzeugen

Der Punkt in der vierten Stelle ist ein Platzhalter. In der Regel steht für den Punkt die Ziffer 0. Lediglich bei Titelgruppen wird in der vorletzten Stelle stets eine von Null verschiedene Ziffer gebraucht.

(3) Titelgruppen

Titel mit **übergeordneter Zweckidentität** können nach Nr. 4.8 HRB zu einer   **227**
Titelgruppe zusammengefasst werden. Eine Titelgruppe wird in der 4. Ziffer des Titels kenntlich gemacht. Es sind Ziffern von 1 bis 9 zu verwenden, um sie von den übrigen Titeln, für die eine 0 vorgesehen ist, zu unterscheiden. Werden über die in der vorletzten Stelle (4. Ziffer) der Titelnummer verfügbaren Ziffern hinaus weitere Titelgruppen benötigt, so sind diese in der vorletzten und letzten Stelle von den übrigen Titeln zu unterscheiden (Nr. 4.8.1 HRB).

Titelgruppen sind bei Einnahmen und Ausgaben möglich, sie sollen aber die **Ausnahme** bleiben. Titelgruppen sind stets im Anschluss an die nicht zu Titelgruppen gehörenden Titel sowohl bei Einnahmen als auch bei Ausgaben unter der Überschrift „Titelgruppe(n)" aufzuführen. Titelgruppen erhalten eine übergeordnete Zweckbestimmung, die als Überschrift voranzustellen ist. Die auf die einzelne Titelgruppe entfallenden Gesamtbeträge sind neben der Überschrift in Klammern anzugeben. (Nr. 4.8.1 HRB).

0625 Bundespolizei		
Titel Funktion	Zweckbestimmung	Soll 2017 1000 €
... ...	... ...	... ...
812 04	Erwerb von Waffen und Gerät	34 570
	Titelgruppe 01	
Tgr. 01	Sanitätswesen und Heilfürsorge	(49 020)
443 13	Kosten der Heilfürsorge	40 320
511 11	Geschäftsbedarf und Kommunikation, Geräte, Ausstattungs- und Ausrüstungsgegenstände, sonstige Gebrauchsgegenstände, Software, Wartung	100
514 11	Verbrauchsmittel, Haltung von Fahrzeugen und dgl.	8 300
812 13	Erwerb von Sanitätsgerät	300
	Titelgruppe 02	
TGr. 02	Fluggast- und Reisekontrollen gem. § 5 LuftSiG	(556 528)
511 22	Unterhaltung von Luftsicherungskontrollgerät	26 200
671 21	Erstattungen an Dritte für die Durchführung der Fluggast- und Reisegepäckkontrolle	462 128
812 23	Erwerb von Kontrollgerät für Luftsicherheit	68 200

228 *Abbildung 17: Titelgruppen*

229 Bis zur vollständigen Umsetzung der Neustrukturierung der Einzelpläne im Haushaltsjahr 2016 existierte im Bundeshaushalt eine (Fest-) **Titelgruppe 55 (Ausgaben für die Informationstechnik)**, die immer dann zu bilden war, wenn bei der Veranschlagung von Ausgaben für Informationstechnik (IT) mehr als ein Titel in Betracht kam. Diese Titelgruppe wurde aufgelöst. Stattdessen gibt es zwei neue Festtitel „IT-Aufträge und Dienstleistungen" (Titel 532 .1) und „IT-Investitionen" (Titel 812 .2). Ansonsten werden die IT-Ausgaben in die vorhandenen Verwaltungstitel (z. B. 511 .1, 518 .1, 525 .1) integriert.

Ein Auszug aus Einzelplan 09 Bundesministerium für Wirtschaft und Energie soll die neue Art der Veranschlagung von IT-Ausgaben veranschaulichen (Abbildung 18):

0912 Bundesministerium

Titel Funktion	Zweckbestimmung	Soll 2017 1000 €
511 01	Geschäftsbedarf und Kommunikation sowie Geräte, Ausstattungs- und Ausrüstungsgegenstände, sonstige Gebrauchsgegenstände, **Software, Wartung**	3 179
532 01	Aufträge und Dienstleistungen **im Bereich Informationstechnik**	1 700
812 01	Erwerb von Geräten, Ausstattungs- und Ausrüstungsgegenständen für Verwaltungszwecke **(ohne IT)**	3 061
812 02	Erwerb von Anlagen, Geräten, Ausstattungs- und Ausrüstungsgegenständen sowie Software **im Bereich Informationstechnik**	5 590

Abbildung 18: Veranschlagung von IT-Ausgaben gem. Neustrukturierung des Haushaltsplans

(4) Funktionenplan

Der für Bund und Länder ebenfalls einheitliche Funktionenplan gliedert die Einnahmen und Ausgaben des Haushaltsplans über alle Einzelpläne hinweg nach Aufgabenbereichen (Funktionen).   230

Die **Hauptfunktionen nach** dem Funktionenplan sind: 231

0 =	Allgemeine Dienste,
1 =	Bildungswesen, Wissenschaft, Forschung, kulturelle Angelegenheiten,
2 =	Soziale Sicherung, soziale Kriegsfolgeaufgaben, Wiedergutmachung,
3 =	Gesundheit, Umwelt, Sport und Erholung,
4 =	Wohnungswesen, Städtebau, Raumordnung und kommunale Gemeinschaftsdienste,
5 =	Ernährung, Landwirtschaft und Forsten,
6 =	Energie- und Wasserwirtschaft, Kulturbau,
7 =	Verkehrs- und Nachrichtenwesen,
8 =	Wirtschaftsunternehmen, Allgemeines Grund- und Kapitalvermögen, Sondervermögen,
9 =	Allgemeine Finanzwirtschaft.

Analog zum Gruppierungsplan wird auch bei den Hauptfunktionen durch **Anhängen einer zweiten und dritten Stelle** eine weitere Untergliederung in Oberfunktionen (die ersten zwei Ziffern) bzw. Funktionen (drei Ziffern) vorgenommen.   232

So baut sich etwa die Funktionenkennziffer **011**, die in einem Ministerium (Kapitel ..12) den meisten Titeln angehängt ist, wie folgt auf:

0 = Allgemeine Dienste (Hauptfunktion)
01 = Politische Führung und zentrale Verwaltung (Oberfunktion)
011 = Politische Führung (Funktion)

Die Funktionenkennziffer **133**, die der überwiegenden Zahl der Titeln des Kapitels 0634 Hochschule der Bundes für öffentliche Verwaltung) angehängt ist, bedeutet:

1 = Bildungswesen, Wissenschaft, Forschung, kulturelle Angelegenheiten
13 = Hochschulen
133 = Öffentliche Hochschulen und Berufsakademien

Abbildung 19 verdeutlicht den Zusammenhang.

Hochschule des Bundes für öffentliche Verwaltung 0634				
Titel Funktion	Zweckbestimmung	Soll 2017 1000 €	Soll 2016 Reste 2016 1000 €	Ist 2015 1000 €
519 01 -133	Unterhaltung der Grundstücke und baulichen Anlagen	175	175	26

1 = Hauptfunktion „Bildung, Wissenschaft, kulturelle Angelegenheiten"
13 = Oberfunktion „Hochschulen"
133 = Funktion „Öffentliche Hochschulen und Berufsakademien"

Abbildung 19: Aufbau einer Funktionskennziffer

233 Die Titelnummer 519 01 in Zusammenhang mit der Funktionskennziffer 133 ist damit eindeutig der Unterhaltung von Grundstücken und baulichen Anlagen einer Öffentlichen Hochschule zuzurechnen. Damit wird die Systematisierung nach ökonomischen Arten um eine Einteilung nach Aufgaben ergänzt. Der Haushaltsplan wird damit transparenter.

234 Will man etwa wissen, was der Bund (oder das Land) insgesamt für Bildung und Forschung ausgibt, so reicht es nicht aus, in einen einzigen Einzelplan (z. B. Bundesministerium für Bildung und Forschung) hineinzuschauen, da für solche Zwecke in mehreren Einzelplänen Mittel veranschlagt sind. Man erhält das Ergebnis aber schnell, wenn man – natürlich elektronisch – über alle Einzelpläne hinweg die Ausgabenansätze all jener Titel zusammenfasst, denen die Hauptfunktion 1 zugeordnet wurde.

Die dreistellige Funktionenkennziffer wird von zentraler Stelle in den Entwurf   235
des Haushaltsplans zusätzlich zur Titelnummer eingetragen und im Haushaltsplan mit gedruckt. Die Funktionskennziffer ist von der Titelnummer vollkommen
unabhängig; sie hat nur informatorischen Charakter. Die Funktionenkennziffer
bleibt sowohl bei der Mittelbewirtschaftung, der Anweisung als auch bei der
Kassen- und Buchführung unberücksichtigt.

(5) Haushaltsstellen

Unter einer Haushaltstelle ist die **Titelnummer des Haushaltsplans** zu verste-   236
hen, an der Einnahmen und Ausgaben veranschlagt sind. Sie besteht entsprechend der Gliederung des Haushaltsplans aus den numerischen Stellen des Einzelplans, Kapitels und Titels (neun numerische Stellen); z. B.

Einzelplan *06*: Bundesministerium des Innern

Kapitel	*0634*: Hochschule des Bundes für öffentliche Verwaltung
Titel-Nr.	*519 01*: Unterhaltung der Grundstücke und baulichen Anlagen

Haushaltsstelle: 0634/519 01

Diese Schreibweise entspricht der Darstellungsform im gesetzlich festgestellten
Haushaltsplan und in den einschlägigen Bundestagsdrucksachen.

(6) Besonderheiten der Haushaltsstellen im kommunalen Haushalt

Während Bund und Länder sämtliche Einnahmen und Ausgaben in einem ein-   237
heitlichen Haushaltsplan zusammenfassen, sind die **Haushaltspläne der**
Gemeinden in einen Verwaltungshaushalt und einen Vermögenshaushalt aufge-
gliedert. Der Verwaltungshaushalt beinhaltet die laufenden Einnahmen und Ausgaben, im Vermögenshaushalt werden die Investitionen und ihre Finanzierung
dargestellt. Die Unterscheidung zwischen Vermögens- und Verwaltungshaushalt
ist insbesondere mit Blick auf die Kreditfinanzierung von Bedeutung, da Kredite
nur im Vermögenshaushalt und nur für Investitionen aufgenommen werden dürfen.

Die Gliederung der **kameralen** Kommunalhaushalte erfolgt zunächst nach Auf-   238
gabenbereichen. Sowohl der Verwaltungshaushalt als auch der Vermögenshaushalt werden jeweils in zehn Einzelpläne gegliedert. Diese Einzelpläne sind weiter
in Abschnitte und Unterabschnitte unterteilt.

Die *zehn Einzelpläne* eines Kommunalhaushalts sind: 239
* Einzelplan 0: Allgemeine Verwaltung
* Einzelplan 1: Öffentliche Sicherheit und Ordnung
* Einzelplan 2: Schulwesen
* Einzelplan 3: Kulturpflege

- Einzelplan 4: Sozialwesen
- Einzelplan 5: Gesundheit, Sport und Erholung
- Einzelplan 6: Bau- und Wohnungswesen
- Einzelplan 7: Öffentliche Einrichtungen, Wirtschaftsförderung
- Einzelplan 8: Wirtschaftliche Unternehmen
- Einzelplan 9: Finanzwesen

240   Für jeden Einzelplan, Abschnitt und Unterabschnitt ist ein Teilabschluss zu bilden. Innerhalb der Einzelpläne, Abschnitte und Unterabschnitte sind die Einnahmen und Ausgaben gemäß dem Gruppierungsplan in Hauptgruppen, Gruppen und Untergruppen zu ordnen. Gliederung und Gruppierung richten sich nach dem vom jeweiligen Landesinnenministerium erlassenen Gliederungs- und Gruppierungsplan. Die Haushaltsstelle wird aus der Gliederungs- und Gruppierungsziffer gebildet.

241   Im **doppischen** Kommunalhaushalt wird eine Untergliederung in Produktbereiche und unterhalb der Produktbereiche in Produktgruppen und Produkten vorgenommen. Um die Verantwortlichkeiten klar zu regeln, sollen Produktgruppen bzw. müssen Produkte so gebildet werden, dass sie einzelnen Ämtern eindeutig zuzuordnen sind.

Inzwischen ist in den meisten Kommunen der Übergang zur Doppik vollzogen. Zehn der 13 Flächenländer lassen für ihre Kommunen ausschließlich die doppische Haushaltsführung zu. Schleswig-Holstein räumt seinen Gemeinden ein Wahlrecht zwischen Doppik und erweiterter Kameralistik ein. In Bayern und Thüringen hingegen wurde die bisherige Kameralistik beibehalten, jedoch erlauben dies Ländern ihren Kommunen auf freiwilliger Basis die Doppik einzuführen.[50]

IV. Übersichten zum Haushaltsplan

242   Während der Gesamtplan mit seinen vier Teilen – der Haushaltsübersicht, der Berechnung der zulässigen Kreditaufnahme, der Finanzierungsübersicht und dem Kreditfinanzierungsplan – materieller Bestandteil des Haushaltsplans ist und somit im Einzelnen Gesetzesqualität besitzt, handelt es sich bei den Übersichten zum Haushaltsplan nach § 14 Abs. 1 BHO um **erläuternde statistische Anlagen des Haushaltsplans ohne Gesetzesqualität.**[51]

Das BMF erstellt die nachstehend aufgeführten Übersichten und fügt diese – im Rahmen der Aufstellung des Haushaltsgesetzes und des Haushaltsplans – dem Entwurf des Haushaltsplans als Anlagen bei:

---

50   Vgl. hierzu BMF, Das System der öffentlichen Haushalte, Stand August 2015, S. 109 f.
51   Siehe *Arnold/Geske* (Hg.), Öffentliche Finanzwirtschaft, München 1988, S. 138.

1. die „**Gruppierungsübersicht**"[52], die eine Darstellung aller veranschlagten   243
Einnahmen und Ausgaben der Einzelpläne – ohne Rücksicht auf die institutionelle Gliederung – ist und diese nach Einnahme- und Ausgabe**gruppen**, wie
sie der Gruppierungsplan bestimmt, darstellt,

2. die „**Funktionenübersicht**", die eine Darstellung aller veranschlagten Ein- 244
nahmen und Ausgaben der Einzelpläne – ohne Rücksicht auf den institutionellen Verwaltungsaufbau – ist und die Einnahmen und Ausgaben nach
bestimmten **Aufgaben**, d. h. nach Funktionen, wie sie der Funktionenplan
bestimmt, darstellt,

3. den „**Haushaltsquerschnitt**", der eine Zusammenfassung der Gruppierungs- 245
übersicht und der Funktionenübersicht ist und in Form einer Matrix erkennen
lässt, welche volkswirtschaftlichen Einnahme- und Ausgabearten nach der
Gruppierungsübersicht – waagerecht – auf die einzelnen Aufgabenbereiche
nach der Funktionenübersicht – senkrecht – entfallen,

4. die „**Übersicht über die den Haushalt durchlaufenden Posten**", also jener   246
Beträge, die der Bund für einen Dritten vereinnahmt und wieder verausgabt,
ohne an der Mittelbewirtschaftung beteiligt zu sein,[53]

5. die „**Personalübersicht**" als Übersicht über die Planstellen der Beamtinnen/ 247
Beamten und die Stellen der Beschäftigten wie sie im Haushaltsplan insgesamt vorgesehen sind.

Neben diesen in § 14 Abs. 1 BHO vorgeschriebenen Anlagen enthält der Bun- 248
deshaushaltsplan 2017 noch **sechs weitere Übersichten**, z. B. Übersichten über
die 20 größten Steuervergünstigungen und über 20 größten Finanzhilfen des
Bundes in der Abgrenzung des 25. Subventionsberichts.

Durch diese, den Gesamthaushalt einbeziehenden Übersichten, die dem Entwurf   249
des Haushaltsplans als Anlage beigefügt sind, soll – insbesondere für die haus-
haltspolitischen Entscheidungen der Bundesregierung und der gesetzgebenden
Körperschaften – die **Transparenz des Haushaltsentwurfs**, auch in gesamtwirtschaftlicher Sicht, hergestellt werden.

Ferner dienen diese Übersichten der Vergleichbarkeit der Staatshaushalte und
erleichtern die Verfolgung einer gemeinsamen mittelfristigen Finanzplanung.

V. Der Inhalt des Haushaltsplans

1. Überblick

Der Inhalt der Einzelpläne des Bundeshaushaltsplans besteht im Wesentlichen   250
aus den Einnahme- und Ausgabetiteln. Dabei handelt es sich um Bewilligungen
des Parlaments, innerhalb derer sich die Verwaltung bewegen muss. Zu diesen

---

52 Siehe *Heuer/Dommach*, Komm. zum Bundeshaushaltsrecht, zu § 14 BHO.
53 Siehe *Heuer/Dommach*, a.a.O., zu § 14 BHO.

Bewilligungen kommen noch zwei weitere hinzu: die Verpflichtungsermächtigungen und die Planstellen bzw. Stellen. Diese Ermächtigungen fasst man zum Begriff „Haushaltsmittel" zusammen.

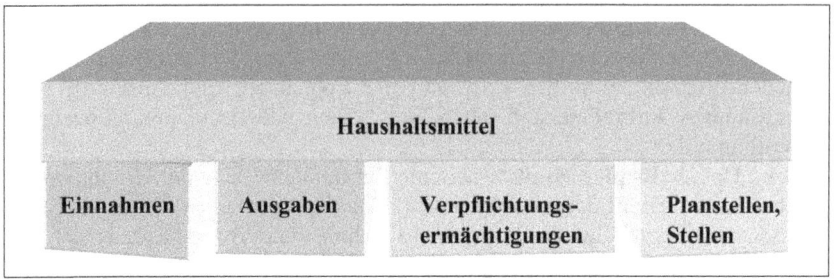

Abbildung 20: Haushaltsmittel

2. Verpflichtungsermächtigungen

251   Verpflichtungsermächtigungen sind nach der Definition im § 6 BHO Ermächtigungen zum Eingehen von Verpflichtungen, die zu Zahlungen in einem der Folgejahre führen. Sie stellen mithin im Gegensatz zu den lediglich für ein Haushaltsjahr geltenden Ausgabeermächtigungen ein **zukunftsgerichtetes Haushaltsmittel** dar. Ohne Vorliegen einer Verpflichtungsermächtigung darf die Exekutive grundsätzlich keine überjährigen Verpflichtungen eingehen, d. h. z. B. Verträge abschließen, die Zahlungsverpflichtungen für die Folgejahre begründen (§ 38 Abs. 1 Satz 1 BHO). Die Verpflichtungsermächtigung selbst stellt jedoch noch nicht die Ermächtigung dar, in dem betreffenden Folgejahr auch die Ausgaben, zu denen sich die Verwaltung verpflichtet hat, zu leisten. Diese Ermächtigung resultiert allein aus der Ausgabeermächtigung des Folgejahres.

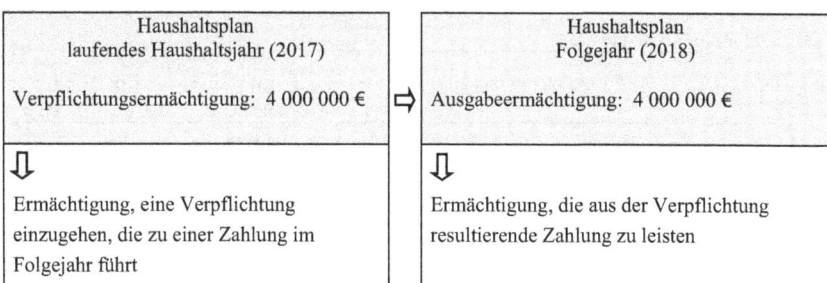

Haushaltsplan laufendes Haushaltsjahr (2017)	Haushaltsplan Folgejahr (2018)
Verpflichtungsermächtigung: 4 000 000 € ⇨	Ausgabeermächtigung: 4 000 000 €
⇩	⇩
Ermächtigung, eine Verpflichtung einzugehen, die zu einer Zahlung im Folgejahr führt	Ermächtigung, die aus der Verpflichtung resultierende Zahlung zu leisten

Titel Funktion	Zweckbestimmung	Soll 2017 1000 €
712 01	Neubau eines Dienstgebäudes in Neustadt	2 000
	Verpflichtungsermächtigung 12 000 T€ davon fällig 2018 bis zu... 4 000 T€ 2019 bis zu... 5 000 T€ 2020 bis zu... 3 000 T€	

Titel Funktion	Zweckbestimmung	Soll 2018 1000 €
712 01	Neubau eines Dienstgebäudes in Neustadt	4 000

Abbildung 21: Verpflichtungsermächtigungen

Die **rechtlichen Regelungen** zu den Verpflichtungsermächtigungen sind über verschiedene Abschnitte der BHO verteilt. Die Regelungen betreffen die einzelnen Phasen des Haushaltskreislaufs. Was die Aufstellung des Haushaltsplans betrifft, regelt § 16 BHO, wie Verpflichtungsermächtigungen zu veranschlagen sind (bei den jeweiligen Ausgaben gesondert, Angabe von Jahresbeträgen). Gemäß VV Nr. 2 zu § 16 BHO sind für bereits in früheren Jahren eingegangene Verpflichtungen Ermächtigungen nicht nochmals zu veranschlagen. In unserem Beispiel (Abbildung 21) sind daher die im Haushaltsplan 2017 veranschlagten Verpflichtungsermächtigungen für die Jahre 2019 und 2020 im Haushaltsplan 2018 nicht mehr aufgenommen worden. Um aber für mehr Transparenz im Haushaltsplan zu sorgen, schreiben die HRB (Nr. 12.1 i. V. m. Nr. 7.5) vor, dass derartigen Maßnahmen nach einem vorgegebenen Muster zu erläutern sind (Abbildung 22).

252

0512 **Bundesministerium**		Soll 2017 1 000 €	Soll 2016 Reste 2016 1 000 €	Ist 2015 1 000 €
Titel Funktion	Zweckbestimmung			
739 11	Baumaßnahmen	39 000	39 000	23 003
	Verpflichtungsermächtigung............ 20 000 T€ davon fällig: im Haushaltsjahr 2018 bis zu........ 10 000 T€ im Haushaltsjahr 2019 bis zu........ 10 000 T€			

Erläuterungen:

Mehrjährige Maßnahmen (davon neue Maßnahmen in Fettdruck)	Gesamtausgaben des Bundes 1 000 €	Verausgabt bis 2015 1 000 €	Bewilligt 2016 1 000 €	Nach 2016 übertragene Ausgabereste 1 000 €	Veranschlagt 2017 1 000 €	Vorbehalten für 2018 ff 1 000 €
1. Belgrad Neubau Kanzlei.........................	19 472	610	5 505	-	6 235	7 122
2. Bukarest Herrichtung Goethe-Institut zur Residenz......................	10 129	8 495	-	-	-	1 634
3. Eriwan Erdbebenertüchtigung...........	3 335	3 335	-	-	-	-
4. Kabul Einrichtung Dienstwohnungsgebäude	12 808	11 926	-	98	-	784
.. ...	...	...	...	...	...	...
88. Brüssel NATO.........................	2 622	1 836	598	-	188	-
Zusammen.................................	479 887	247 480	39 000	1 007	39 000	153 400

Abbildung 22: Veranschlagung von Baumaßnahmen

253   Viele heute eingegangene Verpflichtungen ziehen **Ausgaben in folgenden Jahren** nach sich, so etwa eine Gehaltserhöhung für die Beschäftigten, der Abschluss eines Mietvertrages usw. Nach § 38 Abs. 1 S. 1 BHO müsste für alle diese Maßnahmen die parlamentarische Ermächtigung mittels Veranschlagung und Genehmigung von Verpflichtungsermächtigungen eingeholt werden. Nach § 38 Abs. 4 BHO sind jedoch für solche „laufenden Geschäfte" Verpflichtungsermächtigungen weder zu veranschlagen, noch für den Haushaltsvollzug zu fordern. Was konkret unter laufenden Geschäften zu verstehen ist, regelt die VV-BHO (VV Nr. 5 zu § 38 BHO). Danach sind als **„Verpflichtungen für laufende Geschäfte"** anzusehen:

• Verpflichtungen, die Ausgaben der Hauptgruppe 4 (Personalausgaben) betreffen, sowie

• Verpflichtungen, die sich auf Ausgaben der Hauptgruppe 5 (ohne Obergruppe 55 – Militärausgaben), d. h. auf sächliche Verwaltungsausgaben beziehen. Ausgenommen sind lediglich

  – die Miet- und Pachtverträge (Gruppe 518), wenn die Jahresmiete oder Jahrespacht im Einzelfall mehr als 120.000 € beträgt, sowie

– Verträge oder sonstige Abmachungen mit Gutachtern, Sachverständigen oder im Rahmen der Ressortforschung (u. a. Gruppen 526, 532), wenn sie im Einzelfall zu Belastungen künftiger Haushaltsjahre von mehr als 250.000 € führen.

Werden diese Wertgrenzen überschritten, sind Verpflichtungsermächtigungen auszubringen.

Gemäß § 71 Abs. 1 BHO ist über eingegangene Verpflichtungsermächtigungen **254** nach den Richtlinien des Bundesministeriums der Finanzen Buch zu führen.[54] Im Übrigen findet sich im Gesamtplan Teil I Buchstabe C („Verpflichtungsermächtigungen und deren Fälligkeiten") eine Übersicht darüber, wie künftiger Haushalte durch Verpflichtungsermächtigungen im laufenden Haushaltsjahr belastet werden.

3. Planstellen und Stellen

Planstellen sind nach Besoldungsgruppen und Amtsbezeichnungen (nach der Bundesbesoldungsordnung) im Haushaltsplan auszubringen. Sie dürfen nur für Aufgaben eingerichtet werden, zu deren Wahrnehmung die Begründung eines **Beamtenverhältnisses** zulässig ist und die in der Regel Daueraufgaben sind (§ 17 Abs. 5 BHO). Die Planstelle ist eine für einen bestimmten Dienstposten ausgebrachte Stelle im Haushaltsplan, durch die festgelegt wird, mit welcher Dotierung (nach Besoldungsgruppen) sie für diesen Dienstposten haushaltsmäßig zur Verfügung steht. Die Verleihung eines Amtes (durch Aushändigung der Ernennungsurkunde) darf nur zusammen mit der Einweisung in eine freie Planstelle erfolgen (§ 49 Abs. 1 BHO). **255**

---

54   Näheres dazu in den VV-BHO zu § 34.

Planstellen-/Stellenübersicht				
Besoldungs-/ Entgeltgruppen	2017	2016	Ist-Besetzung am 1. Juni 2016	...
Titel 422 01 **Beamtinnen und Beamte**				
B 6...............................	1,0	1,0	1,0	
A 15..............................	9,0	9,0	7,0	
A 14..............................	14,0	16,0	15,5	
A 13 h............................	16,0	17,0	13,0	
A 13 g............................	10,0	11,0	10,0	
A 12..............................	13,0	13,0	11,5	
A 11..............................	11,0	11,0	7,0	
A 10..............................	12,0	13,0	12,0	
A 9 g.............................	5,5	5,5	4,5	
Titel 428 – Erläuterungen **Tarifliche Arbeitnehmerinnen und Arbeitnehmer**				
E 14..............................	2,0	2,0	2,0	
E 13..............................	3,0	3,0	2,5	
E 11..............................	5,0	6,0	6,0	
...	...	...	...	

Abbildung 23: Auszug aus dem Stellenplan

256   Die ausgebrachten Planstellen bilden den Stellenplan für planmäßige Beamtinnen und Beamte; er ist verbindlich (VV Nr. 4.1 zu § 17 BHO).

257   Der Begriff Stelle bezeichnet alle im Haushaltsplan vorgesehenen Stellen, die nicht Planstellen für Beamte sind. Sie sind nach § 17 Abs. 6 BHO in den Erläuterungen auszuweisen und sind damit grundsätzlich nicht verbindlich (§ 17 Abs. 1 S. 2 BHO). Die Stellen für Angestellte (Titel 425 01) waren somit vom Grundsatz her stets unverbindlich. Seit 1972 bestimmten jedoch die jährlichen Haushaltsgesetze, dass die in den Erläuterungen zu Titel 425 01 nach Vergütungsgruppen ausgewiesenen Stellen für Angestellte verbindlich waren (zuletzt § 13 Abs. 1 HG 2006). Diese Verbindlichkeitserklärung durch Haushaltsgesetz wird seit 2007 auch für den neu geschaffenen Titel 428 01 („Arbeitnehmerinnen und Arbeitnehmer") fortgesetzt (§ 14 Abs. 1 HG 2017).

258   **Beachte**: Im Bundeshaushaltsplan sind die Planstellen und Stellen der einzelnen Kapitel stets am Ende des Einzelplans unter dem Stichwort „Personalhaushalt" zu finden. Dort finden sich auch in einer Übersicht die den Planstellen zugeordneten Amtsbezeichnungen.

4. Haushaltsvermerke und Erläuterungen zu den Titeln

Außer den Haushaltsmitteln enthalten die Einzelpläne Haushaltsvermerke und   **259**
Erläuterungen zu den Titeln. Diese befinden sich in der Zweckbestimmungsspal-
te des Haushaltsplans unmittelbar unter der Zweckbestimmung des Titels, auf
den sie sich beziehen.

Haushaltsvermerke stellen **verbindliche Anweisungen** zur Ausführung des   **260**
Haushaltsplans dar. Sie sind auf das unbedingt notwendige Maß zu beschränken.
Die Haushaltstechnischen Richtlinien des Bundes (HRB, Nr. 5.7) sehen folgende
Reihenfolge vor:
* Flexibilisierung von Ausgaben,
* Sperren bei Ausgaben,
* Sperren bei Verpflichtungsermächtigungen,
* Wegfall von Ausgaben,
* Übertragbarkeit von Ausgaben,
* Deckungsfähigkeit von Ausgaben,
* Deckungsfähigkeit von Verpflichtungsermächtigungen,
* Ausnahmen vom Grundsatz der Gesamtdeckung,
* sonstige Vermerke.

Sperrvermerke können nach § 22 BHO ausgebracht werden, wenn die Leistung   **261**
einer Ausgabe vom Eintritt einer bestimmten Bedingung abhängig gemacht werden soll. Unterschieden werden zwei Arten von Sperren, die **„einfache"** und die
„qualifizierte" Sperre. Einfache Sperren kann der BMF aufheben, bei einem
qualifizierten Sperrvermerk bedarf die Freigabe der Mittel eines Beschlusses des
Haushaltsausschusses des Deutschen Bundestages (vgl. Abschnitt F. IV. 9d).

Während der Sperrvermerk die Leistung von Ausgaben vom Eintritt eines   **262**
bestimmten Ereignisses abhängig macht, bewirkt der **Wegfallvermerk** (§ 21
BHO) das Gegenteil, nämlich den Wegfall einer Bewilligung mit dem Eintritt
eines bestimmten Ereignisses. Dieser Vermerk, im Haushaltsplan mit „kw"
(künftig wegfallend) abgekürzt, hat – ebenso wie der **Umwandlungsvermerk**
(„ku"-Vermerk) – eine besondere Bedeutung bei den Planstellen und Stellen
und soll daher auch erst im Abschnitt „Bewirtschaftung der Planstellen und Stellen" näher behandelt werden (vgl. Abschnitt F. IV. 6b).

Die anderen hier genannten Haushaltsvermerke beziehen sich, wie die oben   **263**
erwähnten Übertragungs- und Deckungsvermerke, auf die Haushaltsgrundsätze,
bei denen sie gesondert diskutiert werden (vgl. Abschnitt E).

Die **Form** der Haushaltsvermerke ist in den Haushaltstechnischen Richtlinien   **264**
des Bundes (HRB, Nr. 5) verbindlich vorgeschrieben.

0902
Mittelstand: Gründen, Wachsen, Investieren

Titel Funktion	Zweckbestimmung	Soll 2017 1 000 €	Soll 2016 Reste 2016 1 000 €	Ist 2015 1 000 €
662 02 -634	Zinszuschüsse im Rahmen von ERP-Förderprogrammen	60 530	61 600	62 600

Haushaltsvermerk:
Die Ausgaben sind übertragbar.

Erläuterungen:

Bezeichnung	1000 €
1. Zinszuschüsse ERP- Investitionsprogramm	43 210
2. Zinszuschüsse Steigerung Energieeffizienz	8 320
3. Zinszuschüsse ERP-Startfonds	9 000
Zusammen...............:.............	60 530

Abbildung 24: Haushaltsvermerke und Erläuterungen

265 **Erläuterungen** zu den Titeln sind nur in dem unbedingt notwendigen Umfang aufzunehmen. Nach § 17 Abs. 1 Satz 2 BHO sind Erläuterungen unverbindlich, können aber für verbindlich erklärt werden. So werden z. B. die Stellen für Arbeitnehmerinnen und Arbeitnehmer, die als Erläuterungen bei Titel 428 01 im Bundeshaushaltsplan ausgewiesen sind, jedes Jahr im Haushaltsgesetz (z. B. § 14 HG 2017) für verbindlich erklärt. Die Haushaltstechnischen Richtlinien des Bundes enthalten Standarderläuterungen zu einigen Titeln.

VI. Funktionen des Haushaltsplans

266 Nachdem die Struktur und der Inhalt des Haushaltsplans in den vorangegangenen Abschnitten aufgezeigt wurde, soll nun abschließend der grundsätzlichen Frage nachgegangen werden: Warum brauchen wir eigentlich einen Haushaltsplan? Das ist die Frage nach den Funktionen bzw. der Aufgabestellung oder der Bedeutung des Haushaltsplans.

267 Folgende **Funktionen** werden einem Haushaltsplan zugeschrieben:
1. Rechtsfunktion,
2. Politische Funktion,
3. Bedarfsdeckungsfunktion (finanzwirtschaftliche Funktion),
4. Gesamtwirtschaftliche Funktion,

5. Sozialpolitische (oder Umverteilungs-) Funktion,
6. Kontrollfunktion.

1. Die Rechtsfunktion

Mit der Verabschiedung des Haushaltsgesetzes wird der Haushaltsplan **verbind-**   **268**
liche Grundlage für die Haushaltswirtschaft der Exekutive.
Der Haushaltsplan bedeutet für die betreffende Regierung und die Verwaltungs-
organe parlamentarische **Vollmacht und Verpflichtung**, die veranschlagten
Einnahmen bei ihrem Eingang anzunehmen, nach seinen Ansätzen und den sogenannten „Haushaltsvermerken" zu wirtschaften und Ausgaben – sofern erforderlich – im Rahmen der bewilligten Ansätze leisten zu dürfen sowie die bewilligten
Verpflichtungsermächtigungen einzugehen. Das Bundesverfassungsgericht hat
befunden, dass das Haushaltsgesetz nicht lediglich ein im Haushaltsplan enthal-
tenes Zahlenwerk feststellt, sondern zugleich auch die **Bewilligung** der im Haushaltsplan veranschlagten Ausgabemittel enthalte, d. h., die **Ermächtigung an die**
Regierung darstellt, diese Mittel gemäß der im Haushaltsplan und den übrigen
Rechtsgrundsätzen vorgeschriebenen Ordnung auszugeben.[55]

2. Die politische Funktion

Bei der Aufstellung des Haushaltsplans durch die Exekutive werden politische   **269**
Entscheidungen getroffen. Es wird entschieden, für welche Zwecke
(z. B. Umweltschutz, Verteidigung, Wissenschaft und Forschung usw.) und in
welchem Ausmaße die Regierung Haushaltmittel für erforderlich hält. *Neumark*
bezeichnet den Haushaltsplan deshalb als den „ziffernmäßig exakten Ausdruck
des politischen Handlungsprogramms der Regierung."[56]

Da der Haushaltsplan durch Gesetz verabschiedet wird, der Gesetzgeber also im   **270**
Gesetzgebungsprozess Änderungen am Regierungsentwurf vornehmen kann
(Budgethoheit des Parlaments), ist es letztlich auch der politische Wille des Par-
laments, der im Haushaltsplan zum Ausdruck kommt.

---

55 BVerfGE 20, 92 vom 19.7.1966 (NJW 1966, S. 1499 ff.).
56 *Neumark, F.*, Der Reichshaushaltsplan, Jena 1929 S. 558.

3. Bedarfsdeckungsfunktion (auch: finanzwirtschaftliche Funktion)

271 Traditionell besteht die Aufgabe des Haushaltsplans darin, die Finanzierung der staatlichen Aufgaben sicherzustellen. Im Gegensatz zur kaufmännischen Kalkulation wird also kein Gewinn angestrebt, sondern lediglich ein **Ausgleich** von Einnahmen und Ausgaben.

> Der Haushaltsplan dient der Feststellung und der Deckung des Finanzbedarfs, der zur Erfüllung der Aufgaben des Bundes im Bewilligungszeitraum voraussichtlich notwendig ist (§ 2 Satz 2 BHO).

272 Der Haushaltsplan ist also das Instrument, mit dessen Hilfe der Ausgabebedarf erfasst und mit den verfügbaren Einnahmen (Deckungsmittel) in Einklang gebracht wird.[57]

Dieser erforderliche Finanzbedarf ist immer dann zu unterstellen, wenn die Leistung von Ausgaben aus politischen, wirtschaftlichen oder sozialen Gründen zwingend notwendig erscheint. Als Deckungsmittel dienen nicht nur die Steuern, Gebühren, Beiträge usw., sondern gegebenenfalls auch die Einnahmen aus Krediten, die letztlich das Instrument zum Ausgleich des Haushaltsplans sein können.

4. Gesamtwirtschaftliche Funktion

273 Die gesamtwirtschaftliche Inpflichtnahme und ihre Konsequenzen für die Haushaltswirtschaft sind oben (Abschnitt B) schon ausführlich dargelegt worden.

Mit der wirtschaftspolitischen Instrumentalisierung des Haushaltsplans in den späten 60er Jahren des letzten Jahrhunderts hat der Staat eine neue Aufgabe übernommen, die ggf. ein anderes Verhalten erfordert als ein allein an der Bedarfsdeckung orientiertes Handeln. In Phasen einer Hochkonjunktur müssten u. U. weniger Mittel bereitgestellt werden, als dies von der Bedarfsdeckungsfunktion her angezeigt wäre. In Rezessionsphasen kann es erforderlich sein, den an sich zwingend notwendigen Bedarf zu überschreiten. Damit wird deutlich, dass die traditionelle Bedarfsdeckungsfunktion mit der gesamtwirtschaftlichen Steuerungsfunktion in einem gewissen Spannungsverhältnis steht.[58]

---

57 Vgl. auch *Borrmann/Schwanenberg*: Öffentliche Finanzwirtschaft, 2. Aufl. Köln, Berlin, Bonn, München 1992, S. 75.
58 Vgl. ebenda, S. 77.

5. Die sozialpolitische Funktion

In der modernen Industriegesellschaft haben sich die **Aufgaben der Öffentli-** 274
chen Finanzwirtschaft grundlegend gewandelt. Der Staat kann sich heute nicht
mehr darauf beschränken, nur seine klassischen Aufgaben zu erfüllen (Bedarfsdeckungsfunktion). Vielmehr hat er in der heutigen modernen Industriewirtschaft
die öffentlichen Haushalte auch als Instrument zu nutzen, um die sich aus dem
Marktprozess ergebende, als ungerecht empfundene **Einkommens- und Vermö-**
gensverteilung gezielt zu korrigieren und zwar sowohl in personaler als auch in
regionaler Hinsicht.

Die Verpflichtung zur sozialgestaltenden Ausrichtung der Öffentlichen Finanzwirt- 275
schaft ergibt sich aus dem **Sozialstaatsprinzip.**[59] Insbesondere soll die staatliche
Umverteilungspolitik so gestaltet werden, dass soziale Gegensätze durch die Schaf-
fung einer gerechten Verteilung wirtschaftlicher und sozialer Lebensinhalte ausge-
glichen werden. Damit übernimmt die moderne Finanzpolitik über die Öffentliche
Finanzwirtschaft und deren Haushalte auch bedeutende **gesellschaftspolitische**
Funktionen, wobei sie sowohl die Steuerpolitik als auch die Ausgabenseite des
Haushalts einsetzt.

Die sozialstaatliche Umverteilungspolitik wird insbesondere in Form von **Trans-** 276
ferzahlungen (Unterstützungszahlungen an private Haushalte, z. B. Rentenzah-
lungen, Kindergeld, Sparprämien usw.) vorgenommen. Auf der Einnahmenseite
verfolgt die Steuerpolitik das Ziel, die Bürger mit höheren Einkünften entsprechend ihrer Leistungsfähigkeit stärker zu belasten als die unteren Einkommens-
schichten. Die **progressive Lohn- und Einkommensteuer** sind hier die wichtigsten Instrumente. Eine progressiv gestaltete Vermögen- und Erbschaftsteuer
können ergänzend herangezogen werden.

6. Die Kontrollfunktion

Der Haushaltsplan dient auch als ein Instrument, durch das die öffentliche Haus- 277
haltwirtschaft überschaubarer, nachvollziehbarer und im Zusammenhang mit der
Jahresrechnung (Ist-Zahlen des abgelaufenen Haushaltsjahres) für das Parlament
kontrollierbar wird.

Der Haushaltsplan wird durch seine gesetzliche Feststellung für die Bundes-/
Landesregierung und somit für alle mittelbewirtschaftenden Verwaltungsdienst-
stellen **verbindlich.**

Die Finanzkontrolle über die ordnungsgemäße Ausführung des Haushaltsplans 278
ist nur auf der Grundlage der gesetzlichen Bindungen an den Inhalt des Haushaltsplans möglich.

---

59 Vgl. Art. 20 u. 28 GG/LV.

Der Bundesminister der Finanzen hat dem Bundestag und dem Bundesrat über alle Einnahmen und Ausgaben sowie über das Vermögen und die Schulden im Laufe des nächsten Haushaltsjahres zur Entlastung der Bundesregierung Rechnung zu legen.

Die Finanzkontrolle besteht aus der „verwaltungsmäßigen Kontrolle" und aus der „parlamentarischen Kontrolle":

279 • **Verwaltungsmäßige Kontrolle:**
Der **Bundesrechnungshof** (BRH), dessen Mitglieder richterliche Unabhängigkeit besitzen, prüft die Rechnung sowie die Wirtschaftlichkeit und Ordnungsmäßigkeit der Haushalts- und Wirtschaftsführung[60] (= rechtliche Kontrolle).
Während im Haushaltsplan die geplanten, also voraussichtlichen Einnahmen und Ausgaben des Bundes veranschlagt sind und hier ein berechneter verfahrensmäßiger Ausgleich zwischen den veranschlagten Einnahmen und Ausgaben zwangsläufig herbeigeführt wurde, werden die **tatsächlich eingenommenen Einnahmen und geleisteten Ausgaben** als „Ist-Ergebnis" der Haushalts- und Wirtschaftsführung in einer „**Haushaltsrechnung**" zusammengefasst. In der Haushaltsrechnung wird darüber hinaus aufgezeigt, ob dieser Haushaltsausgleich erreicht oder vielmehr ein Überschuss bzw. ein Fehlbetrag erzielt wurde.

280 • **Parlamentarische Kontrolle:**
Das Parlament übt – zunächst durch den Rechnungsprüfungsausschuss, einen Unterausschuss des Haushaltsausschusses – die politische Kontrolle über die Durchführung des von ihm festgestellten Haushaltsplans aus (= politische Kontrolle).
Das parlamentarische **Budget-Kontrollrecht** (das Volk kontrolliert die Regierung) ist das bedeutendste politische Kontrollrecht des Parlaments gegenüber der Regierung; es ist ein durch die Verfassung geschütztes fundamentales Wesensmerkmal jeder parlamentarischen Demokratie.
Nach vorangegangener Prüfung der Rechnung durch den Bundes-/Landesrechnungshof entscheidet letztlich das Parlament über die Entlastung der Bundes-/Landesregierung hinsichtlich der Haushalts- und Wirtschaftsführung des geprüften Haushaltsjahres durch einfachen Beschluss.

7. Weitere Funktionen

281 Die eben ausgeführten, schon „klassisch" zu nennenden Budgetfunktionen können nicht alle Aufgaben abdecken, für die der Haushalt instrumentalisiert werden kann. Die als wichtig erachteten Funktionen ergeben sich aus den jeweils verfolgten Politikschwerpunkten. So kann gegenwärtig mit einigem Recht auch eine

---

60   Vgl. Art. 114 GG/LV und § 114 BHO/LHO.

umweltpolitische Funktion des Haushaltsplans postuliert werden. Ohne den Einsatz von Haushaltsmitteln kann die „Energiewende" wohl schwerlich bewältigt werden. Die Aufnahme eines Staatsziels „Umweltschutz" in die Verfassung würde zwangsläufig dazu führen, den Haushaltsplan in den Dienst dieses Ziels zu stellen.

VII. Haushaltsrecht und Haushaltssystematik (Kurzfassung)

Der Haushalt des Bundes und der Länder setzt sich zusammen aus Haushaltsgesetz und **Haushaltsplan**. Der Haushaltsplan besteht aus einem Gesamtplan und den Einzelplänen.   282

Da der Haushaltsplan nach Art. 110 Abs. 2 GG durch das Haushaltsgesetz festgestellt wird, liegt die **Budgethoheit** beim Parlament.

Das Haushaltsgesetz ist ein formelles (kein materielles) Gesetz, da es keine Außenwirkung gegenüber dem Bürger hat.

Der **Gesamtplan** enthält Übersichten über den Haushaltsplan: Haushaltsübersicht, Finanzierungsübersicht und Kreditfinanzierungsplan sind nach § 10 Abs. 4 HGrG für Bund und Länder (soweit sie ihre Haushalte kameralistisch führen) vorgeschrieben; der Gesamtplan des Bundes enthält zusätzlich eine Übersicht zur Berechnung der zulässigen Kreditaufnahme (§ 13 Abs. 4 BHO);   283

Bei den **Einzelplänen** unterscheidet man zwischen **Ministerialplänen** und **Realplänen**. Sie werden unterteilt in Kapitel.   284

Kapitel sind überwiegend Behörden. Daneben werden aber auch sachliche Kapitel gebildet, in denen Fachaufgaben gebündelt werden.

Die mit dem Haushaltsplan 2016 abgeschlossene Neustrukturierung der Einzelpläne sieht folgenden Standard vor: bis zu zehn vorangestellte Fachkapitel, ein Zentralkapitel (..11), Behörden, beginnend mit dem Ministerium (Kapitel ..12); den Kapiteln vorangestellt wird ein Vorwort zum Einzelplan sowie ein finanzieller Überblick zum Einzelplan.

In den Haushaltsplänen des Bundes und der Länder werden innerhalb der Kapitel die einzelnen Haushaltsansätze unmittelbar nach ökonomischen Arten dargestellt. Die 5-stellige **Titelnummer** wird aus dem Gruppierungsplan abgeleitet.

Der **Gruppierungsplan für Bund und Länder** schreibt eine übereinstimmende Gruppierung nur in den ersten drei Stellen des Titels vor (sog. Gruppe).   285

Eine weitere Aufteilung im Haushaltsplan (Ziffern 4 und 5 der Titelnummer) ist in das Ermessen des Bundes und des einzelnen Landes gestellt.

286   Für den Bereich des Bundes werden in den Haushaltstechnischen Richtlinien des Bundes (HRB) **Festtitel** eingerichtet. Bestimmte Titel sind für alle Bundeseinrichtungen in Titelnummer und Bezeichnung einheitlich festgelegt; bei den nicht festgelegten Titeln haben die Behörden einen Spielraum im Rahmen der durch den Gruppierungsplan festgelegten Gruppe.

Der Funktionenplan teilt die Einnahmen und Ausgaben zusätzlich nach öffentlichen Aufgaben ein. Die **Funktionskennziffern** sind ebenfalls für Bund und Länder bindend.

287   Unter „**Haushaltsmittel**" versteht man Einnahmen, Ausgaben, Verpflichtungsermächtigungen, Planstellen und Stellen.

Verpflichtungsermächtigungen ermächtigen die Verwaltung im laufenden Jahr Verpflichtungen einzugehen, die erst in den Folgejahren zu Ausgaben führen; sie stellen ein zukunftsorientiertes Haushaltsmittel dar. Ohne Vorliegen einer Verpflichtungsermächtigung darf die Verwaltung grundsätzlich keine überjährigen Verpflichtungen eingehen, es sei denn, es handelt sich um laufende Geschäfte.

288   **Planstellen** sind die Stellen für planmäßige Beamtinnen und Beamte. Sie sind nach Besoldungsgruppen und Amtsbezeichnungen im Haushaltsplan auszubringen. Der Stellenplan ist verbindlich.

Der Begriff **Stelle** bezeichnet alle im Haushaltsplan vorgesehenen Stellen, die nicht Planstellen für Beamtinnen und Beamte sind.

289   Im Haushaltsplan finden sich neben den Haushaltsmitteln auch noch **Vermerke** und Erläuterungen. Vermerke stellen verbindliche Regelungen zum Titel dar, **Erläuterungen** sind unverbindlich, können aber für verbindlich erklärt werden.

290   Mit dem Haushaltsplan werden vielfältige Aufgaben verfolgt. Die wichtigsten Funktionen des Haushaltsplans sind: die Rechtsfunktion, die politische Funktion, die Bedarfsdeckungsfunktion, die gesamtwirtschaftliche Funktion, die sozialpolitische Funktion und die Kontrollfunktion.

D. Finanzplanung von Bund und Ländern

I. Die mittelfristige Finanzplanung

1. Inhalt und Aufbau des Finanzplans

Die jeweils auf ein Jahr angelegten Haushaltsplanungen der Gebietskörperschaf- **291**
ten sind eingebettet in fünfjährige und damit mittelfristige Finanzplanungen. In
den Finanzplänen sind Umfang und Zusammensetzung der voraussichtlichen
Ausgaben und die Deckungsmöglichkeiten in ihren Wechselbeziehungen zu der
mutmaßlichen Entwicklung des gesamtwirtschaftlichen Leistungsvermögens
darzustellen, gegebenenfalls durch Alternativrechnungen (§ 9 Abs. 1 und § 14
StWG). Entsprechend der Haushaltsautonomie der Länder und der Finanzhoheit
der Gemeinden im Rahmen ihres Selbstverwaltungsrechts stellt jede Gebietskörperschaft einen eigenen Finanzplan auf.[61]

Der Finanzplan ist ein **gleitender Fünfjahresplan**. Das erste Planungsjahr ist **292**
mit dem (zur Zeit der Aufstellung) laufenden Haushaltsplan identisch, das zweite
Planungsjahr wird durch den Haushaltsentwurf für das kommende Jahr abgedeckt. Danach folgen noch drei „echte" (wirklich neue) Planungsjahre.

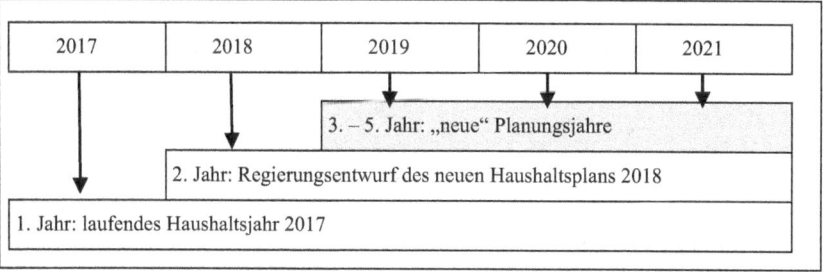

Abbildung 25: Finanzplan

Die **ersten beiden Jahre** werden auf der Basis einer gesamtwirtschaftlichen Pro- **293**
gnose unter Einbeziehung der sich abzeichnenden Entwicklung konjunktureller
Komponenten erstellt. Dagegen werden konjunkturelle Schwankungen für die
letzten drei Jahre bewusst nicht berücksichtigt, da diese „konjunkturfreie" Ziel-
projektion stabilisierend auf die Privatwirtschaft wirken und zugleich zu einer
Verstetigung der Finanzpolitik beitragen soll.[62] Künftige Preissteigerungen und

---

61 Die gesetzlichen Grundlagen der Finanzplanung sind: §§ 9 bis 14 StWG und die §§ 50
    bis 52 HGrG.
62 Vgl. Bundesministerium der Finanzen (Hg.), Das System der Öffentlichen Haushalte,
    Berlin, Stand: Oktober 2006, S. 18.

ihre Auswirkungen auf die Einnahmen und Ausgaben des Staates werden in der
Finanzplanung nicht berücksichtigt, was angesichts der traditionell geringen
Preissteigerungsraten in der Bundesrepublik Deutschland vertretbar erscheint.[63]
Bei den ausschließlich auf den Bund bezogenen Personalausgaben werden die
von der Regierung erwarteten künftigen Lohnanpassungen allerdings insofern
berücksichtigt, dass diese zwar nicht bei den einzelnen Ausgabetiteln, wohl aber
in einem Globaltitel veranschlagt werden. Diese Veranschlagung erlaubt es, die
einkalkulierten Steigerungsraten bei den Löhnen nicht offen legen zu müssen.

294   Der Finanzplan folgt der **Systematik des Haushaltsplans**, d. h., die Verwaltung
      stellt für alle rd. 6.300 Titel (davon rd 1.000 Einnahmetitel und rd. 5.300 Ausga-
      betitel)[64] die mittelfristigen Planungsdaten auf. Veröffentlicht wird der Finanz-
      plan allerdings nur in einer aggregierten Form, wobei die Ausgaben in etwa 40
      Blöcken dargestellt werden, die im Wesentlichen nach funktionalen Aspekten
      zusammengefasst sind.[65]

295   Der Finanzplan des **Bundes** ist vom Bundesminister der Finanzen aufzustellen
      und zu begründen. Er wird von der Bundesregierung beschlossen und Bundestag
      und Bundesrat in der Regel zusammen mit dem Entwurf des Haushaltsgesetzes
      und -plans für das folgende Jahr vorgelegt (§ 9 Abs. 2 StWG). Für das Parlament
      hat der Finanzplan allerdings nur informatorischen Charakter, eine Verabschie-
      dung des Finanzplans durch den Gesetzgeber ist nicht vorgesehen. Der Finanz-
      plan ist jährlich der Entwicklung anzupassen und fortzuführen. Im Finanzplan
      sind die vorgesehenen Investitionsschwerpunkte zu erläutern und zu begründen
      (§ 9 Abs. 3 StWG sowie zum Verfahren der Finanzplanung genauer: § 50
      HGrG).

2. Abgrenzung zum Haushaltsplan

296   Die wesentlichen Unterschiede zum jährlichen Haushaltsplan wurden in den
      vorangegangenen Ausführungen schon implizit dargelegt, sie sollen hier noch
      einmal zusammengestellt werden (Abbildung 26):

---

63   Vgl. ebenda, S. 18 f.
64   Vgl. Bundesministerium der Finanzen (Hg.), Das System der öffentlichen Haushalte,
     Berlin, Stand August 2015, S. 43.
65   Vgl. ebenda, S. 42 f sowie ebenda, Stand Oktober 2006, S. 19.

	Finanzplan	Haushaltsplan
Dauer der Planung	5 Jahre	1 Jahr
Verbindlichkeit (Legislative-Exekutive)	keine Verbindlichkeit	Verbindlichkeit
Feststellung durch ...	Beschluss der Bundesregierung	Beschluss des Parlaments
Art der Planung	gleitende Planung (Fortschreibung Regelfall)	Starre Planung (Fortschreibung Ausnahme)

Abbildung 26: Finanzplan und Haushaltsplan – eine Gegenüberstellung

Auch wenn der Finanzplan formell nicht verbindlich ist, so hat er doch für die Verwaltung durchaus einen **bindenden Charakter**. Seit vielen Jahren nämlich verpflichtet der Bundesminister der Finanzen in seinem jährlichen Haushaltsaufstellungsschreiben alle einzelplanbewirtschaftenden Stellen, beim Aufstellen der Voranschläge keinen Bedarf anzumelden, der nicht schon durch den Finanzplan des Vorjahres abgedeckt sei. Mehrausgaben an einer Stelle seien durch dauerhafte Einsparungen an anderer Stelle wieder zu erbringen. In dem neuen – noch zu beschreibenden – **Top-Down-Verfahren** zur Aufstellung des Bundeshaushaltsplans wird ebenfalls auf den Finanzplan zurückgegriffen. 297

3. Aufgaben des Finanzplans

Die Verankerung des Finanzplans in den gesetzlichen Vorschriften der Finanzreform macht bereits deutlich, dass der Finanzplan ein Instrument zur Globalsteuerung der Wirtschaft sein sollte. Die Planung soll für Investitionsvorhaben des dritten Planungsjahres so vorbereitet sein, dass mit ihrer Durchführung kurzfristig begonnen werden kann (§ 50 Abs. 6 HGrG), um bei einer die Ziele des § 1 StWG gefährdenden Abschwächung rechtzeitig gegensteuern zu können. Die Abhängigkeit der Haushaltswirtschaft von der gesamtwirtschaftlichen Entwicklung wird auch in § 50 Abs. 7 HGrG herausgestellt, in dem die Regierung verpflichtet wird, geeignete Maßnahmen zu treffen, die nach der Finanzplanung erforderlich sind, um eine geordnete Haushaltsentwicklung unter Berücksichtigung des voraussichtlichen gesamtwirtschaftlichen Leistungsvermögens in den einzelnen Planungsjahren zu sichern. 298

Um die **Belastungen künftiger Haushaltsjahre** im Zusammenspiel mit der voraussichtlichen Wirtschaftsentwicklung zu zeigen, ist es unerlässlich, die Projekte des laufenden Jahres in eine mittelfristige Perspektive einzubinden. Was sich an Folgekosten aus den aktuellen Haushaltszahlen ergibt, muss rechtzeitig berücksichtigt werden können. 299

300 Nach den Funktionen, die ein Finanzplan für die Exekutive zu erfüllen hat, stellt *Piduch*[66] drei Ziele der Finanzplanung heraus, die man heute wohl als die „**klassischen Aufgaben**" bezeichnen kann:
1. Festlegung der **programmatischen Ziele der Regierung** in einer Gesamtschau (politische Funktion),
2. **Schätzung** des zur Verwirklichung dieser Ziele **notwendigen Finanzbedarfs** und des Ausgleichs zwischen Einnahmen und Ausgaben für jedes Planungsjahr (finanzwirtschaftliche Funktion) und
3. **Abstimmung** der voraussichtlichen **Ausgaben** und der zu ihrer Deckung notwendigen **Einnahmen** mit den gesamtwirtschaftlichen Zielvorstellungen und Rahmenbedingungen (gesamtwirtschaftliche Funktion).

301 Auch wenn der Finanzplan diese drei Aufgaben nach wie vor zu erfüllen hat, so hat sich das Schwergewicht der **Aufgabenstellung heute** ein wenig verlagert. Die einschneidende weltweite Finanz- und Wirtschaftskrise 2008/09 hatte auch in Deutschland riesige Defizite in die öffentlichen Haushalte gerissen und die Bundesregierung gezwungen, dem drohenden Kollaps des Finanzsystems und der tiefen wirtschaftlichen Rezession massiv gegenzusteuern. Die Folge war ein in diesem Ausmaß noch nie gekannter Anstieg der Neuverschuldung und ein rasant anwachsender Schuldenstand. Um zu dokumentieren, dass die Regierung die „Schuldenkrise" mittelfristig wieder in den Griff bekommen wird, wurde gleichzeitig mit der Ausweitung der Verschuldung eine „Schuldenbremse" in das Grundgesetz aufgenommen, durch die die Regierung verpflichtet wird, in künftigen Haushaltsjahren grundsätzlich (fast) ohne neue Schulden auszukommen.

302 Nach der neuen **Schuldenregel** (Art. 109 Abs. 2 und Art. 115 GG) musste der Bund ab dem Jahr 2011 sein strukturelles Defizit schrittweise auf das ab 2016 noch zulässige Niveau von **0,35 % des BIP** zurückführen. Die Länder dürfen vom Jahre 2020 an grundsätzlich gar keine neuen Kredite mehr aufnehmen, müssen ihre Haushalte also ohne neue Schulden ausgleichen. Die **Einhaltung der Schuldenregel** kann **mit Hilfe des Finanzplans überwacht** werden, wobei die Überwachung dem Stabilitätsrat obliegt, einem Gremium, auf das gleich noch gesondert eingegangen werden soll.

303 Tatsächlich ist der Bund (und auch die Mehrzahl der Länder) mit der Haushaltskonsolidierung wesentlich rascher vorangekommen als ursprünglich geplant. Das lag wesentlich an der stabilen Konjunkturentwicklung der letzten Jahre. Im Ergebnis hat der Bundeshaushalt seit 2014 sogar mit Finanzierungsüberschüssen abgeschlossen. Der aktuelle Finanzplan des Bundes für die Jahre 2016 bis 2020 (Abbildung 27) zeigt, dass auch für die kommenden Jahre keine weiteren Schulden eingeplant sind.

---

[66] *Piduch*, Bundeshaushaltsrecht, Fpl. 4, S. 10.

	Soll 2016	Entwurf 2017	Finanzplan		
Der Finanzplan des Bundes 2016 bis 2020 Gesamtübersicht			2018	2019	2020
		– in Mrd. € –			
Ausgaben	**316,9**	**328,7**	**331,1**	**343,3**	**349,3**
Veränderung ggü. Vorjahr	+1,8	3,7%	0,7%	3,7%	1,7%
Einnahmen (ohne Kredite)	**316,9**	**328,7**	**331,1**	**343,3**	**349,3**
Steuereinnahmen	288,1	301,8	315,5	327,9	339,4
Sonstige Einnahmen	28,8	26,9	15,6	15,4	9,9
Nettokreditaufnahme	**0**	**0**	**0**	**0**	**0**
Nachrichtlich: Investitionen	31,5	33,3	34,5	35,1	30,8

Abbildung 27: Finanzplan des Bundes 2016 bis 2020 (Gesamtübersicht)

II. Der Tragfähigkeitsbericht als langfristiges Planungsinstrument

Seit 2005 erstellt das Bundesministerium der Finanzen einmal je Legislaturperiode einen „Bericht über die Tragfähigkeit der öffentlichen Finanzen", um neben den aktuellen und mittelfristigen Herausforderungen, die im Finanzplanungszeitraum abgebildet werden, auch langfristige haushaltspolitische Risiken aufzuzeigen, die sich hauptsächlich durch den demografischen Wandel in der Bundesrepublik ergeben.[67]

    303a

Wesentlicher Bestandteil des Tragfähigkeitsberichts sind die von externen Wissenschaftlern durchgeführten Modellrechnungen, in denen die Entwicklung der der Staatsfinanzen bis 2060 unter der Annahme der Fortgeltung der rechtlichen Ausgangslage aufgezeigt wird. Projiziert werden also insbesondere die steigenden Staatsausgaben für Alterssicherung (einschließlich Beamtenpensionen), Gesundheit und Pflege bei gleichzeitig sinkender Einwohnerzahl und Beitragszahler.[68]

    303b

---

67 Vgl. Bundesministerium der Finanzen (Hg.), Das System der öffentlichen Haushalte, Berlin, Stand August 2015, S. 41.
68 Ausführlich: Bundesministerium der Finanzen, Vierter Bericht zur Tragfähigkeit der öffentlichen Finanzen, Berlin 2016.

303c Die aus der Projektion ermittelte „Tragfähigkeitslücke" gibt den Konsolidierungsbedarf an, der erforderlich ist, um die öffentlichen Haushalte und gesetzlichen Sozialsysteme längerfristig finanzierbar zu halten. In das Tragfähigkeitskonzept geht somit nicht nur die „sichtbare" (externe) Verschuldung – gegenwärtig 2,16 Bio € – sondern auch die „unsichtbare" (interne) Verschuldung ein, die sich aus den staatlichen Leistungsversprechen für die Zukunft ergeben.

303d Die Ergebnisse des Berichts stellen damit auch ein wichtiges Frühwarnsystem in dem Sinne dar, dass sie den unmittelbaren Handlungsbedarf aufzeigen, damit sich die projizierten Schuldenstände gar nicht erst einstellen werden.[69]

III. Der Stabilitätsrat

304 Eine verlässliche Finanzplanung kann nur vor dem Hintergrund zuverlässiger Konjunkturschätzungen erfolgen. Außerdem muss sichergestellt sein, dass trotz der Eigenständigkeit der Länder und Gemeinden ein abgestimmtes Vorgehen des Staates in der Finanzpolitik ermöglicht wird.

Bis 2009 übernahm der **Finanzplanungsrat** die Aufgabe, die Haushalte der Gebietskörperschaften zu koordinieren. Ihm gehörten an:

- die Bundesminister der Finanzen und für Wirtschaft und Arbeit/Technologie,
- die für die Finanzen zuständigen Minister(innen) oder Senator(inn)en der Länder und
- vier Vertreter(innen) der Gemeinden und Gemeindeverbände, die vom Bundesrat auf Vorschlag der kommunalen Spitzenverbände bestimmt wurden.

Die Bundesbank war berechtigt, an den Beratungen des Finanzplanungsrates teilzunehmen, dessen Vorsitz der Bundesminister der Finanzen inne hatte.

305 Das Gremium Finanzplanungsrat wird seit dem 1.1.2010 durch den **Stabilitätsrat**[70] ersetzt. Der Stabilitätsrat ist ein gemeinsames Gremium von Bund und Ländern. Ihm gehören der Bundesfinanzminister, die Finanzminister(innen) der Länder und die Bundeswirtschaftsministerin an.

Gemäß Art. 109a GG und § 3 Stabilitätsratsgesetz ist die zentrale Aufgabe des Stabilitätsrates die laufende Überwachung der Haushalte des Bundes und der Länder, um eventuell drohende Haushaltsnotlagen frühzeitig zu erkennen und durch Sanierungsverfahren rechtzeitig gegensteuern zu können. Zu diesem Zweck legen der Bund und die Länder einen jährlichen Stabilitätsbericht vor, in dem bestimmte Kennziffern zur aktuellen Haushaltslage und zur Finanzplanung

---

69 Vgl. Schutt, R.Stoßberg, S., Tragfähigkeit der öffentlichen Finanzen, in: Gatzer, W., Schweisfurth, T. (Hg.), Öffentliche Finanzwirtschaft in der Staatspraxis. Tragfähigkeit der öffentlichen Finanzen, Berlin 2015, S. 327-356.
70 Vgl. hierzu auch die Präsentation des Stabilitätsrates im Internet: www.stabilitaetsrat.de

dargestellt werden sowie über die Einhaltung der verfassungsmäßigen Grenzen der Kreditaufnahme Auskunft erteilt wird.

Darüber hinaus wacht der Stabilitätsrat darüber, dass Bund, Länder, Gemeinden und Sozialversicherung insgesamt die Vorgaben des europäischen Fiskalpakts und des europäischen Stabilitäts- und Wachstumspakts einhalten und spricht ggf. Empfehlungen über geeignete Konsolidierungsmaßnahmen aus.[71]

IV. Der Arbeitskreis Steuerschätzung

Der „Arbeitskreis Steuerschätzung" ist ein Beirat beim Bundesministerium der Finanzen. Er besteht seit 1955. Ihm gehören an: **306**
- das Bundesministerium der Finanzen (Vorsitz),
- das Bundesministerium für Wirtschaft und Energie,
- das Statistische Bundesamt,
- die Deutsche Bundesbank,
- die fünf großen Wirtschaftsforschungsinstitute (DIW Berlin, ifo München, Ifw Kiel, IWH Halle, RWI Essen)
- der Sachverständigenrat zur Begutachtung der gesamtwirtschaftlichen Entwicklung,
- die Länderfinanzministerien und
- die Bundesvereinigung kommunaler Spitzenverbände.

Der Arbeitskreis schätzt das **Aufkommen jeder einzelnen Steuer** auf der **307** Grundlage der gesamtwirtschaftlichen Eckdaten der Bundesregierung, die unter der Federführung des Bundesministeriums für Wirtschaft und Energie zwischen den Ressorts abgestimmt werden. Dabei schätzt der Arbeitskreis die Steuereinnahmen auf der Grundlage des geltenden Steuerrechts. Die finanziellen Auswirkungen geplanter Steuerrechtsänderungen sind in der Haushalts- und Finanzplanung ergänzend zu berücksichtigen.

Die Sitzungsfolge des Arbeitskreises orientiert sich in erster Linie an den Zeitplänen der Haushalts- und Finanzplanung des Bundes. Es gibt **zwei Sitzungen** im Jahr:
- Bei der **Frühjahrsschätzung** (regelmäßig im Mai) gibt das Gremium eine mittelfristige Prognose für die Entwicklung der Steuereinnahmen für das laufende sowie die vier folgenden Jahre ab. Ihre Ergebnisse sind Grundlage für den Haushaltsentwurf des Folgejahres sowie für die jährliche Fortschreibung der mittelfristigen Finanzplanung.
- Die zweite Sitzung findet zeitnah zur Verabschiedung des Bundeshaushalts im November statt. Bei dieser **Herbstschätzung** wird die Frühjahrsprognose

---

71 Vgl. Bundesministerium der Finanzen (Hg.), Das System der öffentlichen Haushalte, Berlin, Stand August 2015, S. 26.

auf eventuell eingetretene Änderungen hin überprüft und gegebenenfalls aktualisiert. Die Schätzung ist Grundlage für die Ansätze des Haushaltsplans.

308 Seit Bestehen des Arbeitskreises „Steuerschätzung" hat der **Bund** das Schätzergebnis für die Steuereinnahmen des Bundes stets in den Haushaltsplan und seit 1968 auch in die mittelfristige Finanzplanung übernommen. Die **Länder** müssen bei ihrer Haushaltsplanung nicht selten Modifikationen an den Schätzergebnissen des Arbeitskreises vornehmen, da der Haushaltstermin manchmal deutlich vom Termin der Steuerschätzung abweicht oder Sonderentwicklungen bei einzelnen Ländern vorliegen. Eine Aufteilung des geschätzten kommunalen Steueraufkommens auf die einzelnen Gemeinden ist bei der Vielzahl der Kommunen nicht möglich. Der Arbeitskreis liefert aber den Kämmerern wichtige Informationen über das Aufkommen der Gemeinschaftsteuern. Bezüglich der Entwicklung der örtlichen Steuern, insbesondere der Gewerbesteuer, verfügen die einzelnen **Gemeinden** aufgrund ihrer Nähe zu den Steuerpflichtigen ohnehin über gute Informationen.[72]

309 Die **Ergebnisse** der Steuerschätzung sind Teil der finanzwirtschaftlichen Projektionen des Bundes, die dem Stabilitätsrat regelmäßig vorgelegt werden.

---

72 Vgl. die Ausführungen des BMF unter: http://www.bundesfinanzministerium.de/Web/ DE/Themen/Steuern/Steuerschaetzung/steuerschaetzung.html, Stand: 6.7.2013.

E. Die Haushaltsgrundsätze

Haushaltsgrundsätze (Budgetprinzipien) sind für die Aufstellung und Ausfüh- **310** rung des Haushaltsplans verbindlich aufgestellte und **in Gesetzen festgeschriebene Regeln.** Im Entscheidungsprozess haben diese Prinzipien die Funktion von Zielen. An ihnen wird das Entscheidungsverhalten gemessen. *Kurt Heinig* bezeichnet sie als „begrifflich formulierte Erkenntnisse von Weltgeltung".[73] In der Tat findet man die Budgetprinzipien in allen Staaten, in denen ein demokratisch legitimiertes Parlament das Recht hat, verbindlich über die Einnahmen und Ausgaben des Staates zu entscheiden, in ähnlicher Form.

Budgetgrundsätze sind die logische Folgerung aus der „Aufgabe des Parlaments **311** ..., an der Gestaltung des Haushaltsplans mitzuwirken und dadurch, abgesehen von finanziellen Gesichtspunkten, zugleich die Verwaltung in einem bestimmten Sinne politisch zu beeinflussen."[74] Alle klassischen Haushaltsgrundsätze dienen letztlich dem Ziel, das **ausbalancierte Verhältnis zwischen Legislative und Exekutive** im Bereich der staatlichen Finanzwirtschaft rechtlich abzusichern. Insbesondere die Rechts- und Kontrollfunktion des Haushaltsplans, aber auch dessen politische Funktion und die Bedarfsdeckungsfunktion werden durch die Budgetprinzipien festgeschrieben. Die Haushaltsgrundsätze wurden ursprünglich von der Finanzwissenschaft entwickelt und später in der Rechtsordnung (Grundgesetz und Haushaltsrecht) verankert.

Die Festschreibung der Budgethoheit des Parlaments führt zu sehr starren Rege- **312** lungen, die – ausnahmslos angewendet – ein flexibles Reagieren der Verwaltung auf Veränderungen gegenüber der vom Parlament beschlossenen Planung unmöglich erscheinen lassen. Deshalb hat sich zu vielen Haushaltsgrundsätzen ein **System von Ausnahmen** entwickelt. Eigentlich sind es erst die ebenfalls durch Gesetz festgelegten Ausnahmen, die den Haushaltsgrundsätzen ihre Komplexität verleihen.

Im Folgenden wird das Haushaltsrecht des Bundes und der Länder (mit kamera- **313** ler Haushaltsführung) durch die auf dem Grundgesetz, den Länderverfassungen, dem HGrG und der BHO/LHO basierenden elf Haushaltsgrundsätzen näher dargestellt. Die Grundsätze sind:
(1) Wirtschaftlichkeit und Sparsamkeit
(2) Vorherigkeit
(3) Gesamtdeckung
(4) Einzelveranschlagung und sachliche Bindung
(5) Jährlichkeit und zeitliche Bindung
(6) Fälligkeit

---

73 *Heinig, K.,* Das Budget, Bd. I, Tübingen 1949, S. 15.
74 *Neumark, F.,* Der Reichshaushaltsplan, Jena 1929, S. 124.

(7)   Einheit und Vollständigkeit
(8)   Bruttoprinzip
(9)   Haushaltsausgleich
(10) Wahrheit und Klarheit
(11) Öffentlichkeit.

I. Wirtschaftlichkeit und Sparsamkeit

314   Der Grundsatz der Wirtschaftlichkeit und Sparsamkeit ist beherrschend für die
      gesamte Haushaltswirtschaft. Steigende Ansprüche an den Staat bei abnehmen-
      den finanziellen Ressourcen verleihen diesem Grundsatz hohe Priorität.

315   **Sparsamkeit** heißt, die Ausgaben des Staates auf das unbedingt notwendige Maß zu
      beschränken, während **Wirtschaftlichkeit** verlangt, dass bei staatlichen Aktivitäten
      die günstigste Relation zwischen den angestrebten Ziel und den einzusetzenden Mit-
      teln erreicht wird. Dabei verlangt das Minimalprinzip, dass ein definiertes Ziel (Ergeb-
      nis) mit möglichst geringem Mitteleinsatz anzustreben ist und das Maximalprinzip,
      dass bei gegebenen Mitteln ein möglichst optimaler Erfolg erzielt werden soll.[75]

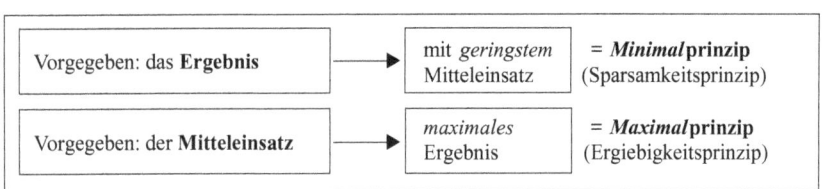

Abbildung 28: Die zwei Ausprägungen des Wirtschaftlichkeitsprinzips

316   Seit der Finanzreform 1969 genießt das Wirtschaftlichkeitsprinzip **Verfassungs-
      rang**. Es ist als Prüfungsmaßstab für den Bundesrechnungshof in Art. 114 Abs. 2
      GG erwähnt und verpflichtet damit die Bundesverwaltung zu seiner Beachtung.

317   Die Tatsache, dass das **Sparsamkeitsprinzip** nicht in der Vorschrift des Art. 114
      Abs. 2 GG erwähnt wird, deutet darauf hin, dass dieser Komponente des Grund-
      satzes keine eigenständige Bedeutung zukommt. Sparsamkeit ist vielmehr als
      Unterfall der Wirtschaftlichkeit (Minimalprinzip) zu betrachten.[76] Wenn der
      Begriff in verschiedenen gesetzlichen Vorschriften auftaucht (§§ 7, 34 Abs. 2
      und 90 Nr. 3 BHO), dürfte das in der Befürchtung des Gesetzgebers begründet
      sein, die Verwaltung neige ohne diese Appelle zu einem zu sorglosen Umgang
      mit öffentlichen Mitteln.

---

75   Vgl. VV Nr. 1 zu § 7 BHO/LHO.
76   Vgl. ebenda.

Es gibt **zahlreiche Anwendungsfälle** der Wirtschaftlichkeit in der BHO. So ver-   **318**
langt § 6 BHO in Übereinstimmung mit dem Wirtschaftlichkeitsprinzip, dass bei
Aufstellung und Ausführung des Haushaltsplans nur die jeweils für die Aufgabenerfüllung des Bundes notwendigen Ausgaben veranschlagt bzw. geleistet
werden. Die Regulierung der öffentlichen Auftragsvergabe nach § 55 BHO in
Verbindung mit den Verdingungsordnungen dient durch möglichst breiten Wettbewerb und transparente Verfahren nicht zuletzt der Verwirklichung der Wirtschaftlichkeit.

> § 7 Abs. 1 Satz 2 BHO verpflichtet zur Prüfung, inwieweit staatliche Aufgaben oder   **319**
> öffentlichen Zwecken dienende wirtschaftliche Tätigkeiten durch Ausgliederung,
> Entstaatlichung oder Privatisierung erfüllt werden können.

Diese Kumulierung der Begriffe trägt nicht zur Klarheit bei. Denkbar sind folgende Arten der Privatisierung:

* bei der **Organisationsprivatisierung** bleibt die öffentliche Hand zu 100 %
  oder mit qualifizierter Mehrheit beteiligt (z. B. Deutsche Flugsicherung
  GmbH);
* bei der **Vermögensprivatisierung** werden Bundesbeteiligungen an privatrechtlichen Unternehmen ganz oder teilweise in private Hände überführt
  (z. B. VEBA, VIAG);
* bei der **materiellen Privatisierung** zieht sich der Staat aus der Aufgabenerfüllung zurück und überlässt es privaten Anbietern, diese Leistung zu erbringen;
* bei der **funktionalen Privatisierung** bleibt die öffentliche Hand für die Aufgabenerfüllung zuständig, sie bedient sich hierfür jedoch privater Unternehmen. So ermöglicht das Fernstraßenbauprivatfinanzierungsgesetz von 1994[77],
  dass bei Bundesfernstraßen auch private Unternehmen Brücken, Tunnels und
  Gebirgspässe bauen, betreiben und für die Nutzung eine Maut erheben dürfen. Zu dieser Art der Privatisierung gehören auch die Fälle, in denen eine
  Verwaltung bisher selbst erzeugte Leistungen bei privaten Firmen beschafft
  (Beispiel: Abschaffung der Hausdruckerei, Vergabe der Druckaufträge an
  private Firmen).

Das BMF hat durch Rundschreiben[78] das Verfahren für das in § 7 Abs. 2 BHO   **320**
genannte **Interessenbekundungsverfahren** beschrieben. Danach ist eine Aufforderung zur Teilnahme an einem Interessenbekundungsverfahren öffentlich
unter Hinweis auf die Stelle, bei der die (i. d. R. funktional orientierte) Beschrei-
bung der Aufgabe erhältlich ist, bekannt zu machen. Die Interessenten haben
dann eine Frist von mindestens einem Monat für ihre Interessenbekundungen.

---

77 Fernstraßenbauprivatfinanzierungsgesetz vom 30.8.1994, BGBl. I S. 2243.
78 RdSchr. d. BMF vom 24.9.2012 – II A 3 – H 1005/070/0002 (2012/0864353)-(GMBl
    2012, S. 1190).

321 Angemessene **Wirtschaftlichkeitsuntersuchungen**, wie sie § 7 Abs. 2 BHO
     fordert, können vor allem sein
     • die Kostenvergleichsrechnung,
     • die Kapitalwertmethode und
     • die Nutzwertanalyse.

322 In der **Kostenvergleichsrechnung** werden die Kosten der alternativen Lösungs-
     vorschläge miteinander verglichen und die kostengünstigste Alternative
     bestimmt. Kostenvergleichsrechnungen sind geeignet für Maßnahmen mit gerin-
     ger finanzieller Bedeutung ohne langfristige Auswirkungen.

323 Die **Kapitalwertmethode** eignet sich bei größeren Maßnahmen, bei sehr unter-
     schiedlichen Zahlungsströmen im Betrachtungszeitraum oder bei der Frage nach
     der optimalen Finanzierung einer Maßnahme (z. B. Kauf/Leasing). Gegenüber
     der Kostenvergleichsrechnung berücksichtigt sie zusätzlich die unterschiedlichen
     Zeitpunkte der Ein- und Auszahlungen der Alternativen. Alle künftigen Einzah-
     lungen und Auszahlungen werden auf den gleichen Zeitpunkt (i. d. R. das aktuel-
     le Jahr) hin abgezinst und damit als Kapitalwert (Summe der Barwerte) ver-
     gleichbar gemacht.

324 Die **Nutzwertanalyse** kann hilfsweise Anwendung finden, wenn neben den
     direkt ermittelbaren Kosten weitere, nicht monetär erfassbare Kosten- und Nut-
     zenaspekte heranzuziehen sind.

325 Neben diesen einzelwirtschaftlichen Methoden sind auch noch **gesamtwirt-
     schaftliche** Verfahren zur Ermittlung der Wirtschaftlichkeit von Maßnahmen zu
     erwähnen. In Betracht kommt hier die **Kosten-Nutzen-Analyse**, bei der nicht nur
     auf das einzelne Investitionsobjekt geschaut wird, sondern alle positiven und
     negativen Wirkungen einer Maßnahme, unabhängig davon, wo und bei wem sie
     anfallen. So gehen etwa beim Bau einer Autobahn nicht nur die direkten Investi-
     tionskosten für den Bund in die Berechnung ein, sondern auch Kosten wie Lärm-
     belästigung oder Veränderung des Landschaftsbildes sowie Nutzen wie Verkür-
     zung der Transportzeiten oder Verringerung der Verkehrsunfälle.

326 Die Methoden der Wirtschaftlichkeitsuntersuchungen sind sehr eingehend und
     anwenderfreundlich mit Beispielen in einer **Arbeitsanleitung des BMF**[79]
     beschrieben. Diese Arbeitsanleitung ist den Verwaltungsvorschriften zu § 7 BHO
     als Anhang beigefügt.

327 Da die auf die Rechts- und Kontrollfunktion hin geschaffenen haushaltsrechtli-
     chen Instrumentarien nicht auf die Steigerung der Wirtschaftlichkeit hin ausge-
     richtet sind, ja bezüglich des Effizienzziels sogar kontraproduktiv sein können
     (z. B. zeitliche und sachliche Bindung), schreibt § 7 Abs. 3 BHO die **Einfüh-**

---

79 RdSchr. d. BMF vom 12.1.2011 – II A 3 – H 1012 – 10/08/10004 (2011/016585) –
    (GMBl 2011, S. 76), geändert durch RSchr. vom 20.12.2013 – II 13 – H 1012 – 6/13/
    10002 (GMBl 2014 S. 13).

rung einer **Kosten- und Leistungsrechnung** (KLR) für alle geeigneten Bereiche der Bundesverwaltung vor. „Das bisherige Verwaltungshandeln läuft weitgehend ohne Informationen darüber ab, welche Ergebnisse oder Leistungen mit den zur Verfügung gestellten Ressourcen erzeugt werden. Die Kosten der einzelnen Leistungen sind nicht bekannt. Gesteuert wird traditionell über die zur Verfügung stehenden Finanzmittel. Diese Verfahrenssteuerung soll durch ein ziel- und ergebnisorientiertes Steuerungsmodell ersetzt werden. Das Verwaltungshandeln soll auf das Erreichen eindeutiger, messbarer Ziele ausgerichtet werden."[80]

Zielsetzung der Kosten- und Leistungsrechnung ist es u. a., durch Informationen über den Ressourcenverbrauch zur Erstellung der Verwaltungsprodukte eine behördeninterne Effizienzsteuerung zu ermöglichen. Die KLR wird deshalb auch als internes Rechnungswesen bezeichnet.   328

II. Vorherigkeit

1. Der Grundsatz

Nach Art. 110 Abs. 2 GG/LV ist der Haushaltsplan **vor** Beginn des Jahres, für das er bestimmt ist, durch das Haushaltsgesetz festzustellen. Das Postulat der Vorherigkeit hat also Verfassungsrang.   329

Es gehört zwingend zum Begriff „Plan", dass ein solches Werk **vor Beginn der eigentlichen Planungsperiode** verbindlich feststeht. Die Budgethoheit des Parlaments erfordert, dass dieses rechtzeitig der Exekutive die verbindlichen finanzwirtschaftlichen Daten durch Beschluss des Haushaltsplans vorgeben kann. Ein nicht vor Beginn des Haushaltsjahres verabschiedeter Haushaltsplan verliert auch zumindest einen Teil seiner politischen Funktion, da innerhalb dieser Funktion dem Haushaltsplan der Charakter eines in Zahlen gegossenen Regierungsprogramms zukommt. Ein erst später verabschiedeter Haushaltsplan kann jedoch für die zurückliegende Zeit allenfalls ein Bericht über längst erreichte politische Ziele sein. Auch für die gesamtwirtschaftliche Funktion des Budgets ist von Bedeutung, dass sich die Wirtschaftssubjekte rechtzeitig auf die Finanzpolitik des Staates einstellen können.   330

---

80 Bundesministerium des Inneren, KLR-Referenzmodell für den Geschäftsbereich des Bundesministerium des Inneren vom 19.2.1999, http://www.staat-modern.de/projekte/archiv/feb01/menu7.htm Vorwort, Bonn 1999.

> **Gesetz**
> **über die Feststellung des Bundeshaushaltsplans für das Haushaltsjahr**
> **2017**
> **(Haushaltsgesetz 2017)**
> Vom 20. Dezember 2016 (BGBl. I S. 3016)

331 Das Verfassungsgebot der **Vorherigkeit** richtet sich an alle am Haushaltsverfahren beteiligten Verfassungsorgane, im Falle des Bundeshaushalts also an Bundesregierung, Bundestag und Bundesrat. Die Regierung wird aufgefordert, den Haushaltsplan frühzeitig aufzustellen und die Haushaltsvorlage den gesetzgebenden Körperschaften rechtzeitig zuzuleiten. Der Gesetzgeber wird in die Pflicht genommen, den Regierungsentwurf unverzüglich zu beraten und gesetzlich zu beschließen.

Um die rechtzeitige Haushaltsfeststellung zu sichern, wurden folgende Regelungen getroffen:

a) Vorlagefrist

332 § 30 BHO schreibt der Bundesregierung vor, den Haushaltsentwurf in der Regel bis spätestens zur ersten Sitzung des Bundestages nach dem 1. September (Ende der Sommerpause des Bundestages) den gesetzgebenden Körperschaften zuzuleiten. Diese Vorlagefrist zwingt die Regierung, das Aufstellungsverfahren frühzeitig einzuleiten und verwaltungsintern enge Termine für die am Aufstellungsprozess beteiligten Instanzen zu setzen.

b) Beschleunigtes Gesetzgebungsverfahren

333 Während nach Art. 76 Abs. 2 GG eine Gesetzesvorlage der Bundesregierung zunächst dem Bundesrat zur Stellungnahme vorgelegt und erst nach der Stellungnahme beim Bundestag eingebracht wird, sieht Art. 110 Abs. 3 GG für das Haushaltsgesetzgebungsverfahren die **gleichzeitige Zuleitung** des Regierungsentwurfs an Bundesrat und Bundestag vor. Damit befasst sich der Bundestag bereits mit dem Haushaltsentwurf, während parallel hierzu der Bundesrat seine Stellungnahme berät.

334 Die Rechtsgrundlagen des Haushaltsgrundsatzes der Vorherigkeit sind Art. 110 Abs. 2 GG und § 1 BHO.

2. Die Ausnahme: Vorläufige Haushaltsführung ("Nothaushaltsrecht")

Die Bundeshaushaltspläne waren bis 1980 ausnahmslos nicht vor Beginn des   335
Haushaltsjahres verabschiedet worden. Erst seit 1983 ist die Vorherigkeit des
Bundeshaushaltsplans der Regelfall. Die Gründe, die in der Vergangenheit zu
Verspätungen bei der Verabschiedung des Haushaltsplans geführt haben, sind
vielfältig. Sie liegen in dem komplizierten Verfahren der Aufstellung und Feststellung des Haushaltsplans begründet (siehe Haushaltskreislauf). Regelmäßig zu
Verzögerungen kommt es bei den auf die Bundestagswahljahre folgenden Haushalten, da nach der Wahl im September/Oktober der neue Bundestag frühestens
im Oktober/November zu seiner konstituierenden Sitzung zusammentreten kann.
Eine Verabschiedung des Haushaltsentwurfs bis zum Jahresende ist damit ausgeschlossen.

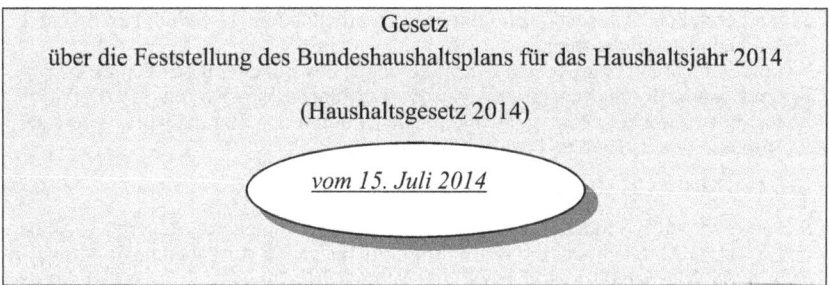

Gesetz
über die Feststellung des Bundeshaushaltsplans für das Haushaltsjahr 2014

(Haushaltsgesetz 2014)

vom 15. Juli 2014

Auch für den Fall, dass ein Haushaltsgesetz nicht rechtzeitig vor Beginn des neu-   336
es Haushaltsjahres zustande kommt, muss die Exekutive in der Lage sein, alle zur
Aufrechterhaltung des Dienstbetriebes **notwendigen Ausgaben** zu leisten und zu
diesem Zwecke ggf. **Kredite** aufzunehmen.

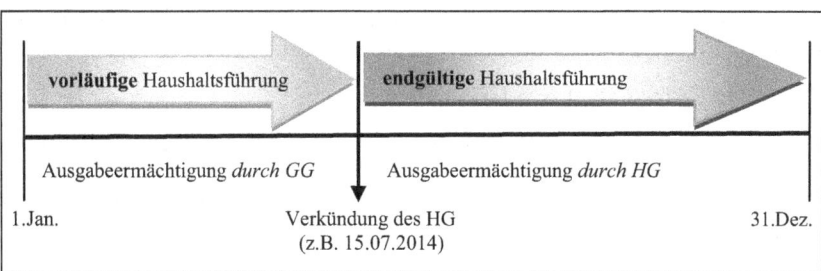

Abbildung 29: Vorläufige und endgültige Haushaltsführung

337   Das Grundgesetz hat für die Zeit bis zur **verspäteten Verabschiedung** des Bundeshaushalts Vorsorge getroffen. Da bei einer vorläufigen Haushaltsführung eine Ermächtigung zur Leistung von Ausgaben durch das Parlament nicht vorliegt, gibt Art. 111 Abs. 1 GG unmittelbar der Bundesregierung **Ausgabeermächtigungen**. In der Praxis wird die vorläufige Haushaltsführung beim Bund in der Form durchgeführt, dass der Bundesfinanzminister die Fachressorts mittels Verwaltungsvorschriften (§ 5 BHO) ermächtigt, die Ausgabeansätze des noch nicht verabschiedeten Haushaltsentwurfs bis zu einem bestimmten Prozentsatz zu bewirtschaften. Bei dieser Bewirtschaftung sind jedoch die Grenzen des Art. 111 Abs. 1 GG zu beachten.

338   **Art. 111 Abs. 1 GG (Ausgabeermächtigung):**

Ist bis zum Schluss eines Rechnungsjahres der Haushaltsplan für das folgende Jahr nicht durch Gesetz festgestellt, so ist bis zu seinem Inkrafttreten die Bundesregierung ermächtigt, alle Ausgaben zu leisten, die **nötig sind**,
a) um gesetzlich bestehende Einrichtungen zu erhalten und gesetzlich beschlossene Maßnahmen durchzuführen,
b) um die rechtlich begründeten Verpflichtungen des Bundes zu erfüllen und
c) um Bauten, Beschaffungen und sonstige Leistungen fortzusetzen oder Beihilfen für diese Zwecke weiterzugewähren, sofern durch den Haushaltsplan eines der Vorjahre bereits Beträge bewilligt worden sind.

Art. 111 Abs. 2 GG (Kreditermächtigung):

Soweit nicht auf besonderem Gesetze beruhende Einnahmen aus Steuern, Abgaben und sonstigen Quellen oder die Betriebsmittelrücklage die Ausgaben unter Absatz 1 decken, darf die Bundesregierung die zur Aufrechterhaltung der Wirtschaftsführung erforderlichen Mittel bis zur Höhe eines Viertels der Endsumme des abgelaufenen Haushaltsplans im Wege des Kredits flüssig machen.

339   Nötig sind nach Auslegung des Bundesrechnungshofes[81] solche *Ausgaben, die geeignet sind, den damit verfolgten Zweck zu erreichen sowie sachlich erforderlich und zeitlich unaufschiebbar sind.* Ergeben sich konkrete Anhaltspunkte aus den Beratungen des neuen Haushaltsplans im Haushaltsausschuss, so sind diese schon vor der Verkündung des neuen Haushaltsgesetzes zu berücksichtigen.

Zu Art. 111 Abs. 1 Buchst. a GG:

Die Bestimmung des Abs. 1 Buchstabe a umfasst alle ordnungsgemäß errichteten Einrichtungen der Staatsverwaltung. Es darf jedoch nur die Ausstattung mit Personal und Gerät weitergeführt werden, die zur **Erhaltung der Einrichtungen erforderlich** ist. Bei den Personalausgaben ist zu beachten, dass
• nur die bereits durch einen Haushaltsplan der Vorjahre bewilligten Planstellen/Stellen bewirtschaftet werden dürfen;

---

81   Vgl. Beschluss des Großen Senats vom 15.12.2005, abgedruckt in Rundschreiben des BMF zur vorläufigen Haushaltsführung 2014 vom 10.12.2013, Anlage 1.

- Wiederbesetzungen und Beförderungen auf solchen Planstellen/Stellen zulässig sind;
- neu beantragte Planstellen/Stellen nicht bewirtschaftet werden dürfen;
- ebenso sind Stellenhebungen nicht möglich. Sofern Planstellen/Stellen im Regierungsentwurf des Haushaltsplans für das neue Haushaltsjahr wegfallen oder abgesenkt werden, dürfen diese nicht mehr (in der alten Wertigkeit) besetzt werden.

Bei den Ausgaben zur **Durchführung gesetzlich beschlossener Maßnahmen** handelt es sich im Wesentlichen um solche Ausgaben, die zwar dem Grunde nach, nicht aber in der Höhe durch Gesetz geregelt sind. Ist auch die Höhe geregelt, fallen diese Ausgaben unter Art. 111 Abs. 1 Buchst. b GG.

Zu Art. 111 Abs. 1 Buchst. b GG:

Bestehen **rechtlich begründete Verpflichtungen**, so sind die Ausgaben hierzu   339a
unbedingt zu leisten. Es ist unerheblich, wodurch die Verpflichtung entstanden ist. Dies kann z. B. ein Gesetz, ein Vertrag oder auch ein Verwaltungsakt sein. Bei *Zuwendungen* gilt, dass die Weitergewährung institutioneller Förderung zulässig ist, soweit sie nur die notwendige Ausstattung mit Personal und Gerät betrifft. Die Weitergewährung von Projektförderung ist nur zulässig, wenn die Verpflichtung hierzu bereits in einem der Vorjahre eingegangen wurde.

Zu Art. 111 Abs. 1 Buchst. c GG:

Art. 111 Abs. 1 Buchst. c GG lässt Ausgaben zur **Fortsetzung von Bauten,**   339b
Beschaffungen und sonstigen Leistungen sowie die Gewährung von Beihil-
fen für diese Zwecke zu. Sofern also Beträge in Vorjahren für diese Maßnahmen bewilligt worden sind, ist deren Fortsetzung auch im Rahmen der vorläufigen Haushaltsführung zulässig. Nicht von der vorläufigen Haushaltsführung umfasst sind dementsprechend „neue" Maßnahmen. Zu den „sonstigen Leistungen" zählen vor allem Zuwendungen, §§ 23, 44 BHO.

Allen diesen Maßnahmen ist gemeinsam, dass **nur im Sinne des Parlaments**   340
gehandelt werden darf. Bei gesetzlich beschlossenen Zahlungen sowie bei vertraglich begründeten Zahlungsverpflichtungen des Bundes ist das Parlament faktisch ebenfalls gebunden. Von einem Einklang mit den Interessen des Parlaments kann man auch ausgehen, wenn dieses einer Maßnahme durch Bewilligung im Haushaltsplan bereits zugestimmt hat und diese Maßnahme auch bereits begonnen wurde.

Art. 111 Abs. 1 GG erlaubt lediglich die Fortführung bereits begonnener Maß-   341
nahmen und verbietet, dass etwas Neues begonnen wird, …

… denn in diesem Fall würde der noch fehlende Wille des Parlaments durch eine Entscheidung der Bundesregierung ersetzt.

Zusätzlich zum Vorliegen eines Tatbestandes des Art. 111 Abs. 1 GG (sachliche Begrenzung) sind die vom BMF vorgegebenen (betragsmäßigen) Begrenzungen einzuhalten. Die Höhe richtet sich nach der zu erwartenden Dauer dieser Phase.

Um eine gleichmäßige Verfahrensweise aller vom Haushalt erfassten Einrichtungen zu gewährleisten, verleiht – wie bereits erwähnt – § 5 BHO dem BMF die Befugnis, nähere Regelungen zur vorläufigen Haushaltsführung nach Art. 111 GG durch **Verwaltungsvorschriften** zu treffen. Dies geschieht durch Rundschreiben des Finanzministeriums an die Ressorts.

Im Fall der vorläufigen Haushaltsführung 2014 hat das BMF bestimmt, dass Ausgabemittel bei Titeln der Hauptgruppen 5 und 6 bis zur Höhe von 45 Prozent der Ansätze im 2. Regierungsentwurf zum Haushaltsplan 2014 vom 12. März 2014 verfügbar sind. Bis zu dem entsprechenden Beschluss des Bundeskabinetts bildeten die Ansätze des 1. Regierungsentwurfs (RegE) 2014 vom 21.06.2013 die Obergrenze. Die Ausgaben der Hauptgruppen 7 und 8 sowie der Gruppe 519 (Unterhaltung der Grundstücke und baulichen Anlagen) werden bis zur Höhe der Ansätze im 1. bzw. 2. RegE bereitgestellt.

Zu Art. 111 Abs. 2 GG:

342	Während die laufenden Einnahmen aus Steuern und sonstigen Quellen auch während der vorläufigen Haushaltsführung unvermindert eingehen, da sie aufgrund spezieller, auf Dauer angelegter Gesetze (z. B. Steuergesetze) erhoben werden, ist dies bei der Kreditermächtigung nicht der Fall. Bei den Krediten hat ausnahmsweise das Haushaltsgesetz auf der Einnahmeseite eine konstituierende Wirkung. Deshalb muss Art. 111 Abs. 2 GG auch insoweit das Haushaltsgesetz ersetzen, als dort eine Kreditermächtigung in Höhe von 25 % des Volumens des Vorjahreshaushalts enthalten ist. Dies erscheint hoch, soll aber verhindern, dass während der vorläufigen Haushaltsführung – insbesondere in Phasen konjunktureller Schwäche – Finanzierungsengpässe auftreten, die eine Weiterführung des Dienstbetriebes gefährden könnten. Da die Ausgabeermächtigungen nach Art. 111 Abs. 1 GG eingeschränkt sind, wird die Kreditermächtigung des Art. 111 Abs. 2 GG wohl nie voll ausgeschöpft werden.

3. Zusammenfassung

Grundsatz:	**Vorherigkeit** (Art. 110 Abs. 2 GG)	344
	Der Haushaltsplan ist vor Beginn des Haushaltsjahres durch Haushaltsgesetz festzustellen.	
Ausnahme:	**Vorläufige Haushaltsführung** (Art. 111 GG)	
	1. **Ausgabeermächtigung** (Art. 111 Abs. 1 GG) a) gesetzlich bestehende Einrichtungen erhalten, gesetzlich beschlossene Maßnahmen durchführen b) rechtliche Verpflichtungen erfüllen c) Bauten und Beschaffungen fortsetzen, sofern im Haushaltsplan eines Vorjahres schon Mittel bewilligt wurden. 2. **Kreditermächtigung** (Art. 111 Abs. 2 GG) Die Nettokreditaufnahme darf maximal ein Viertel der Endsumme des vorangegangenen Haushaltsplans betragen.	

Um die **Vorherigkeit** zu sichern, wurden folgende Regelungen getroffen:
- Beschleunigtes Gesetzgebungsverfahren: Gleichzeitige Zuleitung des Haushaltsentwurfs der Bundesregierung an Bundesrat und Bundestag (Art. 110 Abs. 3 GG);
- Vorlagefrist ist die erste Septemberwoche des Vorjahres (§ 30 BHO).

Grundgedanke der **vorläufigen Haushaltsführung** ist die Sicherung der Handlungsfähigkeit der Verwaltung.

Faustregel während der vorläufigen Haushaltsführung: nur Fortsetzungsmaßnahmen, keine neuen Maßnahmen.

III. Gesamtdeckung

1. Der Grundsatz

Der Grundsatz der Gesamtdeckung schreibt vor, dass alle Einnahmen zur Deckung aller Ausgaben dienen. Er verbietet eine Zweckbindung bestimmter Einnahmen für bestimmte Ausgaben und wird deshalb auch „**Zweckbindungsverbot**" oder „**Non-Affektationsprinzip**" genannt.   345

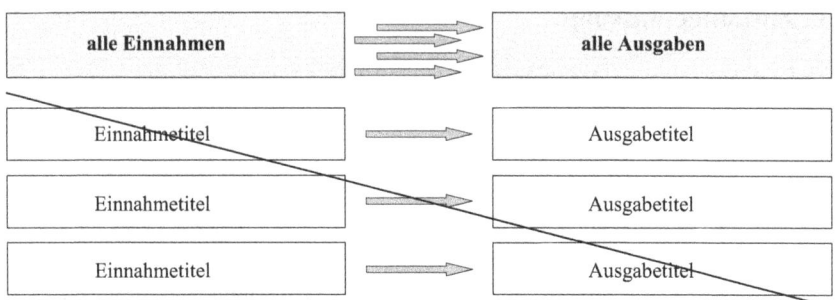

Abbildung 30: Gesamtdeckung als Zweckbindungsverbot

346 Mit dem Grundsatz der Gesamtdeckung soll die **Entscheidungsfreiheit** des Parlaments bzw. der Regierung über die Gewichtung der Ausgaben im Sinne der politischen Funktion des Haushaltsplans gesichert werden. Die Gewichtung der Ausgaben soll nicht durch die Entwicklung bestimmter Einnahmen, sondern durch politisch zuständige Gremien erfolgen.

Die **Rechtsgrundlage** ist § 8 Satz 1 BHO.

2. Die Ausnahme: Zweckbindung von Einnahmen

a) Arten der Zweckbindung

347 In bestimmten Fällen kann eine Zweckbindung sinnvoll sein. So werden etwa bestimmte Leistungen an den Staat nur für einen besonderen Zweck gewährt (z. B. Spenden). § 8 Satz 2 BHO sieht deshalb die Möglichkeit von Zweckbindungen ausdrücklich vor.

348 Ausnahmen von einem Grundsatz können dabei – wie auch bei allen weiteren Haushaltsgrundsätzen – entweder durch ein **Dauergesetz** (geborene Ausnahme) oder aber durch den jährlichen Haushalt (gekorene Ausnahme) vorgenommen werden. Das Dauergesetz ist **zumeist die BHO**, in der entsprechende Ausnahmeregelungen getroffen werden. Es sind aber auch – wie im Falle der Zweckbindung – Regelungen in anderen Gesetzen möglich. Erfolgt die Ausnahmeregelung über das jährliche Budget, so kann dies entweder durch einen **Haushaltsvermerk** im Haushaltsplan erfolgen oder aber – falls die Regelung für alle Kapitel oder zumindest für eine klar abgegrenzte größere Behördenzahl erfolgen soll – über das **Haushaltsgesetz**.

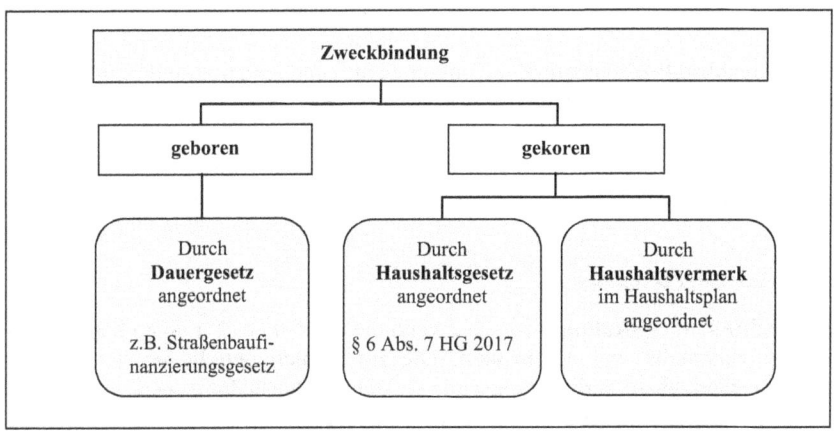

Abbildung 31: Arten der Zweckbindung

b) Zweckbindung durch dauergesetzliche Regelung

Die **Zweckbindung aufgrund eines Gesetzes** ist die einschneidendste Abwei- 349
chung vom Haushaltsgrundsatz der Gesamtdeckung, da hierdurch dauergesetzliche Sonderregelungen geschaffen werden, die den Gestaltungsspielraum des
Gesetzgebers bei der Budgetfeststellung einengen.

Das Gesetz, das eine geborene Ausnahme begründet, ist hier **nicht** die **BHO** 350
selbst. Vielmehr verweist § 8 BHO auf die Möglichkeit, durch Spezialgesetze
eine Regelung zu treffen, auf die bei den jeweiligen Titeln im Haushaltsplan hingewiesen werden muss (§ 17 Abs. 3 BHO).

Eine **dauergesetzliche Zweckbestimmung** gibt es z. B. nach Art. 1 des Straßen- 351
baufinanzierungsgesetzes zwischen einem Teil der Einnahmen aus der Mineralölsteuer und Ausgaben für das Straßenwesen. Allerdings ist diese Zweckbindung
regelmäßig durch das jährliche Haushaltsgesetz (z. B. § 6 Abs. 8 HG 2017) so
erweitert worden, dass der gebundene Teil der Mineralölsteuer auch für sonstige
verkehrspolitische Zwecke im Bereich des Bundesministeriums für Verkehr und
digitale Infrastruktur zu verwenden ist. Damit findet eine gewisse „Aufwei-
chung" des Straßenbaufinanzierungsgesetzes durch das jährliche Haushaltsgesetz
statt.

Ansonsten sind gerade im Steuerbereich keine Zweckbindungen vorgenommen 352
worden, obwohl einige Steuern unter Hinweis auf bestimmte Ausgabzwänge
eingeführt wurden (so etwa der Solidaritätszuschlag oder die „Ökosteuer").

c) Zweckbindung durch Haushaltsvermerk

354   Der **Zweckbindungsvermerk** ist immer beim Einnahmetitel und beim korrespondierenden Ausgabetitel auszubringen (§ 17 Abs. 3 BHO).

Bei den zweckgebundenen Einnahmen durch Haushaltsvermerk ist zwischen einer „echten" Zweckbindung und der (lediglich) Verstärkung von Ausgaben durch Einnahmen (auch „unechte" Zweckbindung) zu unterscheiden.

(1) Echte Zweckbindung

354a   Eine **echte Zweckbindung** liegt vor, wenn die Einnahmen für einen bestimmten Zweck verwendet werden **müssen**. Die Einnahmen unterliegen damit einer rechtsverbindlichen Verwendungsauflage, die im Haushaltsvermerk auch anzugeben ist (Beispiel: Spenden, Aufträge von Dritten).

- Formulierung des echten Zweckbindungsvermerks beim **Einnahmetitel** (Nr. 5.5.2 HRB):
  *„Mehreinnahmen (zu Nr. ... der Erläuterungen) sind [Angabe Grund der Zweckbindung] zweckgebunden. Sie dienen **nur** zur Leistung der Mehrausgaben bei folgendem/n Titel/n. . ."*
- Formulierung des Vermerks bei den korrespondierenden **Ausgabetiteln**:
  „Mehrausgaben dürfen bis zur Höhe der zweckgebundenen Mehreinnahmen bei folgendem/n Titel/n geleistet werden: . . ."

Um echte Zweckbindungen unmissverständlich deutlich zu machen, sind den korrespondierenden Vermerken die Worte „nur" (Einnahmen) bzw. „zweckgebunden" (Einnahmen und Ausgaben) beizufügen.

Beachte: Nur Ausgaben aus **echt zweckgebundene Einnahmen** sind in das nächste Haushaltsjahr **übertragbar** gem. § 19 Abs. 1 Satz 1 BHO i. V. m. Nr. 5.5.2 HRB (vgl. hierzu die Ausführungen zu den Ausnahmen vom Haushaltsgrundsatz der Jährlichkeit und zeitlichen Bindung).

Beispiel für eine *echte* Zweckbindung:

0625 Bundespolizei		
Titel Funktion	Zweckbestimmung	Soll 2017 1 000 €
	Einnahmen	
272 02 -042	Einnahmen aus Zuschüssen des Außengrenzenfonds der Europäischen Union	-
	Haushaltsvermerk	
	Mehreinnahmen sind wegen bindender Vorgaben der EU *zweckgebunden.* Sie dienen *nur* der Leistung der Mehrausgaben bei folgendem Titel: 684 01.	
	Ausgaben	
684 01 -042	Zuschüsse aus dem Außengrenzfonds der Europäi- schen Union	-
	Haushaltsvermerk	
	Mehrausgaben dürfen bis zur Höhe der *zweckgebun- denen* Mehreinnahmen bei folgendem Titel geleistet werden: 272 01.	

Abbildung 32: Echter Zweckbindungsvermerk

(2) Unechte Zweckbindung

Sofern überplanmäßige Einnahmen zur Leistung von Mehrausgaben verwendet **354b**
werden ohne dass eine rechtsverbindliche Verwendungsauflage vorliegt, handelt
es sich auch um keine echt zweckgebundenen Einnahmen. Die Einnahmen dürfen dann aufgrund des „**Verstärkungsvermerks**" (unechte Zweckbindung) im
laufenden Haushaltsjahr genutzt werden, um den Ausgabenansatz zu erhöhen.

Ziel ist dabei, eine sparsame und auf Wirtschaftlichkeit orientierte Mittelbewirtschaftung zu fördern und Anreize zur Erzielung von Mehreinnahmen geschaffen
werden.

• Formulierung des Verstärkungsvermerks beim **Einnahmetitel** (Nr. 5.5.1
  HRB):
  „*Mehreinnahmen dienen zur Leistung der Mehrausgaben bei folgendem/n
  Titeln/n. . .*"

- Formulierung des Verstärkungsvermerks bei den korrespondierenden **Ausgabetiteln**:

"Mehrausgaben dürfen bis zur Höhe der Mehreinnahmen bei folgendem/n Titel/n geleistet werden: ... "

Beispiel für eine unechte Zweckbindung (Verstärkungsvermerk):

Bundesamt für Familie und zivilgesellschaftliche Aufgaben 1713		
Titel Funktion	Zweckbestimmung	Soll 2017 1 000 €
	Einnahmen	
119 99 -015	Vermischte Einnahmen	650
	Haushaltsvermerk: Mehreinnahmen zu Nr. 2 der Erläuterungen dienen zur Leistung der Mehrausgaben bei folgendem Titel: 511 01.	
	Erläuterungen:	

Bezeichnung	1 000 €
1. Einnahmen aus Schadenersatzleistungen..............	20
2. Einnahmen aus Annoncenwerbung im Magazin für den Bundesfreiwilligendienst.........................	-
3. Einnahmen aus der Abwicklung des Zivildienstes...	-
4. Einnahmen aus der Administration des Fonds sexuellen Missbrauchs...................................	630
5. Sonstiges...	-
Zusammen...	650

	Ausgaben	
511 01 -015	Geschäftsbedarf und Kommunikation sowie Geräte, Ausstattungs- und Ausrüstungsgegenstände, sonstige Gebrauchsgegenstände, Software, Wartung.	4 906
	Haushaltsvermerk: Mehrausgaben dürfen bis zur Höhe der Mehreinnahmen bei folgendem Titel geleistet werden: 119 99.	

Abbildung 33: Unechter Zweckbindungsvermerk (Verstärkungsvermerk)

354c   **Beachte**: Mehrausgaben aus **unecht zweckgebundenen Einnahmen** dürfen nur innerhalb des gleichen Haushaltsjahres, in dem die Einnahmen entstanden/gebucht sind, getätigt werden. Sie sind **nicht** ins nächste Haushaltsjahr **übertragbar**.

Grundsätzlich können **nur tatsächlich eingegangene Einnahmen** im Rahmen der (echten wie auch unechten) Zweckbindung auf den Ausgabetitel umgebucht werden.

Sollen bereits vor Eingang der Einnahmen Ausgaben geleistet werden, ist dies nur möglich, wenn folgende Ergänzung des Haushaltsvermerks beim Ausgabetitel vorhanden ist:

„Dies gilt auch für zu erwartende Einnahmen aus bestehenden Ansprüchen. Falls Ausgaben aufgrund erwartender Einnahmen geleistet wurden und diese Einnahmen im laufenden Haushaltsjahr nicht eingehen, dürfen diese Einnahmen, soweit sie in den folgenden Haushaltsjahren eingehen, nicht mehr zur Leistung von Ausgaben verwendet werden." (Nr. 5.5.1 und 5.5.2 HRB).

d) Zweckbindung durch Haushaltsgesetz

Will man in einem Haushaltsjahr eine bestimmte Zweckbindung für alle Kapitel (oder für eine klar abgegrenzte größere Zahl an Kapiteln) zulassen, bietet es sich an, die Regelung vor die Klammer zu ziehen und sie im Haushaltsgesetz vorzunehmen, statt in jedem Kapitel bei den entsprechenden Einnahmen und Ausgaben dieselben Vermerke anzubringen.   355

Nach dem Haushaltsgesetz können innerhalb eines Kapitels Mehreinnahmen aus der Veräußerung von Dienstkraftfahrzeugen zur Verstärkung der Ausgaben für die Ersatzbeschaffung von Dienstkraftfahrzeugen herangezogen werden (§ 6 Abs. 7 HG 2017). Das Nähere bestimmt das Bundesministerium der Finanzen.   356

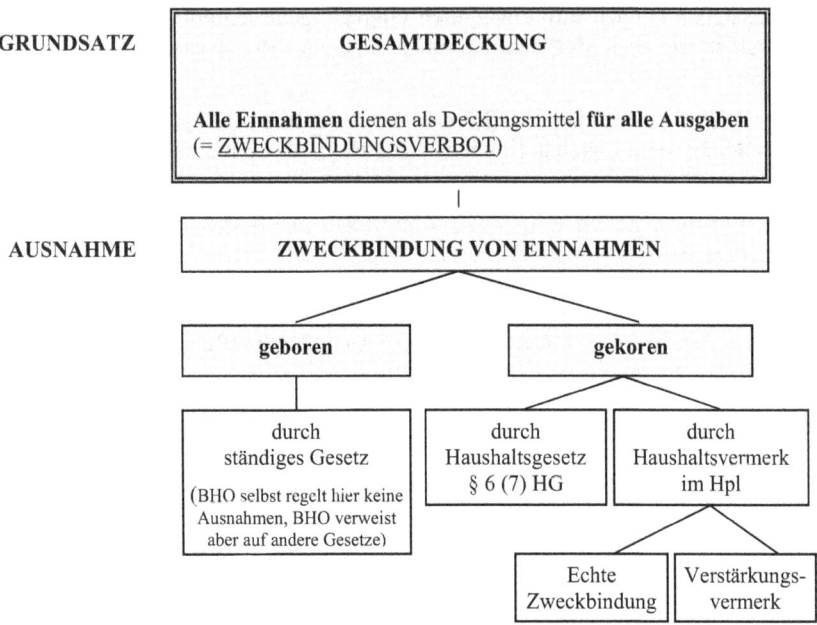

Abbildung 34: Gesamtdeckung und Ausnahmen

3. Zusammenfassung

356a **Prüfschema für die Nutzung zweckgebundener Einnahmen:**
1 Liegen korrespondierende Zweckbindungsvermerke beim Einnahmetitel und Ausgabetitel vor?
2 Sind Mehreinnahmen entstanden (Prüfung des Einnahmetitels)?
3 Besteht ein Bedarf an Mehrausgaben? = Prüfung des Ausgabentitels (Mehrausgaben = Überschreitung des Sollansatzes der Ausgabeermächtigung)

IV. Einzelveranschlagung und sachliche Bindung

1. Der Grundsatz

Nach dem Grundsatz der **Einzelveranschlagung** sind in der Aufstellungsphase des   357
Haushaltsplans die Einnahmen nach dem Entstehungsgrund und die Ausgaben nach
Zwecken getrennt zu veranschlagen. Grundsätzlich ist eine Globalveranschlagung
verboten. Die Einzelveranschlagung ermöglicht dem Parlament eine detaillierte
Steuerung des Handelns der Exekutive im Sinne der Rechts- und Kontrollfunktion.

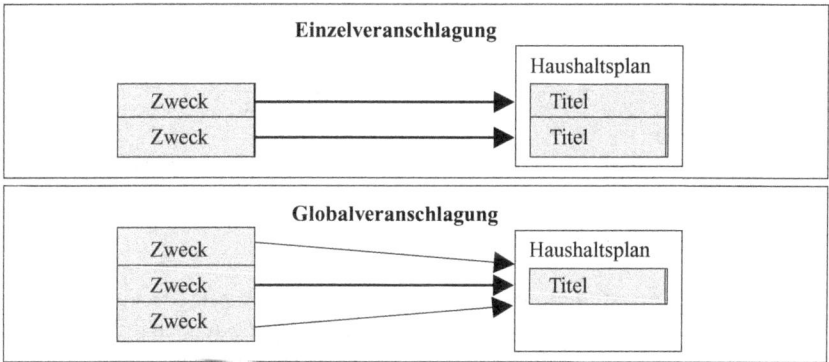

Abbildung 35: Einzelveranschlagung und Globalveranschlagung

Sachliche Bindung heißt, dass die Exekutive an die Zweckbestimmung der Titel   358
strikt gebunden ist. Die Verwendung der Mittel eines Ausgabetitels für die Ausgaben bei einem anderen Ausgabetitel ist damit grundsätzlich ausgeschlossen. Die
sachliche Bindung dient der Kontrolle der Haushaltswirtschaft.

Rechtsgrundlagen sind § 17 Abs. 1 BHO für die Aufstellung des Haushaltsplans   359
und § 45 Abs. 1 BHO für die Ausführung des Haushaltsplans.

2. Die Ausnahmen

a) Die Deckungsfähigkeit als Ausnahme von der sachlichen Bindung

Deckungsfähigkeit lässt eine Verschiebung der Ausgaben und – seit der Haus-   360
haltsreform von 1998 – auch eine Verschiebung unter den Verpflichtungsermächtigungen zu. Die Verwaltungsvorschrift zur BHO definiert Deckungsfähigkeit wie folgt:

„**Deckungsfähigkeit** ist
*   die durch § 20 Abs. 1, durch Haushaltsgesetz oder Haushaltsvermerk gemäß § 20 Abs. 2 begründete Möglichkeit, bei einem Titel höhere Ausgaben als veranschlagt auf Grund von Einsparungen bei einem oder mehreren anderen Ausgabetiteln zu leisten,
*   die durch Haushaltsvermerk nach § 20 Abs. 2 begründete Möglichkeit, die Verpflichtungsermächtigungen bei einem Titel zu Lasten einer oder mehrerer anderer Verpflichtungsermächtigungen zu erweitern.“[82]

361 **Gegenseitige Deckungsfähigkeit** liegt vor, wenn die Ausgabetitel bzw. Verpflichtungsermächtigungen wechselseitig zur Verstärkung der jeweiligen Ansätze bzw. Verpflichtungsermächtigungen herangezogen werden dürfen.

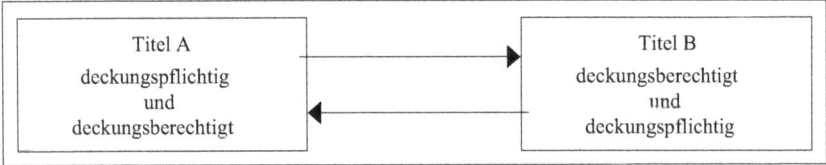

Abbildung 36: Gegenseitige Deckungsfähigkeit

362 **Einseitige Deckungsfähigkeit** liegt vor, wenn der eine Ansatz (deckungsberechtigter Ansatz) bzw. die eine Verpflichtungsermächtigung (deckungsberechtigte Ermächtigung) nur verstärkt und der andere Ansatz (deckungspflichtiger Ansatz) bzw. die andere Verpflichtungsermächtigung (deckungspflichtige Ermächtigung) nur für die Verstärkung des ersten (deckungsberechtigten) Ansatzes bzw. der ersten (deckungsberechtigten) Verpflichtungsermächtigung herangezogen werden darf.[83]

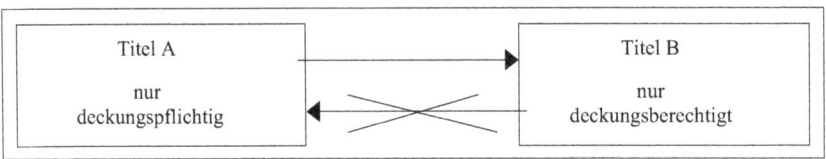

Abbildung 37: Einseitige Deckungsfähigkeit

---

82   VV Nr. 1 zu § 20 BHO.
83   Ebenda.

b) Arten der Deckungsfähigkeit

Wiederum gilt: Sollen Ausnahmen dauerhaft zugelassen werden, wählt man eine   **363**
dauergesetzliche Regelung (geborene Deckungsfähigkeit). Sollen Ausnahmen
nur in einem Haushaltsjahr gelten, schreibt man die Regelungen ins Haushaltsgesetz oder bringt entsprechende Vermerke im Haushaltsplan aus (gekorene, erklärte Deckungsfähigkeit.

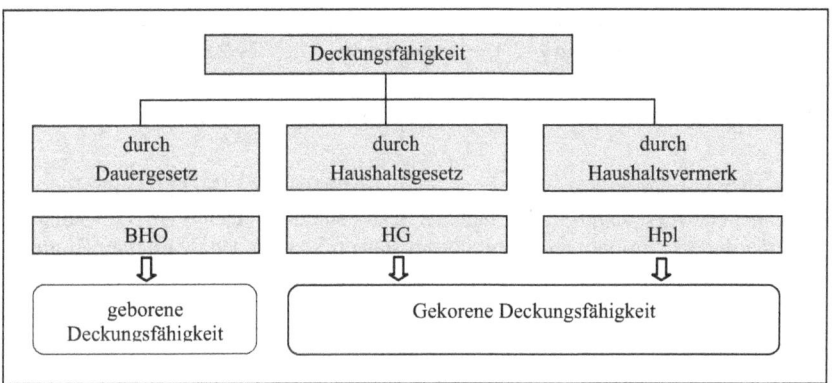

Abbildung 38: Arten der Deckungsfähigkeit

(1) Deckungsfähigkeit kraft BHO

Die **dauergesetzlichen** (geborenen) Deckungsfähigkeiten ergeben sich aus § 20   **364**
Abs. 1 BHO. Es handelt sich dabei ausschließlich um Titel aus dem Personalbereich (Titel der Hauptgruppe 4) mit dem Ziel einer flexibleren Personalwirtschaft.

Danach sind deckungsfähig:

* **gegenseitig**:
  Vergütung der Angestellten und Löhne der Arbeiter (seit 2007 zusammengefasst zum Titel „Bezüge der Arbeitnehmerinnen und Arbeitnehmer"),
* **einseitig**:
  – Bezüge der Beamten zugunsten der Vergütungen der Angestellten und zugunsten der Löhne der Arbeiter (seit 2007 zu interpretieren: Beamtenbezüge zugunsten Bezüge Arbeitnehmer(innen),
  – Ausgaben für Unterstützungen zugunsten der Ausgaben für Beihilfe (Titel 443 01 zugunsten Titel 441 01).

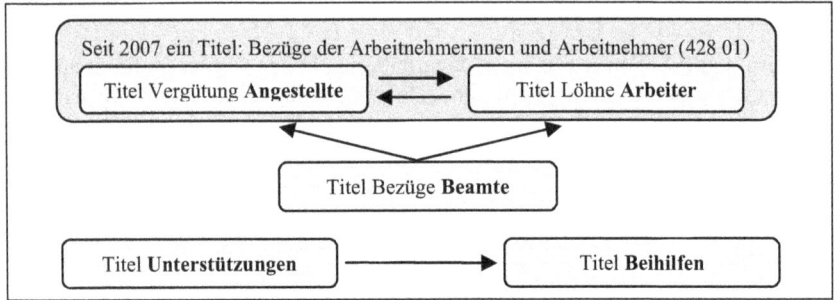

Abbildung 39: Einseitige und gegenseitige Deckungsfähigkeit nach BHO

365   Abgesehen von diesen (wenigen) personalwirtschaftlichen Deckungsmöglichkei-
       ten sind stets Regelungen in den jährlichen Haushaltsgesetzen oder Haushaltsplä-
       nen erforderlich, um Abweichungen vom starren System der sachlichen Bindung
       herbeizuführen.

(2) Deckungsfähigkeit kraft Haushaltsgesetz

366   Seit dem Jahr 1998 sind die Deckungsmöglichkeiten im Rahmen der **Flexibilisie-
       rung nach § 5 der jährlichen Haushaltsgesetze** erheblich ausgeweitet worden.
       Größere Änderungen der Bestimmungen des § 5 HG wurden erst mit der Neu-
       strukturierung des Bundeshaushalts[84] ab dem Haushaltsjahr 2013 vorgenommen.
       Die sukzessive Neuausrichtung ist mit dem Haushaltsplan 2016 vollumfänglich
       umgesetzt, so dass seitdem für alle nach § 5 Abs. 1 HG flexibilisierten Kapi-
       tel die gleichen Regelungen gelten.

367   In § 5 Abs. 1 HG wird geregelt, dass die Flexibilisierungsregelungen der Absät-
       ze 2 bis 5 nur auf die in Teil I Buchstabe D des Gesamtplans aufgeführten Kapi-
       tel des Bundeshaushalts anzuwenden sind. Das sind nahezu alle Verwaltungska-
       pitel (Kapitel ..12 ff) und das Zentralkapitel (..11). Die Fachkapitel sind bis auf
       wenige Ausnahmen (0101, 0504, 1403,1407 und 3002) von der Flexibilisierung
       ausgeschlossen.

       Die Flexibilisierungsregelungen des § 5 HG 2017 sind in Übersicht 11 zusam-
       mengestellt.

---

84   Vgl. hierzu die Ausführungen in Kapitel C.III.5.b).

Übersicht 11: Gegenseitige Deckungsfähigkeit nach § 5 HG 2017

Für die in Teil I Buchstabe D des Gesamtplans aufgeführten Kapitel des Bundeshaushaltsplans gilt:
☞ Nach § 5 **Abs. 2** HG 2017 sind **innerhalb der einzelnen Kapitel** jeweils gegenseitig deckungsfähig: 1. Ausgaben der Hauptgruppe 4 (ohne 411) sowie Ausgaben der Titel 634.3 (Zuweisungen an den Versorgungsfonds)   2. Die genannten Ausgaben der Hauptgruppe 5:   511.1, 514.1, 517.1, 518.1, 519.1, 523.1, 525.1, 526.1, 526.2, 527.1, 527.3, 532.1, 532.2, 532.3, 539.9, 543.1, 544.1 und 545.1   3. Die genannten Ausgaben der Hauptgruppe 6:   632.9, 636.9, 671.9, 681.8, 681.9, 684.9, 686.9, und 687.9   4. Ausgaben der Gruppen 711 bis 739   5. Ausgaben der Hauptgruppe 8
☞ Nach § 5 **Abs. 3** HG 2017 ist zudem eine *hauptgruppenübergreifende* (*vertikale*) Deckungsfähigkeit zulässig bis zur Höhe von 20% der im Soll veranschlagten Summe des aufnehmenden Bereichs des Absatzes 2.
☞ Nach § 5 **Abs. 5** HG 2017 dürfen Mehrausgaben bei den flexibilisierten Titeln der Zentralkapitel (..11) gegen Einsparungen innerhalb der flexibilisierten Ausgaben desselben Ausgabebereichs nach Abs. 2 der anderen Kapitel des jeweiligen Einzelplans geleistet werden.   (= Einseitige **kapitelübergreifende** Deckungsfähigkeit).

Die Neuregelung des § 5 HG seit 2013 zeigt, dass zumindest auf der Ebene der Einzelpläne ein weiterer **Schritt in Richtung Budgetierung** unternommen wurde. Bei einer Erweiterung der Deckungsfähigkeit innerhalb der einzelnen Kapitel gestattet nunmehr der neu aufgenommene Abs. 5 eine Deckungsfähigkeit **über die Kapitel hinweg** zugunsten des jeweiligen Zentralveranschlagungskapitels (..11) vorzunehmen. Damit kann das jeweilige Ministerium innerhalb seines Geschäftsbereichs bei der Ausführung des Haushaltsplans weitere, nicht unerhebliche Verlagerungen vornehmen. Das Parlament begnügt sich mehr und mehr mit der Festlegung des Budgets für den Einzelplan. **368**

369 Die Abbildungen 38 soll die durch **§ 5 Abs. 2 und 3 HG** geschaffenen Deckungsmöglichkeiten auf Kapitelebene noch einmal verdeutlichen.

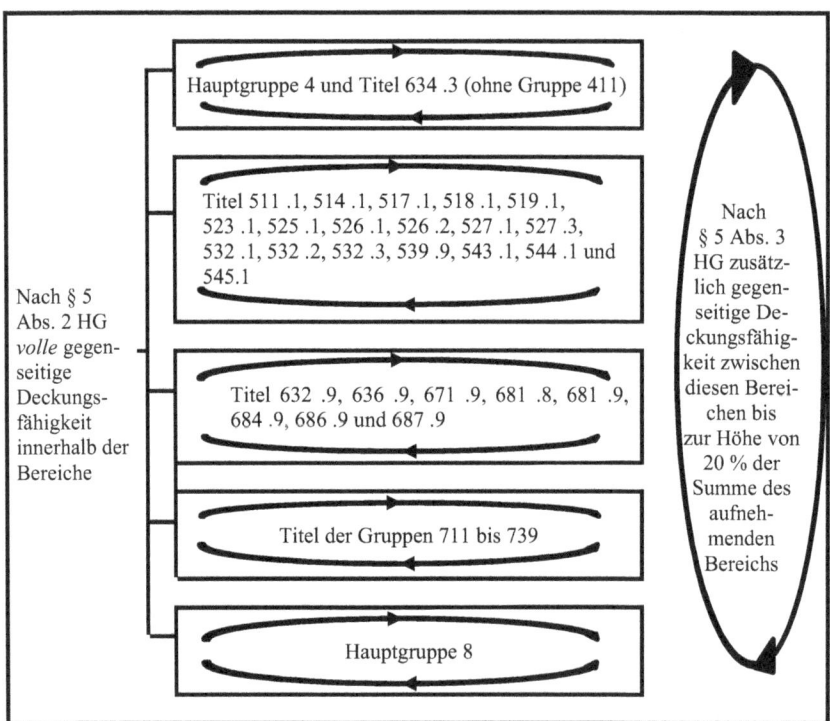

Abbildung 40: Gegenseitige Deckungsfähigkeit nach § 5 Abs. 2 und 3 HG 2017

370 Die gemäß § 5 Abs. 2 und 3 HG zugelassenen Deckungsfähigkeiten innerhalb der einzelnen Kapitel können **gleichrangig** in Anspruch genommen werden; für eine Verstärkung nach § 5 Abs. 3 HG ist die vorherige Ausschöpfung der Deckungsmöglichkeiten nach § 5 Abs. 2 HG nicht Voraussetzung.[85]

371 • Im **Haushaltsplan** wird bei den jeweiligen Kapiteln unter dem Wort „Ausgaben" auf die Flexibilisierung hingewiesen. Ggf. werden weitere Titel durch Haushaltsvermerk einbezogen oder ausgeschlossen (Einzelfallregelungen gem.

---

[85] Vgl. Nr. 3 des Rundschreibens BMF vom 23.11.2015 – II A 2 – H 1200/14/10063 zur Bildung von Ausgaberesten im flexibilisierten Bereich. Die Gleichrangigkeit der Deckungsfähigkeit wird im Übrigen auch in der Gesetzesbegründung zum Entwurf des HG 2017 betont. (Vgl. Entwurf eines Haushaltsgesetzes über die Feststellung des Bundeshaushaltsplans für das Haushaltsjahr 2017 (Haushaltsgesetz 2017), Begründung zu § 5 Abs. 3, BT-Drs. 18/9200 vom 12.8.2016).

§ 5 Abs. 1 HG). Werden Titel einbezogen, sind sie nach Maßgabe ihrer Hauptgruppenzugehörigkeit den Nummern 1 bis 5 zuzuordnen. Sie erhöhen dann
zugleich für den jeweiligen Ausgabenbereich die Basis für die 20 %-ige haupt-
gruppenübergreifend Deckungsfähigkeit nach Abs. 3.

• In den einzelnen Kapiteln werden zunächst die nicht-flexibilisierten Ausgaben,
danach die flexibilisierten Ausgaben ausgebracht. Der flexibilisierte Teil beginnt
mit einer „Zusammenstellung der flexibilisierten Ausgaben nach § 5 HG". Dort
werden auch die Summen der flexibilisierten Hauptgruppen ausgewiesen, die Basis
für die Berechnung der 20 %-Regelung des § 5 Abs. 3 HG sind (s. Abbildung 41).

0624   Bundeskriminalamt

Titel Funktion	Zweckbestimmung	Soll 2017 1 000 €
	AUSGABEN	
	Haushaltsvermerk Es gelten die Flexibilisierungsregelungen gem. § 5 Abs. 2 bis 5 HG. In die Flexibilisierung einbezogen ist auch Tit. 687 01. Ausgenommen ist Tit. 863 61.	
518 02	Mieten und Pachten im Zusammenhang mit dem Einheitlichen Liegenschaftsmanagement	35 546
532 04	Förderung von Maßnahmen aus Zuschüssen der EU	-
632 01	Erstattungen von Verwaltungsausgaben an Länder	2 466
…	…	…
863 61	Darlehen	-
	Flexibilisierte Ausgaben	
	Zusammenstellung der flexibilisierten Ausgaben nach § 5 HG	
	Aus Hauptgruppe 4	333 674
	Aus Hauptgruppe 5..	118 215
	Aus Hauptgruppe 6..	1 365
	Aus Hauptgruppe 7..	7 046
	Aus Hauptgruppe 8	69 942
	Zusammen	530 242
F 422 01	Bezüge und Nebenleistungen der planmäßigen Beamtinnen und Beamten	186 186
F 422 02	Bezüge und Nebenleistungen der beamteten Hilfskräfte	-
F 422 03	Bezüge der Anwärterinnen und Anwärter sowie Nebenleistungen der Beamtinnen und Beamten auf Widerruf im Vorbereitungsdienst	3 596
…	…	…

Abbildung 41: Darstellung der flexibilisierten Ausgaben im Haushaltsplan

372 Das Bundeskriminalamt (Abbildung 41) dürfte also aus den Hauptgruppen 5, 6, 7 und 8 zusammen bis zu 66,7348 Mio. € (= 20 % von 333,674 Mio. €) in die Hauptgruppe 4 verlagern. Die Hauptgruppe 5 dürfte bis zu 23,643 Mio. € (20 % von 118,215 Mio. €) Deckungsmittel aus den Hauptgruppen 4, 6, 7 und 8 aufnehmen. In die Hauptgruppe 8 dürften bis zu 13,9884 Mio. € (20 % von 69,942 Mio. €) aus den Hauptgruppen 4, 5, 6 und 7 verlagert werden.

373 Der Titel 863 61 ist bei der Zusammenstellung der flexibilisierten Ausgaben aus Hauptgruppe 8 nicht berücksichtigt, da er durch Haushaltsvermerk (unter dem Wort „Ausgaben") aus der Flexibilisierung ausgenommen wurde. Er wird deshalb auch bei den nicht-flexibilisierten Titeln aufgeführt (s. Abbildung 41). Sein Soll-Ansatz fällt im konkreten Falle aber nicht allzu sehr ins Gewicht (0,0 €).

374 Neben den Regelungen des „Flexibilisierungsparagraphen" (§ 5 HG) gibt es noch **weitere Möglichkeiten der Deckungsfähigkeit nach § 6 HG 2017:**
- Eine spezielle Regelung ist für **Titel 518.2** (Mieten und Pachten im Zusammenhang mit dem Einheitlichen Liegenschaftsmanagement) in **§ 6 (4) HG** getroffen: Mehrausgaben bei Titel 518.2 (nicht-flexibilisierter Titel) sind bis zur Höhe von Einsparungen bei allen flexibilisierten Titeln eines (flexibilisierten) Kapitels möglich. (*einseitige* Deckungsfähigkeit).
- Für die Kapitel, auf die die Regelungen des § 5 Abs. 2 bis 5 des Haushaltsgesetzes nicht anwendbar sind (**nicht flexibilisierte Kapitel**), können die obersten Bundesbehörden nach **§ 6 Abs. 3 Nr. 1 HG** 2017 die Deckungsfähigkeit der Ausgaben bei Titeln der Gruppen 511 bis 525, 527 und 539 innerhalb eines Kapitels **anordnen**, soweit
  - die Mittel nicht übertragbar sind,
  - die Mehrausgaben des Einzeltitels nicht mehr als 20 % betragen und
  - die Maßnahme wirtschaftlich zweckmäßig erscheint.

375 Zudem können Mehrausgaben bei Titel 526 .1 (Sachverständige, Gerichts- und ähnliche Kosten) gegen Einsparungen bei anderen Ausgaben der OGr 51 bis 54 desselben Einzelplans gedeckt werden (§ 6 Abs. 3 Nr. 3 HG 2017 – *einseitige* Deckungsfähigkeit)

376 **Beachte aber:** Da die in § 6 Abs. 3 HG genannten Titel nur in Verwaltungskapiteln vorkommen, diese aber in aller Regel nach § 5 Abs. 2 HG flexibilisiert sind, hat die **Regelung des § 6 Abs. 3 HG in der Praxis kaum noch Bedeutung.** Bei den Kapiteln, die nicht-flexibilisiert sind, handelt es sich um die Umsetzung politischer Programme der einzelnen Ressorts.

(3) Deckungsfähigkeit kraft Haushaltsvermerk im Haushaltsplan

377 § 20 Abs. 2 BHO lässt die Erklärung der einseitigen und gegenseitigen Deckungsfähigkeit **durch Haushaltsvermerk** zu, wenn
- ein verwaltungsmäßiger oder sachlicher Zusammenhang besteht oder
- eine wirtschaftliche und sparsame Verwendung gefördert wird.

Wie Deckungsvermerke aussehen, verdeutlicht Abbildung 42. Solche Vermerke   **378**
sind zumindest in den Verwaltungskapiteln des Bundeshaushaltsplans relativ selten geworden, da die seit 1998 praktizierte Flexibilisierung nach § 5 HG eine
großzügige Verlagerung der Ausgaben zulässt und ergänzende Regelungen durch
Haushaltsvermerke weitgehend überflüssig macht.

Beispiel für die einseitige Deckungsfähigkeit kraft Vermerks:

Deutscher Wetterdienst 1220

Titel Funktion	Zweckbestimmung	Soll 2017 1 000 €	...
685 02 -046	Zuschüsse für Forschungsprogramme *Haushaltsvermerk*: Mehrausgaben dürfen bis zur Höhe der Einsparungen bei folgendem Titel geleistet werden: 544 01.	1 568	
F 544 01 -046	Forschung, Untersuchung und Ähnliches *Haushaltsvermerk:* Einsparungen dienen zur Deckung von Mehrausgaben bei folgendem Titel: 685 02.	221	

Beispiel für die gegenseitige Deckungsfähigkeit kraft Vermerks:

Bundesministerium 0512

Titel Funktion	Zweckbestimmung	Soll 2017 1 000 €	...
529 02 -021	Für außergewöhnlichen Aufwand aus dienstlicher Veranlassung in besonderen Fällen, der den Angehörigen der Vertretungen mit Ausnahme der Leiter und ihrer ständigen Vertreter entsteht *Haushaltsvermerk:* Die Ausgaben sind mit folgendem Titel *gegenseitig* deckungsfähig: 529 03	950	
529 03 -021	Für außergewöhnlichen Aufwand aus dienstlicher Veranlassung in besonderen Fällen, der den Leitern der Vertretungen und ihren ständigen Vertretern entsteht *Haushaltsvermerk:* Die Ausgaben sind mit folgendem Titel *gegenseitig* deckungsfähig: 529 02.	3 750	

Abbildung 42: Beispiele für einseitige und gegenseitige Deckungsfähigkeit durch Haushaltsvermerke

379   Der gemäß § 20 Abs. 2 BHO verlangte sachliche Zusammenhang zwischen den
       jeweils deckungsfähigen Titeln in den Beispielen der Abbildung 42 dürfte evi-
       dent sein.

c) Inanspruchnahme der Deckungsfähigkeit im Haushaltsvollzug

380   Nach § 46 BHO sowie den VV dazu darf eine Deckungsfähigkeit in Anspruch
       genommen werden
       • soweit die Mittel bei dem deckungsberechtigten Titel erschöpft sind,
       • soweit bei dem deckungspflichtigen Titel noch Mittel verfügbar sind (das
          erfordert eine Prognoseentscheidung, wie viel Mittel bei diesem Titel bis Jah-
          resende noch benötigt werden) und
       • soweit bei dem deckungsberechtigten Titel keine Verfügungsbeschränkungen
          vorliegen. Das könnten z. B. Haushaltssperren oder Wegfallvermerke sein.

381   Anmerkung zur Deckungsfähigkeit in der Ausführungsphase:
       • im HKR-Verfahren wird eine „Soll-Umbuchung" vom deckungspflichtigen (-ge-
          benden) zum deckungsberechtigten (-nehmenden) Titel vorgenommen;
       • es erfolgen also zwei Buchungen, zuerst die Soll-Umbuchung, dann die Ausga-
          ben-Buchung beim deckungsberechtigten Titel;
       • mit der Soll-Umbuchung wird sichergestellt, dass Minderausgaben beim
          deckungspflichtigen Titel nicht zugleich als Ausgabereste ins neue Jahr über-
          nommen werden können.

d) Die globalen Minderausgaben als Ausnahme vom Grundsatz der Einzelveranschlagung

382   Die **globale Minderausgabe** ist ein im Haushaltsrecht nicht geregeltes Instru-
       ment. Sie wird in der Phase der Haushaltsaufstellung als pauschale Minderausga-
       be bei einem Titel der Gruppe 972 als besondere Finanzierungsausgabe mit
       einem Minuszeichen vor dem Haushaltsansatz veranschlagt (vgl. Abbildung 43).

383-386 Mit dem Instrument der globalen Minderausgabe verzichtet das Parlament
       bewusst auf eine gezielte Ausgabenkürzung und überlässt es dem BMF bzw. den
       Ressorts, an welcher Stelle genau die Ausgabenkürzung erwirtschaftet wird. Das
       BMF legt dann auch in seinem Rundschreiben für das Jahr 2017 für den gesam-
       ten Bundeshaushalt fest, dass neben gesperrten Titeln und den Titeln 518.2 (Mie-
       ten/Pachten im Zusammenhang mit dem Einheitlichen Liegenschaftsmanage-
       ment) auch Titel der Hauptgruppen 7 und 8 (Investitionsausgaben) als Einspar-
       stellen grundsätzlich ausscheiden.[86]

---

86   Vgl. Nr. 1.5 des RSchr. BMF zur Haushaltsführung 2017 vom 20.12.2016, II A 2 – H
      1200/16/10027

0611 Zentral veranschlagte Verwaltungseinnahmen und -ausgaben				
Titel Funktion	Zweckbestimmung	Soll 2017 1 000 €	Soll 2016 Reste 2016 1 000 €	Ist 2015 1 000 €
	Besondere Finanzierungsausgaben			
972 09 -880	Globale Minderausgabe	-53 138	-68 632	-

Abbildung 43: Globale Minderausgabe

3. Zusammenfassung

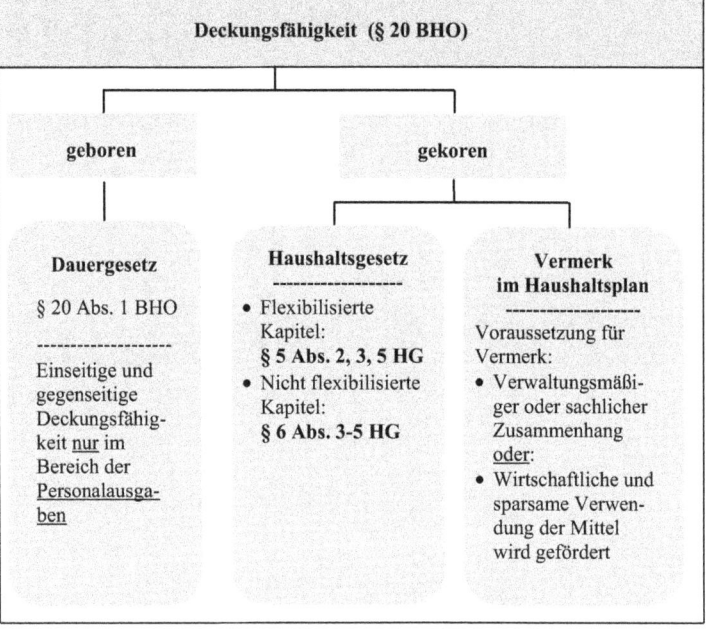

	Einzelveranschlagung und sachliche Bindung (§§ 17 Abs. 1, 45 Abs. 1 BHO)
Grundsatz	• Einnahmen sind nach dem Entstehungsgrund, Ausgaben nach Zwecken getrennt zu veranschlagen (§ 17 Abs. 1 BHO). • Ausgaben und Verpflichtungsermächtigungen dürfen nur zu dem im Haushaltsplan bezeichneten Zweck geleistet oder in Anspruch genommen werden (§ 45 Abs. 1 BHO) ("jedem Mittel seinen Titel"). - Begründung des Grundsatzes: 1. Sicherung der Budgethoheit sowohl bei der Aufstellung (Einzelbewilligungsrecht) als auch bei der Kontrolle des Haushaltsplans. 2. Zwang zu guten Schätzungen der Ansätze.

Ausnahme **Deckungsfähigkeit (§ 20 BHO)**

geboren **gekoren**

Dauergesetz	**Haushaltsgesetz**	**Vermerk** **im Haushaltsplan**
§ 20 Abs. 1 BHO - - - - - - - - - - - - - - - - Einseitige und gegenseitige Deckungsfähigkeit <u>nur</u> im Bereich der <u>Personalausgaben</u>	- - - - - - - - - - - - - - - - • Flexibilisierte Kapitel: **§ 5 Abs. 2, 3, 5 HG** • Nicht flexibilisierte Kapitel: **§ 6 Abs. 3-5 HG**	- - - - - - - - - - - - - - - - Voraussetzung für Vermerk: • Verwaltungsmäßiger oder sachlicher Zusammenhang <u>oder</u>: • Wirtschaftliche und sparsame Verwendung der Mittel wird gefördert

Abbildung 44: Einzelveranschlagung, sachliche Bindung und Ausnahmen

Beachte: 387
1. **Geborene** Deckungsfähigkeit gibt es **nur bei** einigen **Personalausgaben** des Bundes (Deckungsfähigkeit gem. § 20 Abs. 1 BHO);
2. Durch Haushaltsgesetz werden seit 1998 **Flexibilisierungsinstrumente** geschaffen, die innerhalb der Verwaltungskapitel alle 4er Titel (ohne Gruppe 411), viele 5er Titel, eine Reihe von 6er und 7er Titeln und alle 8er Titel in die gegenseitige Deckungsfähigkeit einbeziehen (§ 5 Abs. 2 HG). Damit sind etwa **die Hälfte aller Titel** von der Flexibilisierung betroffen (was aber nur 6,5 % des Haushaltsvolumens ausmacht).
3. Auch über die einzelnen Hauptgruppen hinweg besteht Deckungsfähigkeit: Es dürfen zusätzliche Mehrausgaben bis zur Höhe von jeweils 20 % der Summe der in der aufnehmenden Hauptgruppe veranschlagten flexibilisierten Ausgaben aus Einsparungen bei anderen in Absatz 2 genannten Ausgabenbereichen geleistet werden (§ 5 Abs. 3 HG 2017).
   Die Summe der flexibilisierten Ausgaben je Hauptgruppe ist im jeweiligen Kapitel zu Beginn des flexibilisierten Ausgabenteils ausgewiesen („Zusammenstellung der flexibilisierten Ausgaben nach § 5 HG").
4. In die Flexibilisierungsregelungen des § 5 HG können im Einzelfall durch Haushaltsvermerk weitere Titel einbezogen oder auch ausgeschlossen werden (§ 5 Abs. 1 HG 2017).
5. Weitere Möglichkeiten der Deckungsfähigkeit nach dem Bundeshaushaltsgesetz 2017:
   - Nach § 6 Abs. 4 HG dürfen Mehrausgaben beim Titel 518.2 (nicht flexibilisierter Titel) bis zur Höhe von Einsparungen bei allen anderen flexibilisierten Titel eines Kapitels geleistet werden.
   - Für die Kapitel, auf die die Regelungen nach § 5 HG 2017 nicht anwendbar sind, erlaubt § 6 Abs. 3 Nr. 1 bis 3 HG eine begrenzte Deckungsfähigkeit im Bereich der Hauptgruppe 5, doch sind diese Regelungen für die Praxis kaum von Bedeutung.

V. Jährlichkeit und zeitliche Bindung

1. Der Grundsatz

Der Haushaltsplan wird für ein oder mehrere Rechnungsjahre, **nach Jahren**   388
getrennt, vor Beginn des ersten Rechnungsjahres durch das Haushaltsgesetz festgestellt (Art. 110 Abs. 2 GG).

Damit bestimmt das Grundgesetz, dass – bei grundsätzlich bestehender Möglichkeit zur Verabschiedung mehrjähriger Haushalte – ein Haushaltsplan nur für ein Jahr gilt. Dieses Jahr ist nach § 4 Satz 1 BHO identisch mit dem Kalenderjahr. Die durch Grundgesetz gegebene Möglichkeit, Haushaltspläne für mehrere Jahre aufzustellen, präzisiert § 1 BHO, indem dort nur von ein oder **zwei** Jahren die Rede ist.

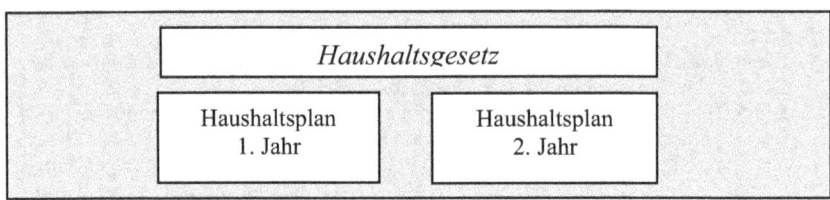

Abbildung 45: Doppelhaushalt

389   Die Möglichkeit, durch ein Haushaltsgesetz zwei Haushaltspläne festzustellen, ist geschaffen worden, um das **Verfahren zu vereinfachen**. Das aufwendige Aufstellungsverfahren und das Gesetzgebungsverfahren laufen damit nur einmal für zwei Haushalte ab. Außerdem ist für den zweiten Haushalt die Einhaltung des Grundsatzes der Vorherigkeit gesichert. Problematisch ist beim Doppelhaushalt, dass die Haushaltsansätze für das zweite Jahr wegen des langen Prognosezeitraums zwangsläufig ungenau sind. Die Vorteile der Arbeitsentlastung der Verwaltung und des Parlaments können durch die Notwendigkeit eines Nachtragshaushalts unter Umständen wieder zunichte gemacht werden.

Im Bereich der **Bundesländer** wird von der Möglichkeit des Doppelhaushalts häufig Gebrauch gemacht. Wegen der Ausgabenstruktur des Bundes und seines besonderen konjunkturpolitischen Gewichts ist dort in vollem Umfang ein Doppelhaushalt nie praktiziert worden.

390   Die **zeitliche Bindung** ist eine konsequente Folge der Jährlichkeit. Ausgaben dürfen nach § 45 Abs. 1 BHO nur bis zum Ende des Haushaltsjahrs geleistet werden. Bis dahin nicht verbrauchte Ausgabeermächtigungen dürfen grundsätzlich nicht in das nächste Jahr übernommen werden.

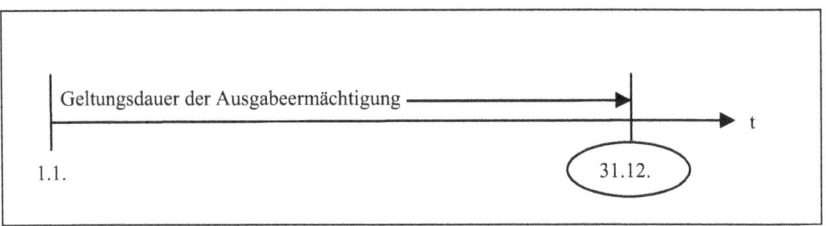

Abbildung 46: Jährliche Geltungsdauer der Haushaltsermächtigungen

391   Der Grundsatz der Jährlichkeit und zeitlichen Bindung (= zeitliche Spezialität) soll für die Haushaltsplanung übersichtliche Zeiträume schaffen, um den Finanzbedarf möglichst exakt ermitteln zu können. Zudem erleichtern die relativ kurzen Abrechnungszeiträume die Kontrolle der Haushaltswirtschaft, unterstützen also die Rechts- und Kontrollfunktion des Haushaltsplans.

Ein **Nachteil der zeitlichen** Bindung ist darin zu sehen, dass Verwaltungsbehör- 392
den immer wieder dazu neigen, gegen Ende eines Haushaltsjahres nicht verbrauchte Ausgabeermächtigungen ohne Notwendigkeit unter Verstoß gegen den
Haushaltsgrundsatz der Wirtschaftlichkeit und Sparsamkeit auszuschöpfen
(**„Dezemberfieber"**). Dahinter steht oft die Befürchtung, ein wirtschaftliches
Verhalten würde zu einer Kürzung der Mittelzuweisung in der Zukunft führen,
da die zuweisende Behörde vom Ist-Ergebnis ausginge.

Der statistisch zu belegende **Ausgabenanstieg im vierten Quartal** kann aber 393
auch ganz natürliche Ursachen haben. Viele Abrechnungen – gerade auch im
Baubereich – werden erst im vierten Quartal vorgenommen. Auch die personal-
bezogenen Sonderzahlungen in Gestalt des Weihnachtsgeldes für die Tarifbe-
schäftigten fallen naturgemäß in diese Zeit. Außerdem warten viele Mittelbewirtschafter wegen der Unwägbarkeiten im Ablauf eines Jahres mit größeren, gleichwohl erforderlichen Anschaffungen bis zum Jahresende.

Von der jährlichen Vollzugsperiode gibt es keine Ausnahme. Wie bereits darge- 394
stellt, gilt auch innerhalb eines Doppelhaushalts jeder Haushaltsplan nur ein Jahr.
Die im Folgenden beschriebenen Ausnahmen beziehen sich also ausschließlich
auf die zeitliche Bindung.

2. Die Ausnahme: Übertragbarkeit

a) Arten der Übertragbarkeit

Übertragbarkeit ist die Möglichkeit, Ausgaben, die am Ende des Haushaltsjahres 395
noch nicht geleistet worden sind, für die jeweilige Zweckbestimmung über das
Haushaltsjahr hinaus als Ausgabereste verfügbar zu halten.[87]

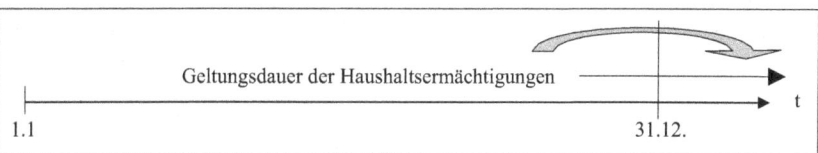

Abbildung 47: Übertragung der Ausgabeermächtigung

Mit dieser Möglichkeit wird auch eine **sparsame Bewirtschaftung** der Mittel 396
gefördert, da der vermeintliche „Zwang", die nicht verbrauchten Mittel noch vor
Jahresende auszugeben, wegfällt.

---

87   VV Nr. 1 zu § 19 BHO.

Welche Ausgaben übertragbar sind, ergibt sich aus § 19 Abs. 1 BHO. Nach dieser Vorschrift sowie nach dem Haushaltsgesetz kann man wiederum drei Ausgabengruppen unterscheiden:

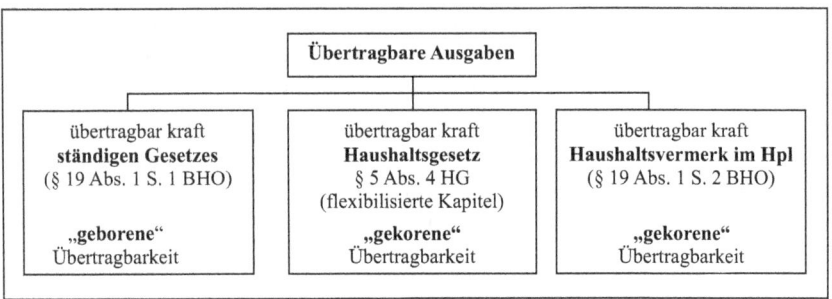

Abbildung 48: Arten der Übertragbarkeit

397 **Kraft BHO übertragbar** sind gem. § 19 Abs. 1 Satz 1 BHO:
   • **Ausgaben für Investitionen:**
     Diese sind im Haushaltsplan an ihrer Zugehörigkeit zu den Hauptgruppen 7 und 8 (Baumaßnahmen und sonstige Investitionsausgaben) erkennbar. In der Praxis heißt das: alle Titel, deren Titelnummer mit einer 7 oder 8 beginnt, beinhalten übertragbare Ausgaben.

398 • **Ausgaben aus zweckgebundenen Einnahmen:**
     Hier handelt es sich um eine Ausnahme vom Haushaltsgrundsatz der Gesamtdeckung. Durch Gesetz oder Haushaltsvermerk kann vorgesehen werden, dass bestimmte Einnahmen nur für bestimmte Ausgaben verwendet werden dürfen.

Bei Ausgaben aus zweckgebundenen Einnahmen ist zu beachten, dass nur Ausgaben aus einer *echten* Zweckbindung übertragbar sind. (Mehr-) Ausgaben aus unechter Zweckbindung (Verstärkungsvermerke) dürfen nur bis zum Ende des jeweiligen Haushaltsjahres geleistet werden (vgl. hierzu Abschnitt III. 2.).

Für die Fälle der geborenen Übertragbarkeit nach § 19 Abs. 1 Satz 1 BHO ist ein Übertragbarkeitsvermerk im Haushaltsplan nicht auszubringen (VV Nr. 2 zu § 19 BHO).

399 Zusätzlich zur BHO erklärt § 5 der jährlichen Haushaltsgesetze seit 1998 die in Absatz 2 als deckungsfähig genannten Titel auch für übertragbar. Die Flexibilisierung nach § 5 HG begründet also nicht nur eine erweiterte Deckungsfähigkeit, sondern auch eine erweiterte Übertragbarkeit.

Nach § 5 Abs. 4 HG 2017 sind danach übertragbar:

400

- die Titel der Hauptgruppe 4 (**Personalausgaben**) ohne Gruppe 411 (Aufwendungen für Abgeordnete) sowie Titel 634.3 (Zuweisungen an den Versorgungsfonds),
- die in Absatz 2 genannten Titel der Hauptgruppe 5 (**sächliche Verwaltungsausgaben**) sowie
- die in Abs. 2 genannten Titel der Hauptgruppe 6 (**Zuweisungen und Zuschüsse**).

Zwar verweist § 5 Abs. 4 HG auch auf die in Absatz 2 ausgewählten Ausgaben der Hauptgruppe 7 sowie die gesamte Hauptgruppe 8, doch wird in der Gesetzesbegründung stets darauf hingewiesen, dass sich die Übertragbarkeit der flexibilisierten Ausgaben der Hauptgruppen 7 und 8 auch aus § 19 Abs. 1 der BHO (Übertragbarkeit der Ausgaben für Investitionen) ergebe.[88] Der Gesetzgeber beabsichtigt also mit dem Haushaltsgesetz (Spezialgesetz) keine Einschränkung der Regelungen der BHO (allgemeines Gesetz) bezüglich der Übertragbarkeit der Investitionen der Hauptgruppe 7 (Baumaßnahmen). Die scheinbar unnötige Einbeziehung der flexibilisierten Ausgaben der Hauptgruppen 7 und 8 in die Übertragbarkeit nach § 5 Abs. 4 HG bringt aber Vorteile hinsichtlich der Einsparauflagen nach § 45 Abs. 3 BHO, wie wir gleich noch ausführen werden.

401

Die Erklärung der **Übertragbarkeit** für weitere Ausgaben **durch Haushaltsvermerk** ist möglich, wenn dies ihre wirtschaftliche und sparsame Verwendung fördert (§ 19 Abs. 1 S. 2 BHO).

402

An einem Beispiel (Abbildung 49) sollen alle Varianten der Übertragbarkeit verdeutlicht werden:

---

88 Vgl. z. B. Entwurf HG 2017, Begründung zu § 5 Absatz 4, BT-Drs. 18/9200 vom 12.8.2016.

Titel Funktion	Zweckbestimmung	Soll 2017 1 000 €
	Einnahmen	
282 09	Einnahmen aus Sponsoring, Spenden und ähnlichen freiwilligen Geldleistungen	-
	Haushaltsvermerk	
	Mehreinnahmen sind wegen rechtsverbindlicher Verwendungsauflage Dritter zweckgebunden. Sie dienen nur zur Leistung der Ausgaben bei folgendem Titel: 547 09.	
	Ausgaben	
	Es gelten die Flexibilisierungsregelungen gem. § 5 Abs. 1 bis 5 HG. In die Flexibilisierung einbezogen ist auch Tit. 687 01	
F 511 01	Geschäftsbedarf und Kommunikation ...	320
532 06	Maßnahmen zur Durchführung des Gesetzes zum Schutz gegen Fluglärm	562
	Haushaltsvermerk	
	Die Ausgaben sind übertragbar.	
547 09	Ausgaben für Vorhaben, die aus Vorhaben aus Spenden, Sponsoring und ähnlichen freiwilligen Geldleistungen finanziert werden.	-
	Haushaltsvermerk	
	Mehrausgaben dürfen bis zur Höhe der zweckgebundenen Mehreinnahmen bei folgendem Titel geleistet werden: 282 09.	
F 687 01	Mitgliedsbeitrag im Ausland	210
741 01	Sonstige Baumaßnahmen im Inland	8 800

Abbildung 49: Geborene und gekorene Übertragbarkeit – ein Beispiel

403 Im Beispiel liegt bei allen fünf Ausgabetiteln Übertragbarkeit vor:
- Bei Titel 511 01 besteht Übertragbarkeit, da der Titel nach § 5 Abs. 4 i. V. m. Abs. 2 **HG** flexibilisiert ist;
- bei Titel 532 06 besteht die Übertragbarkeit kraft des ausgebrachten (Übertragungs-) **Vermerks**;
- bei Titel 547 09 besteht Übertragbarkeit, da es sich um **eine Ausgabe aus (echt) zweckgebundenen Einnahmen** handelt (§ 19 Abs. 1 **BHO**);
- bei Titel 687 01 besteht Übertragbarkeit, da der Titel **durch Haushaltsvermerk in die Flexibilisierung** nach § 5 Abs. 2 bis 5 HG **einbezogen** wurde;
- bei Titel 741 01 besteht Übertragbarkeit, da es sich hier um eine geborene Übertragbarkeit nach § 19 Abs. 1 **BHO** handelt (Bau**investitionen**).

404 Nicht übertragbar sind im Übrigen Verpflichtungsermächtigungen. Dies ergibt sich schon aus der Formulierung des § 19 Abs. 1 BHO, wo ausschließlich von Ausgaben gesprochen wird. Klärung verschafft die VV Nr. 3 zu § 19 BHO,

b) Das Verfahren der Ausgabenübertragung

Unabhängig davon, ob die Übertragbarkeit kraft Gesetzes oder durch Haushaltsver-   **405**
merk existiert, ist Übertragbarkeit nur die Möglichkeit, nicht verbrauchte Ausgabeermächtigungen in das nächste Jahr zu übernehmen. Die Übertragung der Ausgabeermächtigungen erfolgt nicht automatisch. Vielmehr muss in der Höhe, in der nicht
verbrauchte Mittel voraussichtlich im Folgejahr benötigt werden, ein Ausgaberest
gebildet werden. Die Reste bleiben dann für denselben Zweck über das Haushaltsjahr hinaus zwei Jahre lang verfügbar (§ 45 Abs. 2 BHO). (§ 45 (2) BHO).

Ausgabereste dürfen nach § 45 Abs. 2 BHO in Verbindung mit VV Nr. 3 zu
§ 45 BHO nur gebildet werden, wenn

1. es sich um eine **übertragbare** Ausgabe handelt,
2. der Zweck der Ausgaben fortdauert, also das Ziel, das mit der Bewilligung
   verfolgt wurde, noch nicht erreicht ist,
3. ein wirtschaftliches oder sonstiges sachliches Bedürfnis für die Bildung
   besteht und
4. bei Ausgaben aus zweckgebundenen Einnahmen entsprechende Einnahmen
   tatsächlich eingegangen sind.

Die **Bildung der Ausgabereste** erfolgt nach Abschluss des Haushaltsjahres, also   **406**
zu Beginn des neuen Haushaltsjahres, durch die oder den Beauftragte(n) für den
Haushalt (BfdH) der jeweiligen Behörde. Sie oder er stellt fest, in welcher Höhe
übertragbare Ausgaben im abgelaufenen Haushaltsjahr nicht geleistet worden
sind und entscheidet, ob und in welcher Höhe Ausgabereste gebildet werden sollen.[89] Dabei besteht ein Ermessensspielraum.

Haushaltspraxis: Ermessensspielraum der/des BfdH im flexibilisierten Bereich

Mit der breit angelegten überjährigen Inanspruchnahme der nicht in Anspruch
genommenen Haushaltsmittel wollte der Gesetzgeber den Behörden auch die Möglichkeit einräumen, Vorsorge für künftige Unwägbarkeiten zu treffen und über ein
gleichmäßigeres Ausgabeverhalten eine insgesamt sparsamere Mittelbewirtschaftung zu fördern.

Das BMF sieht als angemessene Vorsorge eine Obergrenze von 10% der Summe der
flexibilisierten Ausgaben je Einzelplan für das Folgejahr an. Dennoch bleibt es in
der alleinigen Verantwortung der/des BfdH, in welcher Höhe sie/er tatsächlich Ausgabereste bei flexibilisierten Ausgaben bildet. Allerdings nimmt das BMF indirekt
Einfluss auf die Höhe der Bildung von Ausgaberesten. Im Rahmen der Haushaltsaufstellung für das übernächste Jahr fordert es die Angabe und Begründung von
Ausgaberesten über 10% je Titel. Allerdings konzentriert sich die Prüfung auf Titel
mit übertragbaren Ausgaben von mehr als 500 T€.[90]

---

89   VV Nr. 3.3.5 zu § 9 BHO.
90   Vgl. z. B. BMF: Haushaltsaufstellungsrundschreiben Bundeshaushaltsplan 2018 vom
     19.12.2016, IIA1-H1- H 1105/16/10001:001, Ziff.6.2.

407   In der Höhe, in der über nicht verbrauchte Ermächtigungen bei einem übertragbaren Titel kein Ausgaberest gebildet wird, werden die Ermächtigungen nicht in das nächste Jahr vorgetragen. Sie verfallen gemäß dem Grundsatz der zeitlichen Bindung.

408   Das nachfolgende Beispiel für die **Bildung eines Ausgaberestes** (Abbildung 50) soll auch die haushaltsmäßigen Konsequenzen einer Übertragung verdeutlichen.

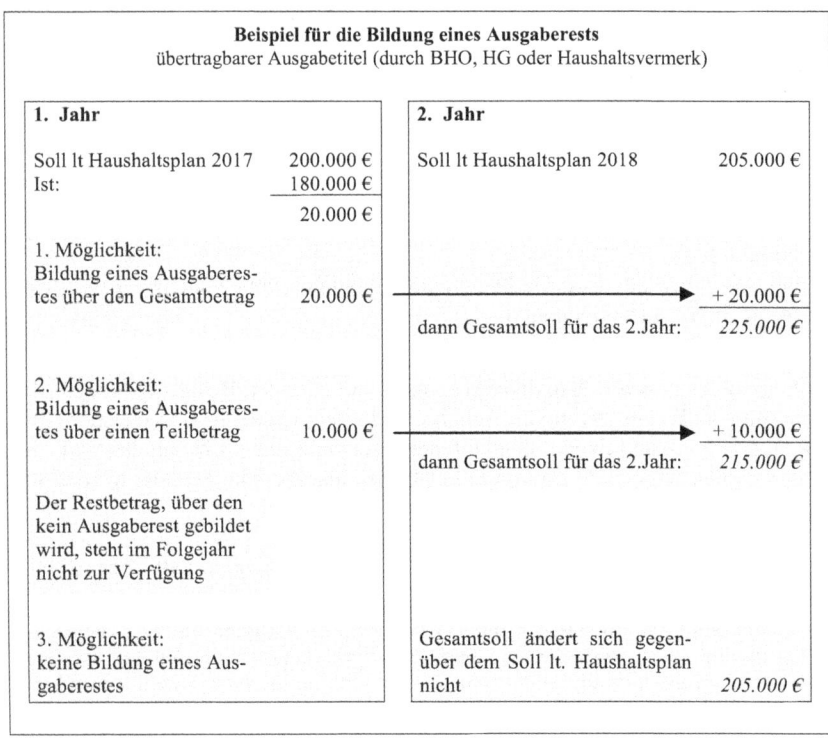

Abbildung 50: Bildung von Ausgaberesten

409   Das Beispiel zeigt, dass sich die Ausgabeermächtigungen laut Haushaltsplan durch die (schon aufgrund der Vorherigkeit nicht im Haushaltsplan des 2. Jahres enthaltenen) Übertragung von Ausgaberesten erhöhen. Es besteht ein „Schattenhaushalt" aus übertragenen Ausgabeermächtigungen, der wegen der nicht entsprechend mit anwachsenden Finanzierungsmittel zu einer Unausgeglichenheit des Haushaltsplans führen würde.

410   Nur durch gesonderte Veranschlagung von Ausgaben in Höhe der zu erwartenden Ausgabereste oder durch Einsparungen in Höhe der übernommenen Ausga-

bereste an anderer Stelle im Haushalt kann die Ausgeglichenheit des Plans auf-
rechterhalten werden. Das ist der Hintergrund der Bestimmung des § 19 Abs. 2
BHO. Auch die Erfordernis der **Einwilligung des Bundesministeriums der
Finanzen** für die Inanspruchnahme der Ausgabereste (§ 45 Abs. 3 BHO) ist vor
dem Hintergrund des Haushaltsausgleichs zu verstehen.

Wenn auch § 19 Abs. 2 BHO beide Optionen – gesonderte Veranschlagung von   **411**
Ausgaben für Ausgabereste oder Einsparungen in Höhe der Ausgabereste im
neuen Jahr – zulässt, wurde in der Haushaltspraxis doch ganz überwiegend der
Weg des Sparens gegangen. Hierbei lässt es § 45 Abs. 3 BHO offen, ob die Einsparung in demselben Einzelplan oder im Gesamthaushalt (also in anderen Einzelplänen) erfolgt.

Bis zur Einführung der Flexibilisierung im Jahre 1998 hat das Bundesministeri-   **412**
um der Finanzen einer Einsparung im **Gesamthaushalt** nicht zugestimmt und
damit die erforderlichen Einsparungen auf die jeweiligen **Einzelpläne** übertragen. Die Ressortminister(innen) wiederum haben durch entsprechenden Erlass
geregelt, dass diejenigen **Kapitel**, die Ausgaben übertragen wollen, auch selbst
für die entsprechenden Einsparungen in ihrem Bereich sorgen.

Seit Einführung der Haushalts-Flexibilisierung im Jahre 1998 gilt nun für die   **413**
Inanspruchnahme von Ausgaberesten die folgende Regelung:[91]
* **Inanspruchnahme von Ausgaberesten außerhalb des flexibilisierten**   **414**
  Bereichs:
  Bei allen übertragbaren Ausgaben, die nicht in die Flexibilisierung nach § 5
  HG einbezogen sind, muss nach wie vor im gleichen Einzelplan/Kapitel eine
  kassenmäßige Einsparung in Höhe des Ausgaberestes bei einem (oder mehreren) anderen Titel(n) vorgenommen werden. Die Einsparauflage bezieht sich
  auf das Jahr, in das der Ausgaberest übertragen wird. In den Verwaltungsvorschriften zur Haushaltsführung hat der BMF seine nach § 45 Abs. 3 BHO
  erforderliche Einwilligung allgemein für die Fälle erteilt, in denen eine konkrete Einsparstelle feststeht.[92]
  Zur Einsparung dürfen allerdings nicht verwendet werden:
  – gesperrte Ausgaben (unabhängig vom Grund der Sperre);
  – Ausgaben, die auf gesetzlicher Verpflichtung beruhen;
  – flexibilisierte Ausgaben.
  Investitionsausgaben dürfen nur zum Ausgleich bei der Bildung von Ausgaberesten bei Investitionsausgaben herangezogen werden.[93]

---

91 BMF-Rundschreiben zur Haushaltsführung 2017 vom 20.12.2016 – II A 2-H 1200/16/
    10027, Nrn. 3.4 und 3.5 sowie BMF-Rundschreiben vom 23.11.2015 – II A 2 – H 1200/
    14/10063, Ziff. 2.
92 BMF-Rundschreiben zur Haushaltsführung 2017 vom 20.12.2016 – II A 2-H 1200/16/
    10027, Nr. 3.5.4.
93 Ebenda.

415   • **Inanspruchnahme von Ausgaberesten im flexibilisierten Bereich**:
      Ausgabereste, die im Rahmen der Anwendung der Flexibilisierungsinstru-
      mente nach § 5 Abs. 5 HG gebildet worden sind, können gegen Deckung im
      Gesamthaushalt in Anspruch genommen werden. Das BMF verzichtet also
      darauf, dass die einzelplanbewirtschaftenden Stellen bzw. die jeweiligen
      Behörden Einsparungen erbringen. Auch hat das BMF für diese Fälle seine
      Einwilligung gem. § 45 Abs. 3 BHO generell erteilt.[94]
      Auch bezüglich der Ausgabereste bei den flexibilisierten Titeln ist eine
      Bedarfsprüfung vorzunehmen, deren Ergebnis dem BMF – Referat II A 6 –
      schriftlich mitzuteilen ist. Von einem sachlichen Bedürfnis zur Bildung von
      Ausgaberesten ist nicht auszugehen, wenn
      – Minderausgaben auf einem dauerhaften Wegfall von Aufgaben beruhen,
      – Minderausgaben im Bereich zugestandener Sondertatbestände anfallen,
         die planmäßig oder außerplanmäßig für die Zukunft entfallen,
      – Minderausgaben bei großen und kleinen Baumaßnahmen oder größeren
         Beschaffungen im Sinne des § 24 BHO darauf beruhen, dass diese ganz
         oder teilweise auf Dauer nicht durchgeführt oder auf unbestimmte Zeit
         verschoben werden.[95]
      Vor der Bildung von Ausgaberesten sind außerdem Einsparauflagen und alle
      während der Haushaltsausführung angeordneten Deckungsfähigkeiten abzu-
      setzen. Die Mittelbewirtschafter übertragen die Ausgabereste der flexibili-
      sierten Haushaltsansätze mittels Solländerungen auf den Titel 993 66 – Ein-
      sparungen im Kapitel –. Nach Buchungsschluss werden die richtig gekenn-
      zeichneten Haushaltsreste in das folgende Haushaltsjahr übertragen.

416   Die **überjährige Verfügbarkeit** nicht in Anspruch genommener Haushaltsmittel
      bei gleichzeitigem **Verzicht auf Einsparungen im Einzelplan** im Falle der
      Inanspruchnahme ist das Kernelement der Flexibilisierung der Verwaltungsaus-
      gaben. Dadurch soll „unzweckmäßiges Handeln" zum Jahresende[96] vermieden
      werden. Für die **Restedeckung im Gesamthaushalt** sorgt das BMF. Da das
      BMF nicht sicher sein kann, dass Einsparungen im Gesamthaushalt (durch den
      sog. Bodensatz) immer im erforderlichen Umfang möglich sind, werden seit
      1999 global Ausgabemittel für die Restedeckung im flexibilisierten Bereich gem.
      § 19 Abs. 2 BHO gesondert im Einzelplan 60 veranschlagt.

---

94 BMF-Rundschreiben vom 23.11.2015 – II A 2-H 1200/14/10063, Ziff. 2b.
95 Ebenda, Ziff. 2a.
96 BMF-RSchr. zur Bildung von Ausgaberesten im flexibilisierten Bereich vom
    10.07.2006–II A 2 – H 1200-97/06, Ziff. 1.

Allgemeine Bewilligungen 6002				
Titel Funktion	Zweckbestimmung	Soll 2017 1 000 €	Soll 2016 Reste 2016 1 000 €	Ist 2015 1 000 €
971 02 -880	Ausgabemittel zur Restedeckung	150 000	250 000	-

Abbildung 51: Deckungsreserve bei flexibilisierten Ausgaben

Auch im Haushaltsplan 2015 waren ursprünglich Mittel für die Restedeckung in Höhe von 250 000 T€ veranschlagt. Wie aber der Abbildung 51 zu entnehmen ist, musste das BMF – wie auch in den Jahren davor – auf die bereitgestellten Mittel nicht zurückgreifen. Die Ausgabereste wurden durch Einsparungen im Gesamthaushalt finanziert.

c) Die Veranschlagung von Ausgaberesten im Haushaltsplan

Mit dem Haushaltsplan 2013 hat sich Darstellungsform in den Einzelplänen   **417** geändert. Wurden davor die Ausgabereste in den jährlichen Haushaltsplänen nicht ausgewiesen, so werden nunmehr die aus dem Vorvorjahr (2015) stammenden und ins Vorjahr übertragenen Ausgabereste als zweite Zahl unter dem Soll des Vorjahres (2016) angegeben und zwar

* die **flexibilisierten** Ausgabereste eines Kapitels **summarisch** und
* die Ausgabereste **außerhalb** des flexibilisierten Bereichs **titelbezogen**.

Die geänderte Darstellung soll am Beispiel des Kapitels 0634 (Hochschule des Bundes) aufgezeigt werden:

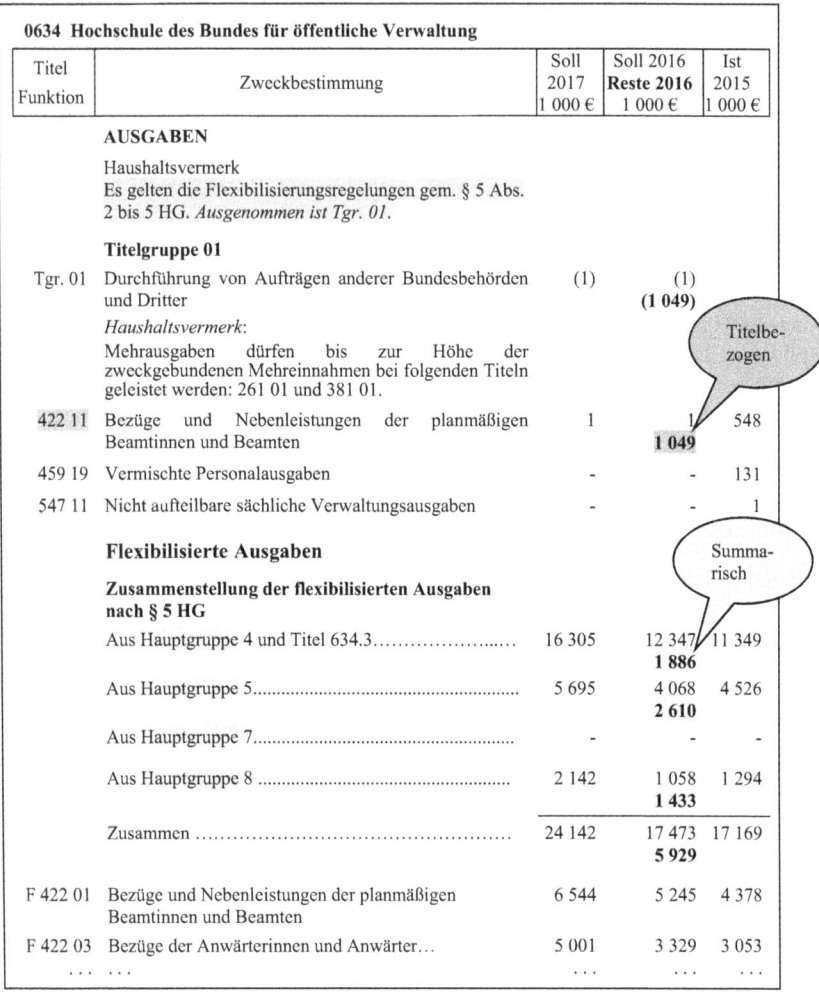

0634 Hochschule des Bundes für öffentliche Verwaltung

Titel Funktion	Zweckbestimmung	Soll 2017 1 000 €	Soll 2016 Reste 2016 1 000 €	Ist 2015 1 000 €
	AUSGABEN			
	Haushaltsvermerk Es gelten die Flexibilisierungsregelungen gem. § 5 Abs. 2 bis 5 HG. *Ausgenommen ist Tgr. 01.*			
	Titelgruppe 01			
Tgr. 01	Durchführung von Aufträgen anderer Bundesbehörden und Dritter	(1)	(1) (1 049)	
	Haushaltsvermerk: Mehrausgaben dürfen bis zur Höhe der zweckgebundenen Mehreinnahmen bei folgenden Titeln geleistet werden: 261 01 und 381 01.			Titelbe- zogen
422 11	Bezüge und Nebenleistungen der planmäßigen Beamtinnen und Beamten	1	1 **1 049**	548
459 19	Vermischte Personalausgaben	-	-	131
547 11	Nicht aufteilbare sächliche Verwaltungsausgaben	-	-	1
	Flexibilisierte Ausgaben			Summa- risch
	Zusammenstellung der flexibilisierten Ausgaben **nach § 5 HG**			
	Aus Hauptgruppe 4 und Titel 634.3.........................	16 305	12 347 **1 886**	11 349
	Aus Hauptgruppe 5..	5 695	4 068 **2 610**	4 526
	Aus Hauptgruppe 7..	-	-	-
	Aus Hauptgruppe 8	2 142	1 058 **1 433**	1 294
	Zusammen	24 142	17 473 **5 929**	17 169
F 422 01	Bezüge und Nebenleistungen der planmäßigen Beamtinnen und Beamten	6 544	5 245	4 378
F 422 03	Bezüge der Anwärterinnen und Anwärter...	5 001	3 329	3 053
... ...		...	... ...	

Abbildung 52: Darstellung von Ausgaberesten im Haushaltsplan

418 Das Beispiel der HS Bund macht deutlich:
- Titel 422 11 ist nicht nach § 5 HG flexibilisiert, da er der Titelgruppe 01 angehört und diese Titelgruppe durch Haushaltsvermerk aus den Flexibilisierungsregelungen des § 5 Abs. 2 bis 5 HG ausgenommen wurde (s. Vermerk unter dem Wort Ausgaben);
- die bei Titel 422 11 veranschlagten Ausgaben sind aber nach § 19 Abs. 1 BHO (geboren) übertragbar, da es sich um Ausgaben aus (echt) zweckgebundenen Einnahmen handelt (s. Zweckbindungsvermerk zur Titelgruppe);

* da Reste des Jahres 2015 nach 2016 übertragen wurden, werden die **Reste direkt beim Titel** 422 01 (titelbezogen) als zweite Zahl unter dem Soll-Ansatz 2016 angegeben;
* im flexibilisierten Bereich hingegen werden die Ausgabereste nur hauptgruppenbezogen als Summe (summarisch) in der vorangestellten Übersicht dargestellt: bei Hauptgruppe 4 wurden also insgesamt 1.886 Tsd. € nach 2016 übertragen, bei Hauptgruppe 5 waren es zusammen 2.610 Tsd. € usw.

Hintergrund dieser Neuregelung ist, dass bei den Haushaltsverhandlungen für das kommende Jahr (hier also für 2017) auch die Ausgabereste für das vorangegangene Jahr mit betrachtet werden sollen, um einer **Überveranschlagung besser entgegentreten zu können**.

3. Die Selbstbewirtschaftungsmittel

Eine Sonderstellung nehmen die Ausgaben für Selbstbewirtschaftungsmittel ein.   **419**
Selbstbewirtschaftungsmittel sind Mittel, die einer Institution zur eigenständigen Bewirtschaftung zugeteilt werden können, wenn dadurch der wirtschaftlichen Umgang mit den zugewiesenen Haushaltsmitteln gefördert wird (§ 15 Abs. 2 BHO). Traditionelle Anwendungsbereiche sind die innere und äußere Sicherheit, etwa im Bereich Geräte, Bekleidung (Kleiderkasse der Bundeswehr) und Verpflegung. In den letzten Jahrzehnten hat das Instrument aber insbesondere bei der Förderung von Forschung (Epl. 3004) und Kultur (Epl. 0452) an Bedeutung gewonnen.

Mit der Zuweisung der Ausgabemittel zur Selbstbewirtschaftung wird den ermächtigten Stellen eine größere Flexibilität bei der Bewirtschaftung der Ausgaben eingeräumt, weil für diese Mittel zwei wesentliche Bewirtschaftungsgrundsätze nicht zur Anwendung kommen, nämlich die Grundsätze der zeitlichen Bindung und des Bruttonachweises. Selbstbewirtschaftungsmittel **stehen ohne jede zeitliche Begrenzung zur Verfügung**. Sie verfallen nicht und **müssen auch nicht als Ausgabereste übertragen werden**. Damit erübrigt sich auch die Notwendigkeit der kassenmäßigen Einsparung in künftigen Haushaltsjahren.

Ausgaben zur Selbstbewirtschaftung sind nur zulässig, wenn der Haushaltsplan ausdrücklich dazu ermächtigt (VV Nr. 4 zu § 15 BHO). Der entsprechende Haushaltsvermerk hat den Wortlaut: „Die Mittel können zur Selbstbewirtschaftung zugewiesen werden." (Vgl. Abbildung 53).

Titel Funktion	Zweckbestimmung	Soll 2017 1 000 €	Soll 2017 Reste 2016 1 000 €	Ist 2015 1 000 €
685 15 -187	Zuschüsse an kulturelle Einrichtungen in Berlin	36 265	29 496	29 722
	Haushaltsvermerk: Die Mittel dürfen zur Selbstbewirtschaftung zu- gewiesen werden.			

Abbildung 53: Selbstbewirtschaftungsmittel

4. Die Geltung der Kreditermächtigung über das Jahr hinaus

420   Nach § 18 Abs. 3 BHO gilt die Ermächtigung zur Aufnahme von Krediten bis
zum Ende des nächsten Haushaltsjahres und, wenn das Haushaltsgesetz für das
zweitnächste Haushaltsjahr nicht rechtzeitig verkündet wird, bis zur Verkündung
dieses Haushaltsgesetzes.

Damit gibt es im Bereich der Einnahmen aus der Aufnahme von Krediten eine
Gültigkeit der Ermächtigung über das Haushaltsjahr hinaus ähnlich wie bei den
übertragbaren Ausgaben.

5. Der Haushaltsvorgriff

421   Der Haushaltsvorgriff ist das Gegenstück zur Übertragung von Ausgaberesten. Es
handelt sich beim Vorgriff um eine **überplanmäßige Ausgabe**, die bei einem übertragbaren Ausgabetitel geleistet wird. Während jedoch bei einer überplanmäßigen
Ausgabe das Finanzministerium seine Einwilligung nur unter der Bedingung eines
haushaltsmäßigen Ausgleichs bei anderen Titeln im betreffenden Haushaltsjahr
erteilt, erfolgt beim Haushaltsvorgriff der **haushaltsmäßige** Ausgleich im nächsten
Jahr (§ 37 Abs. 6 BHO). Das heißt, das Haushaltssoll des folgenden Jahres bei dem
betreffenden Titel sinkt um den als Vorgriff in Anspruch genommenen Betrag.

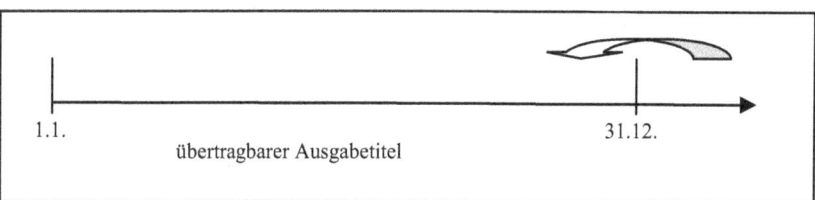

1.1.   übertragbarer Ausgabetitel   31.12.

Abbildung 54: Haushaltsvorgriff

Der Vorgriff setzt voraus, dass im nächsten Jahr eine Ausgabe mit gleicher **422** Zweckbestimmung und in ausreichender Höhe vorgesehen ist.[97] **Kassenmäßig** – d. h. durch Einsparungen bei den Ist-Ausgaben – muss ein Ausgleich im laufenden Jahr auch beim Haushaltsvorgriff erfolgen.

Der Haushaltsvorgriff erfordert also letztlich eine doppelte Einsparung: **423**
- kassenmäßige Einsparung durch Minderausgaben bei anderen Titeln im laufenden Haushaltsjahr sowie
- haushaltsmäßige Einsparung im nächsten Haushaltsjahr, indem beim gleichen Titel der Soll-Ansatz des nächsten Jahres in Höhe des Vorgriffs gekürzt wird.

Die **Voraussetzungen** des Haushaltvorgriffs sind nach § 37 Abs. 6 BHO dieselben, die auch bei Leistung einer über- oder außerplanmäßigen Ausgabe erfüllt **424** sein müssen. Insoweit wird auf den Abschnitt zu über- und außerplanmäßigen Ausgaben verwiesen.

---

97   Vgl. auch VV Nr. 6 zu § 37 BHO.

6. Zusammenfassung

Grundsatz

Jährlichkeit und zeitliche Bindung
(Art. 110 Abs. 2 GG; §§ 1, 12, 45 BHO

- Der Haushaltsplan wird für ein Jahr oder für zwei Jahre, nach Jahren getrennt, aufgestellt;

- Ausgaben und Verpflichtungsermächtigungen dürfen nur bis Ende des Haushaltsjahres geleistet werden. (Danach verfallen die Ausgaben und Verpflichtungsermächtigungen.)

Ausnahme

Übertragbarkeit von Ausgaben
(§§ 19, 45 BHO)

geboren (§ 19 Abs. 1 S. 1 BHO)	**gekoren** (§ 19 Abs. 1 S. 2 BHO)
Durch **ständiges** Gesetz (= BHO): - Investitionen (7er und 8er Titel) und - Ausgaben aus zweckgebundenen Einnahmen	a) durch **Vermerk im Hpl.** *Voraussetzung* für Vermerk: Sparsame Mittelbewirtschaftung wird gefördert b) durch **Haushaltsgesetz** (§ 5 Abs. 4 HG 2017)

Verfahren

Verfahren der Übertragbarkeit
(§ 45 Abs. 2 und 3 BHO)

1. Ausgaberest bilden durch Beauftragte(n) für den Haushalt nach Abschluss des Haushaltsjahres;

2. Einwilligung des BMF einholen;

3. Einsparungen im neuen Haushaltsjahr:
   - im gleichen Einzelplan, wenn der übertragbare Ausgabetitel <u>nicht</u> nach § 5 HG flexibilisiert ist;
   - im gesamten Haushaltsplan durch das BMF, wenn der Titel nach § 5 HG flexibilisiert ist.
   (Einwilligung BMF gilt hier generell als erteilt)

Abbildung 55: Jährlichkeit, zeitliche Bindung und Ausnahmen

- Bei geborenen Ausnahmen vom Grundsatz der zeitlichen Bindung (Übertragbarkeit nach § 19 Abs. 1 BHO) ist kein Vermerk im Haushaltsplan auszubringen (VV Nr. 2 zu § 19 BHO).   **425**
- Bei den Verwaltungskapiteln werden durch das jährliche Haushaltsgesetz (§ 5 Abs. 4 HG 2017) alle Titel der Hauptgruppen 4 (ohne Gruppe 411), die gängigen Titel der Hgr. 5 und einige Titel der Hgr. 6 für übertragbar erklärt. Da die Ausgaben der Hauptgruppen 7 und 8 ohnehin nach § 19 Abs. 1 (geboren) übertragbar sind, besteht faktisch bei den meisten Ausgaben Übertragbarkeit. Die Ausnahme wird also zur Regel!
- Gemäß § 5 Abs. 1 HG dürfen im Einzelfall durch Haushaltsvermerk im Haushaltsplan weitere Titel in die Flexibilisierung nach § 5 Abs. 2 bis 5 HG einbezogen werden.– Übertragbare Ausgaben stehen nicht automatisch im neuen Haushaltsjahr zur Verfügung. Es müssen Ausgabereste gebildet werden durch die/den BfdH. Das BMF muss einwilligen.
- Die Einwilligung des BMF darf nur erteilt werden, wenn in demselben oder einem anderen Einzelplan Einsparungen in höhe der Ausgabereste erfolgen
- **Regelungen des BMF** (gem. BMF-RS vom 23.11.2015 i. V. m. HFR vom 20.12.2016):

Nicht-flexibilisierter Bereich	Flexibilisierter Bereich
☞ Ausgaberest bilden ☞ Einwilligung BMF einholen ☞ Einsparstelle nennen und ☞ sachliche Notwendigkeit des Bedarfs begründen	☞ nur Ausgaberest bilden ■ Einwilligung BMF gilt generell als erteilt ■ Einsparungen durch BMF im Gesamthaushalt ■ Über sachliche Notwendigkeit entscheidet die/der BfdH des Kapitels: → dabei lediglich drei Fälle, wo sachlicher Grund **nicht** gegeben ist: - Aufgabe fällt weg - Sondertatbestände entfallen - Aufgabe von Bauten/größeren Beschaffungen

VI. Das Fälligkeitsprinzip

1. Der Grundsatz

426 Das **Fälligkeitsprinzip** beschränkt die Veranschlagung der Einnahmen und Ausgaben im Haushaltsplan auf die in dem betreffenden Jahr voraussichtlich kassenwirksamen Beträge. Man spricht auch vom **Kassenwirksamkeitsprinzip**.

Durch diesen Grundsatz wird eine Ausweitung des Budgets vermieden und ein Überblick über den tatsächlich benötigten Geldbedarf im Haushaltsplan gegeben.

> **Beispiel:**
> Im Geschäftsbereich des Bundesministeriums des Innern ist der Neubau eines Dienstgebäudes geplant. Nach den Planungsunterlagen werden die Ausgaben für diese Maßnahme voraussichtlich wie folgt anfallen:
>
> | Im Jahr | 2018 | 2019 | 2020 | 2021 |
> |---------|------|------|------|------|
> | Mio € | 1 | 3 | 5 | 4 |
>
> Bei dem betreffenden Titel dürfen im Haushaltsplan 2018 nur 1 Mio € für das Projekt veranschlagt werden und nicht etwa der Gesamtbetrag in Höhe von 13 Mio €.

427 Rechtsgrundlagen für das Fälligkeitsprinzip sind § 11 BHO und VV zu § 11 BHO.

2. Die Verpflichtungsermächtigung als Konsequenz des Grundsatzes der Fälligkeit

428 Die Ausgaben im Haushaltsplan ermächtigen die Verwaltung, Verpflichtungen einzugehen, die zu Zahlungen im laufenden Jahr, also bis zum 31.12. d.J., führen. Oft – besonders bei sich über einen längeren Zeitraum hinziehenden Investitionsvorhaben – ist es jedoch erforderlich, in einem Jahr eine Zahlungsverpflichtung einzugehen (Abschluss eines Vertrages, Bestellung usw.), die erst zu einem **Zahlungsvorgang in einem oder mehreren der Folgejahre führt**. Durch eine Verpflichtung, die den Bundeshaushalt in den Folgejahren belastet, wird die Handlungsfähigkeit in der Zukunft eingeschränkt. Die Verwaltung darf auch Verpflichtungen, die erst zu Zahlungen in künftigen Jahren führen, nur bei Vorliegen einer konkreten Ermächtigung im Haushaltsplan eingehen.

Auf die Verpflichtungsermächtigung wird in verschiedenen Abschnitten der BHO eingegangen (§ 6 – Allgemeine Vorschriften zum Haushaltsplan, § 16 – Aufstellung des Haushaltsplans, § 38 – Ausführung des Haushaltsplans).

Die Verpflichtungsermächtigung ermächtigt noch nicht zur Leistung der Zahlung **429** in dem Folgejahr, sondern lediglich zum **Eingehen der Verpflichtung**. Zur Zahlung ermächtigt erst der jeweilige Haushaltsplan durch die Ausgabeermächtigung im Soll des betreffenden Jahres.

Im Beispiel oben müsste die Veranschlagung wie folgt aussehen:

06.. Übungsbehörde

Titel Funktion	Zweckbestimmung	Soll 2018 1000 €	Soll 2017 1000 €	Ist 2016 1000 €
712 01 -013	Neubau des Dienstgebäudes in Neustadt	1000	–	–
	Verpflichtungsermächtigung 12 000 T€ davon fällig: 2019 bis zu . . . . 3 000 T€ 2020 bis zu . . . . 5 000 T€ 2021 bis zu . . . . 4 000 T€			

Abbildung 56: Fälligkeit und Verpflichtungsermächtigungen

VII. Einheit und Vollständigkeit

1. Der Grundsatz

Der Grundsatz der **Einheit** verlangt, dass die verschiedenen finanzwirtschaftlichen **430** Planungen eines Verbandes in **einen einzigen** Haushaltsplan einzustellen sind. Ergänzt wird dieser Grundsatz durch das Postulat der **Vollständigkeit**, wonach in einem Haushaltsplan **alle** Einnahmen und Ausgaben lückenlos enthalten sein müssen.

Der Haushaltsplan soll eine vollständige Zusammenstellung aller Einnahmen und **431** Ausgaben sein. Eine Zersplitterung der Haushaltswirtschaft durch die Veranschlagung öffentlicher Einnahmen und Ausgaben in mehreren Haushaltsplänen würde zu mangelnder **Transparenz** staatlichen Handelns führen. Auch kann eine Haushaltswirtschaft wohl nur dann verwaltungswirtschaftlich und organisatorisch zweckmäßig gestaltet werden, wenn nicht bestimmte Teile derselben ein „halbamtliches" oder überhaupt kein „amtliches" Dasein führen.

Ein unvollständiges Budget wiederum „verschleiert ... die wahre Finanzlage und **432** macht dem Parlament die Sicherung einer rationalen Finanzgebarung sowie die

gewollte **Lenkung und Kontrollierung** der Verwaltung unmöglich."[98] Nur ein
vollständiger Haushaltsplan kann widerspiegeln, was mit ihm politisch gewollt
ist und tatsächlich getan wird, d. h., nur der vollständige Haushalt kann die **politische Budgetfunktion** sichern. Außerdem ist eine ökonomische Analyse der
Wirkungen budgetärer Maßnahmen nur möglich und aussagerelevant, wenn alle
diesbezüglichen Aktivitäten erfasst werden.

433   Die Bedeutung des Grundsatzes der Einheit und Vollständigkeit kommt schon
darin zum Ausdruck, dass er eines der im Grundgesetz und in den Landesverfassungen formulierten Budgetprinzipien ist. Aber auch die Gemeindeordnungen
enthalten entsprechende Vorschriften. Für den Haushaltsplan des Bundes ist der
Grundsatz in Art. 110 Abs. 1 GG normiert.

2. Die Ausnahme: Bundesbetriebe und Sondervermögen

434   Das Grundgesetz wie auch einige Landesverfassungen lassen Ausnahmen vom
Grundsatz der Einheit und Vollständigkeit zu.

> Für den Haushaltsplan des Bundes sieht Art. 110 Abs. 1 2. Halbs. GG eine Ausnah-
> me bei **Bundesbetrieben und Sondervermögen** vor. Bei diesen brauchen nur die
> Zuführungen und Ablieferungen in den Bundeshaushaltsplan eingestellt werden.

435   Ergänzt wird diese Verfassungsregelung durch § 26 BHO, der für Bundesbetriebe einen eigenen Wirtschaftsplan vorsieht, wenn ein Wirtschaften nach Einnahmen und Ausgaben nicht zweckmäßig erscheint. Dies ist in der Regel dann der
Fall, wenn es sich um einen Betrieb handelt, der sich den Erfordernissen des frei-
en Wettbewerbs anzupassen hat.[99] Daneben befasst sich § 26 BHO (i. V. m. den
VV dazu) mit den Sondervermögen und den Zuwendungsempfängern.

Zu den **Zuführungen** zählen die Zuweisungen zur Deckung von Betriebsverlus-
ten und die rückzahlbaren oder nicht rückzahlbaren Zuweisungen zur Kapitalaus-
stattung; zu den **Ablieferungen** zählen die Gewinnablieferungen und die Kapi-
talrückzahlungen.[100]

---

98   *Fritz Neumark*, Der Reichshaushaltsplan, Jena, 1929, S 126.
99   VV Nr. 1.2 zu § 26 BHO.
100 VV Nr. 1.4 zu § 26 BHO.

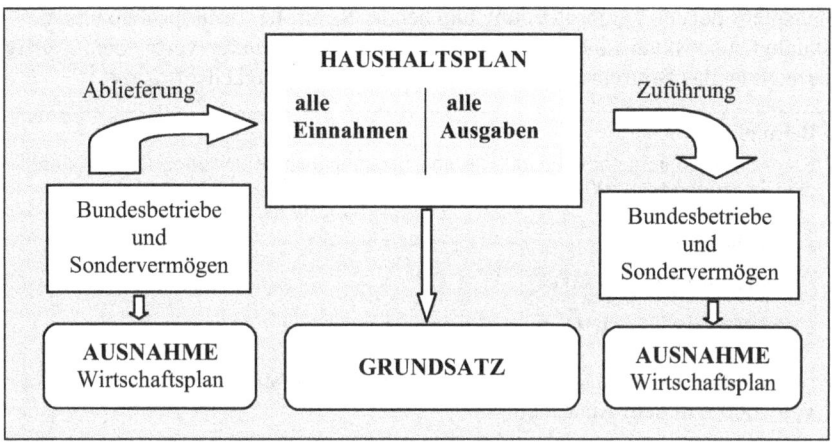

Abbildung 57: Einheit, Vollständigkeit und Sonderhaushalte

VIII. Das Bruttoprinzip

1. Der Grundsatz

Nach dem **Bruttoprinzip** sind die Einnahmen und Ausgaben **in voller Höhe und**   436
getrennt voneinander **zu veranschlagen und zu buchen**; sie dürfen nicht miteinander
aufgerechnet werden. Es gilt das Saldierungsverbot (§§ 15, 35 BHO).

Konkret beinhaltet das Bruttoprinzip, dass
* weder Einnahmen von Ausgaben vorweg abgezogen werden (Einnahmemin-
  derung),
* noch Einnahmen auf Ausgaben vorweg angerechnet werden (Ausgabeminde-
  rung),
* noch gleich hohe Einnahmen mit gleich hohen Ausgaben in der Weise ver-
  rechnet werden, dass eine Veranschlagung und Buchung unterbleibt (vollständige Verrechnung).

Die Ziele dieses Haushaltsgrundsatzes sind identisch mit denen des Vollständig-   437
keitsprinzips (Art. 110 Abs. 1 GG), denn ein Nettobudget zeigt nie ein vollstän-
diges Bild der Haushaltswirtschaft. Eine vollständige Verrechnung gleich hoher
Einnahmen und Ausgaben würde Finanzvorgänge völlig unsichtbar machen.
Solange in einem vordergründig vollständigen Budget sich Nettoveranschlagun-
gen befinden und solange netto gebucht werden darf, kann man nicht von einem
wirklich vollständigen Haushalt sprechen. Teile der Einnahmen und Ausgaben
werden der Volksvertretung vorenthalten und verfälschen das Bild des Haus-

haltsplans bei der Verabschiedung und bei der Kontrolle. Bruttoprinzip und Voll-
ständigkeitspostulat sind demnach untrennbar miteinander verbunden. *Patzig*
bezeichnet das Bruttoprinzip als „Bruder des Vollständigkeitsprinzips".[101]

> **Beispiel:**
> Kauf eines Kopiergerätes für 8000 € und Inzahlungnahme des alten Gerätes durch
> die Lieferfirma für 1000 €.
>
> | Haushaltsplan | |
> |---|---|
> | • Einnahmetitel: | 1 000 € |
> | • Ausgabetitel: | 8 000 € |
>
> Nicht zulässig wäre nach dem Bruttoprinzip die Veranschlagung eines Saldos
> von 7000 € in dem Ausgabetitel.

438   Was für die Veranschlagung im Haushaltsplan gilt, ist auch bei der Ausführung
       des Haushaltsplans zu beachten. Einnahme und Ausgabe müssen getrennt
       gebucht werden (**Bruttonachweis**), eine Verrechnung ist unzulässig.

439   Rechtsgrundlage für die Brutto**veranschlagung** ist § 15 Abs. 1 Satz 1 BHO, für
       den Bruttonachweis ist § 35 Abs. 1 BHO relevant.

2. Die Ausnahme: Nettoveranschlagung und Nettonachweis

440   Ausnahmen vom Bruttoprinzip sind durch Gesetz unmittelbar (= geborene Aus-
       nahme) oder aber durch Haushaltsgesetz bzw. durch Haushaltsvermerk im Haus-
       haltsplan zugelassen (= gekorene Ausnahmen).

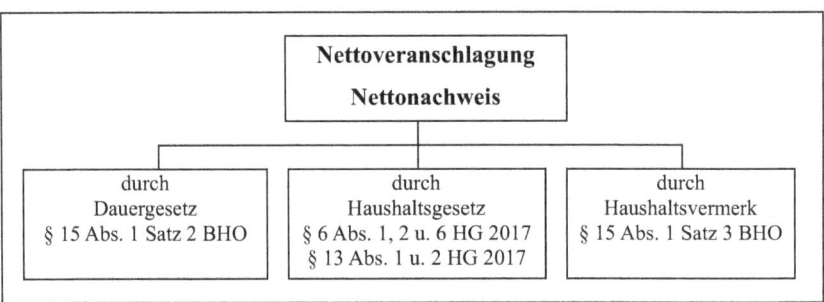

Abbildung 58: Ausnahmen vom Bruttoprinzip

---

101   *Patzig*, Haushaltsrecht des Bundes und der Länder, Bd. 1 RdNr. 88.

a) Nettoveranschlagung nach BHO

Nach § 15 Abs. 1 Satz 2 BHO gilt das Bruttoprinzip nicht für die Veranschlagung   **441**
der Einnahmen aus **Krediten** vom Kreditmarkt und der damit zusammenhängenden
Tilgungsausgaben. Im Einzelplan 32 (Bundesschuld) wird nur die **Netto**kreditaufnahme veranschlagt, die auch dem in § 2 des jeweiligen Haushaltsgesetzes genannten Betrag entspricht.

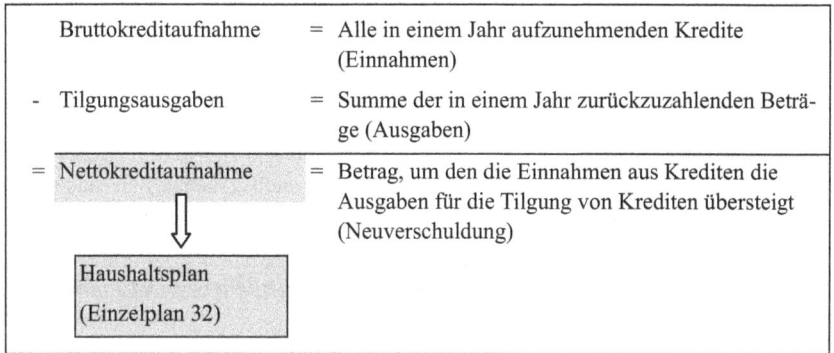

Abbildung 59: Ermittlung der Nettokreditaufnahme

Während beim Bund die Kredite im Einzelplan 32 nur netto veranschlagt wer-   **442**
den, ist der Gesamtzusammenhang (Bruttodarstellung) dem **Gesamtplan** Teil IV
(Kreditfinanzierungsplan) zu entnehmen.

Angemerkt sei, dass § 12 Abs. 1 HGrG es den Haushaltsgesetzgebern von Bund
und Ländern freistellt, Kredite brutto oder netto zu veranschlagen. Die Nettostel-
lung der Kredite ist somit eine Kann-Vorschrift. Die BHO macht daraus für den
Bund allerdings eine Muss-Vorschrift. Die Kredite sind die einzige *geborene*
Ausnahme vom Bruttoprinzip.

Mit der Nettoveranschlagung der Krediteinnahmen soll ein unnötiges **Aufblähen**   **443**
des Haushaltsvolumens vermieden werden. Würde man die Kredite brutto veranschlagen, würde auf der einen Seite das Ausgabevolumen um die Tilgungsausgaben und auf der anderen Seite die Einnahmen um die Kredite zur Bedienung
der Tilgungsausgaben erhöht. Bei Nettoveranschlagung der Kredite zeigt der
Haushaltsplan klar und übersichtlich nur die Neuverschuldung, also letztlich den
Betrag, um den die Ausgaben des laufenden Jahres die „ordentlichen" Einnahmen übersteigen. Die Neuverschuldung ist auch für die Analyse gesamtwirtschaftlicher Effekte der Staatstätigkeit von größerer Bedeutung als die Bruttokre-
ditaufnahme. Dies gilt nicht nur für die Beurteilung staatlicher Nachfragewirkungen, sondern auch für den monetären Bereich. Nur in Höhe der Nettokreditauf-

nahme erfolgt eine effektive Beanspruchung des Kapitalmarktes. Werden Kredite aufgenommen, um fällig werdende Kredite zu tilgen, werden dem Kapitalmarkt Mittel entzogen, die ihm gleichzeitig wieder zugeführt werden. Für die Belastung der öffentlichen Haushalte mit Zinsausgaben ist das Umschuldungsvolumen natürlich bedeutsam, da sich bei jeder Revolvierung der Schulden der zu zahlende Zinssatz ändert.

444   Die **Bundesländer** veranschlagen ihre Kredite und ihre Tilgungsausgaben allerdings im Gegensatz zum Bund brutto. Das Haushaltsgrundsätzegesetz gibt hierzu in § 12 Abs. 1 den gesetzlichen Spielraum.

b) Nettoveranschlagung nach Haushaltsgesetz

445   Die Bundes-Haushaltsgesetze seit 1998 enthalten globale Haushaltsvermerke für Ausnahmen vom Bruttoprinzip. Zurzeit ergeben sich Ausnahmen nach § 6 Abs. 1, 2 und 6 HG 2017 (s. Abbildung 60).

446   Darüber hinaus lässt das jährliche Haushaltsgesetz (so auch § 13 Abs. 1 und 2 HG 2017) folgende **Ausgabebuchungen** bei Einnahmetiteln bzw. **Einnahmebuchungen** bei Ausgabetiteln zu:
- Die Rückzahlung zu viel erhobener Einnahmen kann aus dem jeweiligen Einnahmetitel geleistet werden und ist dann bei dem betreffenden Einnahmetitel abzusetzen.
- Bei Unrichtigkeit einer Zahlung, bei Doppelzahlungen oder Überzahlungen darf die Rückzahlung von der Ausgabe abgesetzt werden
  - soweit die Flexibilisierung nach § 5 HG gilt, stets,
  - im Übrigen nur, wenn die Bücher noch nicht abgeschlossen sind. (Sind die Bücher abgeschlossen, sind Rückzahlungen von nicht in § 5 HG genannten Ausgaben als Einnahmen („Vermischte Einnahmen") zu verbuchen.)
- Die Rückzahlung zu viel geleisteter Personalausgaben ist stets beim jeweiligen Ausgabetitel abzusetzen.

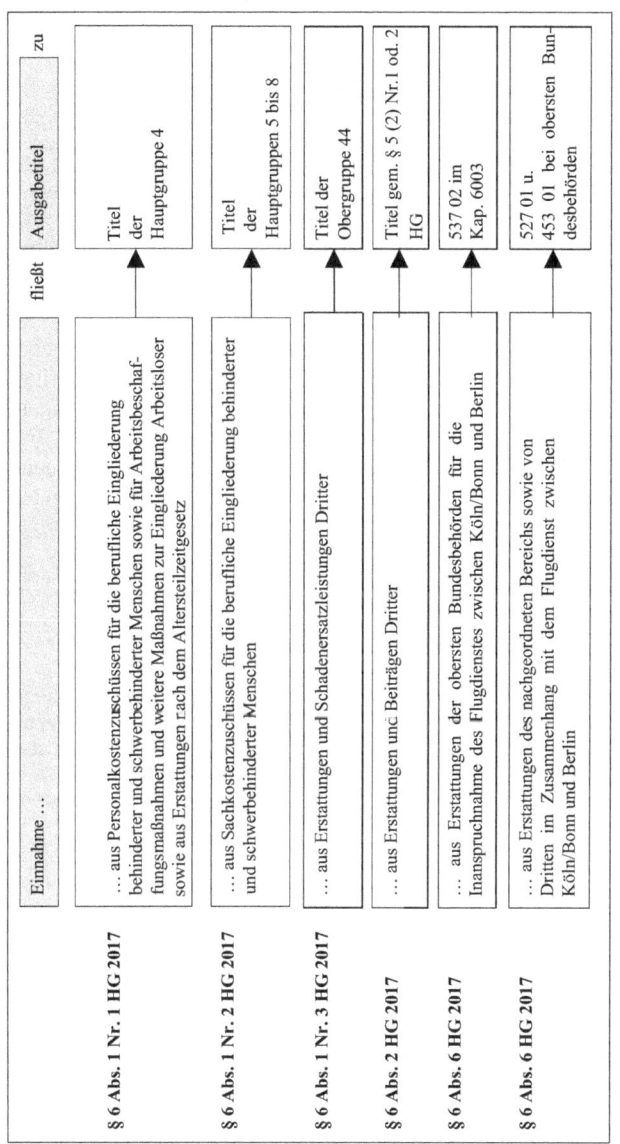

Abbildung 60: Ausnahmen vom Bruttoprinzip nach HG 2017

c) Nettoveranschlagung kraft Vermerk im Haushaltsplan

447   Ausnahmen vom Bruttoprinzip können im Einzelfall auch durch **Haushaltsvermerk** im Haushaltsplan zugelassen werden. Die Einschränkung auf Nebenkosten und Nebenerlöse in § 15 Abs. 1 Satz 3 BHO ist so zu verstehen, dass ein enger Zusammenhang zwischen der aufzurechnenden Einnahme und Ausgabe bestehen und es sich um geringfügige Beträge (*Neben...*) handeln muss. Eine Verschleierung von Finanzvorgängen wird dadurch vermieden, dass im Fall der durch Haushaltsvermerk zugelassenen Aufrechnung nach § 15 Abs. 1 Satz 4 BHO die Berechnung des veranschlagten Betrages dem Haushaltsplan als Anlage beizufügen oder in die Erläuterungen aufzunehmen ist.

448   Derartige Vermerke sind stets nötig, wenn es zu verhindern gilt, dass Ausgabebewilligungen für amtliche Zwecke durch entgeltliche Inanspruchnahme Dritter belastet werden. Das wäre etwa der Fall, wenn dienstliche Telefonanlagen, Kopiergeräte und dergl. gegen Entgelt für private Zwecke genutzt werden. Für solche Fälle wäre ein sogenannter **Rückeinnahmevermerk** bei den betroffenen Ausgabetiteln anzubringen. Der Rückeinnahmevermerk hat i. d. R. folgenden Wortlaut:

„Beiträge (Erstattungen) Dritter fließen den Ausgaben zu".

Beispiel:
Ein Amt schickt regelmäßig auch Sachverständige zu anderen Dienststellen. Üblich ist in solchen Fällen, dass die Ausgaben für die Dienstreisen der Sachverständigen vom Amt vorgestreckt und später von der die Leistungen beanspruchenden Dienststelle zurückerstattet werden. Die folgende Veranschlagung ist möglich[102]:

Titel Funktion	Zweckbestimmung	Soll 2017 1 000 €	...
527 01	Dienstreisen	120	
	Haushaltsvermerk		
	Erstattungen Dritter fließen den Ausgaben zu.		

Abbildung 61: Nettoveranschlagung beim Ausgabetitel

---

102   Beachte aber: Bei flexibilisierten Kapiteln ist dieser Vermerk nicht erforderlich, da bei den flexibilisierten Titeln der Hauptgruppe 4 und 5 durch § 6 Abs. 2 HG eine entsprechende Regelung getroffen wurde (vgl. auch Abbildung 59).

Wird auf diese Weise saldiert, **entfällt der Einnahmetitel.** Gehen Einnahmen   **449**
tatsächlich ein, erhöhen sie beim Ausgabetitel die Ermächtigungen entsprechend.
Technisch werden die Einnahmen, die einem Ausgabetitel zufließen, als Minus-
Ausgabe vom Ausgabetitel abgesetzt, was dazu führt, dass die verbleibenden
Ausgabemittel auf einem Ausgabetitel wieder erhöht werden. Der Bundeskasse
ist eine Annahmeanordnung für den Ausgabetitel zu übersenden.

Eine Saldierung kann auch auf einem Einnahmetitel zugelassen werden, etwa   **450**
dann, wenn die mit den Einnahmen im Zusammenhang stehenden Ausgaben
gering oder gar unsicher sind, so dass **auf einen eigenen Ausgabetitel verzichtet** werden kann.

0512 Bundesministerium		
Titel Funktion	Zweckbestimmung	Soll 2017 1 000 €
	Einnahmen	
132 01	Erlöse aus der Veräußerung von beweglichen Sachen	500
	Haushaltsvermerk Aus den Einnahmen dürfen beim Verkauf von Gegenständen anfallende Nebenkosten geleistet werden.	

Abbildung 62: Nettoveranschlagung beim Einnahmetitel

Ausgaben, die aus einem Einnahmetitel geleistet werden, sind als Minus-Einnah-   **451**
me von dem Einnahmetitel abgesetzt. Hierüber ist der Bundeskasse eine Auszahlungsanordnung beim Einnahmetitel zu erteilen.

Eine Ausnahme vom Bruttoprinzip (Bruttonachweis) gibt es auch bei den Selbstbewirtschaftungsmittel. Nach § 15 Abs. 2 BHO können Ausgaben zur Selbstbewirtschaftung veranschlagt werden, wenn hierdurch eine sparsame Bewirtschaftung gefördert wird. Die bei der Bewirtschaftung aufkommenden Einnahmen
fließen dann den Selbstbewirtschaftungsmitteln zu. Bei der Rechnungslegung ist
nur die Zuweisung der Mittel an die beteiligten Stellen als Ausgabe nachzuwei-
sen.

3. Zusammenfassung

452

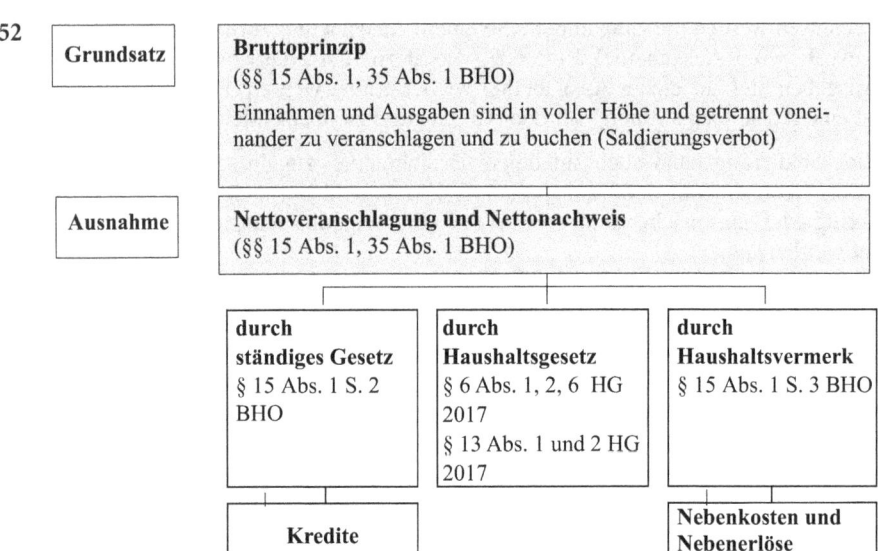

Grundsatz	**Bruttoprinzip** (§§ 15 Abs. 1, 35 Abs. 1 BHO) Einnahmen und Ausgaben sind in voller Höhe und getrennt voneinander zu veranschlagen und zu buchen (Saldierungsverbot)
Ausnahme	**Nettoveranschlagung und Nettonachweis** (§§ 15 Abs. 1, 35 Abs. 1 BHO)

durch ständiges Gesetz § 15 Abs. 1 S. 2 BHO	durch Haushaltsgesetz § 6 Abs. 1, 2, 6 HG 2017 § 13 Abs. 1 und 2 HG 2017	durch Haushaltsvermerk § 15 Abs. 1 S. 3 BHO
Kredite		Nebenkosten und Nebenerlöse

Abbildung 63: Bruttoprinzip, Nettoveranschlagung und Nettonachweis

453   **Beachte:**

Bruttoprinzip und Vollständigkeit:
- Ohne Bruttoveranschlagung ist ein Haushaltsplan immer auch unvollständig, da bei Saldierung von Einnahmen und Ausgaben nur noch eine Nettoeinnahme bzw. Nettoausgabe erscheint, die einen Rückschluss auf die tatsächlichen Einnahmen und Ausgabenströme nicht mehr zulassen;
- umgekehrt sichert ein Bruttohaushalt nicht zugleich die Vollständigkeit.

Bruttoprinzip und Gesamtdeckung: Der Grundsatz der Gesamtdeckung will die Zweckbindung von Einnahmen für bestimmte Ausgaben verhindern, während das Bruttoprinzip die Verschleierung von Zweckbindungen verhindert:
- bei der **Zweckbindung,** als Ausnahme vom Grundsatz der Gesamtdeckung, wird **ein Einnahmetitel und ein Ausgabetitel ausgebracht.** Die Zweckbindung wird durch einen Vermerk sichtbar gemacht;
- bei der **Nettoveranschlagung,** der Saldierung, **verschwindet** immer **ein Titel,** entweder der Einnahmetitel, da die Einnahmen dem Ausgabetitel zufließen oder der Ausgabetitel, da – wie bei der Nettokreditaufnahme – die Ausgaben von den Einnahmen abgezogen werden.

IX. Haushaltsausgleich

„Der Haushaltsplan des Bundes ist in Einnahme und Ausgabe auszugleichen." (Art. 110 Abs. 1 Satz 2 GG) **454**

Dieser Ausgleich ist **formal** zu verstehen, d. h., unter Einbeziehung von Kredit- **455** aufnahmen und Zuführungen zu Rücklagen. Die Forderung nach einem materiellen Haushaltsausgleich würde bedeuten, dass der Haushaltsplan ohne Kredite auszugleichen, die Ausgaben also durch die „ordentlichen" Einnahmen zu decken wären. Eine solche ausnahmslos anzuwendende Vorschrift würde eine prozyklische Konjunkturpolitik implizieren, da die Höhe der Ausgaben an die Einnahmeentwicklung anzupassen wäre: in der Rezession müssten die Ausgaben bei sinkenden Einnahmen gekürzt, im Boom dagegen weiter erhöht werden. Ein solcher Zwangs zur prozyklischen Konjunkturpolitik würde einen Verstoß gegen die gesamtwirtschaftliche Inpflichtnahme des Staates nach Art. 109 Abs. 2 GG zur Folge haben.

Die neu ins Grundgesetz aufgenommene **„Schuldenbremse"** stellt grundsätzlich **456** auf einen materiellen Haushaltsausgleich ab, lässt aber Raum für staatliche Konjunkturpolitik. Die verfassungsmäßig verankerte Schuldenregel verpflichtet die Länder, ihre Haushalte ab dem Jahr 2020 **grundsätzlich ohne Einnahmen aus Krediten** auszugleichen (Art. 109 Abs. 2 S. 1 GG). Für den Bund gilt seit dem Jahr 2016 ein solcher „materieller" Ausgleich als erreicht, wenn die Einnahmen aus Krediten 0,35 % des nominalen Bruttoinlandsprodukts nicht überschreiten (Art. 109 Abs. 3 S. 4 und 115 Abs. 1 S. 2 GG).

Zusätzlich sind bei einer von der Normallage abweichenden **konjunkturellen** **457** **Entwicklung** die Auswirkungen auf den Haushalt im Auf- und Abschwung symmetrisch **zu berücksichtigen**. Abweichungen der tatsächlichen Kreditaufnahme von der zulässigen Kreditobergrenze werden auf einem Kontrollkonto erfasst; Belastungen, die den Schwellenwert von 1,5 % des nominalen Bruttoinlandsprodukts überschreiten, sind konjunkturgerecht zurückzuführen (Art. 115 Abs. 2 GG).

Die Herbeiführung eines Haushaltsausgleichs ist bei der Aufstellung des Haus- **458** halts manchmal nur mit Hilfe sogenannter **„Haushaltssicherungsgesetze"**, „Haushaltsstrukturgesetze" oder „Haushaltsbegleitgesetze" möglich, die – gemeinsam mit dem Haushaltsgesetz verabschiedet – entweder Einschnitte in Leistungsgesetze oder Abgabenerhöhungen oder beides beinhalten.

Bei der Ausführung des Haushaltsplans gibt es zur Sicherung des Haushaltsaus- **459** gleichs durch das Bundesministerium der Finanzen das Instrument der **haushaltswirtschaftlichen Sperre**. Nach § 41 BHO kann das Bundesministerium der Finanzen es von seiner Einwilligung abhängig machen, ob Verpflichtungen eingegangen oder Ausgaben geleistet werden.

460 Reichen die hiermit erzielten Einsparungen nicht aus, hat das Bundesministerium der Finanzen die Möglichkeit, den Entwurf eines **Nachtragshaushalts** auszuarbeiten und ihn der Bundesregierung zur Beschlussfassung vorzulegen. Der Nachtragshaushalt wird danach in einem förmlichen Gesetzgebungsverfahren vom Parlament verabschiedet.

X. Haushaltswahrheit und Haushaltsklarheit

461 Aus dem Vollständigkeitsgebot leiten sich auch die Gebote der Haushaltswahrheit und -klarheit ab. Die **Wahrheit (Genauigkeit)** des Haushaltsplans erfordert es, dass Einnahmen und Ausgaben – soweit möglich – genau berechnet bzw. auf der Basis möglichst verlässlicher Grundlagen geschätzt werden. Die so ermittelten Werte müssen im Haushaltsplan übersichtlich und transparent (**Klarheit**) dargestellt werden.

462 „Der Haushaltsplan darf nicht lückenhaft sein und nichts verschleiern. Er muss transparent machen, wo und in welcher Höhe veranschlagte Einnahmen ihren Entstehungsgrund haben, aber auch, in welcher Höhe Ausgaben für welchen Zweck voraussichtlich anfallen. In diesen Grundsätzen bewährt sich das Haushaltsbewilligungsrecht des Parlaments als das wesentliche Instrument der Regierungskontrolle.“[103] Haushaltswahrheit stellt die inhaltliche Seite einer genauen Ermittlung der Haushaltsansätze dar, Haushaltsklarheit die formale.

463 Das Gebot der **Haushaltswahrheit** ist den VV Nr. 2.3 zu § 9 BHO und Nr. 1.2 zu § 11 BHO zu entnehmen. Dieses Gebot führt z. B. dazu, dass im Verfahren der Aufstellung des Haushaltsplans die Behörden ihre Voranschläge insbesondere bei Änderungen im Mittelbedarf gegenüber dem Vorjahr ausführlich begründen müssen.

464 Die **Haushaltsklarheit** findet ihren Niederschlag in umfangreichen Vorschriften über die Gestaltung des Haushaltsplans. Der Haushaltsklarheit dient die Haushaltssystematik, wie sie sich aus den §§ 13 und 14 BHO ableiten lässt. Darüber hinaus sollen die Haushaltstechnischen Richtlinien des Bundes (HRB) eine einheitliche, transparente Gestaltung des Haushaltsplans durch alle beteiligten Stellen gewährleisten.

---

103 VerfGH Rh.-Pf., DVBl. 1997, 491 (492), in: DÖV – Die Öffentliche Verwaltung, 50. Jg., 1997, S. 246.

XI. Öffentlichkeit

1. Der Grundsatz

Nach dem Grundsatz der Öffentlichkeit ist das Budgetleben in allen Phasen des   **465**
Haushaltskreislaufs in seinen wesentlichen Punkten der Allgemeinheit zugänglich zu
machen.

Es handelt sich dabei um keine Besonderheit der Haushaltswirtschaft, sondern   **466**
um einen Ausdruck des **Demokratieverständnisses**. Dies kommt auch darin
zum Ausdruck, dass vor allem die Phasen des Haushaltskreislaufs, die Ausdruck
des parlamentarischen Budgetrechts sind, von der Öffentlichkeit verfolgt werden.
Das gesamte Haushaltsgesetzgebungsverfahren nimmt in der Berichterstattung
der Medien einen breiten Raum ein. Die wesentlichen Prüfungsergebnisse des
Bundesrechnungshofs werden vom Präsidenten des Bundesrechnungshofs in
einer Pressekonferenz vorgestellt und sind der Öffentlichkeit zugänglich (Bun-
destagsdrucksache). Ein selbstverständlicher Ausdruck der Öffentlichkeit ist die
Veröffentlichung des Haushaltsgesetzes und des Haushaltsplans.

Der Grundsatz der Öffentlichkeit ist nach Auslegung des Bundesverfassungsge-   **467**
richts ein **Verfassungsgrundsatz**, der aus dem allgemeinen Öffentlichkeitsprin-
zip nach demokratischem Staatsverständnis folgt.

2. Die Ausnahme: Geheimhaltungsbedürftige Haushaltsmittel

Aus Gründen des Staatswohls kann es unvermeidlich sein, die Offenlegung von   **468**
Detailangaben bestimmter der Geheimhaltung unterliegender Fonds (Bundesnachrichtendienst, Verfassungsschutz, Militärischer Abschirmdienst) zu unter-
lassen. Bei solchen geheimen Fonds erscheint im Bundeshaushaltsplan lediglich
der Zuschuss, der aus dem Bundeshaushalt an den Fonds gezahlt wird.

0414 Bundesnachrichtendienst

Titel Funktion	Zweckbestimmung	Soll 2017 1000 €	Soll 2016 Reste 2016 1000 €	Ist 2015 1000 €
Ausgaben				
Sächliche Verwaltungsausgaben				
541 01 -019	Zuschuss an den Bundesnachrichtendienst	832 860	723 837 21 618	557 784
	Haushaltsvermerk			
	1. Die Ausgaben, soweit sie im Wirtschaftsplan als übertragbar bezeichnet sind, sind übertragbar.			
	2. Die Mittel werden nach einem gem. § 10 a Abs. 2 BHO gebilligten Wirtschaftsplan bewirtschaftet, dessen Einzelansätze, Planstellen und Stellen für Arbeitnehmerinnen und Arbeitnehmer verbindlich sind.			

Abbildung 64: Geheimdienste im Bundeshaushaltsplan

469 Der Bundestag kann in Ausnahmefällen nach § 10a BHO die Bewilligung von Ausgaben, die nach **geheim zu haltenden Wirtschaftsplänen** bewirtschaftet werden sollen, im Haushaltsgesetzgebungsverfahren von der Billigung der Wirtschaftspläne durch ein Gremium von Mitgliedern des Haushaltsausschusses (**Vertrauensgremium**) abhängig machen, das vom Bundestag für die Dauer der Wahlperiode gewählt wird. Die Mitglieder des Vertrauensgremiums sind zur Geheimhaltung aller Angelegenheiten verpflichtet, die ihnen bei ihrer Tätigkeit bekannt geworden sind.

470 Der Bundesrechnungshof prüft in diesen Fällen nach § 19 Satz 1 Nr. 1 Bundesrechnungshofgesetzes durch ein dafür zuständiges Kollegium (ohne Einbeziehung der Senate) und unterrichtet das Vertrauensgremium sowie die zuständige oberste Bundesbehörde und das Bundesministerium der Finanzen über das Ergebnis seiner Prüfung der Jahresrechnung sowie der Haushalts- und Wirtschaftsführung.

XII. Die Haushaltsgrundsätze (Kurzfassung)

Übersicht 12: Haushaltgrundsätze im Überblick

471

Grundsatz	Erläuterungen	Ausnahmen
Wirtschaftlichkeit und Sparsamkeit § 7 BHO, insbes. VV zu § 7 BHO	Bei allen Maßnahmen ist die günstigste Zweck-Mittel-Relation anzuwenden (Minimal- und Maximalprinzip). Zu prüfen ist: – Ausgliederung – Entstaatlichung – Privatisierung KLR und Wirtschaftlichkeitsuntersuchungen.	Keine
Vorherigkeit Art. 110 Abs. 2 GG	Der Haushaltsplan ist **vor Beginn** des jeweiligen Haushaltsjahres durch das Haushaltsgesetz festzustellen.	**Vorläufige Haushaltsführung** nach Art. 111 Abs. 1, 2 GG: **Ausgabeermächtigung:** – für die Erfüllung von Gesetzen – für die Erfüllung von Verträgen – für Fortsetzungsmaßnahmen **Kreditermächtigung:** – bis zu einem Viertel der Haushaltssumme des abgelaufenen Haushaltsplans
Einzelveranschlagung und sachliche Bindung §§ 17, 45 BHO	Im Haushaltsplan sind die Einnahmen nach dem Entstehungsgrund und die Ausgaben nach Zwecken getrennt zu veranschlagen (Einzelveranschlagung). Die Verwaltung ist im Haushaltvollzug an den vorgegebenen Zweck gebunden (sachliche Bindung).	**Deckungsfähigkeit** – **geboren** (= durch Gesetz: § 20 BHO): nur einige Personalausgaben – **gekoren** (HG oder Haushaltsvermerk) – § 20 Abs. 2 BHO – § 5 Abs. 2,3,5 HG 2017 (Flexibilisierung) – § 6 Abs. 3-5 HG 2017

Übersicht 12: (Fortsetzung)

Grundsatz	Erläuterungen	Ausnahmen
Jährlichkeit und zeitliche Bindung Art. 110 Abs. 2 GG, §§ 1, 11, 12, 45 BHO	Der Haushaltsplan wird für ein oder zwei Rechnungsjahre nach Jahren getrennt aufgestellt (Jährlichkeit). Ausgaben und Verpflichtungsermächtigungen dürfen nur bis zum Ende des Haushaltsjahres geleistet bzw. in Anspruch genommen werden (zeitliche Bindung).	**Übertragbarkeit** – **geboren** (= durch Gesetz: § 19 BHO): – Investitionen (7er und 8er Titel) – Ausgaben aus (echt) zweckgebundenen Einnahmen – **gekoren** (HG oder Haushaltsvermerk) – § 19 Abs. 1 S. 2 BHO und – § 5 Abs. 4 HG 2017 (Flexibilisierung)
Fälligkeit § 11 Abs. 2 BHO und VV zu § 11 BHO	Es dürfen nur die Einnahmen und Ausgaben in den Haushaltsplan eingestellt werden, die im Haushaltsjahr voraussichtlich kassenwirksam werden.	**Keine** (Bei mehrjährigen Maßnahmen werden als Konsequenz des Fälligkeitspostulats Verpflichtungsermächtigungen ausgebracht.)
Gesamtdeckung § 8 BHO	**Alle** Einnahmen dienen als Deckungsmittel für **alle** Ausgaben (Zweckbindungsverbot, Non-Affektationsprinzip).	**Zweckbindung** von Einnahmen – **geboren** (= durch ständiges Gesetz, z. B. Straßenbaufinanzierungsgesetz) – **gekoren** (HG oder Haushaltsvermerk), z. B. § 6 Abs. 7 HG 2017
Einheit und Vollständigkeit Art. 110 GG, § 11 BHO	**Alle** Einnahmen und Ausgaben sind in **den** (**einen** einzigen) Haushaltsplan einzustellen.	**Bundesbetriebe und Sondervermögen** haben eine eigene Wirtschaftsführung. Hier sind nur die Zuführungen und Ablieferungen in den Haushaltsplan einzustellen (Art. 110 GG, § 26 BHO).

Bruttoprinzip §§ 15 Abs. 1, 35 Abs. 1 BHO	Die Einnahmen und Ausgaben sind in voller Höhe und getrennt voneinander – zu veranschlagen – und zu buchen.	**Nettoveranschlagung und Nettonachweis** – **geboren** (= durch Gesetz: § 15 Abs. 1 BHO): nur Kredite – **gekoren** (HG oder Haushaltsvermerk) – § 6 Abs. 1, 2, 6 HG 2017 – § 13 Abs. 1, 2 HG 2017 – Rückeinnahmevermerke
Haushaltsausgleich Art. 110 Abs. 1 S. 2 GG Art. 109 Abs. 2 und Art. 115 GG	Der Haushaltsplan ist in Einnahmen und Ausgaben auszugleichen (formaler Ausgleich über Kredite) Materieller Ausgleich nach Schuldenregel für Bund und Länder.	**Keine**
Haushaltswahrheit und Haushaltsklarheit	Alle Einnahmen und Ausgaben sind mit der größten Genauigkeit zu errechnen und zu schätzen; es dürfen keine Sachverhalte verschleiert werden (Wahrheit). Der Haushaltsplan ist übersichtlich zu gliedern (Klarheit).	**Keine**
Öffentlichkeit §§ 1 S. 2, 10 Abs. 2, 37 Abs. 4, 97 BHO	Das Budgetleben soll in allen Phasen des Haushaltskreislaufs in seinen wesentlichen Punkten der Allgemeinheit zugänglich sein.	**Geheime Fonds** (BND, MAD, Verfassungsschutz) §§ 10a, 97 Abs. 4 BHO und § 19 BRHG

F. Der Haushaltskreislauf

I. Überblick

Der Haushaltsplan als Grundlage für die Haushalts- und Wirtschaftsführung   **472**
erfährt in seinem „Leben" einen Ablauf, der – in vier Phasen eingeteilt – als
Haushaltskreislauf bezeichnet wird. Jeder Haushaltskreislauf beginnt mit dem
Aufstellungsverfahren zu einem bestimmten Zeitpunkt, unabhängig davon, ob
ein früherer Haushaltskreislauf abgeschlossen ist.

Der Haushaltskreislauf orientiert sich ähnlich wie der Controlling-Kreislauf am   **473**
Entscheidungsprozess, wobei die entscheidende Management-Ebene hier das
Parlament darstellt. Im Rahmen seiner Budgethoheit entscheidet das Parlament
über die Verteilung der Mittel und kontrolliert deren zweckentsprechende Verwendung. Im Haushaltskreislauf werden die Planungsphase (Aufstellung des
Plans), die Entscheidungsphase (Feststellung des Plans), die Phase der Ausführung des Plans und die Phase der Kontrolle des Plans unterschieden. Diese Phasen geben nicht unbedingt eine zeitliche Abfolge wieder; so wird die Kontrollin-
stanz Bundesrechnungshof etwa bereits bei der Aufstellung und Feststellung des
Haushaltsplans eingebunden und die Rechnungskontrolle setzt – möglichst zeitnah – bereits in der Ausführungshase an.

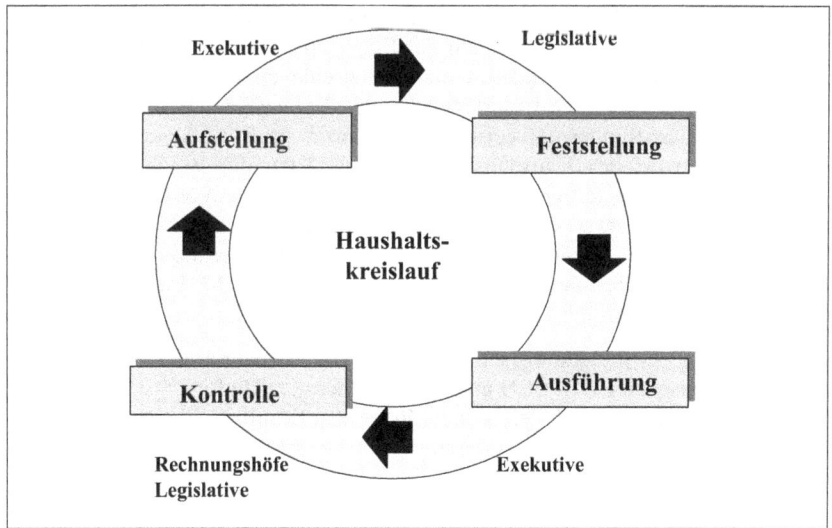

Abbildung 65: Der Haushaltskreislauf

474   Die **Phasen** des Haushaltskreislaufs sind durch die unterschiedlichen Rollen von
      Exekutive und Legislative gekennzeichnet. Die **Bundesregierung** stellt den
      Haushaltsplan nach ihren politischen und strategischen Zielen auf, operativ
      unterstützt durch die gesamte Bundesverwaltung. Das **Parlament** diskutiert,
      ändert und beschließt ihn in einem auch in der Öffentlichkeit viel beachteten
      Gesetzgebungsverfahren. Der vom Bundestag als Anlage zum Haushaltsgesetz
      beschlossene Haushaltsplan wird dann unter Koordination des Bundesministers
      der Finanzen dezentral in den einzelnen Ressorts durch die **Bundesbehörden**
      ausgeführt. Bereits während der Ausführung des Plans setzt der **Bundesrech-
      nungshof** mit der Prüfung der Wirtschaftlichkeit und Ordnungsmäßigkeit ein; ist
      der Plan ausgeführt, erfolgt die Rechnungsprüfung. Der Bundesrechnungshof
      unterstützt damit sowohl die Bundesregierung als auch das Parlament.[104] Beendet
      wird der Haushaltskreislauf durch den Entlastungsbeschluss von **Bundestag und
      Bundesrat.**

      Die folgende Darstellung wird sich an den Phasen des Haushaltskreislaufs orien-
      tieren.

II. Die Aufstellung des Bundeshaushaltsplans

1. Der Eckwertebeschluss der Bundesregierung

475   Nach § 27 Abs. 1 BHO sind die Voranschläge von der für den Einzelplan zustän-
      digen Stelle dem Bundesministerium der Finanzen zu dem von ihm zu bestim-
      menden Zeitpunkt zu übersenden. Unter Voranschlägen sind die Unterlagen für
      die Finanzplanung und die Unterlagen für den Entwurf des Haushaltsplans zu
      verstehen.[105] Das Bundesministerium der Finanzen prüft die Voranschläge und
      stellt den Entwurf des Haushaltsplans auf. Es kann die Voranschläge nach
      Benehmen mit den beteiligten Stellen ändern.[106] Aus dem Wortlaut dieser Vor-
      schriften der BHO ergibt sich ein von den mittelbewirtschaftenden Stellen bis
      zum Bundesministerium der Finanzen und der Bundesregierung von unten nach
      oben verlaufendes Verfahren. Dieses Verfahren ist in der 17. Legislaturperiode
      des Deutschen Bundestages erheblich geändert worden.

476   Zur Einhaltung der im Grundgesetz verankerten Schuldenbremse sah der Koaliti-
      onsvertrag zwischen CDU, CSU und FDP vor, dass „zukünftig … wichtige **Eck-
      werte des Haushalts** vorab verbindlich **durch das Bundeskabinett vorgegeben**
      und damit zur Grundlage für das regierungsinterne Aufstellungsverfahren in den

---

104   § 1 des Gesetzes über den Bundesrechnungshof (Bundesrechnungshofgesetz – BRHG)
      vom 11.7.1985 (BGBl. 1 S. 1445).
105   Definition siehe § 9 Abs. 2 BHO.
106   § 27 Abs. 1 BHO.

Einzelplänen gemacht (werden)."[107] Der Kabinettsbeschluss vom 7.7.2010 konkretisiert das Verfahren wie folgt: „Das regierungsinterne Verfahren zur Haushaltsaufstellung des Bundeshaushalts 2012 und des Finanzplans des Bundes 2011 bis 2015 erfolgt im Rahmen eines Top-Down-Verfahrens. Hierzu wird das Bundeskabinett bis spätestens Mitte März ... auf Vorschlag des Bundesministeriums der Finanzen Eckwerte beschließen, die die Einhaltung der verfassungsrechtlichen Schuldenregel sicherstellen und die verbindliche Grundlage für die weitere Haushaltsaufstellung in den Einzelplänen sind. Mit dieser Maßgabe erfolgt im Anschluss das übliche regierungsinterne Aufstellungsverfahren mit den Haushaltsanmeldungen der Ressorts, das mit dem Beschluss des Bundeskabinetts über den Bundeshaushalt und den Finanzplan seinen Abschluss findet."

Das Verfahren beginnt in der Regel gegen Ende des Vorvorjahres mit der **Mittel-** **477**
fristschätzung für das Planungsjahr und die Finanzplanungsjahre. Grundlagen der Mittelfristschätzung sind
1. der geltende Finanzplan,
2. eine aktualisierten Einschätzung der mittelfristigen gesamtwirtschaftlichen Entwicklung auf der Basis des im Januar vorzulegenden Jahreswirtschaftsberichtes der Bundesregierung sowie einer darauf aufbauenden internen Steuerschätzung des Bundesministeriums der Finanzen,
3. die Schuldengrenze sowie
4. weitere – beispielsweise durch einen Koalitionsvertrag oder durch Kabinettbeschlüsse definierte – politischer Zielvorgaben.

Danach holt das Bundesministerium der Finanzen die für den **Eckwertebeschluss** **478**
der Bundesregierung erforderlichen Informationen bei den Ressorts ein. Bis Ende Januar des Vorjahres erstellt das Bundesministerium der Finanzen den 1. Entwurf eines Eckwertebeschlusses. Dieser enthält die Einnahme- und Ausgabeplafonds der einzelnen Einzelpläne sowie weitere bedeutsame Einzelpositionen (Eckwerte), die dann zur Vorbereitung des entsprechenden Kabinettbeschlusses zur Diskussion und Abstimmung gestellt und im Anschluss (in der Regel im März) in einer Kabinettsitzung der Bundesregierung beschlossen werden.

Danach erfolgt die regierungsinterne Abstimmung der **Haushaltseckwerte** mit **478a**
dem Ziel, einen Konsens im Kabinett über die politische Schwerpunktsetzung im neuen Haushalt und Finanzplan herbeiführen. Die Beteiligung der übrigen Ressorts wird seit 2014 durch eine Klausursitzung auf Staatssekretärsebene eingeleitet. Dort werden die finanzwirtschaftliche Ausgangslage und die sich daraus ergebenden haushaltswirtschaftlichen Rahmenbedingungen vorgestellt und erörtert. Der Kabinettsbeschluss über die Einzelplanplafonds auf der Basis des geltenden Finanzplans und andere wesentliche EckwerteIn erfolgt in der Regel im März des Vorjahres. Der Eckwertebeschluss enthält regelmäßig den Vorbehalt, dass die in ihm enthaltenen von der konjunkturellen Entwicklung abhängigen

---

107 Koalitionsvertrag zwischen CDU, CSU und FDP, 17. Legislaturperiode, S. 20,

Ansätze auf der Grundlage der Frühjahrsprojektion der Bundesregierung sowie
der Ergebnisse des unabhängigen Arbeitskreises Steuerschätzung angepasst werden.

2. Die Aufstellung des Haushalts bei den einzelplanbewirtschaftenden Stellen

479   Parallel zur Vorbereitung des Eckwertebeschlusses im Bundesministerium der
      Finanzen und zur regierungsinternen Abstimmung der Haushaltseckwerte wer-
      den in den einzelnen Ressorts die Voranschläge[108] für die Einzelpläne erstellt.
      Die verbindliche Vorgabe für dieses Verfahren erfolgt durch das in der Regel
      Ende November/Anfang Dezember vom Bundesministerium der Finanzen an die
      obersten Bundesbehörden versandte Haushaltsaufstellungsrundschreiben. Es
      beinhaltet grundsätzliche Hinweise zum vorgesehenen Ablauf des gesamten
      regierungsinternen Aufstellungsverfahrens, einen ersten Terminplan sowie eine
      Vielzahl vorwiegend haushaltstechnischer Vorgaben. Im Rahmen der durch den
      Eckwertebeschluss festgelegten Einzelplanplafonds sowie der dort getroffenen
      weiteren verbindlichen Festlegungen zu Einzelpositionen können die Ressorts
      grundsätzlich eigene Prioritäten setzen und die Ansätze ihres jeweiligen Einzel-
      plans entsprechend gestalten.

480   In jeder Bundesbehörde fordert die oder der Beauftragte für den Haushalt die
      Titelverwalterinnen und Titelverwalter durch Hausverfügung zur Abgabe der
      Beiträge zum Voranschlag der Behörde auf. Die Verwaltungseinnahmen sind
      von den Titelverwalterinnen und Titelverwaltern unter Berücksichtigung der Ist-
      Einnahmen des Vorvorjahres und der voraussehbaren Entwicklung zu ermitteln.
      Bei den Ausgaben sind die Einzelansätze der Haushaltsvoranschläge auf der
      Basis der Vorjahresansätze nach dem voraussichtlichen kassenmäßigen Bedarf
      festzustellen. Es gilt der Haushaltsgrundsatz der Haushaltswahrheit, d. h., Ansät-
      ze dürfen nicht allgemein geschätzt, sondern müssen in jedem Einzelfall mög-
      lichst exakt und mit genauer Begründung nachvollziehbar ermittelt werden. Die
      Geldansätze sind bei Einnahmen und Ausgaben sowie bei den Jahresbeträgen der
      Verpflichtungsermächtigungen auf volle 1000 € zu runden.

481   Die **Beauftragten für den Haushalt** prüfen die Beiträge der Titelverwalter und
      leiten den Voranschlag der Behörde zu dem gesetzten Termin an die nächsthöhe-
      re Behörde. Soweit Kapitel Behörden zum Gegenstand haben, sind in den Vorbe-
      merkungen zu den Kapiteln die Rechtsgrundlagen für die Errichtung sowie Auf-
      bau und Aufgaben der jeweiligen Behörden in den Grundzügen darzustellen. Auf
      politisch bedeutsame Änderungen gegenüber den Vorjahren ist hinzuweisen.

---

108   Der Begriff „Voranschläge" ist in § 9 Abs. 2 BHO wie folgt definiert: „Unterlagen für
      die Finanzplanung und Unterlagen für den Entwurf des Haushaltsplans" s. FN 105.

Die in § 27 Abs. 3 BHO genannten Bundesorgane unterliegen nicht dem Eckwer-   **482**
tebeschluss. Es handelt sich um den Bundespräsidenten sowie die Präsidenten
des Bundestages, Bundesrates, des Bundesverfassungsgerichts und des Bundesrechnungshofes.

Zuständig für die Aufstellung der Voranschläge für die Einzelpläne 32 – Bundesschuld – und 60 – Allgemeine Finanzverwaltung – ist das Bundesministerium
der Finanzen.

Die von den einzelplanbewirtschaftenden Stellen erstellten Voranschläge für die   **483**
Einzelpläne werden dem Bundesministerium der Finanzen übersandt und dort
auf inhaltliche Plausibilität, Einhaltung der Vorgaben des Eckwertebeschlusses
und ggf. auf durch den Eckwertebeschluss zugelassene Ausnahmen geprüft[109].
Ein weiteres Exemplar der Voranschläge übersendet die für den Einzelplan
zuständige Stelle dem Bundesrechnungshof, der hierzu Stellung nehmen kann[110].

Wenn sich die Anmeldungen der Ressorts an den Plafond des Eckwertebeschlus-   **484**
ses der Bundesregierung und evtl. vorgenommener Anpassungen dieses
Beschlusses halten und auch darüber hinaus plausibel sind, wird das Bundesministerium der Finanzen keinen Änderungsbedarf sehen. Das BMF kann jedoch
die Voranschläge „nach Benehmen mit den beteiligten Stellen"[111] ändern. Die
notwendige Korrektur und Anpassung der Voranschläge zu den Einzelplänen
geschieht zunächst innerhalb des Bundesministeriums der Finanzen in den zur
Haushaltsabteilung gehörenden „**Spiegelreferaten**". Für jeden Einzelplan
besteht ein solches Referat, das sich speziell mit den Einzelheiten dieses Einzelplans befasst. Das nach § 28 Abs. 1 Satz 2 BHO erforderliche „**Benehmen**" mit
dem Fachministerium wird im Rahmen von Haushaltsverhandlungen auf verschiedenen Hierarchieebenen – Referatsleiterebene, Abteilungsleiterebene,
Chefebene – hergestellt. Dabei wird versucht, verbleibende Streitpunkte auf der
jeweils höheren Ebene auszuräumen. Gelingt dies auch auf Chefebene nicht,
muss auf Antrag der Fachministerin oder des Fachministers die Bundesregierung
entscheiden.[112] Seitdem das **Top-Down-Verfahren** stattfindet, finden diese
Haushalts- und Streitpunktverhandlungen noch in folgenden Fällen statt:
1. bei den Einzelplänen der nicht dem Eckwerteverfahren unterliegenden Orga-
   nen nach § 28 Absatz 3 BHO,
2. bei allen Einzelplänen hinsichtlich des nicht vom Eckwerteverfahren umfass-
   ten Personalhaushalts,
3. wenn Voranschläge nicht mit den Eckwerten übereinstimmen oder sich zwar
   im Rahmen der Eckwerte bewegen, aber aus Sicht des Bundesministeriums
   der Finanzen gleichwohl Erörterungsbedarf besteht.

---

109   § 28 Absatz 1 BHO.
110   § 27 Absatz 2 BHO.
111   § 28 Abs. 1 Satz 2 BHO.
112   § 28 Abs. 2 Satz 1 BHO.

Abweichungen von den Voranschlägen des Bundespräsidenten und der Präsidenten des Bundestages, des Bundesrates, des Bundesverfassungsgerichts und des
Bundesrechnungshofes sind vom Bundesministerium der Finanzen der Bundesregierung mitzuteilen, soweit den Änderungen nicht zugestimmt worden ist[113].

485   Da das „ins Benehmen Setzen" nach § 28 Abs. 1 Satz 2 BHO eine schwache
Form der Beteiligung ist, hat bis zuletzt das **Finanzministerium** eine stärkere
Position. Nach einem kontroversen Ergebnis der Verhandlungen bleibt es bei der
Entscheidung des Bundesministeriums der Finanzen. Entsprechend Art. 65
Satz 3 GG hat nach § 28 Abs. 2 BHO der Fachminister die Möglichkeit, bei
Angelegenheiten von grundsätzlicher oder erheblicher finanzieller Bedeutung die
Entscheidung der Bundesregierung einzuholen. Fällt diese mit einfacher Mehr-
heit zu treffende Entscheidung der Bundesregierung gegen den Bundesminister
der Finanzen aus, hat dieser – als einziger Minister im Bundeskabinett – die
Möglichkeit des **Widerspruchs gegen die Kabinettsentscheidung**. Der Widerspruch des BMF führt zu einer erneuten Abstimmung in der Bundesregierung. In
dieser Abstimmung kann sich der Fachminister nur durchsetzen, wenn er die
Mehrheit der Minister auf seiner Seite hat und sich die Stimme der Bundeskanzlerin oder des Bundeskanzlers bei dieser Mehrheit befindet.[114]

3. Kabinettsbeschluss über den Entwurf des Haushaltsplans

486   Der Kabinettsbeschluss über den Entwurf des Haushaltsgesetzes und -plans bildet den förmlichen Abschluss der Aufstellungsphase des Haushaltskreislaufs.
Zusammen mit dem Haushaltsentwurf für das kommende Jahr verabschiedet das
Kabinett auch den **Finanzplan**, dessen Planungszeitraum im laufenden Jahr
beginnt. Auch während der Beschlussfassung der Bundesregierung über den
Haushaltsentwurf für das kommende Jahr kann es wegen Angelegenheiten von
grundsätzlicher oder erheblicher finanzieller Bedeutung auf Antrag eines Ressortministers zu einer Entscheidung über Änderungen durch den Bundesminister
der Finanzen kommen. Das Verfahren (nach § 29 Abs. 2 BHO) entspricht dem
bei den Haushalts- und Streitpunktverhandlungen nach § 28 Abs. 2 BHO.

487   Die Aufstellung des **Bundeshaushalts** erfolgt – nach verbindlicher Vorgabe von
Eckwerten durch die Bundesregierung – durch die Ressorts sowie den Bundespräsidenten und die Präsidenten des Bundestages, Bundesrates, Bundesverfassungsgerichts und Bundesrechnungshofes. Das Bundesministerium der Finanzen kann nach
Benehmen mit den einzelplanbewirtschaftenden Stellen einen Voranschlag zum Einzelplan ändern. In Streitfällen zwischen einem Ressort und dem Bundesministerium
der Finanzen liegt auf Betreiben der Ressortministerin oder des Ressortministers die

---

113   § 28 Abs. 3 BHO.
114   § 26 GO-BReg.

Entscheidung bei der Bundesregierung. Abweichungen von den Voranschlägen des Bundespräsidenten und der Präsidenten des Bundestages, des Bundesrates, des Bundesverfassungsgerichts und des Bundesrechnungshofes sind vom Bundesministerium der Finanzen der Bundesregierung mitzuteilen, soweit den Änderungen nicht zugestimmt worden ist. Der vom Bundesministerium der Finanzen aufgestellte Entwurf des Haushaltsgesetzes und des Haushaltsplans wird von der Bundesregierung beschlossen.

III. Die Feststellung des Haushaltsplans

1. Die Besonderheiten des Haushaltsgesetzgebungsverfahrens

Das Haushaltsgesetz ist ein **Einspruchsgesetz**. Das heißt, der Bundesrat hat die Möglichkeit, nach Durchführung des Vermittlungsverfahrens gegen ein vom Bundestage beschlossenes Gesetz binnen zwei Wochen Einspruch einzulegen.[115] Anders als beim zustimmungspflichtigen Gesetz kann dieser Einspruch durch Beschluss einer entsprechenden Mehrheit der Mitglieder des Bundestages zurückgewiesen werden.[116]   **488**

Von dem üblichen Gesetzgebungsverfahren weicht das **Haushaltsgesetzgebungsverfahren** jedoch in drei Punkten ab.   **489**

* Das Recht, den Entwurf des Haushaltsgesetzes und des Haushaltsplans in das Gesetzgebungsverfahren einzubringen – das **Gesetzesinitiativrecht** –, hat beim Haushaltsgesetzgebungsverfahren nur die Bundesregierung. Beim üblichen Gesetzgebungsverfahren des Bundes können Gesetzesvorlagen auch aus der Mitte des Bundestages und durch den Bundesrat eingebracht werden.[117] Die Besonderheit des Haushaltsgesetzgebungsverfahrens wird hergeleitet aus Art. 110 Abs. 3 („Die Gesetzesvorlage nach Absatz 2 Satz 1 sowie Vorlagen zur Änderung des Haushaltsgesetzes und des Haushaltsplanes **werden gleichzeitig mit der Zuleitung an den Bundesrat beim Bundestage eingebracht.**") (Wer außer dem dritten verfassungsmäßig in Frage kommenden Organ sollte dies tun?) und 113 Abs. 1 S. 1 GG („Gesetze, welche die **von der Bundesregierung vorgeschlagenen** Ausgaben des Haushaltsplanes erhöhen oder neue Ausgaben in sich schließen …). Der Grund ist darin zu suchen, dass nur die Bundesregierung mit ihrem Verwaltungsapparat einen vollständigen Haushaltsplan sicherstellen kann, der alle Einnahmen und Ausgaben sämtlicher Bundesbehörden beinhaltet. Außerdem ist die Bundesregierung das Organ, dass – unterstützt durch die Parlamentsmehrheit – das im   **490**

115   Art. 77 Abs. 3 GG.
116   Art. 77 Abs. 4 GG.
117   Art. 76 Abs. 1 GG.

Haushaltsplan zum Ausdruck kommende politische Programm für die Legislaturperiode bestimmt.

Das Bundesverfassungsgericht hat in seiner Entscheidung vom 14. Januar 1986 – 2 BvE 14/83 und 4/84 –[118] festgestellt: „Der Bundestag kann auch nicht von sich aus eine Erhöhung der Titelsumme über den Weg eines Nachtragshaushalts beschließen, da dieser dem Einbringungsmonopol der Bundesregierung nach Art. 110 Abs. 3 GG unterfällt".

491 • Die Entwürfe des Haushaltsgesetzes und des Haushaltsplans werden gleichzeitig mit der Zuleitung an den Bundesrat beim Bundestag eingebracht.[119] Ansonsten sind Vorlagen der Bundesregierung zunächst dem Bundesrat zuzuleiten und erst nach dessen Stellungnahme dem Bundestag.[120] Mit der gleichzeitigen Zuleitung und dem anschließenden parallel im Bundestag und im Bundesrat ablaufenden Gesetzgebungsverfahren soll eine Beschleunigung im Interesse des Haushaltsgrundsatzes der Vorherigkeit erreicht werden.

492 • Nach Art. 82 Abs. 1 GG werden die nach den Vorschriften des GG zustande gekommenen Gesetze im Bundesgesetzblatt verkündet. Diese **Veröffentlichungspflicht** gilt für Gesetze mit allen Anlagen. Im Haushaltsgesetzgebungsverfahren wird jedoch zusammen mit dem Haushaltsgesetz **nur der Gesamtplan**, nicht auch die Einzelpläne verkündet. Die Verkündung der Einzelpläne würde zu einer übermäßigen Belastung des Bundesgesetzblattes (Teil I) führen. Im Übrigen ist der Verkündungspflicht des Grundgesetzes dadurch genügt, dass Haushaltsgesetz und Gesamtplan auf die Einzelpläne verweisen und die Einzelpläne auch ohne Veröffentlichung im BGBl. I der Öffentlichkeit zugänglich sind.[121]

2. Das Haushaltsgesetzgebungsverfahren

493 Das Haushaltsgesetzgebungsverfahren beginnt mit der Einbringung des **Entwurfs des Haushaltsgesetzes und des Haushaltsplans** beim Bundestag und der gleichzeitigen Zuleitung der Entwürfe an den Bundesrat[122] durch die Bundesregierung, die das alleinige Gesetzesinitiativrecht im Haushaltsverfahren hat. Die Zuleitung an den Bundesrat und die Einbringung beim Bundestag soll in der Regel spätestens in der ersten Sitzungswoche des Bundestages nach dem 1. September erfolgen.[123] Mit dem Haushaltsentwurf werden Bundestag und Bundesrat auch der Finanzplan des Bundes, der Finanzbericht sowie alle zwei Jahre der Subventionsbericht vorgelegt.

---

118 BVerfGE 70, 324.
119 Art. 110 Abs. 3 GG.
120 Art. 76 Abs. 2 GG.
121 Vgl. dazu im Einzelnen BVerfGE 20, 90.
122 Art. 110 Abs. 2 GG.
123 § 30 BHO.

Während sich bereits – eingeleitet durch die erste Lesung mit der Etatrede des **494** Bundesministers der Finanzen – der Bundestag mit dem Haushaltsentwurf befasst, hat der **Bundesrat** zunächst das Recht zur Stellungnahme. Hierzu hat er eine Frist von sechs Wochen.[124] Die Stellungnahme des Bundesrats wird von der Bundesregierung mit einer Gegenäußerung versehen und an den Bundestag weitergeleitet. Dort muss sie noch vor der zweiten Lesung in die Beratungen des Haushaltsausschusses einfließen.

Im Deutschen Bundestag wird der Entwurf des Haushaltsgesetzes und des Haushaltsplans – wie auch bei anderen Gesetzen üblich – in **drei Lesungen** beraten.

Die **erste Lesung** beginnt mit der Etatrede des Bundesfinanzministers, an die **495** sich eine durch die finanzpolitischen Sprecher der Bundestagsfraktionen eingeleitete Debatte anschließt. Hierfür werden im Allgemeinen drei bis vier Tage benötigt.

Im Anschluss an die erste Lesung befasst sich der **Haushaltsausschuss des** **496** **Deutschen Bundestages** in der Regel von Ende September bis Mitte November in einer Vielzahl von Sitzungsterminen mit dem Haushaltsentwurf.[125] Der Haushaltsausschuss ist ein ständiger Ausschuss des Bundestages, dessen Zusammensetzung aus den Fraktionen den Stärkeverhältnissen im Plenum des Bundestages entspricht. Mit 41 Mitgliedern ist er der größte aller 22 ständigen Ausschüsse des Deutschen Bundestags. Der Vorsitz liegt traditionell bei der Opposition. Im Haushaltsausschuss wird jeder Einzelplan durch ein Gremium von jeweils mehreren Ausschussmitgliedern aus allen Fraktionen – den sogenannten Berichterstattern bzw. Mitberichterstattern – in sogenannten Berichterstattergesprächen mit Vertretern der betroffenen obersten Bundesbehörde, des Bundesministeriums der Finanzen und des Bundesrechnungshofs besprochen. Die im Rahmen dieser Gespräche von den Berichterstattern vorgetragenen Änderungswünsche zu einzelnen Titeln (Berichterstattervorschläge) bilden die Grundlage für die Beratungen des Haushaltsausschusses. In die Beratungen des Haushaltsausschusses fließen auch die Stellungnahmen der mitberatenden Fachausschüsse des Deutschen Bundestages sowie die vom Bundesrat beschlossene Stellungnahme ein. Offene Punkte werden im Haushaltsausschuss bis zur so genannten „Bereinigungssitzung" zurückgestellt. Im Rahmen dieser Sitzung werden auch die im Haushaltsplan zu veranschlagenden Steuereinnahmen aufgrund der Schätzergebnisse der Herbstsitzung des Arbeitskreises „Steuerschätzung" und die Ansätze der von der gesamtwirtschaftlichen Entwicklung abhängenden Ausgaben auf der Grundlage der Herbstprojektion der Bundesregierung angepasst. Mit der Bereinigungssitzung werden – im Allgemeinen im November – die Beratung des Haushaltsentwurfs im Haushaltsausschuss abgeschlossen. Nicht selten werden bis zu 50 % aller Titel des Haushaltsentwurfs im Haushaltsausschuss geändert. Die Sitzungen

---

124 Art. 110 Abs. 3 GG.
125 Zu den Mitgliedern und Tagesordnungen des Haushaltsausschusses: http://www.bundestag.de/bundestag/ausschuesse17/a08/index.jsp, Stand 03/2017.

des Haushaltsausschusses sind nicht öffentlich, was der Sachlichkeit bei der Beratung des Haushaltsentwurfs über Fraktionsgrenzen hinweg durchaus dient.

497 Nach der Prüfung durch den Haushaltsausschuss kann die **zweite Lesung** stattfinden. Allerdings muss hierzu bereits die Stellungnahme des Bundesrats vorliegen oder es müssen mindestens sechs Wochen (Frist für die Stellungnahme) nach Art. 110 Abs. 3 GG seit der Einbringung vergangen sein. In der zweiten Lesung stellt jeder Berichterstatter des Haushaltsausschusses den von ihm verantwortlich geänderten Einzelplan dem Plenum des Bundestages vor. Danach wird über jeden Einzelplan debattiert und abgestimmt. Es ist Parlamentstradition, dass dabei eine sogenannte „Generalabrechnung" der Opposition mit der Bundesregierung anhand des Einzelplans 04 (Bundeskanzlerin und Bundeskanzleramt) stattfindet. Insgesamt dauert die zweite Lesung drei bis vier Tage.

498 In der sich unmittelbar anschließenden **dritten Lesung** findet nach einer kurzen Aussprache die Schlussabstimmung über das Haushaltsgesetz und den Haushaltsplan statt. Nach der Schlussabstimmung leitet der Präsident des Bundestages dem Bundesrat den Beschluss des Bundestages zu.

499 Ist der **Bundesrat** mit dem vom Bundestag verabschiedeten Haushaltsentwurf einverstanden, kann der Beschluss des Bundestages an die Bundeskanzlerin und den Bundeminister der Finanzen zur Gegenzeichnung und an den Bundespräsidenten zur Ausfertigung weitergeleitet werden. Hat der Bundesrat jedoch Einwendungen gegen den Haushaltsbeschluss, kann er zunächst die Einberufung des Vermittlungsausschusses verlangen.

500 Der **Vermittlungsausschuss** ist ein aus 16 Abgeordneten des Bundestages und 16 Vertretern des Bundesrates bestehendes Gremium mit der Aufgabe, einen Kompromissvorschlag auszuarbeiten, der in beiden Häusern eine Mehrheit finden kann.[126] Die in den Vermittlungsausschuss entsandten Vertreter des Bundesrates sind an Weisungen nicht gebunden.[127]

Über den Vermittlungsvorschlag des Vermittlungsausschusses muss der Bundestag erneut Beschluss fassen. Jetzt hat der Bundesrat die Möglichkeit, gegen den Beschluss des Bundestages Einspruch zu erheben.

501 Ein Einspruch des **Bundesrates** führt aber nicht unbedingt zum Scheitern des Gesetzes. Der Bundestag kann den Einspruch vielmehr zurückweisen. Wird der Einspruch mit der Mehrheit der Stimmen des Bundesrates beschlossen, so bedarf es zur Zurückweisung durch den Bundestag eines Beschlusses der Mehrheit der gesetzlichen Mitglieder des Bundestages. Ist der Einspruch gar mit der Mehrheit von mindestens zwei Dritteln der Stimmen des Bundesrates beschlossen worden, so bedarf es zur Zurückweisung durch den Bundestag einer **doppelt qualifizier-**

---

126 Zum Vermittlungsausschuss s. http://www.bundestag.de/bundestag/ausschuesse17/vermittlung, Stand 03/2017.
127 Art. 77 Abs. 2 Satz 3 GG.

ten Mehrheit, nämlich einer 2/3-Mehrheit (bezogen auf die Anwesenden), mindestens jedoch der Mehrheit der Mitglieder des Bundestages (gesetzliche Mitgliederzahl).[128]

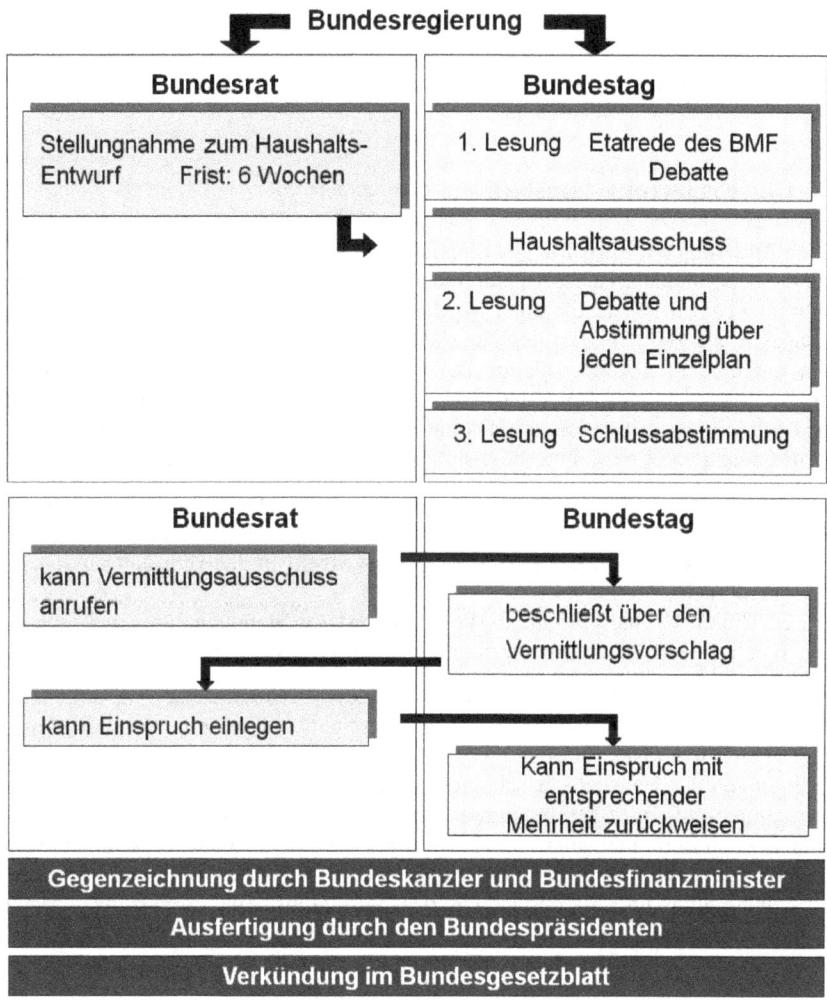

Abbildung 66: Haushaltsgesetzgebungsverfahren

Damit ist das **Gesetz zustande gekommen**. Es muss noch von der Bundeskanzlerin und vom Bundesfinanzminister gegengezeichnet werden, womit der Bun- **502**

---

128   Art. 77 Abs. 4 GG.

desfinanzminister die fachliche und die Bundeskanzlerin die politische Verantwortung gegenüber dem Bundespräsidenten übernehmen. Dieser fertigt das
Gesetz aus, d. h., er überprüft es auf seine Vereinbarkeit mit der Verfassung.
Nach der Gegenzeichnung und Ausfertigung wird das Haushaltsgesetz und der
Gesamtplan im Bundesgesetzblatt Teil I veröffentlicht. Wegen ihres Umfangs
werden die Einzelpläne nicht im Bundesgesetzblatt veröffentlicht, stehen aber
der Öffentlichkeit ebenfalls zur Verfügung.[129]

3. Der Ergänzungshaushalt

503   Eine Änderung der Entwürfe des Haushaltsgesetzes und des Haushaltsplans während der parlamentarischen Behandlung ist unter Anwendung der gleichen Ver-
fahrensregeln möglich, die auch für die Entwürfe selbst gelten.[130] Eine Ergänzungsvorlage zum Entwurf des Haushaltsgesetzes und des Haushaltsplans kann
nur eingebracht werden, solange der Bundestag seine Beratungen noch nicht
abgeschlossen hat, also spätestens bis zur Beschlussfassung über Haushaltsgesetz
und -plan in der dritten Lesung. Da die Ergänzungsvorlage in den Haushaltsentwurf eingearbeitet wird, unterliegt sie grundsätzlich nicht dem Ausgleichsgebot.

504   Zusätzlich zu den Besonderheiten des Haushaltsgesetzgebungsverfahrens gilt:
• Die Ergänzungsvorlage wird von der Bundesregierung über den Präsidenten
  des Deutschen Bundestages grundsätzlich **direkt** in den Haushaltsausschuss
  eingebracht,[131]
• der Bundesrat hat nur eine **3-Wochen-Frist** zur Stellungnahme, nicht die 6-
  Wochen-Frist wie beim ursprünglichen Haushaltsentwurf.[132]

505   Anstelle einer förmlichen Ergänzungsvorlage der Bundesregierung sind sog.
„Nachschiebelisten" eine gebräuchliche Erscheinung, um eine Aktualisierung
der Haushaltsvorlage infolge zwischenzeitlicher Entwicklungen während der
Beratungen des Haushaltsausschusses des Bundestages zu veranlassen. Im Einvernehmen mit dem BMF regen die Bundesministerien jeweils für ihren Einzelplan bei den Berichterstattern im Haushaltsausschuss des Bundestages bestimmte
Initiativen zur Korrektur der Regierungsvorlage an. Dieses Verfahren dient der
Beschleunigung und Vereinfachung des Verfahrens, eine Ergänzungsvorlage
kann vermieden werden.

---

129 Fundstelle für alle Bundeshaushaltspläne ab 2005 im Internet: https://www.
     bundeshaushalt-info.de/download.html.
130 § 32 BHO.
131 § 95 Abs. 1 GO-BT.
132 Art. 110 Abs. 3 GG.

4. Der Nachtragshaushalt

Ist der Haushaltsplan bereits durch das Haushaltsgesetz festgestellt, so sind erfor-   **506**
derliche Änderungen durch einen Nachtragshaushaltsplan vorzunehmen. Ziel des
Nachtragshaushalts ist es, zur **Deckung eines nachträglichen Mehrbedarfs**
eine parlamentarische Bewilligung einzuholen. Es handelt sich um ein neues
Gesetzgebungsverfahren mit den Besonderheiten des Haushaltsgesetzgebungsverfahrens. Hierdurch wird insbesondere den Haushaltsgrundsätzen der Ausgeglichenheit und der Vollständigkeit Rechnung getragen. Der Nachtragshaushalt
ist in Einnahme und Ausgabe auszugleichen. Die Besonderheiten des Haushaltsgesetzgebungsverfahrens gelten auch für den Nachtragshaushalt.[133]

Zusätzlich gilt: **507**
* wie bei der Ergänzungsvorlage hat auch beim Nachtragshaushalt der Bundesrat nur eine **3-Wochen-Frist** zur Stellungnahme, nicht die 6-Wochen-Frist
  wie beim ursprünglichen Haushaltsentwurf,[134]
* Nachtragshaushaltsvorlagen können ohne erste Beratung in den Haushaltsausschuss eingebracht werden und in **nur einer Beratung** abschließend
  behandelt werden.[135]

Gem. § 33 BHO ist der Entwurf eines Nachtragshaushalts bis zum Ende des   **508**
Haushaltsjahres einzubringen. In der Praxis heißt das, dass wegen des Zeitbe-
darfs von 2 bis 3 Monaten für den Nachtragshaushalt die Einbringung nur bis
etwa Ende Oktober erfolgen kann.

Das Haushaltsgesetzgebungsverfahren ist ein **Einspruchsgesetzgebungsverfahren**,
das sich in drei Punkten von dem „normalen" Gesetzgebungsverfahren unterscheidet:
* Die Bundesregierung hat das alleinige Gesetzesinitiativrecht.
* Der Entwurf des Haushaltsgesetzes und Haushaltsplans werden gleichzeitig mit
  der Zuleitung an den Bundesrat beim Bundestag eingebracht und
* im Bundesgesetzblatt Teil I werden nur das **Haushaltsgesetz** und der **Gesamtplan**, nicht die Einzelpläne, verkündet.

IV. Die Ausführung des Bundeshaushaltsplans

Die Ausführung des Haushaltsplans besteht in der **Bewirtschaftung der Haus-**   **509**
haltsmittel. Haushaltsmittel sind
* Einnahmen,
* Ausgaben,

---

133   § 33 BHO.
134   Art. 110 Abs. 3 GG.
135   § 95 Abs. 1 GO-BT.

- Verpflichtungsermächtigungen sowie
- Planstellen und Stellen.[136]

510   Die Bewirtschaftung erfolgt **dezentral**, d. h., in den Bundesministerien und deren nachgeordneten Behörden. Eine institutionell orientierte Darstellung der Haushaltsausführung konzentriert sich auf die Frage, wer in den Bundesbehörden für die Bewirtschaftung zuständig ist und untersucht das Zusammenspiel der Beteiligten. Eine eher am Prozess der Ausführung orientierte Betrachtung fragt nach dem Ablauf der Tätigkeiten bei der Bewirtschaftung. Wir werden im Folgenden beide Aspekte betrachten und einen Schwerpunkt auf die Buchführung legen, die den gesamten Bewirtschaftungsprozess dokumentiert.

511   Die Bewirtschaftung der Planstellen und Stellen wird gesondert behandelt. Wegen der Fülle des damit verbundenen Lernstoffs werden die Vergabe öffentlicher Aufträge und die Bewirtschaftung von Zuwendungen nur skizziert.

Nach der Darstellung des planmäßigen Verlaufs der Bewirtschaftung werden die Planabweichungen bei Einnahmen, Ausgaben und Verpflichtungsermächtigungen thematisiert.

1. Personen, die Haushaltsmittel bewirtschaften: Beauftragte(r) für den Haushalt und Titelverwalter(in)

512   Seit der Haushaltsreform von 1969 gibt es im Bereich des Bundes und der Länder die **Beauftragte** oder den **Beauftragten für den Haushalt** (B.f.d.H.). Gegenüber dem Sachbearbeiter des Haushalts nach den Reichswirtschaftsbestimmungen sollte die gesetzliche Regelung der Berufung und Stellung sowie seiner wichtigsten Aufgaben in § 9 BHO eine Aufwertung dieser Institution bewirken. Die **Aufgaben** der oder des Beauftragten für den Haushalt sind in § 9 Abs. 2 BHO sehr pauschal skizziert: Aufstellung der Voranschläge, Ausführung des Haushaltsplans, Beteiligung bei allen Maßnahmen von finanzieller Bedeutung. Genauere Bestimmungen enthalten für den Bundesbereich die Verwaltungsvorschriften zu § 9 BHO, die unter anderem einen genauen Aufgabenkatalog einschließen.

513   Bezüglich der **Bestellung** der oder des Beauftragten für den Haushalt wird nach Nr. 1 der Verwaltungsvorschriften (VV) zu § 9 BHO zunächst systematisch unterschieden zwischen obersten Bundesbehörden und den sonstigen Behörden im Geschäftsbereich der obersten Bundesbehörden. Bei den **obersten Bundesbehörden** ist die oder der Beauftragte für den Haushalt die Haushaltsreferentin oder der Haushaltsreferent oder, wenn nach den Erfordernissen des Geschäftsumfanges eine Haushaltsabteilung, -unterabteilung oder -gruppe gebildet worden ist,

---

136   Zum Begriff „Haushaltsmittel" s. Nr. 1 VV-BHO zu § 34.

deren Leiterinnen oder Leiter und zugehörige Referatsleiterinnen und Referatsleiter für das ihnen zugewiesene Sachgebiet.

Bei den Dienststellen **innerhalb der Geschäftsbereiche der obersten Bundes-** 514
behörden ist in den Fällen, in denen nach Bestimmung der obersten Bundesbehörde die Leiterin oder der Leiter der Behörde die Aufgaben des Beauftragten für den Haushalt nicht selbst wahrnimmt, die oder der für Haushaltsangelegenheiten zuständige Bedienstete oder eine bzw. einer der Vorgesetzten vom Behördenleiter zum Beauftragten für den Haushalt zu bestellen.

Die bis auf den Bereich der obersten Bundesbehörden nach Nr. 1.3 der VV zu § 9 515
BHO zwingend vorgeschriebene unmittelbare Unterstellung der oder des Beauftragten für den Haushalt unter die Behördenleiterin oder den Behördenleiter soll verdeutlichen, dass es sich um eine Querschnittsaufgabe handelt, die der Leitungsebene zuzurechnen ist. Damit soll eine gewisse Selbstständigkeit der oder des B.f.d.H. garantiert werden.

Bei einer **Querschnittsaufgabe** werden Aufgaben der gesamten Behörde wahr- 516
genommen. Ebenso wie die Aufgabenbereiche Organisation und Personalwesen wirkt auch der Aufgabenbereich Haushalt in alle Gliederungen der Behörde ein. Die institutionalisierten Beziehungen zwischen der oder dem Beauftragten für den Haushalt und den haushaltsmittelbewirtschaftenden Referaten werden allgemein zunächst gekennzeichnet durch Beteiligungs-, Mitwirkungs-, Auskunfts- und Vorlagerechte. In der bei Querschnittsaufgaben häufig anzutreffenden Art gilt bei der Stellung der oder des Beauftragten für den Haushalt gegenüber den einzelnen Titelverwalterinnen oder Titelverwaltern und Anordnungsberechtigten in dem Fall, dass die Behördenleiterin oder der Behördenleiter diese Funktion nicht selbst wahrnimmt, nicht das Einliniensystem, sondern das den Dienstweg je nach Angelegenheit auffächernde **Mehrliniensystem**. In fachlicher Hinsicht ist die oder der Beauftragte für den Haushalt Vorgesetzte bzw. Vorgesetzter der Amtswalter, die von den ihm nach § 9 Abs. 2 BHO zugewiesenen Aufgaben abgeleitete Befugnisse wahrnehmen. Sie oder er kann diese Befugnisse ganz oder teilweise an sich ziehen und bleibt letztlich für die Erfüllung der von ihr oder ihm delegierten Aufgabe verantwortlich. Im Übrigen ist in allen Angelegenheiten von finanzieller Bedeutung der **Dienstweg über die Beauftragte oder den Beauftragten für den Haushalt** einzuhalten. Schriftverkehr, Verhandlungen und Besprechungen mit dem Bundesminister der Finanzen und dem Bundesrechnungshof sind durch die Beauftragte oder den Beauftragten für den Haushalt zu führen, soweit sie oder er nicht darauf verzichtet. Die Tatsache, dass verschiedene Aufgaben und Befugnisse der oder des Beauftragten für den Haushalt der Organisationsgewalt der Behördenleiterin oder des Behördenleiters entzogen sind, schließt die letzte Weisungsbefugnis der Leiterin oder des Leiters der Behörde auch in dem Aufgabenbereich der oder des Beauftragten für den Haushalt nicht aus. Allerdings wird die Stellung des Beauftragten für den Haushalt gegenüber der Leiterin oder dem Leiter der Behörde durch das für den hierarchi-

schen Behördenaufbau durchaus unübliche Widerspruchsrecht bei der Ausführung des Haushaltsplans oder Maßnahmen von finanzieller Bedeutung gestärkt.

517   Nach Nr. 5.4 der VV zu § 9 BHO hat die oder der Beauftragte für den Haushalt ein **Widerspruchsrecht**. Die Wirkungen des Widerspruchs richten sich danach, ob die oder der Beauftragte für den Haushalt bei einer obersten Bundesbehörde oder bei einer anderen Dienststelle Widerspruch erhebt. Bei einer obersten Bundesbehörde darf ein Vorhaben, dem die oder der Beauftragte für den Haushalt widersprochen hat, nur auf ausdrückliche Weisung der Leiterin oder des Leiters der Behörde oder ihrer ständigen Vertreterin oder ihres ständigen Vertreters bzw. seiner ständigen Vertreterin oder Vertreters weiter verfolgt werden. Bei einer anderen Dienststelle ist die Entscheidung der nächsthöheren Dienststelle einzuholen, wenn die Dienststellenleiterin oder der Dienststellenleiter der oder dem Beauftragten für den Haushalt nicht beitritt.

518   Die oder der Beauftragte für den Haushalt kann nach Nr. 3.1.1 VV zu § 9 BHO die Einnahmen, Ausgaben, Verpflichtungsermächtigungen, Planstellen und anderen Stellen des von ihm bewirtschafteten Einzelplans anderen Bediensteten der Behörde zur Bewirtschaftung **übertragen**. Diese Titelverwalterinnen oder Titelverwalter können von der oder dem Beauftragten für den Haushalt ermächtigt werden, ihre Bewirtschaftungsbefugnis weiter zu übertragen. Die Titelverwalterinnen oder Titelverwalter sind mithin Behördenbedienstete in unterschiedlichen Hierarchieebenen, die vom Beauftragten für den Haushalt übertragene Bewirtschaftungsbefugnisse bezüglich eines oder einiger Titel des Bundeshaushaltsplans wahrnehmen.

519   Die **Behördenleiterin** oder der **Behördenleiter** hat – auch wenn sie oder er die Aufgaben der oder des Beauftragten für den Haushalt nicht selbst wahrnimmt – immer auch selbst die Bewirtschaftungs- und Anordnungsbefugnis bezüglich aller Titel, die von der Behörde bewirtschaftet werden. Auf das Widerspruchsrecht der oder des Beauftragten für den Haushalt sei in diesem Zusammenhang nochmals ausdrücklich hingewiesen.

2. Die Befugnisse bei der Bewirtschaftung der Haushaltsmittel: Bewirtschaftungsbefugnis und Anordnungsbefugnis

520   Mit der später genauer zu beschreibenden Zuweisung der Haushaltsmittel ist den Bundesbehörden die Ermächtigung zur Bewirtschaftung dieser Mittel erteilt. **Mittel zu bewirtschaften** heißt, innerhalb der durch den Haushaltsplan vorgegebenen Zweckbestimmung im Einzelfall über die Verwendung der Mittel verantwortlich zu verfügen bzw. die Erhebung von Einnahmen im Einzelfall zu veranlassen.

521   § 70 BHO regelt, dass die Bundeskassen zur Entgegennahme oder Auszahlung von Beträgen nur aufgrund von **Kassenanordnungen**, die auf schriftlichem oder

elektronischem Weg erteilt werden können, berechtigt sind. Die Bewirtschaftungsbefugnis wird praktisch nur umsetzbar durch die Anordnungsbefugnis. Beide Befugnisse werden in einer Behörde originär durch die oder den Beauftragten für den Haushalt ausgeübt. Sie oder er kann jedoch beide Befugnisse delegieren und sich selbst lediglich die Überwachung vorbehalten.

Die oder der Beauftragte für den Haushalt teilt der zuständigen Kasse und Zahl- 522
stelle die Namen und Unterschriftsproben der Anordnungsbefugten mit; dies gilt auch für sie oder ihn selbst.[137]

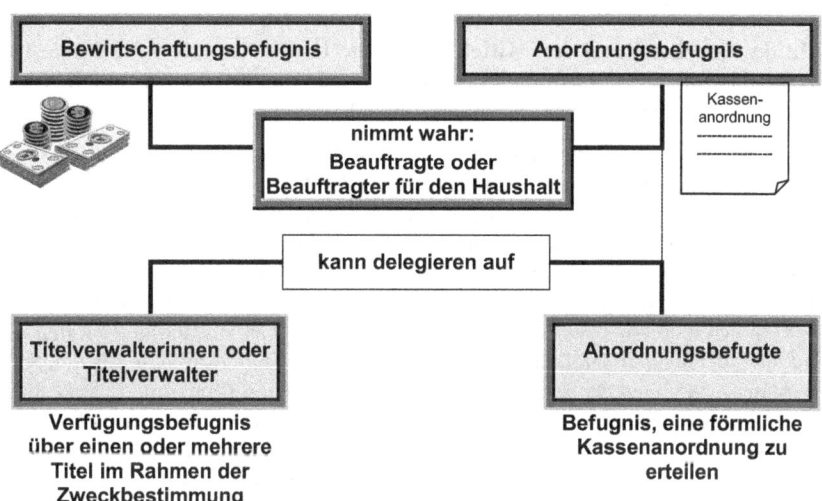

Abbildung 67: Bewirtschaftungs- und Anordnungsbefugnis

Die förmliche Kassenanordnung ist von der oder dem Anordnungsbefugten zu 523
unterschreiben. **In eigener Sache** oder der eines Angehörigen **darf die Anordnungsbefugnis nicht ausgeübt** werden. Die oder der Anordnungsbefugte hat sich vor der Unterzeichnung der förmlichen Kassenanordnung davon zu überzeugen, dass Ausgabemittel und – soweit erforderlich – Betriebsmittel zur Verfügung stehen und bei der angegebenen Buchungsstelle verausgabt werden dürfen. Sie oder er ist dafür verantwortlich, dass
- die sachliche und die rechnerische Richtigkeit von den dazu befugten Bediensteten bescheinigt wurde und
- in der Anordnung keine offensichtlich erkennbaren Fehler enthalten sind.[138]

---

137 Nr. 2.2.4.3 der Anlage zu Nr. 9.2 der Verwaltungsvorschriften für Zahlung, Buchführung und Rechnungslegung.
138 Nr. 2.2.4.1 der Anlage zu Nr. 9.2 der Verwaltungsvorschriften für Zahlung, Buchführung und Rechnungslegung.

3. Die Phasen der Bewirtschaftung der Haushaltsmittel

524   Es ist sinnvoll, die Bewirtschaftung der Haushaltsmittel **in fünf Abschnitten** darzustellen:

Die ersten beiden Abschnitte versetzen die Bewirtschafterin oder den Bewirtschafter in die Lage, über die Mittel des Titels **Verfügungen** zu treffen. Die letzten drei Abschnitte beziehen sich auf die Abfolge bei den einzelnen Bewirtschaftungsvorgängen. Die einzelnen Abschnitte werden erst im Überblick gezeigt und danach näher erläutert.

525   Mit der **Bereitstellung der Mittel** werden die Haushaltsmittel vom Bundesminister der Finanzen den mittelbewirtschaftenden Bundesorganen und Ressorts zur Verfügung gestellt. Das geschieht folgendermaßen:

Nach der Feststellung des Haushaltsplans durch das Haushaltsgesetz übersendet das Bundesministerium der Finanzen den für den Einzelplan zuständigen Stellen je einen Abdruck des für sie maßgebenden **Einzelplans.** Es teilt ihnen außerdem mit, welche Teile von Einzelplänen, die bestimmte Gruppen von Einnahmen, Ausgaben, Verpflichtungsermächtigungen, Planstellen und andere Stellen für mehrere Geschäftsbereiche enthalten, auf sie entfallen. Das Bundesministerium der Finanzen eröffnet rechtzeitig den für den Einzelplan zuständigen Stellen die auf sie entfallenden Titelkonten in den Büchern des Bundes.[139] Die für den Einzelplan zuständigen Stellen verteilen die veranschlagten Einnahmen, Ausgaben, Verpflichtungsermächtigungen, Planstellen und anderen Stellen, soweit sie diese nicht selbst bewirtschaften, auf die ihnen unmittelbar nachgeordneten Dienststellen, indem sie an diese die für sie maßgebenden Einnahmen, Ausgaben und Verpflichtungsermächtigungen durch Kassenanweisungen an die zuständige Kasse des Bundes, sowie die für sie bestimmten Planstellen und anderen Stellen durch besondere Verfügung verteilen. Zusätzlich können die entsprechenden Teile des Einzelplans übersandt werden.[140]

Die Einnahmen, Ausgaben, Verpflichtungsermächtigungen, Planstellen und anderen Stellen können vom Beauftragten für den Haushalt Titelverwalterinnen bzw. Titelverwaltern seiner Dienststelle oder anderen Dienststellen zur Bewirtschaftung übertragen werden.[141]

526   Eine **Ausgabe** wird im Allgemeinen zivilrechtlich durch einen Vertragsabschluss und öffentlich-rechtlich durch einen Leistungsbescheid begründet. Obwohl zu diesem Zeitpunkt noch kein Mittelabfluss stattfindet, muss der Bewirtschafter die Verfügung über die Mittel festhalten, damit nicht wiederholt über diese Mittel verfügt wird. Diese Phase gibt es nur bei Haushaltsausgaben.

---

139   Nr. 1.1 VV zu § 34 BHO.
140   Nr. 1.2 VV zu § 34 BHO.
141   Nr. 3.1 VV zu § 9 BHO.

Zahlungen dürfen nur von Kassen und Zahlstellen angenommen oder geleistet   527
werden. Dazu muss diesen Stellen eine schriftlich oder auf elektronischem Wege
erteilte Kassenanordnung vorliegen (§ 70 BHO).

Die bewirtschaftende Dienststelle bewirkt mithin eine Zahlung und entsprechen-   528
de Buchung durch eine der zuständigen Kasse erteilten Kassenanordnung.

Beendet wird ein Bewirtschaftungsvorgang im Bereich der Einnahmen und Aus-   529
gaben durch die **Entgegennahme** der Einnahme bzw. der Leistung der Ausgabe
durch die zuständige Kasse des Bundes.

Von diesen Abschnitten gehören die Verteilung der Mittel, die Mittelbindung
und die Erteilung von Kassenanweisungen zur Bewirtschaftung im engeren Sinn.

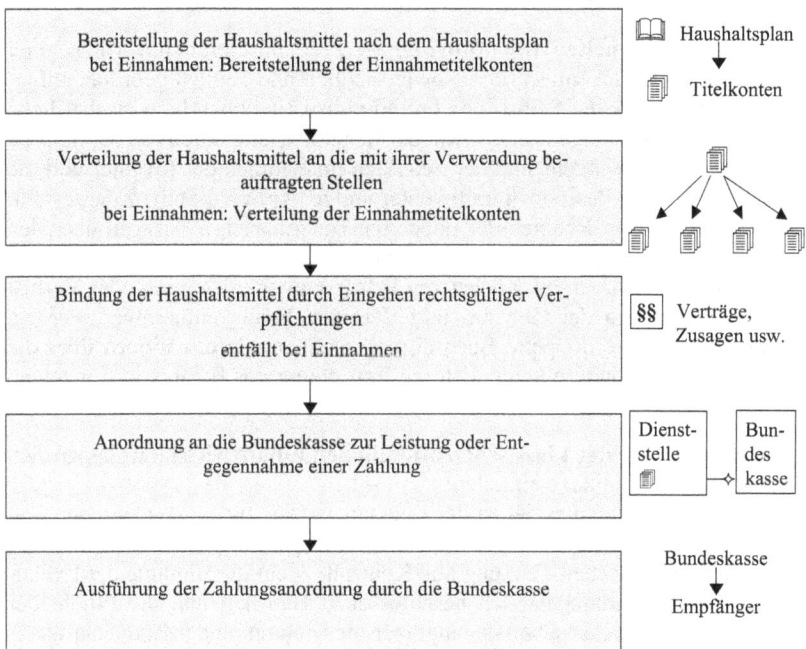

Abbildung 68: Phasen der Bewirtschaftung von Haushaltsmitteln

4. Die Buchführung als Nachweis der Bewirtschaftung

a) Rechnungswesen und Buchführungssysteme

530   In einem Unternehmen hat das **Rechnungswesen** folgende Aufgaben:
*   die Erfassung aller Geld- und Gütertransaktionen zwischen Unternehmen und Umwelt,
*   die Erfassung der betrieblichen Abläufe und Wertflüsse mittels Zahlen sowie
*   die Aufbereitung dieses Datenmaterials als Entscheidungsgrundlage für die Unternehmensführung.

Es ist damit Dokumentations- und Führungsinstrument. Das in Unternehmen angewandte Buchführungssystem ist die doppelte Buchführung.

531   Im System der **doppelten Buchführung** werden alle Geschäftsvorfälle einer Rechnungsperiode lückenlos erfasst sowie sachlich und zeitlich geordnet aufgezeichnet. Zum Zweck der Selbst- und Fremdinformation über die wirtschaftliche Lage werden die Vermögenslage sowie der Schuldenstand durch die periodische Feststellung des Vermögens und der Schulden im Rahmen der Inventur und die Aufzeichnung dieser Positionen im Inventar und in der Schlussbilanz dargestellt. Außerdem werden im Rahmen der doppelten Buchführung Aussagen über den durch die geschäftlichen Aktivitäten entstandenen Erfolg gemacht. Die Informationen über den positiven oder negativen Erfolg bzw. den Gewinn oder Verlust einer Periode können der Gewinn- und Verlustrechnung entnommen werden. Schließlich liefert die doppelte Buchführung nicht nur Informationen über die Höhe des Erfolgs, sondern kann auch die Entstehung des Erfolgs im Einzelnen darstellen.

532   Die **Rechnungsziele der klassischen öffentlichen Finanzwirtschaft** lassen sich grob in folgende Komplexe einteilen:
*   Das zentrale Rechnungsziel ist der Deckungserfolg, indem das laufende Soll der Einnahmen mit dem laufenden Soll der Ausgaben verglichen wird.
*   Der parlamentarischen Lenkung und Kontrolle dient die Bindung der Exekutive an einen parlamentarisch beschlossenen Haushalt und die Pflicht der Exekutive zur Rechenschaftslegung über die Einhaltung der Budgetansätze.
*   Der gesamtwirtschaftlichen Bedeutung öffentlicher Haushalte entsprechend zeigt der Haushaltsplan die Verteilung der Ausgaben auf Konsum und Investition.

533   Diesen Rechnungszielen dient eine **kameralistische** Buchführung, die die Zahlen für den Vergleich zwischen Haushaltsplan und Haushaltsvollzug bereitstellt, im Rahmen des Haushaltsvollzugs die Abstimmung zwischen Zahlungsanordnung und Zahlungsausführung sowie die Kontrolle der Kassenbestände und ihrer Veränderungen erlaubt und schließlich das finanzwirtschaftliche Ergebnis offenbart.

Was den **Adressatenkreis** angeht, hat das Rechnungswesen sowohl im Unter-   534
nehmensbereich als auch im öffentlichen Bereich zum einen **externe** und zum
anderen **interne** Interessenten.

Die **Finanzbuchhaltung** liefert Informationen über den Betrieb, die für Außen-   535
stehende von Interesse sind: Kapitalanleger, Gläubiger, Finanzbehörden. Dieses
externe Rechnungswesen der Unternehmungen ist weitgehend normiert in Vorschriften des HGB, des AktG und den Regeln ordnungsgemäßer Buchführung.
Im öffentlichen Bereich ist das Parlament (letztlich der Bürger) der Adressat der
Finanzbuchhaltung, und die Vorschriften sind im Haushaltsrecht festgelegt.

Neben der Finanzbuchhaltung gibt es noch ein **internes Rechnungswesen**, des-   536
sen Adressat das Unternehmen selbst ist. Zum internen Rechnungswesen gehört
als Hauptbestandteil die Kosten- und Leistungsrechnung, die die betriebsinternen
Abläufe und Zusammenhänge in Geldwerten erkennbar macht.

Für die Gestaltung der **Kosten- und Leistungsrechnung** gibt es keine gesetzlichen Vorgaben. Nur im Fall öffentlicher Ausschreibungen auf Selbstkostenbasis
sowie bei Zuwendungen in Form der Projektförderung auf Kostenbasis gibt es
Regelungen über den Nachweis der Kosten auf der Grundlage der Verordnung
über Preise bei öffentlichen Aufträgen und der Leitsätze über die Preisermittlung
bei öffentlichen Aufträgen.[142] Für die Kosten- und Leistungsrechnung in Bundesbehörden wurde ein methodischer und inhaltlicher Rahmen durch das Standard-
KLR-Handbuch geschaffen.

Die **Kameralistik** ist ein Buchführungsverfahren, das auf die Erfassung finanz-   537
wirtschaftlicher Vorgänge ausgerichtet ist. In einem jährlich vom Parlament verabschiedeten Haushaltsplan werden die Einnahmen und Ausgaben in Haushalts-
stellen/Titeln festgelegt. Dabei sind die in den nach Zweckbestimmungen
getrennten Ausgabetiteln genannten Beträge Höchstbeträge. Mit Hilfe der kameralistischen Buchführung können Haushaltsansätze, tatsächliche Zahlungen und
noch verfügbare Finanzmittel umfassend und genau dokumentiert werden. Sie
dient in erster Linie der laufenden Kontrolle der Geldbewegungen und der
Ermittlung des finanzwirtschaftlichen Ergebnisses. Da dieses Buchführungsverfahren ausschließlich Einnahmen und Ausgaben erfasst, bietet es keinen direkten
Ansatz, die Kosten der öffentlichen Aufgabenerfüllung abzulesen. Darüber
hinaus bleibt die Leistungssphäre der Verwaltung außer Betracht. Es ist somit
nicht möglich, einen – wie auch immer definierten – wirtschaftlichen Erfolg zu
ermitteln.

Über **alle Zahlungen** ist nach der Zeitfolge und nach der Ordnung des Haushalts-   538
plans Buch zu führen.[143] Die kameralistische Buchführung hält damit für jeden

---

142   Anlage zur Verordnung PR Nr. 30/53 über die Preise bei öffentlichen Aufträgen vom
      21.11.1953 (BAnz. Nr. 244), zuletzt geändert durch Artikel 289 der Verordnung vom
      25.11.2003 (BGBl. I S. 2304).
143   § 71 Abs. 1 BHO.

Titel des Bundeshaushaltsplans die bewilligten Mittel (Soll) bzw. bei Einnahmetiteln das Einnahmesoll sowie die tatsächlich abgeflossenen Mittel (Ist) bzw. bei
Einnahmetiteln die tatsächlich eingegangenen Zahlungen fest. Damit ermöglicht
die Kameralistik die Prüfung, ob sich die Exekutive an die Vorgaben des Parlaments gehalten hat und die Deckung des Haushaltsplans gewährleistet ist.

539   Nach § 1a HGrG kann das Rechnungswesen von Bund und Ländern kameral
oder nach den Grundsätzen der staatlichen doppelten Buchführung (staatliche
Doppik) gestaltet werden. Die Aufstellung, Bewirtschaftung und Rechnungslegung des Haushalts kann gegliedert nach Titeln, Konten oder Produktstrukturen
(Produkthaushalt) erfolgen. Um eine einheitliche Verfahrens- und Datengrundlage für Kameralistik, Doppik und Produkthaushalte zu gewährleisten, gibt es nach
§ 49a Abs. 1 HGrG ein gemeinsames Gremium von Bund und Ländern. Dessen
Aufgabe besteht darin, Standards für kamerale und doppische Haushalte sowie
für Produkthaushalte zu erarbeiten und sicherzustellen, dass die Anforderungen
der Finanzstatistik einschließlich der der Volkswirtschaftlichen Gesamtrechnungen berücksichtigt werden. Diese Standards werden jeweils durch Verwaltungsvorschriften des Bundes und der Länder umgesetzt.

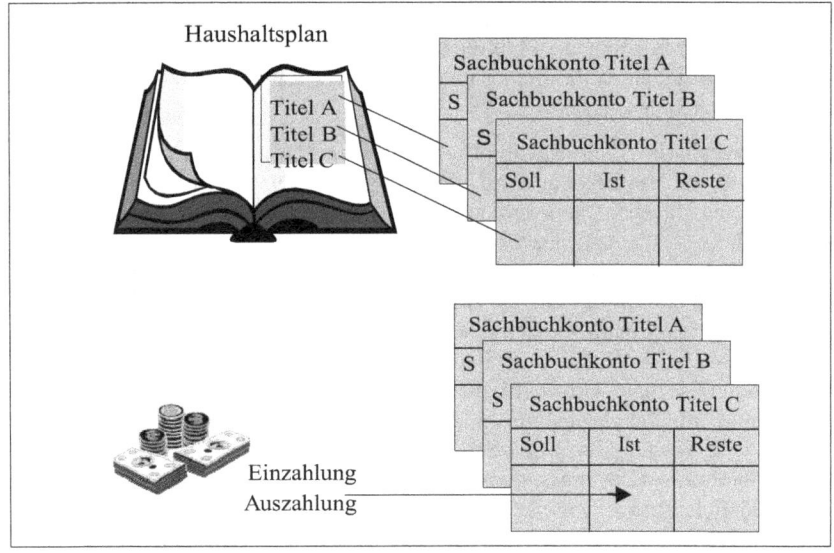

Abbildung 69: Kameralistische Buchführung

540   Das Gremium nach § 49a HGrG hat „Standards staatlicher Doppik" sowie den
Standard zum „Verwaltungskontenrahmen" und für den Produkthaushalt den
„Integrierten Produktrahmen" überprüft und beschlossen. Ebenso wurde der
Funktionenplan mit Zuordnungshinweisen und Allgemeinen Vorschriften sowie

der Gruppierungsplan mit Zuordnungshinweisen und Allgemeinen Vorschriften überprüft und als Standard beschlossen.

Ein Lösungsansatz zur Harmonisierung staatlicher Rechnungssysteme in Europa wird von Europäischen Kommisssion in der Einführung harmonisierter, doppischer European Public Sector Accounting Standards (EPSAS) gesehen. Diese von der Europäischen Kommission angestrebten einheitlichen und für alle staatlichen Ebenen aller Mitgliedstaaten verbindlichen Standards beruhen auf dem Prinzip der Periodenabgrenzung und setzen eine auf allen staatlichen Ebenen der Mitgliedstaaten praktizierte kaufmännische Buchführung voraus.[144]

Von der Einführung und Umsetzung einheitlicher Rechnungsführungsgrundsätze **540a** wären in Deutschland rund 17 500 öffentliche Einzelhaushalte in Bund, Ländern, Kommunen und Sozialversicherungen betroffen. Vor diesem Hintergrund und der Tatsache, dass die von Deutschland gemeldeten Daten den Anforderungen des Europäischen Systems Volkswirtschaftlicher Gesamtrechnungen bisher weitgehend gerecht werden[145], haben Bundestag und Bundesrat die Bundesregierung aufgefordert, dafür Sorge zu tragen, dass die in Deutschland bestehende Entscheidungsfreiheit bezüglich der kameralen und doppischen Systeme der Haushaltsplanung, -führung und Rechnungslegung bestehen bleibt; doppische und periodengerechte Buchführung soll auch bei einer möglichen Entwicklung von EPSAS allenfalls auf freiwilliger Basis eingeführt werden.[146] Seit September 2015 befasst sich die anlässlich der EPSAS-Konferenz in Malta gegründete Working Group EPSAS mit dem europäischen Projekt. Mit dieser Working Group wird die Arbeit der beiden Task Forces (Governance und Standards) fortgesetzt. Die Working Group ist eine technische Expertengruppe mit der Aufgabe, die Kommission über die Arbeiten in Bezug auf EPSAS zu informieren und zukünftige Fragestellungen und Themen zu priorisieren, insbesondere soll die Working Group die Schlüsselfragen zur EPSAS Governance und den Standards identifizieren und diskutieren.[147]

---

144 Bericht der Kommission an den Rat und das Europäische Parlament über die angestrebte Umsetzung harmonisierter Rechnungsführungsgrundsätze für den öffentlichen Sektor in den Mitgliedstaaten vom 6. März 2013, http://eur-lex.europa.eu/legal-content/DE/TXT/PDF/?uri=CELEX:52013DC0114&from=EN, Stand: 14.02.2017.

145 https://www.bundesrechnungshof.de/de/veroeffentlichungen/beratungsberichte/langfassungen/langfassungen-2014/2014-sonderbericht-angestrebte-umsetzung-harmonisierter-rechnungsfuehrungsgrundsaetze-fuer-den-oeffentlichen-sektor-epsas-in-den-mitgliedstaaten-der-europaeischen-union

146 http://dip21.bundestag.de/dip21/btd/18/041/1804198.pdf,   Stand: 14.02.2017; http://www.bundesrat.de/SharedDocs/drucksachen/2013/0801-0900/811-13(B.pdf?__blob=publicationFile&v=2), Stand: 14.02.2017.

147 Dennis Hilgers, Die Dispersion der Doppik? Das neue öffentliche Haushalts- und Rechnungswesen zwischen kommunaler Routine und europäischer Harmonisierung, 20. März 2016, http://www.haushaltssteuerung.de/weblog-die-dispersion-der-doppik-das-neue-oeffentliche-haushalts-und-rechnungswesen-zwischen-kommunaler-routine-und-europaeischer-harmonisierung.html#2-2-epsas, Stand: 14.02.2017.

540b Im Bundesbereich hat sich das Bundeministerium der Finanzen nach einer Prü-
fung **in- und ausländischer Reformmodelle des Haushalts- und Rechnungswesens** durch eine Projektgruppe entschieden, das Modell einer Erweiterten
Kameralistik weiter zu verfolgen. Reformziele des des Bundes sind es, die
Modernisierung unter Beibehaltung der kameralen Titelstruktur fortzusetzen.
Hierzu zählt die Standardisierung der Finanzbuchhaltung und der Kosten- und
Leistungsrechnung im Bundesbereich, um künftig eine systematische und medi-
enbruchfreie Unterstützung der Haushaltsplanung, Bewirtschaftung und Rechnungslegung zu gewährleisten. Außerdem wurde die Vermögensrechnung weiter
ausgebaut, um einen verbesserten Einblick in die Vermögenslage des Bundes
und die finanzpolitische Nachhaltigkeit zu ermöglichen.

  541 Aus Gründen der Kontrolle gibt es im staatlichen Bereich den Grundsatz der
Trennung von **Bewirtschaftung** einerseits und **Buchführung/Zahlung** andererseits. Nach § 70 BHO und § 77 BHO dürfen Kassenanordnungen nur von
einer dazu befugten Dienststelle erteilt werden, während Buchungen und Zahlungen nur von den Bundeskassen vorgenommen werden. Die Dienststellen erhalten
von der Bundeskasse nach ausgeführter Zahlung einen Kontoauszug.

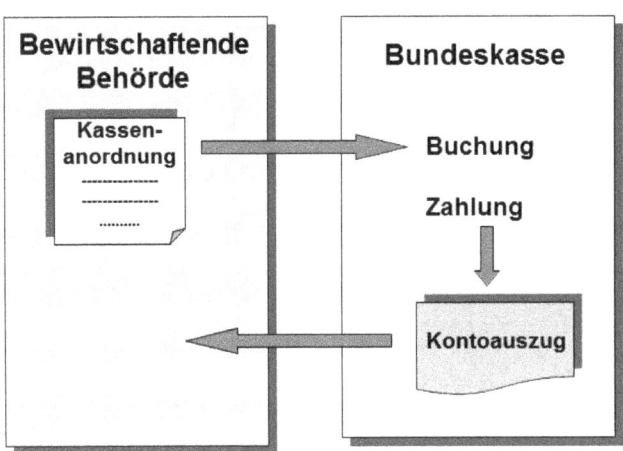

Abbildung 70: Trennung von Bewirtschaftung und Zahlung

  542 Nach § 79 Abs. 2 BHO bestehen eine **Zentralkasse**, die seit dem 1.1.2006 im
Kompetenzzentrum für das Kassen- und Rechnungswesen bei der Oberfinanzdi-
rektion Köln eingerichtet ist, und zwei Bundeskassen bei Oberfinanzdirektionen.

  543 Die **Zentralkasse** führt die Hauptkonten des Bundes, wickelt den zentralen Zah-
lungsverkehr für die Bundeskassen ab und verwaltet den zentralen Istbestand des
Bundes nach VV Nr. 3.2 für Zahlungen, Buchführung und Rechnungslegung

(§§ 70 bis 72 und 74 bis 80 BHO). Außerdem führt sie die Hauptsachbücher des Bundes und ist zentrale Verrechnungsstelle für die Bundeskassen.[148]

Die **Bundeskassen** sind bei der Generalzolldirektion[149] eingerichtet. Sie nehmen die Aufgaben für die Zahlung und Buchführung nach der Bundeshaushaltsordnung wahr und wirken bei der Rechnungslegung mit.   **544**

Nach Abschluss der Kassenneuorganisation zum 1. Januar 2012 sind zwei Bundeskassen und jeweils einem weiteren Dienstsitz eingerichtet: **545**
- Bundeskasse Halle/Saale mit einem weiteren Dienstsitz in Weiden/Oberpfalz bei der Bundesfinanzdirektion Mitte,
- Bundeskasse Trier mit einem weiteren Dienstsitz in Kiel bei der Bundesfinanzdirektion Südwest.

Für den Barzahlungsverkehr sind Zahlstellen in den Geschäftsbereichen der Bundesministerien eingerichtet, die mit den Bundeskassen abrechnen.

Im Rahmen der Neuorganisation des Kassenwesens des Bundes, die im Jahr 1999 begann, wurden die Aufgaben der Bundeswehrkassen zu den Bundeskassen überführt und die Anzahl der damals insgesamt 29 Standorte (17 Bundeskassen und eine Außenstelle [Berlin, Bonn, Bremen, Düsseldorf, Frankfurt am Main, Freiburg, Halle/Saale, Hamburg, Hannover, Karlsruhe, Kiel, Koblenz mit Außenstelle Trier, München, Münster, Nürnberg, Saarbrücken und Stuttgart] sowie 11 Bundeswehrkassen) auf fünf reduziert.[150]

Die **Aufgaben** der Kassen im Bundesbereich sowie ihre Aufbau- und Ablauforganisation sind gem. § 79 Abs. 4 BHO vom Bundesministerium der Finanzen in den Kassenbestimmungen für die Bundesverwaltung (KBestB) festgelegt worden. Die Bundeskassen nehmen die Aufgaben im Rahmen der Zahlungen (§ 70 BHO) wahr, soweit diese nicht von den Zahlstellen wahrgenommen werden. Zahlungen des Bundes sind   **546**
- die Annahme oder Leistung von Zahlungen aufgrund elektronischer oder schriftlicher Anordnung der anordnenden Stellen,
- Abrechnungsverkehr mit der Zentralkasse sowie den nachgeordneten Zahlstellen und
- der Buchausgleich zwischen den Bundeskassen.

Außerdem obliegen den Bundeskassen Aufgaben der Buchführung (§§ 71, 72, 75 und 76 BHO). Sie veranlassen die angeordneten Buchungen in den Büchern des Bundes und führen die vorgeschriebenen Aufzeichnungen und Anschreibungen, soweit nicht andere Stellen nach VV Nr. 5 für Zahlungen, Buchführung und

---

148   Nr. 2.2.1 KBestB.
149   Die Generalzolldirektion (zentraler Dienstsitz Bonn) erfüllt als Bundesoberbehörde zentrale Organisationsaufgaben und übt die Rechts- und Fachaufsicht über die Ortsebene der Zollverwaltung aus.
150   http://www.kkr.bund.de/nn_114680/DE/Dienststelle/Bundeskassen/bundeskassen__node.html?__nnn=true, Stand: 14.02.2017

Rechnungslegung (§§ 70 bis 72 und 74 bis 80 BHO) die Wertgegenstände verwalten.

b) Das erweiterte kameralistische Sachbuchkonto

547 Die wesentlichen Buchführungsvorgänge im austomatisierten HKR-Verfahren des Bundes sind durch die Nrn. 7 bis 9 der VV zu § 34 BHO vorgegeben.

Die **Haushaltseinnahmen** sind im automatisierten Verfahren für das Haushalts-, Kassen – und Rechnungswesen des Bundes zu überwachen. Der Bewirtschafter hat dafür zu sorgen, dass die dem Bund zustehenden Einnahmen auch bei nicht fristgerechter Zahlung in voller Höhe, ggf. mit Nebenkosten, erhoben werden. Erweisen sich Forderungen als uneinbringlich, sind die Maßnahmen nach § 59 BHO (Niederschlagung, Stundung, Erlass) zu prüfen.

Die **Haushaltsausgaben** sind im automatisierten Verfahren für das Haushalts-, Kassen – und Rechnungswesen des Bundes zu überwachen. Der Bewirtschafter hat festzustellen, ob die erteilten Kassenanordnungen zutreffend ausgeführt worden sind.

Im automatisierten Verfahren für das Haushalts-, Kassen- und Rechnungswesen des Bundes ist die Belastung des jeweiligen Ausgabetitels durch die für das laufende Haushaltjahr eingegangenen Verpflichtungen (**Festlegungen**) angegeben.

Die **Verpflichtungen zu Lasten künftiger Haushaltsjahre** sind im automatisierten Verfahren für das Haushalts-, Kassen- und Rechnungswesen des Bundes zu überwachen. Der Bewirtschafter hat festzustellen, ob die erteilten Buchungsanordnungen zutreffend ausgeführt worden sind. Mit Abschluss der Bücher werden die für das nächste Haushaltsjahr eingegangenen Verpflichtungen automatisiert als Festlegung vorgetragen. Dies gilt nicht für gebuchte Verpflichtungen entsprechend der Abrufrichtlinie.

548 Ein **Sachbuchkonto**, das – wie oben skizziert – nur die Rubriken **Soll – Ist – Reste** aufweist, reicht für die Verbuchung der laufenden Geschäftsvorfälle nicht aus. Zu berücksichtigen ist zum einen, dass Behörden von ihrer übergeordneten Dienststelle nicht immer das volle Haushaltssoll, sondern nur einen Teil davon zugewiesen bekommen; sie haben damit zunächst einen geringeren Verfügungsrahmen. Zum anderen ist bei der Bewirtschaftung der Haushaltsmittel stets zu beachten, dass auch eingegangene Verpflichtungen (Festlegungen), die erst zu einem späteren Zeitpunkt im laufenden Haushaltsjahr zu Auszahlungen führen, die Verfügungsmasse (Reste) reduzieren. Das Gleiche gilt für angeordnete Beträge, über die ein Kontoauszug der Bundeskasse über eine erfolgte Auszahlung noch nicht vorliegt. Ein Sachbuchkonto, unabhängig davon, ob es sich um das Haupttitelkonto oder um Titelkonten oder um Objektkonten handelt, hat in dem beim **Bund** angewandten Buchführungsverfahren folgenden schematischen Aufbau:

Titel 0634 511 01					
Haushalts-ansatz	Gegebene/ erhaltene Zuweisungen	Fest-legungen	angeordnete Beträge	gezahlte Beträge	Reste

Abbildung 71: Aufbau eines Sachbuchkontos

Das Sachbuchkonto ist demnach ein Spiegelbild der Phasen des Haushaltsvoll-   **549**
zugs. Man spricht auch von einer Phasenbuchführung.

c) Das automatisierte HKR-Verfahren des Bundes

(1) Aufgaben und Ziele des HKR-Verfahrens

Die kameralistische Buchführung des Bundes wird mit einem vom Bundesfi-   **550**
nanzministerium entwickelten Softwaresystem, dem automatisierten HKR-Verfahren des Bundes, durchgeführt. Die Buchstaben „HKR" stehen für **„Haus-
halts-, Kassen- und Rechnungswesen"**. Das ressortübergreifende automatisierte
Verfahren für das Haushalts-, Kassen- und Rechnungswesen des Bundes (HKR-
Verfahren) ermöglicht eine tägliche Auswertung aller Ausgaben und Einnahmen,
Sollstellungen sowie Verpflichtungsermächtigungen des Bundes für jeden
Bewirtschafter. Zusätzlich zum HKR-Verfahren werden weitere Subverfahren
für die Zahlungsüberwachung bei Einnahmen (Zahlungsüberwachungsverfahren
(ZUEV)), im Darlehensbereich (Automatisiertes Darlehensverfahren – DARLE-
HEN DIALOG –) und beim Zahlungsaufschub (Zahlungsaufschubverfahren
(ZAUF)) im Zollbereich eingesetzt, deren Ergebnisse summarisch automatisiert
in den Sachbuchkonten des HKR-Verfahrens gebucht werden. Der Verbund mit
Fachverfahren und integrierten Systemen der Bewirtschafter wird schriftlich und
über standardisierte Schnittstellen gewährleistet.

Das **HKR-Verfahren** hat die Aufgabe, alle Bewirtschaftungsmaßnahmen über   **551**
ein System von miteinander verknüpften Konten abzuwickeln und in allen Stufen
sichtbar zu machen. In den Konten werden alle Maßnahmen von der Bereitstellung der Haushaltsmittel bzw. der Einnahmetitelkonten bis zur Leistung oder
Annahme von Zahlungen dargestellt. Als Ziele werden eine Verbesserung der
Informationsversorgung sowie eine Arbeitsunterstützung und -entlastung der
Beteiligten angestrebt. Zuständig für die Pflege und Betreuung des Zentralver-
fahrens des Bundes und verschiedener dazugehöriger Subverfahren ist das Kompetenzzentrum für das Kassen- und Rechnungswesen des Bundes (KKR) bei der
Bundesfinanzdirektion West mit Dienstsitz in Bonn.

552   Zur **Verbesserung der Informationsversorgung** zählen folgende Teilziele:
*   zeitnähere Information durch das Berücksichtigen jedes Geschäftsvorfalles
    der Mittelverwendung auf allen Buchungsebenen (auf höheren Ebenen in
    kumulierter Form);
*   mehr Information durch das zusätzliche Buchen der verteilten und festgeleg-
    ten Mittel und nicht nur der Ist-Ergebnisse (Zahlungen);
*   detaillierte Informationen durch beliebige Untergliederungen von Sachbuch-
    konten und spezielle Auswertungsmöglichkeiten;
*   Berücksichtigung aller Bedarfsträger, d. h. nicht nur Ressorts auf oberster
    und Mittelverwender auf unterster Ebene erhalten Informationen, auch in der
    Hierarchie dazwischenliegende Institutionen (z. B. Länderministerien, obers-
    te Straßenbaubehörden, Bundesämter, Oberfinanzdirektionen) werden mit
    den zu ihrer Ebene gehörenden Informationen versorgt.

553   Bezüglich der **Arbeitsunterstützung und -entlastung** der Beteiligten werden
    folgende Ziele verfolgt:
*   durch Auswertungsmöglichkeiten der gespeicherten Informationen erfolgt
    eine Entlastung von speziellen Aufzeichnungen ebenso wie von bestimmten
    Berichtsdiensten;
*   die Verfügbarkeit der Informationen wird durch die Speicherung aller Einzel-
    buchungsvorgänge über längere Zeiträume erhöht (Speicherbuchführung);
*   die vor der Zahlung liegende maschinelle Verfügbarkeitsprüfung im zentra-
    len Zahlungsverfahren verhindert Mittelüberschreitungen;
*   die Dialogisierung des Verfahrens (Direkter Zugang zu den Informationen)
    verkürzt die Bearbeitungszeiten und schafft größere Aktualität von Ergebnis-
    sen der Haushaltsmittelbewirtschaftung.

*(2) Die zentrale Datenbank beim ZIVIT und die informationstechnische
    Infrastruktur des HKR-Verfahrens*

554   Um die Datenmengen und Datenstrukturen im Hinblick auf die Zielsetzung des
    Verfahrens zu bewältigen, hat man sich für den Aufbau einer **zentralen Daten-
    bank im Rechenzentrum des ZIVIT**[151] entschieden. Das Datenbanksystem
    besteht auf der Ebene der Datenbasis aus einer Vielzahl von Dateien, die durch
    verschiedenartige Zuordnungshinweise miteinander verknüpft sind (Adressver-
    kettung). Die übergeordnete Ebene der Datenbankverwaltung ermöglicht es, über
    die Adresshinweise Informationen vieler Dateien zu verbinden, zu bearbeiten
    und auszuwerten. Bei der Datenbankverwaltung muss man unterscheiden zwi-
    schen interner und anwenderorientierter Verwaltung. Die interne Datenbankver-
    waltung wird – wie der Name erahnen lässt – nach außen für den Bewirtschafter
    nicht sichtbar, sie steuert z. B. die Verwaltung freier Datenbereiche. Die anwen-

---

151   Zentrum für Informationsverarbeitung und Informationstechnik im Geschäftsbereich
      des Bundesministers der Finanzen, Dienstsitz: Bonn.

derorientierte Datenbankverwaltung ist Schnittstelle zum Bewirtschafter, der hier den Zugang zur Datenbank für seine Konten erhält.

Für diesen Zugang bietet das System dem Bewirtschafter zwei Möglichkeiten: das Belegverfahren und das Dialogverfahren.

Im **Dialogverfahren** (Anwendungsprogramm HICO: **H**aushalt – **I**nformation – **C**ommunication – **O**nline) hat der Bewirtschafter Zugang zur Datenbank beim ZIVIT. Bei dieser Art des Zugangs hat er einen direkten Zugriff auf seine Bewirtschaftungsdaten über sein Dialoggerät. **555**

Bei diesen Zugriffen auf die Datenbank im Dialogverfahren kann der Bewirtschafter je nach benötigter Anwendung zwischen zwei Möglichkeiten wählen. Einerseits kann er Auskünfte über seine Konten erhalten und andererseits Daten für bestimmte Geschäftsvorfälle eingeben, die dann gemeinsam mit den übersandten Daten der Bundeskassen verarbeitet werden (Dialog-Eingabe und Batch-Verarbeitung).

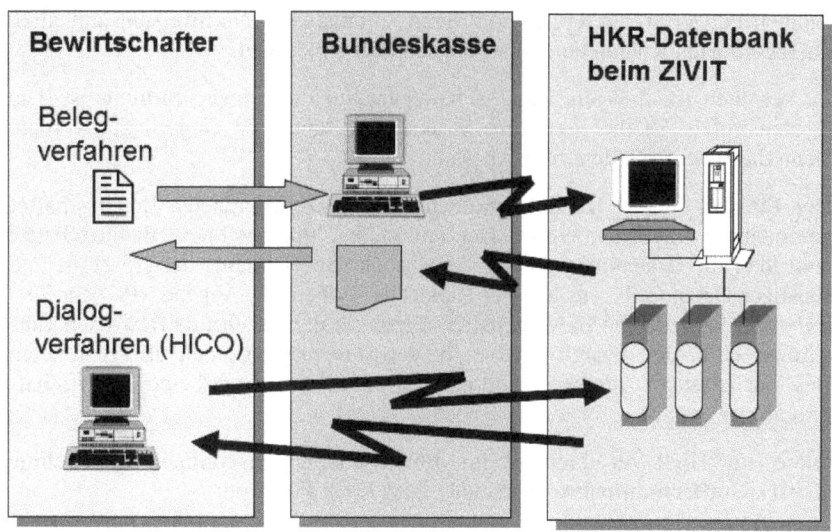

Abbildung 72: Beleg- und Dialogverfahren

(3) Die Bewirtschafterstrukturen: Stufen – Kennzeichnung – Rollen

Für die Abwicklung aller Bewirtschaftungsvorgänge über ein System miteinander verknüpfter Konten ist es erforderlich, die Stufen der Haushaltsmittelverteilung von der Obersten Bundesbehörde bis zum Titelverwalter in der zentralen Datenbank abzubilden. **556**

557   Im HKR-Verfahren bezeichnet man den **Mittelverteiler** der obersten Stufe abgekürzt mit MV 1. Die nachfolgenden, nachgeordneten Bewirtschafter werden
dann entsprechend ihrer Stufe mit MV 2, MV 3, MV 4, ..., MV n bezeichnet.
Auf der untersten Stufe in dieser Verteilerkette gelangen wir zum **Titelverwalter**, der in der Terminologie des Automatisierten HKR-Verfahrens auch als Mittelverwender bezeichnet wird. In der Praxis gibt es unterschiedlich lange und
unterschiedlich verzweigte Verteilerketten.

558   Für jeden MV1 (oberste Bundesbehörde) wird automatisch für jeden Titel des
Einzelplans ein Titelkonto mit den Mittelansätzen eingerichtet. Im Falle der vorläufigen Haushaltsführung erfolgt eine gesonderte Regelung durch Rundschreiben des Bundesministeriums der Finanzen.

559   Durch die erstmalige Zuweisung von Haushaltmitteln aus einem Titelkonto wird
bei einem nachgeordneten Bewirtschafter (MV oder TV) automatisch ein Titelkonto eingerichtet. Die Einrichtung aller Titelkonten von der Ebene der MV2 bis
zur Verwenderebene erfolgt nach diesem Verfahren. So entsteht je Titelkonto ein
System von Konten, das die gleichzeitige Buchung der Bewirtschaftungsmaßnahmen der Verwenderebene und deren summarische Nachweisung auf allen
übergeordneten Konten der Verteilungsebenen ermöglicht.

560   Zu beachten ist, dass die Bewirtschafterstruktur die primäre Struktur ist. Die
Kontenstruktur ist die sekundäre Struktur; sie kann erst eingerichtet werden,
wenn die Bewirtschafterstruktur besteht.

561   Der **Einstieg in das HKR-Verfahren** für die nachgeordneten Bewirtschafter
geschieht in folgender Weise: Der unmittelbar übergeordnete Bewirtschafter
lässt über die Systempflege unter Angabe der Bezeichnung, der Anschrift und
sonstiger Daten (z. B. zuständiger Bundeskassenbereich, Angabe MV oder TV)
seines nachgeordneten Bewirtschafters diesen in die bestehende Bewirtschafterstruktur einbinden. Damit wird er in der Datenbank an den übergeordneten
Bewirtschafter per Adressverkettung angebunden und es wird eine Bewirtschafternummer durch das System vergeben.

562   Diese im HKR-Verfahren jedem Bewirtschafter zugeordnete **achtstellige
Bewirtschafternummer** kennzeichnet auch seine Funktion:

Mittelverteiler (MV)	**01** n n n n n
Titelverwalter (TV)	**03** n n n n n

Die beiden ersten Stellen der Bewirtschafternummer (z.Z. nur 01 oder 03) bilden
den klassifizierenden, die Stellen drei bis sieben den identifizierenden Teil der
Nummer. Diese Ziffern entsprechen bei der Vergabe der Nummer dem jeweils
nächsten freien Platz in der Bewirtschafter-Strukturdatei der Datenbank. Der iden-
tifizierende Teil der Nummer ist somit gleich der Adresse in der Datei; er ermöglicht einen schnellen, direkten Zugriff auf die Informationen. Die Ziffernpositio-

nen 1 bis 7 werden einer speziellen Prüfziffernrechnung unterworfen; das Ergebnis ist die Prüfziffer, die die Ziffernposition 8 der Bewirtschafternummer bildet.

Bewirtschafternummer (8-stellig):

01 03 Klassifizierender Teil	n n n n n Identifizierender Teil = Adresse der Strukturdatei	P Prüfziffer

Ist ein Bewirtschafter **zugleich Mittelverteiler und Titelverwalter** (Doppel-   563
funktion), so werden ihm zwei Bewirtschafternummern zugeteilt. Eine solche
Doppelfunktion liegt dann vor, wenn der Bewirtschafter zum einen an nachgeordnete Bewirtschafter Haushaltsmittel verteilt, zum anderen für den eigenen
internen Verwaltungsbereich Zahlungen und Verpflichtungen anordnet.

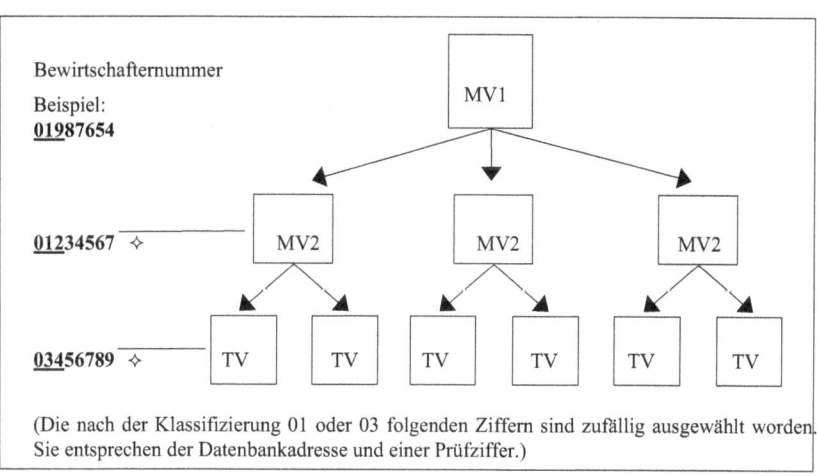

Abbildung 73: Bewirtschafterstrukturen: Mittelverteiler und Mittelverwender

Die **Bewirtschafternummer** ist generell nicht eindeutig einer Dienststelle zuzu-   564
ordnen. Aufgrund der fachlichen Aufgliederung in einer Dienststelle können
mehrere Bewirtschafternummern vergeben werden.

Ein Bewirtschafter kann außerdem als Element in verschiedenen Bewirtschafterstrukturen vertreten sein, mitunter auch auf verschiedenen Stufen.

In der Datenbank werden für jeden Bewirtschafter die Strukturdaten eingetragen,   565
d. h. es werden die Nummern der nachgeordneten Bewirtschafter, die Nummer des zuständigen Bundeskassenbereichs, seine Dienststellenbezeichnung, seine postalische Adresse etc. vermerkt.

566 Wird ein nachgeordneter Bewirtschafter an eine bestehende Verteilerstruktur angefügt, so wird er darüber durch das „**Stammdatenblatt für Mittelbewirtschafter**" informiert, das ihm von der Systempflege übersandt wird.

Der übergeordnete Bewirtschafter erhält ebenfalls ein Stammdatenblatt („Verzeichnis der nachgeordneten Mittelbewirtschafter"), das ihm in Listenform alle seine nachgeordneten Bewirtschafter, einschließlich des neu angefügten, anzeigt. Sobald ein Bewirtschafter im HKR-Verfahren installiert ist, können für ihn Sachbuchkonten eröffnet werden.

(4) Die Kontenstrukturen

567 Alle Maßnahmen der Haushaltsausführung werden im HKR-Verfahren in den **Sachbuchkonten** dokumentiert.

Die eingerichteten Sachbuchkonten können nach zwei unterschiedlichen Kriterien eingeteilt werden: nach Kontenfunktion oder nach Kontenstruktur.

568 Die **funktionalen** Kriterien sind die der Mittelverteilung und der Mittelverwendung. Folglich unterscheidet man nach Verteiler- und Verwenderkonten. Verwenderkonten befinden sich auf unterster Kontenebene. Auf den Konten können lt. Definition nur die jeweils entsprechenden Geschäftsvorfälle der Mittelverwendung gebucht werden.

569 Bei Einteilung der Konten des Automatisierten HKR-Verfahrens nach ihrer **Struktur** unterscheidet man 3 Kontenarten:

1. Das Titelkonto	
2. Das Objektkonto	**Sachbuchkonten**
3. Das Deckungsausgleichskonto	

Abbildung 74: Kontenarten im HKR-Verfahren

570 Das **Titel-** und das **Objektkonto** sind unabhängig von der Funktion der Mittelverteilung und der Mittelverwendung zu sehen. Sie können sowohl bei Mittelverteilern als auch bei Titelverwaltern angelegt sein. Mittelverteilerkonten eines Titelverwalters sind die Konten, die er unterteilt hat.

571 Das **Deckungsausgleichskonto** gibt es nur in der Funktion als Verwenderkonto beim Titelverwalter, d. h., nur auf Titelverwalterebene können solche, im Folgenden gleich näher beschriebenen, Konten eingerichtet werden.
* **Das Titelkonto**
  Das Titelkonto ist Ausführungs-, Buchungs- und Nachweisstelle für alle Maßnahmen zur Bewirtschaftung eines Titels. Es zeigt den aktuellen Stand in

allen Phasen des Haushaltsvollzuges. Die durch den Bewirtschafter bewirkten Geschäftsvorfälle werden in ihrer betragsmäßigen Auswirkung festgehalten und im Kontoauszug dargestellt. Im HKR-Verfahren wird das Titelkonto durch eine **18-stellige Sachbuchkontonummer** gekennzeichnet. Diese Nummer setzt sich zusammen aus
– der 8-stelligen Bewirtschafternummer
– der 9-stelligen Haushaltsstelle und
– einer einstelligen Prüfziffer (errechnet aus der Haushaltsstelle)

Beispiel:

01001889	0699 514 01	9
Bewirtschafter- Nummer	Haushaltsstelle (Kapitel- und Titelnr.)	Prüfziffer

---

• **Das Objektkonto**   572
Im HKR-Verfahren kann der Bewirtschafter ein Titelkonto nach seinem Ermessen in weitere Teileinheiten, die Objektkonten, untergliedern. Dies ist auf allen Stufen der Mittelbewirtschaftung möglich. Wird ein Titelkonto bereits auf der Mittelverteilungsebene untergliedert, so erhält die nachgeordnete Ebene nicht das Titelkonto, sondern die untergliederte Form. Unterteilte Konten können nur in unterteilter Form weitergegeben werden.
Die Objektkonten sind ihrerseits wieder in **Unterobjektkonten** aufteilbar 573 ohne Beschränkung hinsichtlich der Tiefe der Untergliederung. Der Bewirtschafter veranlasst die Kontenuntergliederung schriftlich mit dem Beleg oder durch Eingaben auf der Bildschirmmaske zur Einrichtung von Sachbuchkonten bei der zuständigen Bundeskasse.
Das Verfahren vergibt mit der Einrichtung des Objektkontos eine Objektkontonummer. Die Objektkontonummer, bei der es sich ebenfalls um eine Sachbuchkontonummer handelt, setzt sich zusammen aus
– der 8-stelligen Bewirtschafternummer,
– zwei Nullen,
– der 8-stelligen Objektnummer.
Bei der unbegrenzten Untergliederungsmöglichkeit von Konten sollte der 574 Bewirtschafter sorgfältig zwischen sachlicher Notwendigkeit und Überschaubarkeit der entstehenden Kontenstruktur wählen, d. h. **so viele Konten wie nötig und so wenig wie möglich bilden.**
Die Kontengliederung ist u. a. abhängig von vorgegebenen Gliederungen des Haushaltsplanes, verbindlichen Kontenplänen des übergeordneten Bewirtschafters oder z. B. von gesetzlichen Bestimmungen über die Buchung von Baumaßnahmen.

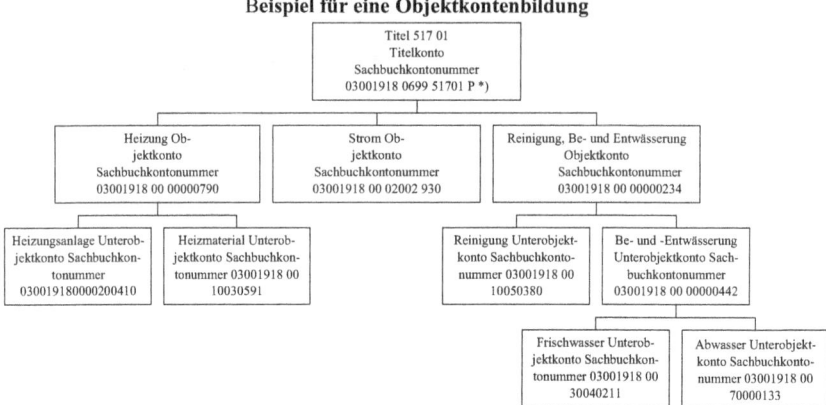

Abbildung 75: Kontenstruktur: Titelkonten und Objektkonten

575   • **Das Deckungsausgleichskonto**
Sachbuchkonten gegenseitig deckungsfähiger Titel eines Titelverwalters,
auch in ihrer untergliederten Form – den Objektkonten –, können in einem
Deckungskreis vereinigt werden. Für jeden Deckungskreis wird vom System
ein Deckungsausgleichskonto eingerichtet, das die Bewirtschaftungsfälle
aller beteiligten Sachbuchkonten (= Mitglieder des Deckungskreises) summarisch aufnimmt. Das Deckungsausgleichskonto hat die Funktion eines
Summenkontos für alle Elemente eines Deckungskreises. Es erleichtert und
beschleunigt die Bewirtschaftung der beteiligten Sachbuchkonten durch eine
kontenübergreifende Verfügbarkeitskontrolle.

576   Das Deckungsausgleichskonto ist **kein Sachbuchkonto**, denn es kann durch
keinen Bewirtschaftungsvorgang direkt angesprochen werden, d. h. eine Auszahlungsanordnung mit Angabe der Deckungsausgleichskontonummer wird
nicht ausgeführt.

577   Zur Kennzeichnung wird ihm aber doch eine **Sachbuchkontonummer** zugeteilt. Sie setzt sich zusammen aus
– der 8-stelligen Bewirtschafternummer,
– zwei Nullen,
– der 8-stelligen Deckungsausgleichskontonummer.

Beispiel:		
030 01 918	**00**	**99**000790
Bewirtschafter-Nummer	Ergänzende Nullen (Kapitel- und Titelnr.)	Deckungsausgleichskontonummer (99 = klassifizierender Teil)

Objektkonten, die Mitglieder eines Deckungskreises werden sollen, müssen bei ihrer Einrichtung durch den Titelverwalter für gegenseitig deckungsfähig erklärt werden.

Ein **Deckungskreis** kann entweder nur Titelkonten oder nur Objektkonten oder aber eine Mischung beider Kontenarten aufnehmen. Entscheidend für die Mitgliedschaft eines Sachbuchkontos im Deckungskreis ist neben der gegenseitigen Deckungsfähigkeit mit anderen Sachbuchkonten die Funktion als Mittelverwenderkonto, d. h. ein Mitgliedskonto eines Deckungskreises muss ein Konto auf unterster Ebene des Titelverwalters sein.   578

Wie wir bei der Darstellung der Haushaltsgrundsätze aufgezeigt haben, ist die **Deckungsfähigkeit von Haushaltstiteln** als Ausnahme vom Grundsatz der sachlichen Bindung im Rahmen der Flexibilisierung erheblich ausgeweitet worden. Wir wollen nun darlegen, wie die Möglichkeiten der ein- oder gegenseitigen Deckungsfähigkeit, aber darüber hinaus auch Zweckbindungen von Einnahmen (als Ausnahme vom Grundsatz der Gesamtdeckung), im Automatisierten HKR-Verfahren umgesetzt werden.   579

Generelle Beispiele für die Bildung von Deckungskreisen:

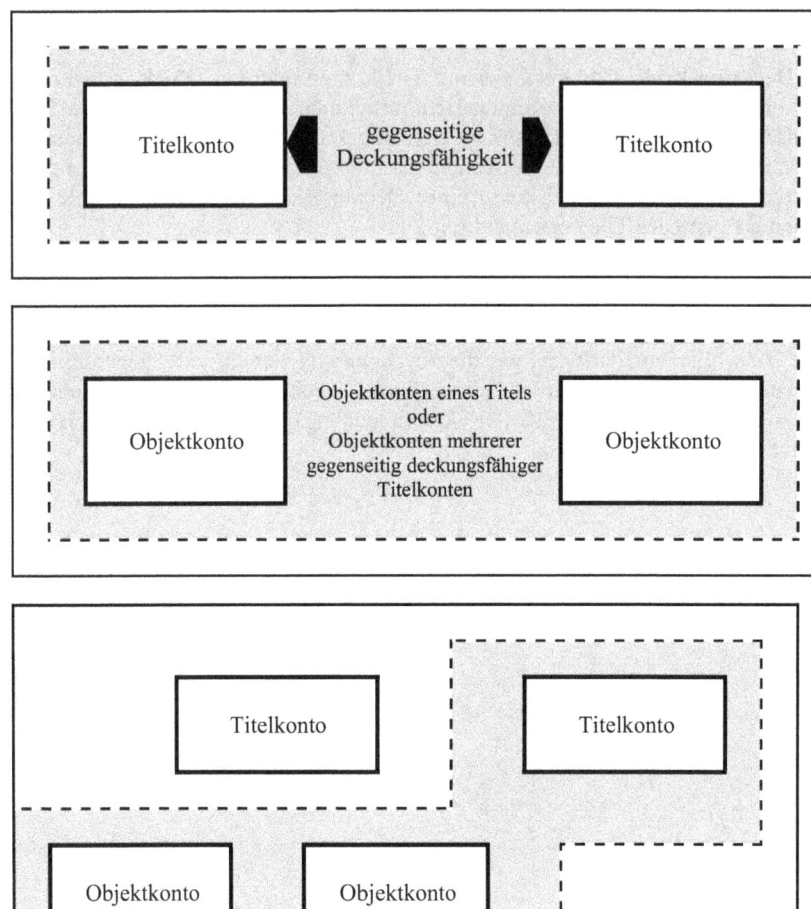

Abbildung 76: Deckungskreise bei Deckungsfähigkeiten

580 Wird ein Titelkonto in Objektkonten untergliedert, die anschließend in einen Deckungskreis eingebunden werden, so sind zumeist die für die einzelnen Objektkonten benötigten Mittel nicht genau betragsmäßig abzugrenzen. Der Gesamtverfügungsbetrag des Titelkontos steht aber fest.

Von dieser Ausgangslage her bietet sich folgende Lösung der **Kontenstruktu-** 581
rierung im Deckungskreis an: Es wird ein zusätzliches Objektkonto eingerichtet, das die gesamten Haushaltsmittelzuweisungen erhält. Man bezeichnet es
daher auch wegen seiner besonderen Funktion als Zuweisungskonto, die übrigen
Konten sind die eigentlichen Sachkonten.

Das HKR-Verfahren erlaubt aber auch weitere Variationen der Kontenkombina-
tionen in einem Deckungskreis.

Dürfen lt. Haushaltsvermerk **Ausgaben** bei einem Ausgabetitel **bis zur Höhe** 582
der Einnahmen bei einem Einnahmetitel geleistet werden, so kann die Kombination dieser korrespondierenden Haushaltsstellen in einem Deckungskreis die
Mittelbewirtschaftung erleichtern. Das System prüft in diesem Falle automatisch,
ob bei einer Auszahlung aus dem Ausgabetitel genügend Einnahmen aus dem
Einnahmetitel in dem Summenfeld des Deckungsausgleichskontos zur Verfügung stehen.

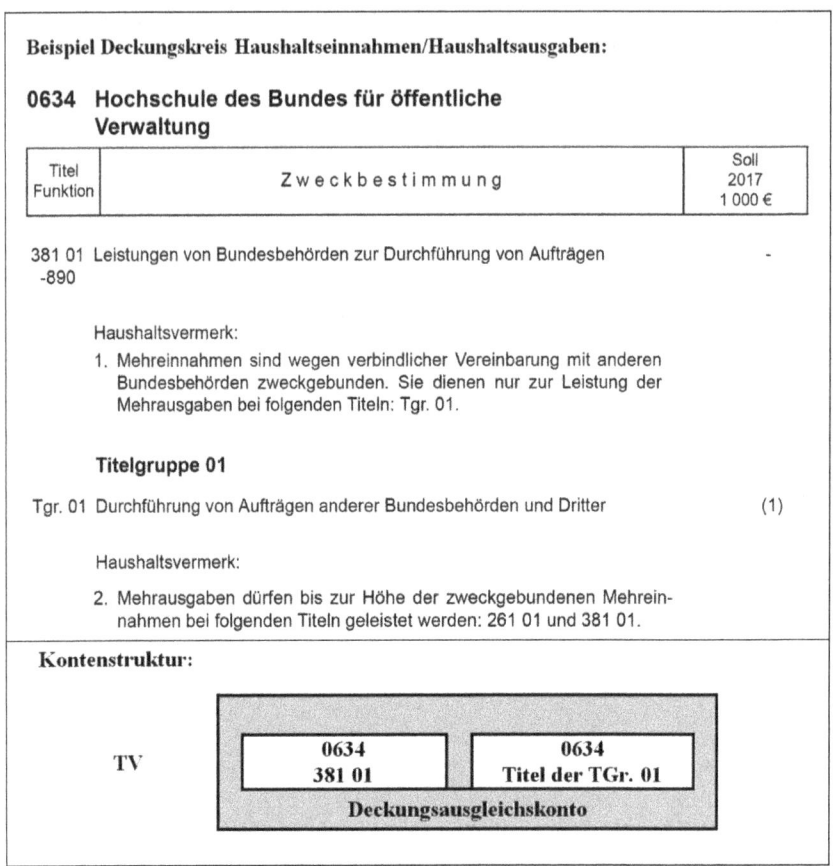

Abbildung 77: *Deckungskreis bei Zweckbindung*

583 Dürfen lt. Haushaltsvermerk *Mehreinnahmen* bei einem Einnahmetitel **zur Verstärkung der Ausgaben** bei einem Ausgabetitel verwandt werden, so kann eine Kombination von Kontenuntergliederungen und Bildung eines Deckungskreises die Mittelbewirtschaftung unterstützen.

584 Nach Untergliederung des Einnahmetitelkontos in zwei Objektkonten (Objektkonto 1 = „Bis Sollbetrag", Objektkonto 2 = „Mehreinnahmen") wird das Konto „Mehreinnahmen" mit dem Ausgabetitelkonto in einem Deckungskreis vereinigt. Sobald das Objektkonto „Bis Sollbetrag" (als Einzelkonto) gefüllt ist, wird das Objektkonto „Mehreinnahmen" mit den Einzahlungen bedient, die den Sollbetrag übersteigen, und verstärkt somit automatisch das Ausgabetitelkonto.

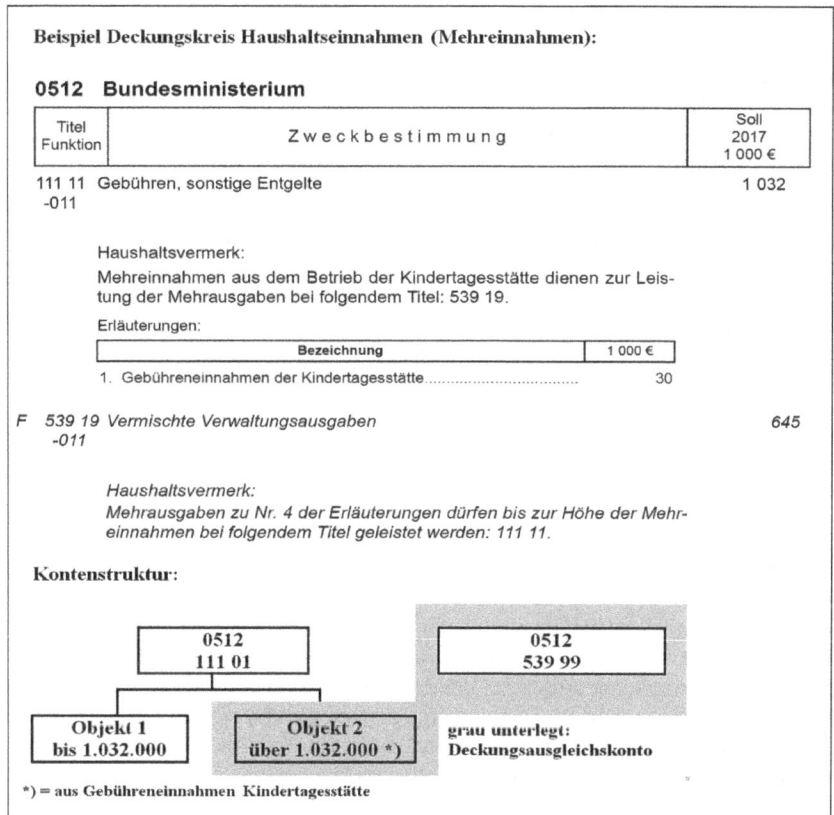

Abbildung 78: Deckungskreis bei partieller Zweckbindung

Die o. g. Kontenkonstruktion kann aber nur eingesetzt werden, wenn **ein** Titelverwalter diese Kontenkonstellation bewirtschaftet!

5. Die Phasen des Haushaltsvollzugs im Einzelnen

a) Bereitstellung und Verteilung von Haushaltsmitteln

Die Bereitstellung und Verteilung der Haushaltsmittel ist in den VV zu § 34   585
BHO geregelt. Nach der Feststellung des Haushaltsplans durch das Haushaltsgesetz[152] übersendet das BMF den für den Einzelplan zuständigen Stellen je einen

---

152   § 1 Satz 1 des jeweiligen Haushaltsgesetzes.

beglaubigten Abdruck des für sie maßgebenden Einzelplans. Er teilt ihnen außerdem mit, welche Teile von Einzelplänen, die bestimmte Gruppen von Einnahmen, Ausgaben, Verpflichtungsermächtigungen, Planstellen und anderen Stellen
für mehrere Geschäftsbereiche enthalten, auf sie entfallen. Zugleich eröffnet das
BMF den für den Einzelplan zuständigen Stellen die auf sie entfallenden Titelkonten in den Büchern des Bundes.

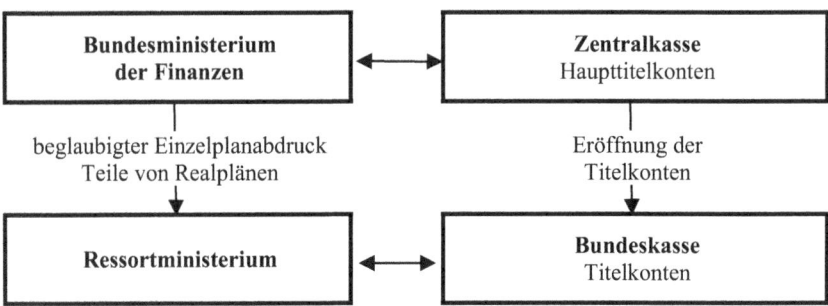

Abbildung 79: Verteilung der Haushaltsmittel BMF-Ressorts

586 Die für den Einzelplan zuständigen Stellen verteilen die veranschlagten Einnahmen, Ausgaben, Verpflichtungsermächtigungen, Planstellen und anderen Stellen,
soweit sie diese nicht selbst bewirtschaften, auf die ihnen für das Verfahren nach
§ 27 unmittelbar nachgeordneten Dienststellen, indem sie an diese
• die für sie maßgebenden Einnahmen, Ausgaben und Verpflichtungsermächtigungen durch Kassenanweisungen an die zuständige Kasse des Bundes
• sowie die für sie bestimmten Planstellen und anderen Stellen durch besondere
  Verfügung verteilen.

Zusätzlich können die entsprechenden Teile des Einzelplans (Kapitel) in beglau-
bigter Form übersandt werden.[153]

---

153 Nr. 1.2 VV zu § 34 BHO.

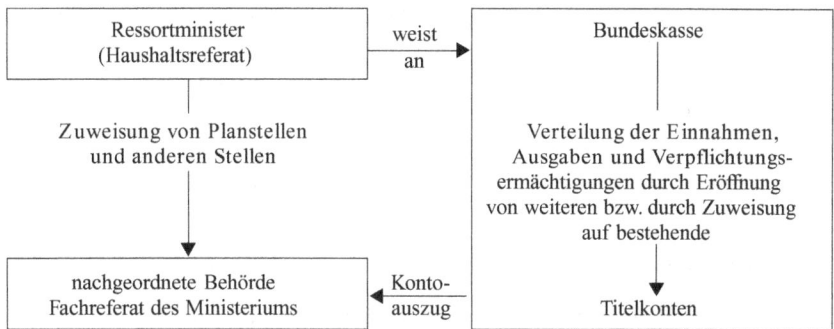

Abbildung 80: Verteilung der Haushaltsmittel Ressort – Nachgeordneter Bereich

Mit der **Übersendung des Haushaltsplans** durch den BMF und der Verteilung ist die Ermächtigung zur Bewirtschaftung erteilt. **587**

Der Beauftragte für den Haushalt verteilt die Einnahmen, Ausgaben, Verpflichtungsermächtigungen, Planstellen und anderen Stellen auf die **Titelverwalter** der eigenen Behörde sowie auf andere Dienststellen (z. B. Außenstelle der Behörde, Forschungseinrichtungen als Projektträger). Er kann auch Titelverwalter zur weiteren Verteilung der Mittel ermächtigen. Die Verteilung der Einnahmen, Ausgaben und Verpflichtungsermächtigungen erfolgt durch Kassenanweisungen an die zuständige Kasse des Bundes.[154] Die Ausgaben sollen grundsätzlich nicht sogleich in voller Höhe verteilt werden, ein Teil soll für etwaige Nachforderungen zurück behalten werden. **588**

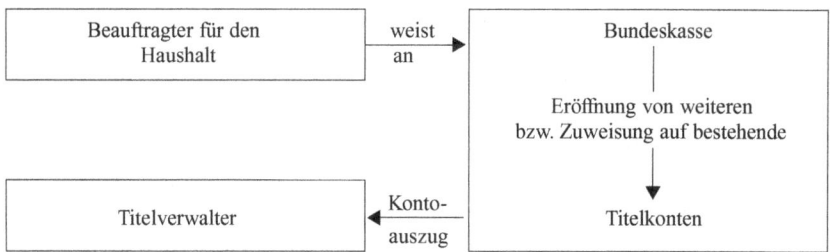

Abbildung 81: Verteilung der Haushaltsmittel auf die Titelverwalter

Die **Kasse** unterrichtet die Beauftragte oder den Beauftragten für den Haushalt und die nach Nr. 3.1.1 VV zu § 9 BHO Beauftragten durch Kontoauszüge oder im Dialogverfahren über die erfolgte Verteilung. Über die verteilten Planstellen und Stellen ist ein besonderer Nachweis zu führen. **589**

---

154 Nr. 3.2 VV zu § 9 BHO.

590 Bei der Verteilung von Ausgaben sind die **Ausgabereste** und die **Vorgriffe** in
der Weise zu berücksichtigen, dass die Ausgabereste den Ausgaben zugesetzt,
die Vorgriffe von ihnen vorweg abgesetzt werden. Einsparungsauflagen nach
§ 45 Abs. 3 BHO sind zu beachten.

Über die verteilten Einnahmen, Ausgaben und Verpflichtungsermächtigungen,
Planstellen und anderen Stellen ist ein **Nachweis** zu führen.[155]

b) Festlegung von Haushaltsmitteln – Die Vergabe öffentlicher Aufträge

591 Sobald Verträge abgeschlossen werden oder öffentlich-rechtliche Verpflichtungen eingegangen werden, die zu einer finanziellen Leistung des Staates führen,
ist eine Festlegung über die dadurch gebundenen Ausgabemittel zu treffen.
Erfolgt die finanzielle Leistung erst in einem der Folgejahre, ist eine Verpflichtung zu Lasten des entsprechenden Jahres zu buchen.

592 Finanzielle Verpflichtungen werden zum einen durch Verträge ausgelöst, die die
Lieferung von Waren, die Ausführung von Bauleistungen oder die Erbringung
von Dienstleistungen zum Gegenstand haben[156]. Dabei handelt es sich um öffentliche Aufträge. Bei der Vergabe solcher öffentlicher Aufträge sind besondere
Regeln anwendbar, das so genannte Vergaberecht. Zum anderen können finanzielle Verpflichtungen auch durch eine öffentlich-rechtliche Verpflichtung durch
sogenannte Leistungsbescheide eingegangen werden. Hier soll zunächst auf die
Vergabe öffentlicher Aufträge und das dafür geltende Vergaberecht eingegangen
werden.

593 Ziele des Vergaberechts sind eine wirtschaftliche und sparsame Verwendung von
Haushaltsmitteln bei der Deckung des Beschaffungsbedarfs der öffentlichen
Hand, durch die Gebote der Gleichbehandlung, Nichtdiskriminierung und Transparenz einen ungehinderten Wettbewerb zwischen den bietenden Unternehmen
sicherzustellen und Korruption und Vetternwirtschaft zu verhindern. Weitere
Ziele der Politik können durch die Einbeziehung von umweltbezogenen, sozialen
und innovativen Kriterien einbezogen werden.

594 Das **Vergaberecht** umfasst alle Regeln und Vorschriften, die öffentliche Auftraggeber beim Einkauf von Gütern und Leistungen und bei der Vergabe von
Konzessionen befolgen müssen. Öffentliche Auftraggeber sind dabei Gebietskörperschaften und deren Sondervermögen sowie andere juristische Personen des
öffentlichen und des privaten Rechts, die zu dem besonderen Zweck gegründet
wurden, im allgemeinen Interesse liegende Aufgaben nicht gewerblicher Art zu
erfüllen und finanziell oder bezüglich der Aufsichtsrechte von Gebietskörperschaften, deren Sondervermögen oder von diesen abhängigen Verbänden

---

155   VV Nr. 3.2 zu § 9 BHO.
156   § 103 Abs. 1 GWB.

beherrscht werden[157]. Außerdem gilt Vergaberecht auch für Sektorenauftraggeber, das sind Einrichtungen, die Trinkwasser, Elektrizität und Gas und Wärme
bereitstellen und einspeisen sowie Verkehrsbetriebe, Betreiber von Flughäfen
und Häfen sowie Einrichtungen, die Öl oder Gas fördern oder die Exploration
oder Förderung von Kohle oder anderen festen Brennstoffen betreiben.[158]

Dabei gibt es einen Unterschied, ob die Vergabe ober- oder unterhalb der EU-   595
Schwellenwerte erfolgen soll. Seit dem 01.01.2016 gelten folgende Schwellenwerte[159]:
1. Liefer- und Dienstleistungsaufträge von Sektorenauftraggebern: 418.000 €
2. Bauaufträge: 5.225.000 €
3. Liefer- und Dienstleistungsaufträge für oberste, obere Bundesbehörden und
   vergleichbare Bundeseinrichtungen: 135.000 €
4. Liefer- und Dienstleistungsaufträge für alle anderen Auftraggeber: 209.000 €

Bei Vergaben **unterhalb der Schwellenwerte** findet traditionell Haushaltsrecht   596
Anwendung. Über entsprechende Verweise in der Bundeshaushaltsordnung[160]
sowie in den Landeshaushaltsverordnungen/Landesvergabegesetzen finden für
Liefer- und Dienstleistungsaufträge die Unterschwellenvergabeverordnung
(UVgO) vom 07.02.2017[161] und für Bauaufträge die Vergabe- und Vertragsord-
nung für Bauleistungen, Teil A, Abschnitt 1[162] Anwendung.

Die Grundlagen des Vergaberechts **oberhalb der Schwellenwerte** sind in Teil 4   597
des Gesetzes gegen Wettbewerbsbeschränkungen (GWB)[163] enthalten. Dieser
Teil besteht aus
• Vorschriften zum Vergabeverfahren (Kapitel 1)
• Vorschriften zum Nachprüfungsverfahren (Kapitel 2).

Abschnitt 1 des ersten Kapitels umfasst Regelungen zum Anwendungsbereich,   598
Grundsätze und Definitionen; Abschnitt 2 regelt die Verfahrensarten, den gesam-
ten Ablauf des Vergabeverfahrens, die Ausschlussgründe, die Eignung, die
Zuschlagserteilung u. a. Darauf folgt Abschnitt 3 zur Vergabe in besonderen
Bereichen und von Konzessionen. Kapitel 2 enthält Vorschriften für das Nach-
prüfungsverfahren vor den Vergabekammern sowie für das Verfahren vor den
Vergabesenaten der Oberlandesgerichte.

Die Vergabeverordnung (VgV)[164] konkretisiert die Bestimmungen des Teils 4   599
Kapitel 1 des GWB. Bei der Vergabe von Bauleistungen ist neben bestimmten

---

157 § 99 GWB.
158 § 100 i. V. m. § 102 GWB.
159 Hier sind nur die wichtigsten Schwellenwerte aufgeführt.
160 § 55 BHO, VV zu § 55 BHO.
161 BAnz AT 07.02.2017 B1.
162 BAnz AT 19.01.2016 B3.
163 Gesetz gegen Wettbewerbsbeschränkungen in der Fassung der Bekanntmachung vom
     26. Juni 2013 (BGBl. I S. 1750, 3245), zuletzt geändert durch Artikel 5 des Gesetzes
     vom 13. Oktober 2016 (BGBl. I S. 2258).
164 Vergabeverordnung (VgV) vom 12. April 2016 (BGBl. I S. 624).

Teilen der VgV weiterhin die VOB/A EU anzuwenden (vgl. § 2 VgV). Die VgV gliedert sich in sieben Abschnitte, zum Teil mit Unterabschnitten.

600 Der Abschnitt 1 betrifft allgemeine Bestimmungen und Regelungen zur Kommunikation. Abschnitt 2 VgV regelt das Vergabeverfahren mit
- den Zulassungsvoraussetzungen für die Wahl einer Verfahrensart,
- den Regeln zum genauen Ablauf der einzelnen Verfahrensarten,
- der Eignung und sonstigen Anforderungen an Unternehmen,
- den Regelungen zur Einreichung, Form und zum Umgang mit Angeboten, Teilnahmeanträgen, Interessensbekundungen und Interessensbestätigungen
- der Prüfung und Wertung der Angebote.

601 Abschnitt 3 enthält besondere Vorschriften für die Vergabe sozialer und anderer besonderer Dienstleistungen. Für diese Art der Dienstleistungen gibt es eine Reihe von Erleichterungen: die freie Wahl der wettbewerblichen Verfahrensart, die Dauer von Rahmenvereinbarungen, die Zuschlagskriterien und die Mindestfristen. Abschnitt 4 beinhaltet Vorschriften zur Beschaffung von energieverbrauchsrelevanten Leistungen und Straßenfahrzeugen, Abschnitt 5 enthält grundlegende Vorschriften zur Durchführung von Planungswettbewerben und zwar nicht nur solchen im Bereich der Bauplanung. Abschnitt 6 trägt den Besonderheiten der Vergabe von Architekten- und Ingenieurleistungen Rechnung. Abschnitt 7 schließlich trifft Übergangs- und Schlussbestimmungen. Die Vergabeverordnung (VgV) konkretisiert die Bestimmungen des Teils 4 Kapitel 1 des GWB. Bei der Vergabe von Bauleistungen ist neben bestimmten Teilen der VgV weiterhin die VOB/A EU anzuwenden (vgl. § 2 VgV). Die VgV gliedert sich in sieben Abschnitte, zum Teil mit Unterabschnitten.

602 Die Sektorenverordnung (SektVO)[165] regelt die Vergabe von Bau-, Liefer- und Dienstleistungsaufträgen im Bereich des Verkehrs, der Trinkwasserversorgung und der Energieversorgung durch Sektorenauftraggeber (z. B. kommunale Versorgungswirtschaft). In diesem Bereich stellt die SektVO ein flexibles Regelwerk zur Verfügung, das im Aufbau in weiten Teilen der Vergabeverordnung entspricht, aber den Besonderheiten des Sektorenbereichs Rechnung trägt.

603 Die Verordnung über die Vergabe von Konzessionen Konzessionsvergabeverordnung – KonzVgV[166] beinhaltet Vorschriften zur Vergabe von Bau- und Dienstleistungskonzessionen für die öffentlichen Auftraggeber und die Sektorenauftraggeber.

604 Konzessionen sind in der Regel langfristige und komplexe Vereinbarungen, bei denen der Konzessionsnehmer Verantwortlichkeiten und Risiken übernimmt, die üblicherweise vom Konzessionsgeber getragen werden und normalerweise in dessen Zuständigkeit fallen. Konzessionsgeber sind nicht auf bestimmte Verfah-

---

165 Sektorenverordnung vom 12. April 2016 (BGBl. I S. 624, 657).
166 Konzessionsvergabeverordnung vom 12. April 2016 (BGBl. I S. 624, 683).

rensarten festgelegt, sondern dürfen das Vergabeverfahren im Rahmen der Vorgaben der Richtlinie 2014/23/EU frei ausgestalten. Das Verfahren darf ein- oder zweistufig durchgeführt werden, d. h. Konzessionsgeber dürfen im Rahmen eines einstufigen Verfahrens eine Vielzahl von Unternehmen öffentlich zur Abgabe eines Angebots auffordern oder im Rahmen eines zweistufigen Verfahrens erst über die Eignung der Bewerber in einem Teilnahmewettbewerb befinden und die geeigneten Bewerber sodann zur Angebotsabgabe auffordern.

Die Vergabeverordnung Verteidigung und Sicherheit (VSVgV)[167] trägt den **605** bereichsspezifischen Besonderheiten der Beschaffung verteidigungs- und sicherheitsrelevanter Leistungen Rechnung und setzt die EU-Richtlinie 2009/81/EG in nationales Recht um. Die EU-Richtlinie 2009/81/EG beabsichtigt den schrittweisen Aufbau eines europäischen Markts für Verteidigungs- und Sicherheitsausrüstungen mit gleichen Wettbewerbsbedingungen für Anbieter aus den EU-Mitgliedstaaten und die Öffnung nationaler Beschaffungsmärkte zugunsten von Anbietern aus anderen EU-Mitgliedstaaten. Zur Erreichung dieser Ziele setzt sie für die Beschaffung im Verteidigungs- und Sicherheitsbereich EU-weite, wettbewerbliche Vergabeverfahren voraus.

EU-Recht	Vergaberecht der Europäischen Union: EG-Richtlinien und allgemeine vom EuGH aufgestellte Rechtsgrundsätze				
Nationales Recht	unterhalb		oberhalb		
	der Schwellenwerte				
	Haushaltsrecht BHO, LHO, GemHVO		GWB Teil 4		
	↓	↓	↓	↓	↓
	Verwaltungsvorschriften	VgV	SektVO	KonzVgV	VSVgV
	↓	↓			
	UVgO VOB/A 1. Abschn.	VOB/A 2. Abschn.			

Abbildung 82: Übersicht über die Rechtsgrundlagen des Vergaberechts

Um die Ziele des Vergaberechts – wirtschaftliche und sparsame Verwendung **606** von Haushaltsmitteln, Gleichbehandlung, Transparenz, ungehinderten Wettbewerb, Vermeidung von Korruption und Vetternwirtschaft – zu erreichen, sieht es bestimmte, stark formalisierte Verfahren bei der Beschaffung von Waren, der Ausführung von Bauleistungen oder die Erbringung von Dienstleistungen vor.

Im **Unterschwellenbereich** sieht § 55 BHO als Regelfall die **öffentliche Aus-** **607** **schreibung** vor, sofern nicht die Natur des Geschäfts oder besondere Umstände eine Ausnahme rechtfertigen. Eine öffentliche Ausschreibung liegt vor, wenn im

---

167 Vergabeverordnung Verteidigung und Sicherheit vom 12. Juli 2012 (BGBl. I S. 1509), zuletzt geändert durch Artikel 5 der Verordnung vom 12. April 2016 (BGBl. I S. 624).

vorgeschriebenen Verfahren eine unbeschränkte Zahl von Unternehmen aufgefordert wird, Angebote für Lieferungen und Leistungen einzureichen[168]. Bei der **beschränkten Ausschreibung** fordert der öffentliche Auftraggeber in der Regel öffentlich zur Teilnahme (**Teilnahmewettbewerb**) auf, bevor er sodann aus dem Bewerberkreis eine beschränkte Anzahl von Unternehmen zur Angebotsabgabe auffordert. Die dritte Möglichkeit ist das **Verhandlungsverfahren**, welches unter anderem Verhandlungen über die Auftragsbedingungen mit den Unternehmen zulässt. Es ist das formfreieste der Vergabeverfahren. Dem Auftraggeber stehen die Öffentliche Ausschreibung und die Beschränkte Ausschreibung mit Teilnahmewettbewerb nach seiner Wahl zur Verfügung. Die anderen Verfahrensarten stehen nur zur Verfügung, soweit dies nach den Absätzen 3 und 4 gestattet ist.[169]

608   Im **Oberschwellenbereich** entspricht der öffentlichen Ausschreibung das **offene Verfahren** und der beschränkten Ausschreibung das **nicht offene Verfahren**, bei dem der öffentliche Auftraggeber nach vorheriger öffentlicher Aufforderung zur Teilnahme eine beschränkte Anzahl von Unternehmen nach objektiven, transparenten und nicht diskriminierenden Kriterien auswählt (Teilnahmewettbewerb).

609   Das **Verhandlungsverfahren** kann mit Teilnahmewettbewerb und ohne Teilnahmewettbewerb. durchgeführt werden. Das Verhandlungsverfahren **mit Teilnahmewettbewerb** unterliegt erleichterten Zulassungsvoraussetzungen. In Betracht kommt es nun etwa bei Aufträgen zu konzeptionellen oder innovativen Lösungen oder, wenn der Auftrag aufgrund konkreter Umstände, die mit der Art, der Komplexität oder dem rechtlichen oder finanziellen Rahmen oder entsprechenden Risiken zusammenhängen, eine vorherige Verhandlung erfordert. Das Verhandlungsverfahren **ohne Teilnahmewettbewerb** erfordert keine europaweite Veröffentlichung und ist daher nur in besonders restriktiv auszulegenden Ausnahmefällen zulässig.

610   Nur im Oberschwellenbereich gibt es als weitere mögliche Verfahren den **wettbewerblichen Dialog**, der dem öffentlichen Auftraggeber noch mehr Spielraum bei den Verhandlungen mit den Bietern einräumt und die **Innovationspartnerschaft**, bei welcher der öffentliche Auftraggeber im Anschluss an den Teilnahmewettbewerb in mehreren Phasen mit den ausgewählten Unternehmen über Erst- und Folgeangebote verhandelt. Der wettbewerbliche Dialog ist ein Verfahren zur Vergabe öffentlicher Aufträge mit dem Ziel der Ermittlung und Festlegung der Mittel, mit denen die Bedürfnisse des öffentlichen Auftraggebers am besten erfüllt werden können. Nach einem Teilnahmewettbewerb eröffnet der öffentliche Auftraggeber mit den ausgewählten Unternehmen einen Dialog zur Erörterung aller Aspekte der Auftragsvergabe[170]. Die Innovationspartnerschaft

---

168   VV Nr. 2.2 zu § 55 BHO.
169   § 8 Abs. 2 UVgO.
170   § 119 Abs. 6 GWB.

ist ein Verfahren zur Entwicklung innovativer, noch nicht auf dem Markt verfügbarer Liefer-, Bau- oder Dienstleistungen und zum anschließenden Erwerb der daraus hervorgehenden Leistungen[171].

Im Oberschwellenbereich gibt es eine Gleichrangigkeit von offenem und nicht offenem Verfahren[172]. Das nicht offene Verfahren erfordert zwingend einen vorgeschalteten Teilnahmewettbewerb[173]. Wegen des zwingend erforderlichen vorgeschalteten Teilnahmewettbewerbs im nicht offenen Verfahren steht grundsätzlich jedem Unternehmen die Teilnahme am Wettbewerb offen.   **611**

Die danach vom öffentlichen Auftraggeber nach pflichtgemäßem Ermessen zu treffende Auswahl erfolgt nach objektiven, diskriminierungsfreien Gesichtspunkten, wobei das Wettbewerbs-, Gleichbehandlungs- und Transparenzgebot zu beachten s. Die Auswahl der Vergabeart ist im Vergabevermerk zu dokumentieren. Die übrigen Vergabeverfahrensarten im Oberschwellenbereich (Verhandlungsverfahren, wettbewerblicher Dialog und Innovationspartnerschaft) sind nur zulässig, sofern die jeweiligen Zulassungsvoraussetzungen dafür erfüllt sind[174].   **612**

Mit einer Übergangsfrist bis spätestens zum 18. Oktober 2018 wird die **elektronische Vergabe**, also die vollständige elektronische Abwicklung eines Vergabeverfahrens, eingeführt. Bekanntmachungen an das Amt für Veröffentlichung der EU müssen bereits ab 18. April 2016 elektronisch übermittelt werden. Ebenfalls ab dem 18. April 2016 müssen Vergabeunterlagen grundsätzlich elektronisch bereitgestellt werden.   **613**

Die elektronische Vergabe ist bereits weit fortgeschritten. Der gesamte Prozess ist elektronisch abgebildet, die gesamte Kommunikation zwischen Einkäufer und Wirtschaft kann elektronisch über die e-Vergabeplattform des Bundes[175] abgewickelt werden. Über 600 Vergabestellen aus Bund, Ländern und Kommunen wickeln mit der e-Vergabe online den Beschaffungsprozess für Aufträge in Milliardenhöhe ab. Ein Großteil der mit der Wirtschaft abgeschlossenen Verträge wird den Bundesbehörden über das virtuelle Kaufhaus des Bundes zum Abruf bereitgestellt.[176]   **614**

Die vergaberechtlichen Vorschriften des GWB sind nicht auf so genannte **In-House-Aufträge** anzuwenden. Das sind Aufträge, die von einem öffentlichen Auftraggeber an eine juristische Person des öffentlichen oder privaten Rechts vergeben werden, wenn
1. der öffentliche Auftraggeber über die juristische Person eine ähnliche Kontrolle wie über seine eigenen Dienststellen ausübt,   **615**

---

171 § 119 Abs. 7 GWB.
172 § 119 Abs. 2 GWB.
173 § 119 Abs. 4 GWB.
174 §§ 17 ff. VgV.
175 www.evergabe-online.de, Stand: 02/2017.
176 http://www.kdb.bund.de, Stand: 02/2017.

2. mehr als 80 Prozent der Tätigkeiten der juristischen Person der Ausführung von Aufgaben dienen, mit denen sie von dem öffentlichen Auftraggeber oder von einer anderen juristischen Person, die von diesem kontrolliert wird, betraut wurde, und

3. an der juristischen Person keine direkte private Kapitalbeteiligung besteht, mit Ausnahme nicht beherrschender Formen der privaten Kapitalbeteiligung und Formen der privaten Kapitalbeteiligung ohne Sperrminorität, die durch gesetzliche Bestimmungen vorgeschrieben sind und die keinen maßgeblichen Einfluss auf die kontrollierte juristische Person vermitteln[177].

616   Eingehender kann der Bereich des Vergaberechts in einem universellen Lehrbuch der Öffentlichen Finanzwirtschaft nicht dargestellt werden. Haushaltswirtschaftlich sind wir in einer Phase, in der Verpflichtungen zur Zahlung begründet werden, eine Zahlung aber in aller Regel noch nicht erfolgt, da Leistungen des Bundes vor Empfang der Gegenleistung nur vereinbart oder bewirkt werden dürfen, wenn dies allgemein üblich oder durch besondere Umstände gerechtfertigt ist[178]. Was aber erfolgen muss, ist eine sog. **Festlegung** von Mitteln. Die Festlegung von Ausgaben aufgrund einer rechtsgültig eingegangenen Verpflichtung auf einer Haushaltsstelle für das laufende Haushaltsjahr zu Lasten der verfügbaren Ausgaben bedarf einer Kassenanweisung der zuständigen Titelverwalterinnen oder Titelverwalter[179].

c) Die Anordnung zur Zahlung, Unterschriften

617   **Zahlungen** dürfen nach § 70 BHO nur von Kassen und Zahlstellen angenommen oder geleistet werden. Die Anordnung der Zahlung muss durch das zuständige Ministerium oder die von ihm ermächtigte Dienststelle schriftlich oder auf elektronischem Wege erteilt werden und ist das Ergebnis einer Abfolge von Entscheidungen, mit denen die Verantwortlichkeiten für die Richtigkeit der anzunehmenden Einzahlung, der zu leistenden Auszahlung oder der vorzunehmenden Buchung wahrgenommen werden.

618   Die Verwaltungsvorschriften für Zahlungen, Buchführung und Rechnungslegung – VV-ZBR BHO – regeln das **Verfahren für die Haushaltsausführung**, einschließlich des Nachweises und der Rechnungslegung und stellen darauf ab, dass für die Bewirtschaftung der Haushaltsmittel zukünftig **grundsätzlich nur noch automatisierte Verfahren**, die mit einer elektronischen Schnittstelle an das automatisierte Verfahren für das Haushalts-, Kassen- und Rechnungswesen des Bundes angebunden sind, bei den Bewirtschaftern eingesetzt werden. Bei diesen automatisierten Verfahren wird nicht mehr auf die bisher erforderliche Anordnungsbefugnis und die Feststellung der rechnerischen und sachlichen

---

177   § 108 Abs. 1 GWB.
178   § 56 Abs. 1 BHO.
179   Nr. 8.2 Abs. 1 VerfRiB-MV/TV-HKR.

Richtigkeit abgestellt. Vielmehr muss durch das jeweilige Ressort beim Einsatz automatisierter Verfahren der Prozess so gestaltet werden, dass Verantwortlichkeiten sichergestellt werden, in denen die herkömmliche Anordnungsbefugnis, aber auch die Feststellungen der rechnerischen und sachlichen Richtigkeit enthalten sind.

Die **förmliche Anordnungsbefugnis** sowie die Feststellung der rechnerischen und sachlichen Richtigkeit sind nur noch für die manuellen Verfahren erforderlich, in denen schriftliche Anordnungen erstellt werden bzw. schriftliche begründende Unterlagen vorhanden sind.   **619**

Die Verantwortlichkeiten im Anordnungsverfahren werden durch die Feststellung der rechnerischen Richtigkeit, die Feststellung der sachlichen Richtigkeit und die Ausübung der Anordnungsbefugnis wahrgenommen und bescheinigt. Die Bescheinigungen können zusammengefasst werden; die oder der Anordnungsbefugte darf jedoch nicht zugleich die rechnerische Richtigkeit bescheinigen.[180]   **619a**

Sachlich richtig	Rechnerisch richtig
....	
Unterschriften	
Die Anordnung ist, wie angegeben, auszuführen	
....	
Datum, Unterschrift des Anordnungsbefugten	

Abbildung 83: Auszug aus dem Vordruck F05 – Auszahlungsanordnung

Die oder der Feststeller der **rechnerischen Richtigkeit** übernimmt mit der Unterzeichnung des Feststellungsvermerks die Verantwortung, dass der anzunehmende oder auszuzahlende Betrag sowie alle auf Berechnungen beruhenden Angaben in der förmlichen Kassenanordnung und den sie begründenden Unterlagen richtig sind. Die Feststellung der rechnerischen Richtigkeit erstreckt sich mithin auch auf die Richtigkeit der den Berechnungen zugrunde liegenden Ansätze (z. B. Bestimmungen, Tarife, Verträge).[181]   **620**

Die Feststellerin oder der Feststeller der **sachlichen Richtigkeit** übernimmt mit der Unterzeichnung des Feststellungsvermerks die Verantwortung, dass   **621**

---

180 Nr. 2.2.1.1 Anlage zu Nr. 9.2 der VV für Zahlungen, Buchführung und Rechnungslegung, (Zusätzliche Bestimmungen für manuelle Verfahren)
181 Nr. 2.2.2. Anlage zu Nr. 9.2 der VV für Zahlungen, Buchführung und Rechnungslegung, (Zusätzliche Bestimmungen für manuelle Verfahren).

- die in der Anordnung und den sie begründenden Unterlagen enthaltenen, für die Zahlung und Buchung maßgebenden Angaben vollständig und richtig sind,
- nach den geltenden Vorschriften, insbesondere dem Grundsatz der Wirtschaftlichkeit, verfahren worden ist, insbesondere
- die Einnahmen vollständig und rechtzeitig erhoben werden,
- die Lieferung oder Leistung entsprechend der zugrunde liegenden Vereinbarung oder Bestellung sachgemäß und vollständig ausgeführt worden ist,
- die übrigen haushaltsrechtlichen Voraussetzungen für die Zahlung vorliegen (z. B. Mittelverfügbarkeit),
- die angeforderte Zahlung nach Rechtsgrund und Höhe richtig ermittelt worden ist.[182]

622   Sind an der Feststellung der sachlichen Richtigkeit neben der Feststellerin oder dem Feststeller noch **andere Bedienstete** beteiligt, die z. B. die vollständige Lieferung einer Ware bescheinigen oder über die zur Feststellung erforderlichen Fachkenntnisse z. B. auf rechtlichem, medizinischem oder technischem Gebiet verfügen, so muss aus deren Bescheinigungen (Teilbescheinigungen) der Umfang der Verantwortung ersichtlich sein.

623   Die Bewirtschaftungsbefugnis wird praktisch nur umsetzbar durch die **Anordnungsbefugnis**. Die Anordnungsbefugnis wird durch Unterschrift unter Angabe des Datums auf der Kassenanordnung ausgeübt und umfasst die Verantwortung dafür, dass in der Kassenanordnung offensichtlich erkennbare Fehler nicht enthalten sind und die Bescheinigungen der sachlichen und rechnerischen Richtigkeit von den dazu Befugten abgegeben worden sind.[183] Die Anordnungsbefugnis wird in einer Behörde originär durch die Beauftragte oder den Beauftragten für den Haushalt ausgeübt. Sie oder er kann jedoch beide Befugnisse delegieren und sich selbst lediglich die Überwachung vorbehalten. Die Namen und Unterschriftsproben der Anordnungsbefugten sind der Bundeskasse mitzuteilen.

624   Die Feststellung der sachlichen Richtigkeit kann auf der Kassenanordnung **mit der Anordnungsbefugnis verbunden** werden, sofern eine andere Person die rechnerische Richtigkeit bescheinigt. Wurde auf der Kassenanordnung nur die rechnerische Richtigkeit bescheinigt, so wird mit der Unterschrift der oder des Anordnungsbefugten auch die sachliche Richtigkeit festgestellt. Es bedarf dann keiner weiteren Unterschrift der oder des Anordnungsbefugten in dem Feld „sachliche Richtigkeit" und auch keines Vermerks, der auf die Verbindung der sachlichen Richtigkeit mit der Anordnungsbefugnis hinweist.

625   Nach § 75 BHO sind alle Buchungen zu belegen. Für die Anordnung zur Leistung oder Annahme einer Zahlung und zur Buchung sind Unterlagen notwendig,

---

182   Nr. 2.2.3. Anlage zu Nr. 9.2 der VV für Zahlungen, Buchführung und Rechnungslegung, (Zusätzliche Bestimmungen für manuelle Verfahren).
183   Nr. 2.2.4. Anlage zu Nr. 9.2 der VV für Zahlungen, Buchführung und Rechnungslegung, (Zusätzliche Bestimmungen für manuelle Verfahren).

die Zweck und Anlass für die Erstellung einer Kassenanordnung oder Kassenanweisung zweifelsfrei erkennen lassen. Die Kassenanordnungen und begründenden Unterlagen sind nach Nr. 4.1.2 der Aufbewahrungsbestimmungen für die Unterlagen für das Haushalts-, Kassen- und Rechnungswesen des Bundes (ABestB-HKR) fünf Jahre aufzubewahren.

6. Die Bewirtschaftung der Planstellen und Stellen

a) Personalwirtschaft im Haushaltsrecht des Bundes

Die personalwirtschaftlichen Bestimmungen sind in der BHO einschließlich der Verwaltungsvorschriften dazu und in den **jährlichen Haushaltsgesetzen** des Bundes zu finden. Da die Regelungen der BHO durch die jährlichen Haushaltsgesetze z. T. erheblich verändert (i. d. R. erweitert) werden, muss das Haushalts- wie auch das Personalreferat einer jeden Behörde die genauen Bestimmungen des jeweiligen Haushaltsgesetzes intensiv studieren.   **626**

Bei **Beamten** koppelt § 49 BHO die Verleihung eines Amtes (Ernennung) mit der Einweisung in eine **besetzbare Planstelle**. Ohne Vorliegen einer der Besoldungsgruppe entsprechenden besetzbaren Planstelle darf eine Ernennung nicht ausgesprochen werden.   **627**

Mit der Tarifeinigung für den öffentlichen Dienst vom 9.2.2005 und den ausfüllenden Tarifregelungen (**TVöD**) sind die bisherigen Vergütungs- und Lohntabellen für Angestellte und Arbeiterinnen und Arbeiter zu einer einheitlichen **Entgelttabelle für Arbeitnehmerinnen und Arbeitnehmer** zusammengefasst worden.   **628**

Stellen für Arbeitnehmerinnen und Arbeitnehmer werden in den Erläuterungen zu dem jeweiligen Titel ausgewiesen und sind damit grundsätzlich nicht verbindlich. Seit 1972 bestimmen jedoch die jährlichen Haushaltsgesetze, dass die in den Erläuterungen zu den entsprechenden Titeln nach Entgeltgruppen ausgewiesenen Stellen verbindlich sind.[184]   **629**

Die im Haushaltsplan verbindlich ausgewiesenen Planstellen bilden den **Stellenplan für Beamte**, die durch die Haushaltsgesetze für verbindlich erklärten Stellen für Arbeitnehmerinnen und Arbeitnehmer den Stellenplan für Tarifbeschäftigte. Mit diesen Stellenplänen nimmt das Parlament über den Haushaltsplan auf die Verwaltung lenkend und begrenzend Einfluss. Die **haushaltswirtschaftliche Bindung der Exekutive** an diese Stellenpläne bezieht sich jeweils auf das Kapitel, das im Haushaltsplan i. d. R. für eine bestimmte Behörde eingerichtet ist.   **630**

---

184 Z. B. § 14 Abs. 1 HG 2017.

631   Nach § 17 Abs. 1 HG 2017 **gilt eine Planstelle** für die Beamtin oder den Beamten, die oder der als Ersatzkraft eine Funktion wahrnehmen soll, **als ausgebracht,** soweit

- ein unabweisbarer Bedarf besteht den Dienstposten wiederzubesetzen und
- wenn die bisherige Inhaberin oder der bisherige Inhaber des Dienstpostens
  – gemäß § 14 des Deutschen Richtergesetzes in einem Land als Richterin oder Richter kraft Auftrags verwendet werden soll oder
  – mindestens sechs Monate im Rahmen der internationalen Zusammenarbeit ohne Wegfall der Dienstbezüge verwendet oder auf eine entsprechende Verwendung vorbereitet werden soll.

632   Die Planstellen sind bis zur **Rückkehr der bisherigen Inhaberin** oder des bisherigen Inhabers des Dienstpostens befristet und haben die Wertigkeit der Besoldungsgruppe der Beamtin oder des Beamten, die oder der als **Ersatzkraft** die Funktion wahrnehmen soll; die Wertigkeit der Planstelle der bisherigen Inhaberin oder des bisherigen Inhabers des Dienstpostens wird nicht überschritten.

633   Das Bundesministerium der Finanzen wird durch § 15 Abs. 1 HG 2017 ermächtigt, mit Einwilligung des Haushaltsausschusses des Deutschen Bundestages Planstellen für Beamtinnen und Beamte und Stellen für Arbeitnehmerinnen und Arbeitnehmer sowie Planstellen oberhalb der Besoldungsgruppe B 3 für Soldatinnen und Soldaten **zusätzlich auszubringen,** wenn hierfür ein unabweisbarer, auf andere Weise nicht zu befriedigender Bedarf besteht.

Die neu ausgebrachten Planstellen und Stellen sind in finanziell gleichwertigem Umfang durch den **Wegfall anderer Planstellen und Stellen einzusparen.** Dem Bundesrechnungshof muss Gelegenheit zur Stellungnahme gegeben werden.

634   Die Planstellen sind befristet bis zur **Rückkehr der bisherigen Inhaberin** oder des bisherigen Inhabers des Dienstpostens und in der Wertigkeit der Besoldungsgruppe der Beamtin oder des Beamten auszubringen, die oder der als Ersatzkraft die Funktion wahrnehmen soll. Über den weiteren Verbleib der Planstellen ist im nächsten Haushaltsplan zu entscheiden.

635   § 15 Abs. 2 HG 2017 ermächtigt darüber hinaus das Bundesministerium der Finanzen, Planstellen und Stellen auszubringen, um Bedienstete von bundesunmittelbaren juristischen Personen des öffentlichen Rechts, Unternehmen im Sinne von § 65 BHO, Sondervermögen des Bundes oder von durch den Bund institutionell geförderten Zuwendungsempfängern, für die Planstellen und Stellen im Bundeshaushalt nicht ausgebracht sind und bei denen ein **Personalüberhang** besteht, zu übernehmen. Die Ausbringung dieser Planstellen und Stellen setzt voraus, dass hierfür ein **unabweisbarer, auf andere Weise nicht zu befriedigender Bedarf** besteht, die Finanzierung der neu ausgebrachten Planstellen und Stellen auf Dauer sichergestellt ist und die Übernahme der Bediensteten zu einer Entlastung des Bundeshaushalts an anderer Stelle führt.

Zusätzlich ermächtigt § 16 HG 2017 das Bundesministerium der Finanzen, Plan- **636** stellen für Beamtinnen und Beamte oder Stellen für Arbeitnehmerinnen und Arbeitnehmer umzusetzen oder neue Planstellen oder Stellen auszubringen, wenn für die umgesetzten oder neuen Planstellen ein Bedarf besteht und sie mit Überhangpersonal besetzt werden. Diese Planstellen sind mit einem Haushaltsvermerk zu versehen, wonach sie nur mit Überhangpersonal besetzt werden dürfen. Werden Planstellen neu ausgebracht, fallen die bei der abgebenden Behörde frei werdenden Planstellen des übernommenen Überhangpersonals zum Zeitpunkt der Übernahme weg.

Die Planstellen sind – wie auch die Ausgabeansätze des Haushaltsplanes – **637** **Höchstgrenzen**. Demgemäß ist in Nr. 1.3. der VV zu § 49 BHO geregelt, dass, soweit im Haushaltsplan nicht etwas anderes bestimmt oder zugelassen ist, eine Planstelle auch mit einem Beamten einer niedrigeren Besoldungsgruppe derselben Laufbahn besetzt werden darf. Außerdem kann eine Planstelle einer höheren Laufbahngruppe auch mit einem Beamten der nächstniedrigeren Laufbahngruppe besetzt werden, wenn der Beamte in die Aufgaben der neuen Laufbahn eingeführt wird oder sich nach der Einführung darin zu bewähren hat.

b) Besetzbarkeit von Planstellen

Besetzbar ist eine Planstelle, wenn sie **638**
- durch endgültiges **Ausscheiden des Stelleninhabers** (z. B. Eintritt in den Ruhestand, Versetzung, Entlassung) frei geworden ist,
- durch Einweisung des bisherigen Stelleninhabers **in eine andere Planstelle** (z. B. bei Beförderung) frei wird oder
- bisher überhaupt **nicht besetzt ist** (z. B. neu bewilligte Planstelle) und
- **keine Verfügungsbeschränkungen** bestehen, wie z. B. Besetzungssperren des BMF nach § 41 BHO oder Wegfall- und Umwandlungsvermerke nach §§ 21, 47 BHO.

Eine Planstelle ist auch dann **nicht besetzbar**, wenn der eingewiesene Beamte **639** ohne Dienstbezüge beurlaubt ist, wenn seine Dienstbezüge von einer anderen Dienststelle gezahlt werden oder wenn er aus anderen Gründen keine Dienstbezüge aus der Planstelle erhält.

Nach den Haushaltsgesetzen dieses und der vergangenen Jahre[185] sind freie Plan- **640** stellen und Stellen vorrangig mit Bediensteten zu besetzen, die bei anderen Behörden der Bundesverwaltung wegen Aufgabenrückgangs oder wegen der Auflösung der Behörde **nicht mehr benötigt** werden (sog. Überhangpersonal).

Eine Planstelle darf auch mit mehreren **teilzeitbeschäftigten** Beamtinnen bzw. **641** Beamten besetzt werden; die Gesamtarbeitszeit dieser Beamtinnen und Beamten

---

185 Z. B. § 21 HG 2017.

darf die regelmäßige Gesamtarbeitszeit einer vollbeschäftigten Beamtin oder eines vollbeschäftigten Beamten nicht übersteigen. Eine Planstelle, die mit einer teilzeitbeschäftigten Beamtin oder einem teilzeitbeschäftigten Beamten besetzt ist, darf gleichzeitig für teilzeitbeschäftigte Arbeitnehmerinnen oder Arbeitnehmer der vergleichbaren oder einer niedrigeren Vergütungsgruppe in Anspruch genommen werden; die regelmäßige Gesamtarbeitszeit der Beamtin oder des Beamten und der Angestellten darf die regelmäßige Arbeitszeit einer vollbeschäftigten Beamtin oder eines vollbeschäftigten Beamten nicht übersteigen.[186]

642   Eine Planstelle darf für eine Arbeitnehmerin oder einen Arbeitnehmer der vergleichbaren oder einer niedrigeren Entgeltgruppe[187] in Anspruch genommen werden, solange aus ihr keine Dienstbezüge gezahlt werden. Planstellen, auf denen länger als zwei Jahre Tarifbeschäftigte geführt werden, sind in Stellen umzuwandeln. Dies gilt nicht für Planstellen, auf denen Arbeitnehmerinnen oder Arbeitnehmer geführt werden, die in das Beamtenverhältnis übernommen werden sollen oder die außertariflich vergütet werden.[188]

643   Während der Sperrvermerk die Leistung von Ausgaben vom Eintritt eines bestimmten Ereignisses abhängig macht, bewirkt der **Wegfallvermerk**[189] das Gegenteil, nämlich den Wegfall einer Bewilligung mit dem Eintritt eines bestimmten Ereignisses. Dieser Vermerk, im Haushaltsplan mit „kw" („künftig wegfallend") abgekürzt, hat eine besondere Bedeutung bei den Planstellen und Stellen. Eine mit dem „kw"- Vermerk versehene Stelle oder Planstelle steht nach Ausscheiden des Stelleninhabers nicht mehr zur Verfügung.[190] Die „kw"- Vermerke können auch mit Zusätzen im Haushaltsplan veranschlagt werden, aus denen konkret hervorgeht, bei Eintritt welcher Bedingung (z. B. bestimmtes Datum) die Stelle/Planstelle wegfallen soll. Form und mögliche Inhalte von kw-Vermerken sind in den Haushaltstechnischen Richtlinien des Bundes (HRB) festgelegt.

644   Das Bundesministerium der Finanzen wird in den jährlichen Haushaltsgesetzen[191] ermächtigt zuzulassen, dass von einem kw-Vermerk mit Datumsangabe abgewichen wird, wenn die Planstelle oder Stelle weiter benötigt wird, weil sie nicht rechtzeitig frei wird; in diesem Fall fällt die nächste freiwerdende Planstelle oder Stelle der betreffenden Besoldungs- oder Vergütungsgruppe weg.

645   Neben dem Wegfallvermerk gibt es mit einer ähnlichen Wirkung noch den **Umwandlungsvermerk** („ku"). Dieser Vermerk bewirkt die Umwandlung einer Planstelle in eine Planstelle einer niedrigeren Besoldungsgruppe oder in eine

---

186   Nrn. 2.2 und 4.1 VV zu § 49 BHO.
187   S. hierzu Tarifvertrag über die Entgeltordnung des Bundes – TVEntgO.
188   Nr. 2.4 VV-BHO zu § 49.
189   § 21 BHO.
190   § 47 Abs. 2 BHO.
191   Z. B. § 20 Abs. 1 HG 2017.

Stelle für Arbeitnehmerinnen oder Arbeitnehmer mit Ausscheiden des Stelleninhabers.[192]

c) Die Umsetzung von Planstellen und Stellen

Rechtsgrundlage für eine Umsetzung von Planstellen, anderen Stellen als Planstellen und Mitteln (also von Haushaltsmitteln) von einer Verwaltung auf eine andere Verwaltung ist § 50 BHO.   646

Unter „**Verwaltung**" i. S. v. § 50 Abs. 1, 2 und 4 BHO ist jede Organisationseinheit des Bundes zu verstehen, für die im Bundeshaushaltsplan ein eigenes Kapitel mit Planstellen und anderen Stellen als Planstellen eingerichtet ist. Der vom Parlament verbindlich festgelegte Stellenplan bezieht sich regelmäßig auf das gesamte Kapitel.   647

Eine tiefergehende Zuordnung, etwa von Stellen zu Abteilungen oder Referaten, wird vom Parlament in der Regel nicht vorgenommen.

§ 50 BHO regelt zwei unterschiedliche Anwendungsfälle von **Umsetzungen**:   648
- § 50 Abs. 1 BHO gilt für den Fall, dass eine Umsetzung von einem Kapitel auf ein anderes Kapitel **mit Aufgabenübergang** vorgenommen wird.

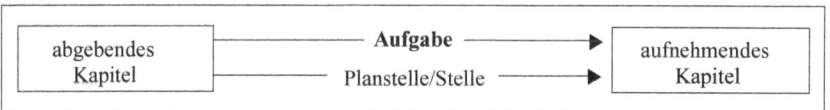

Abbildung 84: Umsetzung von Planstellen und Stellen mit Aufgabenübergang

Diese Umsetzung setzt im Regelfall nur die Einigung zwischen den beteiligten Bundesministern und dem BMF voraus. Im Streitfall bedarf es eines Beschlusses der Bundesregierung. Die tatsächliche Umsetzung erfolgt binnen des Haushaltsjahres durch ein gesondertes Schreiben des BMF an die beteiligten Verwaltungen (Ressorts).
- § 50 Abs. 2 BHO gilt für den Fall, dass eine Umsetzung von einem Kapitel auf ein anderes Kapitel **ohne Aufgabenübergang** vorgenommen wird.

Abbildung 85: Umsetzung von Planstellen und Stellen ohne Aufgabenübergang

---

192 § 21 Abs. 2 BHO.

649 Hier ist die Einwilligung des BMF von der Erfüllung zusätzlicher Voraussetzungen abhängig. Die Umsetzung muss auf einem Personalbedarf bei der empfangenden Verwaltung beruhen, der gegenüber der abgebenden Verwaltung

- unvorhergesehen und
- unabweisbar vordringlich ist.

Mit den Merkmalen „**unvorhergesehen**" und „**unabweisbar**" werden die gleichen strengen Voraussetzungen für eine Umsetzung gem. § 50 Abs. 2 BHO genannt wie für eine über- oder außerplanmäßigen Ausgabe nach § 37 Abs. 1 BHO.

§ 50 Abs. 2 BHO lässt üblicherweise lediglich die Umsetzung von freien Planstellen/Stellen zu. Eine besetzte Planstelle/Stelle kann nur unter gleichzeitiger Versetzung des betreffenden Stelleninhabers umgesetzt werden.

650 Die **tatsächliche Umsetzung** einer Stelle im laufenden Haushaltsjahr erfolgt durch ein gesondertes Schreiben des BMF an die beteiligten Verwaltungen. Über die eventuelle Umsetzung von Mitteln ist der zuständigen Kasse des Bundes Kassenanweisung zu erteilen.[193] Die Umsetzungen von Planstellen/Stellen sind gem. VV Nr. 3.12.2 zu § 49 BHO in den Nachweisungen zur Planstellen- bzw. Stellenüberwachung nach der Zeitfolge festzuhalten.

651 Im Fall der Umsetzung **mit Aufgabenübergang** nach § 50 Abs. 1 BHO hat das Parlament bereits für eine bestimmte Aufgabe eine Planstellen-/Stellenbewilligung vorgenommen. Wenn die Aufgabe von Ressort zu Ressort bzw. von Kapitel zu Kapitel übergeht, ist es nur folgerichtig, dass die für die Aufgabe bewilligten Planstellen/Stellen mit übergehen, also umgesetzt werden. Deshalb ist hier die konstitutive Entscheidungsmöglichkeit des Parlaments im Haushaltsplan des Folgejahres im Gegensatz zu § 50 Abs. 2 Satz 2 BHO nicht in der BHO enthalten.

652 Nach § 50 Abs. 2 Satz 2 BHO i. V. m. § 50 Abs. 4 BHO ist im Haushaltsplan des Folgejahres über den **weiteren Verbleib der umgesetzten Stelle** zu entscheiden.

653 Aus den Formulierungen in § 50 Abs. 2 BHO („unvorhergesehener und unabweisbarer ... Personalbedarf") geht hervor, dass diese Vorschrift eine nähere Ausgestaltung des Art. 112 GG darstellt. Aus dem Grundgedanken, dass das BMF in Ausübung seiner Kompetenz gem. Art. 112 GG **das Parlament in seiner Budgethoheit nicht präjudizieren darf**, folgt, dass eine Umsetzung ohne Aufgabenübergang nach § 50 Abs. 2 BHO zunächst nur für das laufende Haushaltsjahr Geltung hat. Im nächsten Haushaltsplan bedarf die Umsetzung der ausdrücklichen Bewilligung durch das Parlament.

654 Aus diesem Grunde erhalten die durch das BMF gem. § 50 Abs. 2 BHO mit gesondertem Schreiben umgesetzten Planstellen/Stellen in dem empfangenden Kapitel einen kw-Vermerk. Sollte das Parlament die Umsetzung nicht nachvoll-

---

193   VV Nr. 1.1 zu § 50 BHO.

ziehen, so wird der kw-Vermerk zum 31.12. des Jahres wirksam, in dem die
Umsetzung durch das BMF vorgenommen wurde.

d) Leerstellen

Leerstellen[194] sind für Beamte vorgesehen, die vorübergehend – insbesondere bei   **655**
Beurlaubung ohne Dienstbezüge oder bei **Abordnung an Stellen außerhalb
der Bundesverwaltung** – aus ihrer bisherigen Tätigkeit ausscheiden und deren
Planstelle für einen Nachfolger freigemacht werden muss.

Nach den jährlichen Haushaltsgesetzen[195] **gelten Leerstellen** vom Beginn der   **656**
Beurlaubung **als ausgebracht** für Beamte (gilt entsprechend für Richterinnen
und Richter, Soldatinnen und Soldaten sowie für Arbeitnehmerinnen und Arbeitnehmer),

* die nach § 92 Abs. 1, § 95 Abs. 1, § 90 Abs. 3 Satz 1 Nr. 2 BBG sowie nach
  § 7 des Dienstrechtlichen Begleitgesetzes vom 30.7.1996 (BGBl. I S. 1183)
  ohne Dienstbezüge mindestens für sechs Monate beurlaubt werden oder
* die nach § 6 der Mutterschutz- und Elternzeitverordnung vom 12.2.2009
  (BGBl. I S. 320) mindestens sechs Monate ohne Unterbrechung Elternzeit in
  Anspruch nehmen oder
* die im unmittelbaren Anschluss an eine Elternzeit nach Nr. 2 zum Zwecke
  der Fortsetzung der Kinderbetreuung ohne Dienstbezüge beurlaubt werden
  oder
* die nach § 24 des Gesetzes über den Auswärtigen Dienst unter Wegfall der
  Besoldung für die Dauer der Tätigkeit der Ehepartnerin oder des Ehepartners
  an einer Auslandsvertretung beurlaubt werden oder
* die beim Bundeskanzleramt oder beim Bundespräsidialamt verwendet werden oder
* die im dienstlichen Interesse des Bundes unter Wegfall der Dienstbezüge
  mindestens sechs Monate für eine der folgenden Verwendungen beurlaubt
  werden:
  a) bei einer Fraktion oder Gruppe des Deutschen Bundestages oder eines
     Landtages,
  b) bei einer juristischen Person des öffentlichen Rechts,
  c) bei einer öffentlichen zwischenstaatlichen oder überstaatlichen Einrich-
     tung,
  d) im Rahmen der entwicklungspolitischen Zusammenarbeit oder bei einer
     Tätigkeit im Rahmen der Hilfe beim Aufbau des Rechtssystems der Staa-
     ten Mittel- und Osteuropas oder der Gemeinschaft Unabhängiger Staaten
     oder bei einer Auslandshandelskammer,

---

194 Siehe Nr. 4.3 VV zu § 17 BHO, Nr. 3 VV zu § 50 BHO.
195 Z. B. § 18 Abs. 1 HG 2017.

e) bei einem zu mindestens 50 % aus Zuwendungen des Bundes institutionell geförderten Zuwendungsempfänger oder bei einer vergleichbaren Mitgliedseinrichtung der Wissenschaftsgemeinschaft Gottfried Wilhelm Leibniz e. V.

657 Es kann sich das Bedürfnis ergeben, **Leerstellen** während der Beurlaubung/ Abordnung **anzupassen**. Nach § 18 Abs. 5 HG 2017 wird das Bundesministerium der Finanzen ermächtigt, Leerstellen anzupassen, wenn eine Beförderung erfolgen soll. Leerstellen, die für zum Bundeskanzleramt oder zum Bundespräsidialamt versetzte Bedienstete ausgebracht wurden, gelten als angepasst, wenn die oder der Bedienstete auf einer Planstelle oder Stelle des Bundeskanzleramts oder des Bundespräsidialamts befördert oder höhergruppiert worden ist.

658 Die Leerstelle gibt dem Beamten die **Gewähr**, in seine Dienststelle auf eine Planstelle der seinem Amt entsprechenden Wertigkeit zurückzukehren. Steht bei Beendigung der Beurlaubung oder Abordnung eine besetzbare Planstelle der entsprechenden Besoldungsgruppe derselben Fachrichtung innerhalb desselben Kapitels zur Verfügung, ist der Beamte in diese Planstelle zu übernehmen; mit der Übernahme fällt die Leerstelle weg, wenn sie an die Person gebunden ist. Kehren mehrere Beamte gleichzeitig in den Bundesdienst zurück, kann das Bundesministerium der Finanzen mit Einwilligung des Haushaltsausschusses des Deutschen Bundestages in besonderen Fällen zulassen, dass nur jede zweite freiwerdende Planstelle für die zurückkehrenden Beamten in Anspruch zu nehmen ist. Steht bei Beendigung der Beurlaubung oder Abordnung keine besetzbare Planstelle der genannten Art zur Verfügung, wird der Beamte auf der Leerstelle weitergeführt. Er ist in die nächste innerhalb desselben Kapitels freiwerdende Planstelle derselben Besoldungsgruppe für Beamte derselben Fachrichtung zu übernehmen. Mit der Übernahme fällt die Leerstelle weg, wenn sie an die Person gebunden ist.[196]

659 Soweit durch die Zahlung der Dienstbezüge aus der Leerstelle die Ansätze der entsprechenden Titel überschritten werden, gilt die nach § 37 Abs. 1 erforderliche Einwilligung des BMF mit der Maßgabe als erteilt, dass ein entsprechender Betrag innerhalb des betroffenen Einzelplans eingespart wird.[196]

e) Überwachung der Planstellen/Stellen

660 Die obersten Bundesbehörden und die nachgeordneten Dienststellen, denen Planstellen zur Bewirtschaftung zugewiesen sind, führen **Nachweisungen zur Planstellenüberwachung**, und zwar getrennt nach einzelnen Dienststellen. Die Nachweisungen können für mehrere Haushaltsjahre geführt werden. In die Nachweisungen sind zu Beginn eines jeden Haushaltsjahres die der Dienststelle zur Bewirtschaftung zugewiesenen Planstellen getrennt nach den einzelnen Besol-

---

196 Nr. 3.2 VV zu § 50 BHO.

dungsgruppen einzutragen. Planstellen mit Amtszulage gelten hierbei als besondere Besoldungsgruppe. Während des Haushaltsjahres müssen laufend sämtliche Änderungen (z. B. Zuweisungen, Einsparungen und Umsetzungen) der Zeitfolge nach erfasst werden.

Außerdem führen die obersten Bundesbehörden und die nachgeordneten Dienst- 661
stellen, denen Planstellen zur Bewirtschaftung zugewiesen sind, **Aufzeichnungen** über die Besetzung der von ihnen selbst bewirtschafteten Planstellen. In die Aufzeichnungen sind sämtliche Änderungen laufend aufzunehmen, so dass jederzeit die Zahl der besetzten oder in Anspruch genommenen Planstellen und der freien Planstellen festgestellt werden kann.

f) Zusammenfassung: Bewirtschaftung von Planstellen und Stellen

Die **personalwirtschaftlichen Bestimmungen** sind in der BHO (einschließlich 662
VV dazu) und den jährlichen Haushaltsgesetzen zu finden. Da die Regelungen der BHO durch das jeweilige Haushaltsgesetz zum Teil recht erheblich variiert werden, sind die Bestimmungen des jährlichen Haushaltsgesetzes genau zu verfolgen.

Auch wenn das Haushaltsgesetz nur für ein Jahr gilt, so sind doch in den jeweili- 663
gen Haushaltsgesetzen der vergangenen Jahre immer wieder gleichlautende oder zumindest ähnlich lautende Bestimmungen aufgenommen worden. Die wichtigsten Regelungen von BHO und jährlichen Haushaltsgesetzen lassen sich wie folgt zusammenfassen:

- Im Haushaltsplan wird unterschieden zwischen **Planstellen** für planmäßige 664
Beamte und **Stellen** für Arbeitnehmerinnen und Arbeitnehmer und Sonstige (beamtete Hilfskräfte usw.);
- die Planstellen sind hinsichtlich Wertigkeit und Anzahl verbindlich, die Stellen hingegen werden im Stellenplan unter Erläuterungen ausgebracht und sind demgemäß grundsätzlich nicht verbindlich; seit 1972 bestimmen jedoch die jährlichen Haushaltsgesetze, dass auch die Stellenpläne für Arbeitnehmerinnen und Arbeitnehmer (vor 2007: Angestellte) verbindlich sind;
- die haushaltswirtschaftliche **Bindung der Exekutive** an die Stellenpläne (für Beamte und Tarifbeschäftigte) bezieht sich auf das jeweilige Kapitel (kapitelweise Bindung);
- mit Einwilligung des Bundesministeriums der Finanzen können Planstellen und Stellen von einem Kapitel auf ein anderes Kapitel **umgesetzt** werden, wenn auch die Aufgaben übergehen oder wenn bei der empfangenden Verwaltung ein unvorhergesehener und unabweisbarer vordringlicher Personalbedarf besteht (§ 50 BHO);
- Voraussetzung für die Verleihung eines Amtes (Ernennung) ist das Vorhandensein einer **besetzbaren Planstelle** (§ 49 BHO);
- **besetzbar** ist eine Planstelle, wenn sie durch Ausscheiden oder Beförderung des bisherigen Stelleninhabers frei geworden ist oder bisher überhaupt nicht

besetzt war (z. B. neue Planstelle). Voraussetzung ist allerdings, dass keine Verfügungsbeschränkungen oder Wegfall- und Umwandlungsvermerke bestehen;

- eine Planstelle darf auch mit mehreren **teilzeitbeschäftigten** Beamtinnen bzw. Beamten besetzt werden, wenn die Gesamtarbeitszeit dieser Beamtinnen und Beamten die regelmäßige Gesamtarbeitszeit einer vollbeschäftigten Beamtin oder eines vollbeschäftigten Beamten nicht übersteigt; eine Planstelle darf auch mit einer Arbeitnehmerin oder einem Arbeitnehmer der vergleichbaren oder einer niedrigeren Entgeltgruppe besetzt werden, solange aus ihr keine Dienstbezüge bezahlt werden. Die Besetzung einer Planstelle mit mehreren teilzeitbeschäftigten Arbeitnehmerinnen oder Arbeitnehmern ist zulässig;

- zusätzliche, im Haushaltsplan nicht vorgesehene Planstellen und Stellen können gemäß den jährlichen Haushaltsgesetzen durch den Bundesminister der Finanzen bewilligt werden, wenn ein unabweisbares Bedürfnis danach besteht;

665 • eine mit **Wegfallvermerk** versehene Planstelle oder Stelle steht nach Ausscheiden des Stelleninhabers nicht mehr zur Verfügung. Die Wegfallvermerke (kw) können auch mit Zusätzen (z. B. bestimmtes Datum) im Haushaltsplan veranschlagt werden;

- nach den jährlichen Haushaltsgesetzen wird das Bundesministerium der Finanzen ermächtigt zuzulassen, dass von einem Wegfallvermerk mit Datumsangabe abgewichen wird, wenn die Planstelle oder Stelle nicht rechtzeitig frei wird;

666 • ein **Umwandlungsvermerk** bewirkt die Umwandlung einer frei werdenden Planstelle in eine Planstelle einer niedrigeren Besoldungsgruppe oder in eine Stelle für Tarifbeschäftigte (§ 21 Abs. 2 BHO);

667 • bei **Abordnung** eines Beamten an eine andere Dienststelle verbleibt die Planstelle bei der abordnenden Dienststelle. Diese kann mit Einwilligung des Bundesministeriums der Finanzen auch die Personalausgaben für den abgeordneten Beamten bis zur Verkündung des nächsten Haushaltsgesetzes weiter zahlen (§ 50 Abs. 3 BHO). Die jährlichen Haushaltsgesetze lassen in bestimmten Fällen zu, dass die Personalausgaben für die gesamte Dauer der Abordnung von der abordnenden Behörde weitergezahlt werden. Leerstellen sind für Beamte vorgesehen, die vorübergehend aus ihrer bisherigen Tätigkeit ausscheiden (Beurlaubung, Abordnung) und deren Planstelle für einen Nachfolger frei gemacht werden muss;

- kehrt der Beamte zurück und steht eine entsprechende Planstelle innerhalb desselben Kapitels zur Verfügung, ist der Beamte in diese Planstelle zu übernehmen und die Leerstelle fällt weg;

- steht keine entsprechende Stelle zur Verfügung, wird der Beamte auf derer Leerstelle weitergeführt, bis eine entsprechende Planstelle frei wird. Erst dann fällt die Leerstelle weg;

• soweit durch die Zahlung der Dienstbezüge aus der Leerstelle die Ansätze der entsprechenden Titelüberschritten werden, sind entsprechende Einsparungen im betroffenen Einzelplan vorzunehmen.

7. Die Bewirtschaftung der Verpflichtungsermächtigungen

Maßnahmen, die den Bund zur Leistung von Ausgaben in künftigen Haushalts-   **668** jahren verpflichten können, sind nur zulässig, wenn der Haushaltsplan hierzu ermächtigt.[197] Verpflichtungsermächtigungen sichern das parlamentarische Budgetrecht in Hinblick auf **Vorbelastungen künftiger Haushaltsjahre**. Das Instrument der Verpflichtungsermächtigung ist mit der Einführung des Fälligkeitsprinzips erforderlich geworden, da nach diesem Haushaltsgrundsatz nur die im Haushaltsjahr voraussichtlich kassenwirksamen Ausgaben in den Haushaltsplan aufgenommen werden dürfen.

Eine **Unterrichtungspflicht gegenüber dem Bundesministerium** der Finanzen   **669** besteht bei Beginn und Verlauf von Verhandlungen in Zusammenhang mit der Inanspruchnahme von Verpflichtungsermächtigungen von grundsätzlicher oder erheblicher finanzieller Bedeutung. Von grundsätzlicher Bedeutung sind Maßnahmen, die sich über den Einzelfall hinaus auf die Haushaltswirtschaft oder die Haushaltsentwicklung auswirken können. Maßnahmen sind von erheblicher finanzieller Bedeutung, wenn sie innerhalb des Kapitels einen maßgeblichen Anteil an den veranschlagten Verpflichtungsermächtigungen oder an den Ausgaben für die Jahre haben, in denen die Verpflichtungen fällig werden sollen. Das BMF hat bisher keine Wertgrenze für diesen „maßgeblichen Anteil" festgelegt, jedoch könnten sich aus der Betragsgrenze des Haushaltsgesetzes nach § 38 Abs. 1 Satz 3 BHO für über-/außerplanmäßige Verpflichtungsermächtigungen Anhaltspunkte für die Beurteilung ergeben.

Ohne Verpflichtungsermächtigungen dürfen in folgenden Fällen **Verpflichtun-**   **670** **gen für künftige Jahre** eingegangen werden:
1. zu Lasten **übertragbarer Ausgaben**, wenn diese Verpflichtungen im folgenden Haushaltsjahr zu Ausgaben führen. (§ 38 Abs. 4 Satz 2 BHO,
2. für **laufende Geschäfte** (§ 38 Abs. 4 BHO), das sind die Titel der Hauptgruppen 4 und 5 mit Ausnahme der Gruppen 551 und 554 bis 559 und Höchstgrenzen bei Miet- und Pachtverträgen sowie Verträgen mit Gutachtern und Sachverständigen (Nr. 5 VV zu § 38 BHO). Damit wird verwaltungspraktischen Erfordernissen Rechnung getragen,
3. für den **Abschluss völkerrechtlicher Verträge**, die nach Art. 59 Abs. 2 GG ratifizierungsbedürftig sind. Da hier das Parlament ohnehin zustimmen muss, kann auf die Bewilligung einer Verpflichtungsermächtigung verzichtet werden,

---

197   § 38 Abs. 1 BHO.

4. für Maßnahmen nach § 40 BHO. Dabei handelt es sich um den **Erlass von Rechtsverordnungen und Verwaltungsvorschriften**, den Abschluss von Tarifverträgen und die Gewährung von über- oder außertariflichen Leistungen sowie die Festsetzung oder Änderung von Entgelten für Verwaltungsleistungen. In diesen Fällen ist eine Einwilligung des Bundesministeriums der Finanzen erforderlich, wenn es dadurch zu Einnahmeminderungen oder zusätzlichen Ausgaben im laufenden Haushaltsjahr oder in künftigen Haushaltsjahren kommen kann,

5. für die **Übernahme von Hypotheken, Grund- und Rentenschulden** unter Anrechnung auf den Kaufpreis nach § 64 Abs. 5 BHO.

671 Werden nicht nur die Jahresbeträge der Verpflichtungsermächtigungen überschritten, sondern der Gesamtbetrag, oder müssen Verpflichtungen zu Lasten künftiger Jahre eingegangen werden, ohne dass Verpflichtungsermächtigungen vorliegen, liegt der Fall **über- oder außerplanmäßiger** Verpflichtungsermächtigungen vor. Diese bedürfen der Einwilligung des Bundesministers der Finanzen, wobei nach § 38 Abs. 1 Satz 2 BHO dieselben Voraussetzungen vorliegen müssen wie bei über- oder außerplanmäßigen Ausgaben. Auf über- oder außerplanmäßige Verpflichtungsermächtigungen sowie auf die Abweichung von Jahresbeträgen bei Verpflichtungsermächtigungen wird im Abschnitt „Planabweichungen" näher eingegangen.

Auch für Verpflichtungsermächtigungen gelten die in dem betreffenden Abschnitt dargestellten Buchführungsregeln wie für Einnahmen und Ausgaben. Das automatisierte HKR-Verfahren umfasst auch die Buchung der Verpflichtungsermächtigungen.

8. Sonderfall der Bewirtschaftung: Zuwendungen des Bundes

672 Gem. § 23 BHO sind **Zuwendungen**
• Ausgaben und Verpflichtungsermächtigungen für Leistungen
• an Stellen außerhalb der Bundesverwaltung
• zur Förderung bestimmter Zwecke,
• an deren Erfüllung der Bund ein erhebliches Interesse hat.

Die Zweckbestimmungen können dabei wirtschaftlicher, sozialer, kultureller, wissenschaftlicher, politischer oder sonstiger Art sein. Zuwendungen können in **Form** zweckgebundener Zuschüsse, von Zuweisungen und anderen nicht rückzahlbaren Leistungen sowie zweckgebundenen Darlehen und anderen bedingt oder unbedingt rückzahlbaren Leistungen gewährt werden.

Wie beim Vergaberecht auch, kann hier nur ein sehr kurzer Überblick über das Zuwendungsrecht, ein Spezialgebiet des Haushalts- und Verwaltungsrechts, gegeben werden.

Da die Bewilligung von Zuwendungen einen **Ermessensspielraum der Verwal-** **673** **tung** voraussetzt, sind Leistungen, auf die der Empfänger einen gesetzlich begründeten Anspruch hat, keine Zuwendungen im Sinne des § 23 BHO. Nicht zu den Zuwendungen gehören ferner Zahlungen auf Grund von Verträgen, die den Preisvorschriften des Bundes unterliegen, sowie sonstige Zahlungen zur Abgeltung von Leistungen an den Bund. Die Abgrenzung der Zuwendung von anderen finanziellen Leistungen des Bundes kann in Einzelfällen schwierig sein. Nach der Definition des § 23 BHO („Ausgaben und Verpflichtungsermächtigungen…") stellen Sachleistungen sowie die Übernahme von Bürgschaften und Garantien keine Zuwendungen dar.

Vom Begriff Zuwendungen sind **Zuweisungen** zu unterscheiden. Entsprechend **674** der Definition in § 23 BHO dürfen Zuwendungen nur an Stellen außerhalb der Bundesverwaltung gewährt werden. Sollen Projekte innerhalb der Bundesverwaltung (wozu auch die Sondervermögen des Bundes gehören) gefördert werden, kommen Zuwendungen demgemäß nicht in Betracht. In diesen Fällen werden die Mittel durch eine Zuweisung von Haushaltsmitteln an den Empfänger geleitet. Das ist der übliche Weg, um Ausgabemittel und Verpflichtungsermächtigungen innerhalb der Bundesverwaltung an die Mittelbewirtschafter zu leiten.

Der für die Mittelverteilung innerhalb der Bundesverwaltung gebrauchte Begriff **675** der Zuweisung ist nicht identisch mit dem in Nr. 1.1 VV-BHO zu § 23 gebrauchten Zuweisungsbegriff, der sich auf die finanzwissenschaftliche Definition in Nr. 3.8 der Allgemeinen Hinweise zum Gruppierungsplan und zum Funktionenplan (AH-GF) bezieht. Danach sind Zuweisungen einmalige oder laufende Geldleistungen innerhalb des öffentlichen Bereichs. In diesem Buch wird der Zuweisungsbegriff nur haushaltsrechtlich, also als Verteilung der Mittel innerhalb der unmittelbaren Bundesverwaltung, gebraucht.

Zuwendungen	→	an Stellen außerhalb der Bundesverwaltung
Zuweisungen	→	an Stellen innerhalb der Bundesverwaltung

Rechtsgrundlage für die **Veranschlagung von Zuwendungen im Bundeshaus-** **676** **haltsplan** ist § 23 BHO. Für die Gewährung von Zuwendungen ist § 44 BHO maßgeblich. Da nach § 44 Abs. 1 S. 1 BHO Zuwendungen nur unter den Voraussetzungen des § 23 gewährt werden dürfen, müssen die Voraussetzungen des § 23 BHO nicht nur bei der Veranschlagung, sondern auch für die Bewilligung von Zuwendungen erfüllt sein. Beide Bestimmungen der BHO werden durch umfangreiche Verwaltungsvorschriften ergänzt. Über die EU-Regelungen des Beihilferechts wirkt auch europäisches Recht in den Zuwendungsbereich ein. Die Ressorts, in deren Bereich Zuwendungen eine erhebliche Rolle spielen, haben im Rahmen der genannten Bestimmungen genauere Verfahrensregelungen erlassen (z. B. das „Handbuch der Projektförderung" des BMBF). Die Rechtsbeziehung zum Zuwendungsempfänger wird in der Regel in einem Bewilligungsbescheid geregelt. Ausnahmsweise kann auch eine Bewilligung der Zuwendung durch Vertrag in Betracht kommen. Bei einer Bewilligung durch einen Zuwendungsbescheid müssen diesem standardisierte so genannte „Allgemeine Nebenbestimmungen – ANBest" beigefügt werden. Es handelt sich um die ANBest-I, wobei „I" für institutionelle Förderung steht, die ANBest-Gk für Zuwendungen zur Projektförderung an Gebietskörperschaften, die ANBest-P für Projektförderungen allgemein und die ANBest-P-Kosten für eine Projektförderung auf der Basis der zuwendungsfähigen Kosten. Eine besondere Rolle spielen die Förderrichtlinien, die Sonderregelungen für bestimmte Förderbereiche beinhalten. Sie sind zwar „nur" Verwaltungsvorschriften, erhalten aber durch die Veröffentlichung (i. d. R. im Bundesanzeiger) einen nach Außen verbindlichen Charakter.

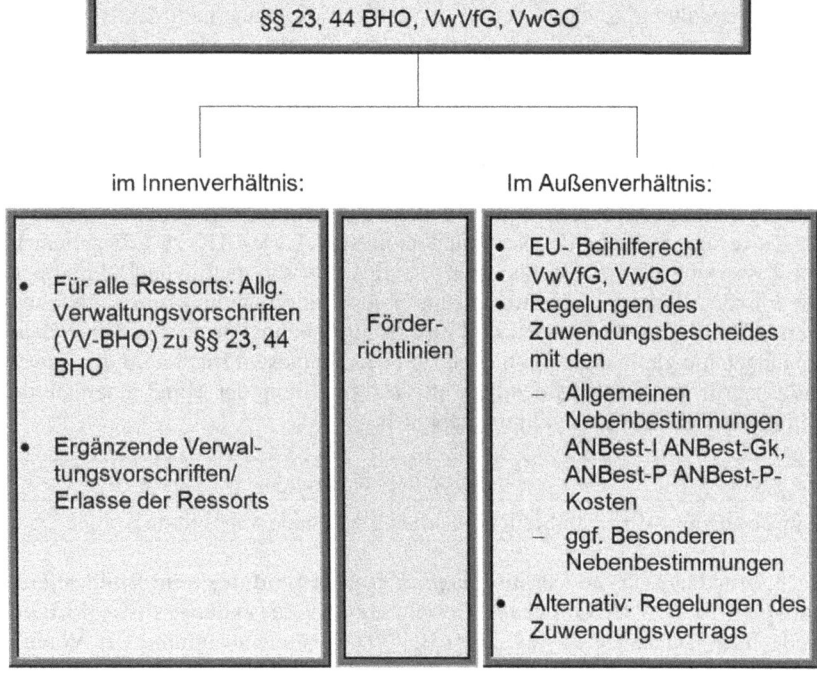

Abbildung 86: Rechtsgrundlagen für die Veranschlagung und Gewährung von Zuwendungen

a) Voraussetzungen für die Bewilligung von Zuwendungen

Die Voraussetzungen für die Bewilligung von Zuwendungen ergeben sich weit- 677
gehend aus der in § 23 BHO gegebenen Legaldefinition und den Ergänzungen in
Nr. 1 VV zu § 44 BHO. Im Einzelnen sind dies

- Der Zuwendungsgeber muss über die **verfassungsrechtliche Finanzie-
rungskompetenz nach § 6 BHO** verfügen. Es würde der verfassungsrechtlichen Aufteilung der Finanzverantwortung auf Bund und Länder widersprechen, wenn der Bund einen Teil seiner Mittel Ländern und Gemeinden außerhalb der verfassungsrechtlich zugelassenen Möglichkeiten, wie etwa nach
Art. 104a GG, zweckgebunden zuwenden würde.

- Es muss ein erhebliches Interesse des Zuwendungsgebers vorliegen. Das 678
Bundesinteresse an der Erfüllung bestimmter Zwecke muss das Interesse an
diesen Zwecken selbst voraussetzen. Es muss sich also um Zwecke handeln,
die geeignet sind, das Streben nach Verwirklichung der allgemein anerkann-
ten übergeordneten politischen Zielsetzungen (z. B. innere Sicherheit, Wirtschaftswachstum) zu unterstützen.
Ein erhebliches Interesse wird dann anzuerkennen sein, wenn es sich um die
Erfüllung von Aufgaben handelt, die von der unmittelbaren staatlichen Verwaltung selbst wahrgenommen werden müssten, gäbe es nicht Trägerorgani-
sationen außerhalb der Staatsverwaltung, die diese Aufgaben bereits selbst
erledigen (Bereiche der Kultur, Wissenschaft und Forschung).
Es kommt als weitere Voraussetzung hinzu, dass dieses Interesse ohne die
Zuwendungen nicht oder nicht im notwendigen Umfang befriedigt werden
kann. Das ist dann der Fall, wenn die Stelle außerhalb der Bundesverwaltung
nicht über ausreichende Mittel verfügt, aber auch dann, wenn die betreffende
Stelle zwar die finanziellen Mittel hat, dieser Zweck aber ohne die Hilfen
nicht erfüllt würde.
Das erhebliche Bundesinteresse sollte in **Förderrichtlinien** konkretisiert 679
werden. Im Ergebnisvermerk über eine Antragsprüfung ist zu den dort
beschriebenen Zielen ein Bezug herzustellen.

- Der Zuwendungsgeber hat das **Subsidiaritätsprinzip** zu beachten. Die 680
Zuwendungsempfängerin oder Zuwendungsempfänger sind gehalten, zuerst
und vor allem ihre Eigenmittel einzusetzen, um den Zweck zu erfüllen. Die
Leistungen des Bundes dürfen nur bestehende Finanzierungslücken schließen
helfen, sie haben nur subsidiären Charakter. Die Nachrangigkeit der Förderung aus öffentlichen Mitteln ergibt sich aus dem Wirtschaftlichkeitsgrund-
satz des § 7 BHO.
In der Praxis wird der Subsidiaritätsgrundsatz durchbrochen, wenn finanz-
starke Zuwendungsempfänger – etwa Industrieunternehmen – gefördert werden, die selbst über genügend Finanzmittel verfügen, um den Zuwendungs-
zweck zu erreichen. In diesen Fällen soll der Zuwendungsempfänger zu einer
Änderung seiner Prioritätensetzung veranlasst werden.

b) Zuwendungsarten, Finanzierungsformen und Finanzierungsarten

681   Zuwendungen zur Deckung der gesamten Ausgaben oder eines nicht abgegrenzten Teils der Ausgaben des Zuwendungsempfängers (**institutionelle Förderung**). Hierbei ist Gegenstand der Förderung nicht ein einzelnes abgegrenztes Vorhaben, sondern eine Stelle außerhalb der Bundesverwaltung, mit der Maßgabe, dass die Zuwendungen an diese Stelle der Deckung ihrer gesamten Ausgaben oder eines nicht abgegrenzten Teiles ihrer Ausgaben dienen. Das bedeutet nicht, dass die Zuwendung den Umfang der gesamten Ausgaben der Einrichtung ausmacht, sondern, dass die gesamten Ausgaben der Einrichtung die Grundlage für die Höhe der Zuwendung in Form der Fehlbedarfsfinanzierung sind.

682   Zuwendungen können als **unbedingt rückzahlbare**, **bedingt rückzahlbare** oder **nicht rückzahlbare** Geldleistungen gewährt werden. Nach dem Grundsatz der Subsidiarität sollen nicht rückzahlbare Zuwendungen nur bewilligt werden, soweit der Zweck nicht durch unbedingt oder bedingt rückzahlbare Zuwendungen erreicht werden kann.

683   Vor Bewilligung einer Zuwendung ist zu prüfen, welche **Finanzierungsart** unter Berücksichtigung der Interessenlage des Bundes und des Zuwendungsempfängers den Grundsätzen der Wirtschaftlichkeit und Sparsamkeit am besten entspricht. Man unterscheidet zwischen Teilfinanzierung und Vollfinanzierung. Die Zuwendung wird grundsätzlich zur **Teilfinanzierung** des zu erfüllenden Zwecks bewilligt, und zwar

684   • als **Anteilfinanzierung** nach einem bestimmten Prozentsatz oder Anteil der zuwendungsfähigen Ausgaben; die Zuwendung ist bei der Bewilligung auf einen Höchstbetrag zu begrenzen;[198] oder

685   • als **Fehlbedarfsfinanzierung** zur Deckung des Fehlbedarfs, der insoweit verbleibt, als der Zuwendungsempfänger die zuwendungsfähigen Ausgaben nicht durch eigene oder fremde Mittel zu decken vermag; die Zuwendung ist bei der Bewilligung auf einen Höchstbetrag zu begrenzen;[199] oder

686   • als **Festbetragsfinanzierung** mit einem festen Betrag an den zuwendungsfähigen Ausgaben; dabei kann die Zuwendung auch auf das Vielfache eines Betrages festgesetzt werden, der sich für eine bestimmte Einheit ergibt. In Hinblick auf die Eigenart der Festbetragsfinanzierung, wonach Minderausgaben des Zuwendungsempfängers nicht dem Zuwendungsgeber zu Gute kommen, darf diese Finanzierungsart nur in Ausnahmefällen in Betracht kommen. Eine Festbetragsfinanzierung darf nicht erfolgen, wenn im Zeitpunkt der Bewilligung mit nicht bestimmbaren späteren Finanzierungsbeiträgen Dritter oder mit Einsparungen zu rechnen ist.[200]

---

198   Nr. 2.2.1 VV zu § 44 BHO.
199   Nr. 2.2.2 VV zu § 44 BHO.
200   Nr. 2.2.3 VV zu § 44 BHO.

Eine Zuwendung darf **ausnahmsweise** zur **Vollfinanzierung** bewilligt werden, **687** wenn der Zuwendungsempfänger an der Erfüllung des Zwecks kein oder ein nur geringes wirtschaftliches Interesse hat, das gegenüber dem Bundesinteresse nicht ins Gewicht fällt, oder wenn die Erfüllung des Zwecks in dem notwendigen Umfang nur bei Übernahme sämtlicher zuwendungsfähiger Ausgaben durch den Bund möglich ist. Die Zuwendung ist bei der Bewilligung auf einen Höchstbetrag zu begrenzen.

c) Zuwendungsfähige Ausgaben oder Kosten

Allgemein sind alle Ausgaben zuwendungsfähig, die bei Beachtung der Grund- **688** sätze der Wirtschaftlichkeit und Sparsamkeit zur Erreichung des Zuwendungs- zwecks innerhalb des Bewilligungszeitraums notwendig sind. Dabei können aber nur die **projektspezifischen** Ausgaben des Zuwendungsempfängers anerkannt werden, d. h. diejenigen Ausgaben, die erst und allein durch das Projekt zusätz- lich verursacht werden. Nicht zuwendungsfähig sind diejenigen Ausgaben, die auch ohne das Projekt anfallen würden.

Die Zuwendung kann – allerdings **nur bei der Projektförderung – nach Kos- 689 ten** bemessen werden, wenn der Zuwendungsempfänger nach den Regeln der kaufmännischen Buchführung verfährt, also nach Kosten kalkuliert.[201] Dies ist durchgehend der Fall bei Zuwendungsempfängern der gewerblichen Wirtschaft, insbesondere bei Forschungs- und Entwicklungsvorhaben. Bei Zuwendungen an gewerbliche Unternehmen respektiert also die öffentliche Hand das dort übliche betriebswirtschaftliche Rechnungswesen, das kostenorientiert ist. Eine Umstel- lung der kaufmännischen Buchführung auf eine kameralistische Buchführung bei Projekten, die von der öffentlichen Hand mitfinanziert werden, wäre nicht zumutbar und müsste schon buchungstechnisch auf größte Schwierigkeiten sto- ßen. Daher kann die Zuwendung in diesen Fällen statt zur Deckung der zuwen- dungsfähigen Ausgaben zur Deckung der zuwendungsfähigen Kosten bewilligt werden.

9. Planabweichungen

In der Haushaltswirtschaft gibt es eine Reihe von Möglichkeiten der Abweichung **690** von einer planmäßigen Bewirtschaftung der Einnahmen, Ausgaben, Verpflich- tungsermächtigungen sowie Planstellen und Stellen.

Auf der **Einnahmeseite** kann der Fall auftreten, dass bereits geltend gemachte **691** Ansprüche nicht zu realisieren sind.

---

201 Nr. 13a VV-BHO zu § 44.

692 Auf der **Ausgabenseite** sind folgende Konstellationen denkbar:
- der Ausgabeansatz des Haushaltsplans muss überschritten werden (**über-planmäßige** Ausgabe),
- es müssen Ausgaben geleistet werden, die im Haushaltsplan nicht vorgesehen sind (**außerplanmäßige** Ausgabe),
- die Leistung von im Haushaltsplan vorgesehenen Ausgaben ist vom Eintritt von bestimmten Bedingungen abhängig (**Haushaltssperre**),
- Ausgabebewilligungen fallen im Planungszeitraum mit dem **Eintritt von bestimmten Bedingungen** weg (kw-Vermerk).

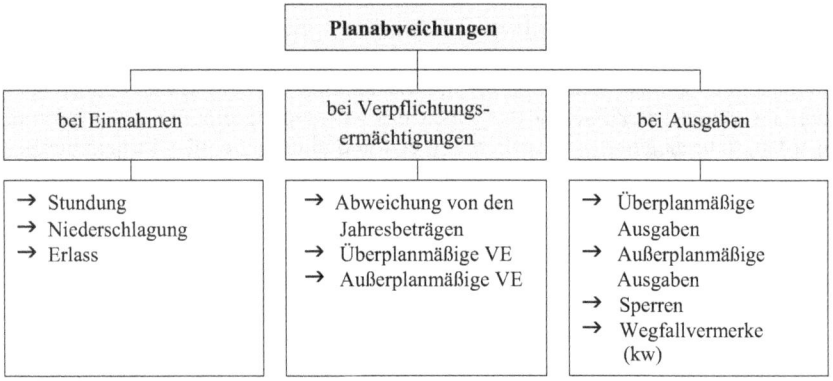

Abbildung 87: Planabweichungen

a) Über- und außerplanmäßige Ausgaben

693 Überplanmäßige Ausgaben sind Ausgaben, bei denen der für die Zweckbestim-mung im Haushaltsplan zunächst vorgesehene **Ansatz** unter Berücksichtigung der Ausgabereste, der Haushaltsvorgriffe, der zur Verstärkung verwendeten deckungspflichtigen Ausgaben sowie unter Berücksichtigung zweckgebundener Einnahmen **überschritten werden muss.**[202]

694 Außerplanmäßige Ausgaben sind Ausgaben, für die der Haushaltsplan **keine Zweckbestimmung** und **keinen Ansatz** enthält und auch **keine Ausgabereste** vorhanden sind.

695 Da es sich bei über- und außerplanmäßigen Ausgaben um Abweichungen vom parlamentarischen Budgetrecht handelt, sind die Voraussetzungen zur Leistung solcher Ausgaben in der Verfassung definiert. Art. 112 GG gibt dem Bundesmi-nister der Finanzen das Entscheidungsrecht über die Leistung über- oder außer-

---

202   Nr. 1 VV-BHO zu § 37.

planmäßiger Ausgaben. Man spricht auch vom „**Notbewilligungsrecht**" des BMF. Nach § 37 Abs. 1 BHO ist die Entscheidung des Bundesministers der Finanzen auf jeden Fall **vor Leistung der Ausgabe** einzuholen („Einwilligung"). Nach § 116 Abs. 1 BHO ist die Entscheidung des BMF endgültig, es bedarf keiner Bestätigung durch die Bundesregierung oder den Bundestag.

Die Einwilligung des BMF setzt voraus, dass bei der Antragstellung eine **konkrete Einsparstelle** benannt wird. Einsparungen im Gesamthaushalt sind grundsätzlich nicht möglich.

Über- und außerplanmäßige Ausgaben werden aufgrund des nur unterjährig gel- **696** tenden Notbewilligungsrechts des Bundesfinanzministers zur Verfügung gestellt; sie sind daher nicht übertragbar, die Bildung von Resten ist ausgeschlossen.

Allerdings lässt § 116 Abs. 2 BHO eine über- oder außerplanmäßige Ausgabe ohne vorherige Zustimmung des BMF dann zu, wenn
* sofortiges Handeln zur **Abwendung einer dem Bund drohenden unmittelbar bevorstehenden Gefahr** erforderlich ist,
* das durch die Notlage gebotene Maß nicht überschritten wird und die Einwilligung nicht rechtzeitig eingeholt werden kann.

Zu den getroffenen Maßnahmen ist die **Genehmigung** (= nachträgliche Zustim- **697** mung) des BMF unverzüglich nachzuholen.

Ein solcher Ausnahmefall kann aber nur dann angenommen werden, wenn die Maßnahme sich ohne Beeinträchtigung schwerwiegender politischer, wirtschaftlicher oder sozialer Staatsinteressen nicht mehr aufschieben lässt.

Voraussetzung zur Leistung einer über- oder außerplanmäßigen Ausgabe ist das **698** Vorliegen eines **unvorhergesehenen und unabweisbaren Bedürfnisses** zur Leistung solcher Ausgaben. Zur Auslegung dieser Begriffe hat die Bundesverfassungsgerichtsentscheidung BVerfGE 45,1 entscheidend beigetragen.

Unvorhergesehen ist danach ein Bedürfnis zur Leistung einer Ausgabe, wenn es **699** von den an der Aufstellung und Feststellung des Haushaltsplans Beteiligten nicht gesehen wurde. Denkbar ist auch, dass zwar grundsätzlich über das Bedürfnis für diese Ausgabe diskutiert wurde, aber die gesteigerte Dringlichkeit, die es durch Änderung der Sachlage inzwischen erlangt hat, nicht gesehen wurde. Damit soll verhindert werden, dass bewusst nicht oder nicht in der Höhe in den Haushaltsplan aufgenommene Ausgaben im Wege der Bewilligung über- oder außerplanmäßiger Ausgaben am Willen des Parlaments vorbei geleistet werden.

Bei der Prüfung der **Unabweisbarkeit** spielt eine wesentliche Rolle, dass **700** Art. 112 GG eine Kompetenzregelung darstellt. Im Interesse der Budgethoheit des Parlaments liegt eine Unabweisbarkeit zur Leistung einer über- oder außerplanmäßigen Ausgabe nur vor, wenn das Parlament nicht mehr in die Lage versetzt werden kann, im Wege der Beschlussfassung über den nächsten regulären

Haushalt oder zumindest über einen Nachtragshaushalt über die Ausgabe zu entscheiden.

Entsprechende Regelungen finden sich im § 37 Abs. 1 BHO. Dort wird zudem bestimmt, dass es eines Nachtragshaushalts – selbst wenn er herbeigeführt werden könnte – dann nicht bedarf, wenn

- die Mehrausgaben im Einzelfall einen im jährlichen Haushaltsgesetz festzulegenden Betrag nicht überschreiten („Bagatellgrenze") oder
- wenn Rechtsverpflichtungen zu erfüllen sind.

701   Im Haushaltsgesetz bestimmt das Parlament jedes Jahr, ab welchem Betrag es auf sein Recht auf parlamentarische Bewilligung besteht und wann es darauf verzichtet. Für das Jahr 2017 wurde die **Betragsgrenze** auf 5 Millionen € festgelegt.[203]

Im Falle von Mehrausgaben infolge von Rechtsverpflichtungen wäre die Beteiligung des Parlaments nur formaler Natur, da es solchen durch Gesetz oder Vertrag begründeten Verpflichtungen des Bundes ohnehin nur zustimmen könnte.

702   Der Antrag auf Einwilligung zu einer über- oder außerplanmäßigen Ausgabe ist nach einem Muster zu Nr. 11 VV zu § 37 BHO mit Begründung auf dem Dienstweg an das Bundesministerium der Finanzen zu richten. Bei diesem Antrag ist der Beauftragte für den Haushalt zumindest zu beteiligen.[204]

703   Der Bundesminister der Finanzen wird dem Antrag nur zustimmen, wenn Einsparungen bei anderen Ausgaben in demselben Einzelplan angeboten werden.[205]

---

203   § 4 Abs. 1 HG 2017.
204   Nr. 1.2.2 VV zu § 9 BHO.
205   § 37 Abs. 3 BHO.

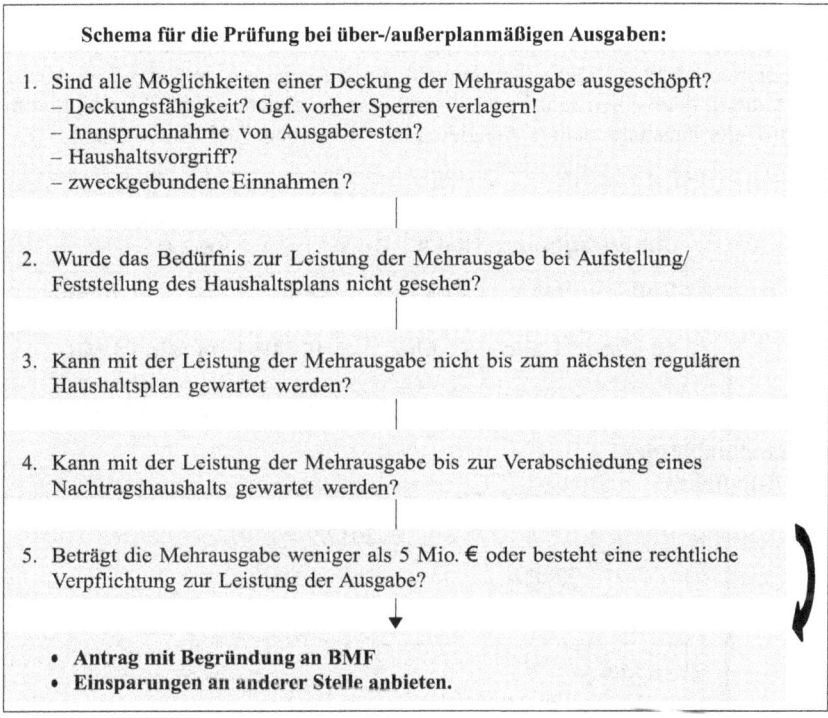

Schema für die Prüfung bei über-/außerplanmäßigen Ausgaben:

1. Sind alle Möglichkeiten einer Deckung der Mehrausgabe ausgeschöpft?
   – Deckungsfähigkeit? Ggf. vorher Sperren verlagern!
   – Inanspruchnahme von Ausgaberesten?
   – Haushaltsvorgriff?
   – zweckgebundene Einnahmen?

2. Wurde das Bedürfnis zur Leistung der Mehrausgabe bei Aufstellung/ Feststellung des Haushaltsplans nicht gesehen?

3. Kann mit der Leistung der Mehrausgabe nicht bis zum nächsten regulären Haushaltsplan gewartet werden?

4. Kann mit der Leistung der Mehrausgabe bis zur Verabschiedung eines Nachtragshaushalts gewartet werden?

5. Beträgt die Mehrausgabe weniger als 5 Mio. € oder besteht eine rechtliche Verpflichtung zur Leistung der Ausgabe?

• **Antrag mit Begründung an BMF**
• **Einsparungen an anderer Stelle anbieten.**

Abbildung 88: Prüfungsschema bei über- und außerplanmäßigen Ausgaben

Einen in diesem Zusammenhang darzustellenden **Sonderfall** bilden die Mehraus-   **704** gaben bei **übertragbaren** Ausgaben. Diese in § 37 Abs. 6 BHO als Vorgriffe bezeichneten überplanmäßigen Ausgaben sind unter den Voraussetzungen, dass ein unvorhergesehenes und unabweisbares Bedürfnis zu ihrer Leistung vorliegt, auf die nächstjährige Bewilligung für den gleichen Zweck anzurechnen. Das Bundesministerium der Finanzen kann allerdings Ausnahmen zulassen.

Ein Vorgriff ist zulässig, soweit im Haushaltsplan des nächsten Haushaltsjahres eine Ausgabe mit gleicher Zweckbestimmung und im laufenden Haushaltsjahr ein kassenmäßiger Ausgleich vorgesehen wird. Wird eine Ausgabe mit gleicher Zweckbestimmung im Haushaltsplan des nächsten Haushaltjahres nicht oder nicht in der erforderlichen Höhe vorgesehen, so ist die Mehrausgabe insoweit als überplanmäßige Ausgabe zu behandeln.[206]

Eine **kassenmäßige Einsparung** liegt vor, wenn das Kassen-Ist in Höhe des ein-   **705** zusparenden Betrages nicht in Anspruch genommen wird. Da sich das Haushalts-

---

206   Nr. 6 VV-BHO zu § 37.

soll bei dem für die Einsparung in Anspruch genommenen Titel nicht ändert, könnte dort trotz kassenmäßiger Einsparung ein Ausgaberest gebildet werden. Im Unterschied zur über- oder außerplanmäßigen Ausgabe im Sinne des § 37 Abs. 1 BHO, die in demselben Jahr haushaltsmäßig auszugleichen sind,[207] erfolgt beim Vorgriff der haushaltsmäßige Ausgleich bei demselben Titel im Folgejahr.

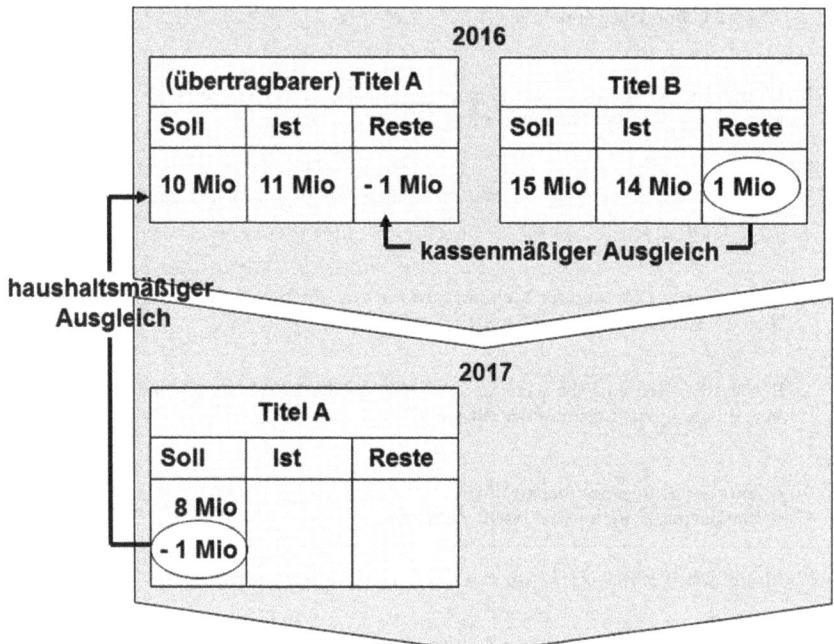

Abbildung 89: Vorgriffe: haushalts- und kassenmäßiger Ausgleich

b) Schuldnerverzug, Veränderung von Ansprüchen

706   Die Einnahmen des Bundes sind **rechtzeitig** und **vollständig** zu erheben,[208] unabhängig davon, ob sie im Haushaltsplan überhaupt oder in entsprechender Höhe veranschlagt sind. Sobald eine Forderung des Bundes betragsmäßig feststeht, ist der zuständigen Bundeskasse eine Annahmeanordnung zu erteilen.

707   Für die Überwachung der Zahlungseingänge ist als ein dem HKR-Verfahren vorgelagertes Subverfahren, das **Zahlungsüberwachungsverfahren** (ZÜV) entwickelt worden. Durch Angabe eines Kassenzeichens in der Annahmeanordnung

---

207 § 37 Abs. 3 BHO.
208 § 34 Abs. 1 BHO.

werden Personenkonten eröffnet, anhand derer die Zahlungseingänge überwacht werden. Die Vorgaben des **Mahnkennzeichens** in der Anordnung steuern das automatisierte Mahnverfahren.

Bei **privatrechtlichen** Geldforderungen ist die Mahnung Voraussetzung für den Verzug und die sich daraus ergebenden Rechtsfolgen.[209] In diesen Fällen ist die Mahnung nur dann entbehrlich, wenn für die Leistung eine Zeit nach dem Kalender bestimmt ist oder der Leistung ein Ereignis vorauszugehen hat und eine angemessene Zeit für die Leistung in der Weise bestimmt ist, dass sie sich von dem Ereignis an nach dem Kalender berechnen lässt oder der Schuldner die Leistung ernsthaft und endgültig verweigert oder aus besonderen Gründen unter Abwägung der beiderseitigen Interessen der sofortige Eintritt des Verzugs gerechtfertigt ist.[210] Die Kosten der Mahnung können als Verzugsschaden geltend gemacht werden. An die Mahnung schließt sich das Mahnverfahren an. **708**

Bei **öffentlich-rechtlichen** Geldforderungen fordert § 3 Abs. 3 Verwaltungsvollstreckungsgesetz (VwVG) zwar auch eine Mahnung; es handelt sich aber lediglich um eine Sollvorschrift. Eine unterlassene Mahnung hat keine Rechtsfolgen. Bei Abgaben nach der Abgabenordnung erübrigt sich eine Mahnung, weil hier die Vollstreckung unmittelbar bei Säumnis erfolgen kann. **709**

Gemahnt wird erstmals automatisch durch die Bundeskasse in einem durch die Produktionssteuerung vorgegeben Rhythmus (z. B.: wöchentlich) nach Ablauf einer Schonfrist von 5 Werktagen. Die Mahnung wird im Auftrag des Bewirtschafters erstellt, seine Adresse ist angegeben.

Generell erhält der Bewirtschafter von der Bundeskasse die gemahnten Konten zur Information in einer Mahnliste mitgeteilt. Ohne Mahnverfahren wird ihm der Rückstand direkt oder nach 2 Wochen mitgeteilt.

Eine bundeseinheitliche Regelung über den **Anspruch auf Ersatz des Verzugsschadens** bei öffentlich-rechtlichen Forderungen fehlt. Sofern keine Sonderregelung in Spezialgesetzen anwendbar ist, sollte nach Nr. 4.2 VV zu § 34 BHO eine Vereinbarung über die Geltendmachung von Verzugszinsen und Verzugsschaden entsprechend den zivilrechtlichen Vorschriften getroffen werden. **710**

Die Bestimmungen über die Veränderung von Ansprüchen stellen hierzu Ausnahmen dar und legen die haushaltsrechtlichen Voraussetzungen fest, unter denen die auf Gesetz, Vertrag oder sonstigen Rechtsgrund beruhenden Einnahmeansprüche des Bundes in rechtlicher und auch zeitlicher Sicht verändert werden dürfen.

---

209 § 286 Abs. 1 BGB.
210 § 286 Abs. 2 BGB.

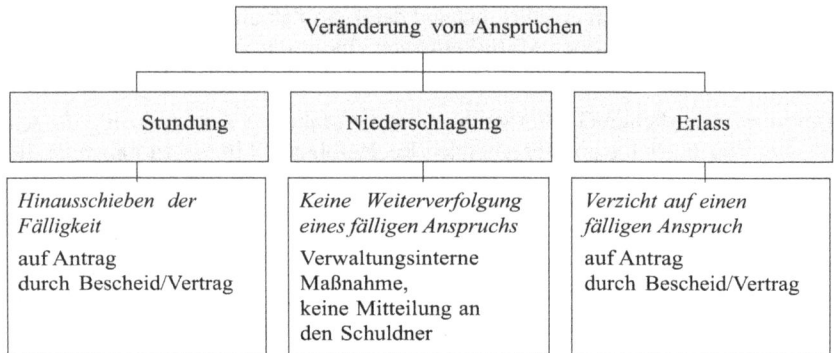

Abbildung 90: Veränderung von Ansprüchen: Stundung, Niederschlagung, Erlass

711   Nach §§ 9 und 59 BHO hat der **Beauftragte für den Haushalt** bei allen Entscheidungen von geldlicher Tragweite mitzuwirken. Er ist für die rechtmäßige Erledigung verantwortlich und hat bei Stundungen und befristet niedergeschlagenen Forderungen sicherzustellen, dass
- die wirtschaftlichen Verhältnisse des Schuldners laufend überwacht werden,
- die Verjährung rechtzeitig unterbrochen und ggf.
- die Einziehung der Forderung erneut versucht wird.

Zu diesem Zweck führt die Dienststelle eine Überwachungsliste.

712   Verpflichtungen zur Entscheidung i. S. des § 59 Abs. 1 BHO ergeben sich aus besonderen Rechtsvorschriften (z. B. Abgabenordnung). § 59 Abs. 3 BHO stellt insoweit klar, dass die Regelungen in Abs. 1 keine abschließende, vorrangige Bedeutung besitzen. Sind die anderweitigen Bestimmungen enger, so wird im Allgemeinen davon auszugehen sein, dass etwaige weitergehende Ermächtigungen nach Abs. 1 Nr. 1 und Nr. 3 keine Anwendung finden dürfen. Nr. 2 ist dagegen eine Konkretisierung des Wirtschaftlichkeitsgrundsatzes und behält in jedem Fall seine Gültigkeit.

(1) Stundung (§ 59 Abs. 1 Nr. 1 BHO)

713   Bei der Stundung von Zahlungsverbindlichkeiten handelt es sich um ein befristetes oder unbefristetes **Hinausschieben der Fälligkeit der Forderung**. Als Stundung gilt auch die Genehmigung zur Begleichung der Schuld durch Ratenzahlungen.

Die Stundung wird nur auf Antrag gewährt. Die zeitliche Verschiebung ist durch Einräumung einer Stundungsfrist festzulegen.

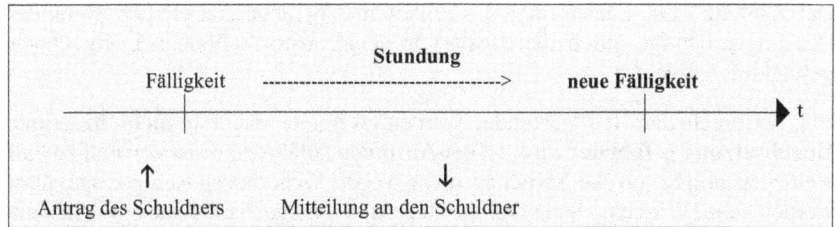

Abbildung 91: Stundung von Zahlungsverbindlichkeiten

Voraussetzung für die Gewährung der Stundung ist nach § 59 Abs. 1 Nr. 1   714
BHO, dass
* die sofortige Einziehung für den Antragsteller mit **erheblicher Härte** verbunden wäre und
* der **Anspruch** des Bundes durch die Stundung **nicht gefährdet** wird.

Darüber hinaus soll die Stundung
* gegen angemessene Verzinsung und
* in der Regel nur gegen Sicherheitsleistung
gewährt werden.

Eine **erhebliche Härte** liegt vor, wenn der Leistungspflichtige sich auf Grund   715
ungünstiger wirtschaftlicher Verhältnisse vorübergehend in ernsthaften Zah-
lungsschwierigkeiten befindet oder im Falle der sofortigen Einziehung in solche
geraten würde.[211] Hier reicht die bloße Möglichkeit nicht aus, sondern es müsste
durch die Einziehung die Zahlungsschwierigkeit tatsächlich eintreten. Der
Schuldner muss seine persönlichen Möglichkeiten, den Anspruch zu befriedigen,
voll ausschöpfen; wenn erforderlich, muss er einen ihm zumutbaren Bankkredit
aufnehmen.

Ist zwar eine erhebliche Härte gegeben, so kann der Bund trotzdem auf einer Ein-   716
ziehung bestehen, wenn durch die Stundung der **Anspruch gefährdet** ist. Die
Erfüllung eines Anspruches würde durch Stundung gefährdet, wenn tatsächlich
(nicht nur mutmaßliche) Anhaltspunkte dafür bestehen, dass der Anspruch trotz
Stundung nach Ablauf der Stundungsfrist nicht erfüllt werden kann. Bei der Prüfung dieser Voraussetzung ist ein strenger Maßstab anzulegen, sofern vom
Schuldner keine ausreichende Sicherheit gestellt wird.

Der gestundete Anspruch muss nicht, er soll nur angemessen **verzinst** werden.   717
Als angemessene Verzinsung ist regelmäßig ein Zinssatz anzunehmen, der um
2 % über dem jeweiligen Basiszinssatz liegt.[212]

---

211 Nr. 1.2 VV zu § 59 BHO.
212 Nr. 1.4.1 VV zu § 59 BHO.

Der Zinssatz kann je nach Lage des Einzelfalles herabgesetzt werden, wenn der Leistungspflichtige durch die Zinslast in seiner wirtschaftlichen Lage schwer geschädigt würde.

718   Ein Anspruch darf nur gestundet werden, wenn er dadurch **nicht in seiner Durchsetzung gefährdet** wird. Ist der Anspruch gefährdet, so ist von Fall zu Fall weiter zu prüfen, ob die Stundung nicht wegen Sicherheitsleistung eingeräumt werden kann. Wird eine Sicherheitsleistung notwendig, so muss sie erbracht werden, bevor die Stundung wirksam vereinbart worden ist.

719   Die in den Behörden der Fachressorts liegende Entscheidung über den Stundungsantrag bedarf in Fällen von grundsätzlicher oder von **erheblicher finanzieller Bedeutung** der Einwilligung des Bundesministers der Finanzen. Fälle von erheblicher finanzieller Bedeutung sind in Nr. 1.6.2 VV zu § 59 BHO wie folgt festgelegt:
- Beträge über 500.000 €,
- Beträge über 250.000 € länger als 18 Monate,
- Beträge über 125.000 € länger als drei Jahre.

(2) Niederschlagung (§ 59 Abs. 1 Nr. 2 BHO)

720   Die Niederschlagung ist eine verwaltungsinterne Maßnahme, mit der von der **Weiterverfolgung eines fälligen Anspruches abgesehen** wird. Die Niederschlagung vollzieht sich ohne Mitwirkung des Leistungspflichtigen – also ohne Antrag – und hat den Sinn, die Verwaltung von nicht realisierbaren Ansprüchen verwaltungsmäßig zu entlasten. Eine Mitteilung an den Leistungspflichtigen erfolgt in der Regel nicht. Wird dem Leistungspflichtigen die Niederschlagung mitgeteilt, so muss, um zu verhindern, dass es sich um einen Erlass nach § 59 Abs. 1 Nr. 3 BHO handelt, der Vorbehalt gemacht werden, den Anspruch zu späterer Zeit erneut geltend zu machen.

Man unterscheidet zwei Arten von Niederschlagung:
- befristete und
- unbefristete Niederschlagung.

721   Bei der **befristeten** Niederschlagung kann von einer Verfolgung des Anspruches einstweilen abgesehen werden, wenn
- die Forderung fällig ist und
- die Forderung auf Grund der wirtschaftlichen Verhältnisse des Schuldners vorübergehend nicht einziehbar ist und
- eine Stundung nicht in Betracht kommt.

Die wirtschaftlichen Verhältnisse des Schuldners sind in angemessenen Zeitabständen zu überprüfen. Die Verjährung ist rechtzeitig zu unterbrechen.

Bei der **unbefristeten** Niederschlagung kann von einer Verfolgung endgültig   722
abgesehen werden, wenn
* die Forderung fällig ist und
* die Forderung dauernd nicht einziehbar ist.

Gründe dafür könnten darin liegen, dass der Schuldner trotz mehrfacher vergeblicher Vollstreckungsversuche auf Grund seiner wirtschaftlichen Verhältnisse auch weiterhin nicht in der Lage ist zu zahlen, oder aus anderen Gründen (z. B. Tod des Schuldners). Dasselbe gilt, wenn die Kosten der Einziehung im Verhältnis zur Höhe des Anspruches zu hoch sind.

Der Entscheidung des Finanzministers bedarf es in Fällen von grundsätzlicher   723
Bedeutung (Entscheidung über den Einzelfall hinaus bei präjudizieller Auswirkung) oder erheblicher finanzieller Bedeutung (im Einzelfall Beträge über 150.000 €).

(3) Erlass (§ 59 Abs. 1 Nr. 3 BHO)

Der Erlass ist der **endgültige Verzicht** des Bundes auf eine einziehbare Forde-   724
rung. Ein Erlass ist nur möglich, wenn eine Stundung nicht in Betracht kommt:
Durch den Erlass erlischt der Anspruch endgültig. Ein Erlass privatrechtlicher oder aus öffentlich-rechtlichen Verträgen entstandener Ansprüche bedarf vertraglicher Vereinbarungen, in den übrigen Fällen eines Verwaltungsaktes.

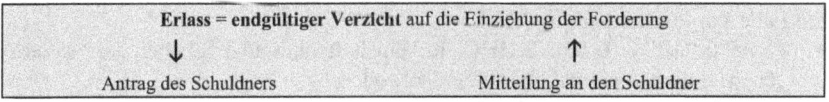

Abbildung 92: Erlass von Zahlungsverbindlichkeiten

Für den Erlass bedarf es eines Antrages von Seiten des Schuldners. **Vorausset-**   725
zung für einen Erlass ist, dass die Einziehung der Forderung für den Schuldner
eine besondere Härte bedeuten würde. Eine besondere Härte ist anzunehmen,
wenn sich der Schuldner in einer unverschuldeten wirtschaftlichen Notlage befindet und seine Existenz bei Weiterverfolgung des Anspruches gefährdet wäre.

Obgleich der Erlass bestimmungsmäßig nicht davon abhängig gemacht wird,   726
dass ein Teil der Schuld beglichen sein muss, besteht im Allgemeinen ein verwaltungsmäßiger Grundsatz, dass Forderungen **nicht im voller Höhe erlassen**
werden sollen. Dem Schuldner wird grundsätzlich zugemutet, seinen Willen zur
Tilgung der Forderung dadurch zu beweisen, dass er wenigstens einige Ratenzahlungen leistet.

Der Finanzminister muss wiederum seine Zustimmung erteilen beim Erlass in Fällen von grundsätzlicher (präjudizielle Bedeutung des Einzelfalles) und erheblicher Bedeutung (Erlass von mehr als 100.000 €).

727 Geleistete Beträge können erstattet oder angerechnet werden, wenn die Voraussetzungen für einen Erlass im Zeitpunkt der Zahlung oder innerhalb des Zeitraumes, für den eine im Voraus geleistete Zahlung bestimmt ist, vorgelegen haben. Eine Erstattung oder Anrechnung kommt in der Regel nur in Betracht, wenn die Voraussetzung für den Erlass auch im Zeitpunkt der Antragstellung noch vorliegt. Die Erstattung oder Anrechnung geleisteter Beträge bedarf im Einzelfall der Einwilligung des Finanzministers; er kann auf seine Befugnisse verzichten.

c) Veränderungen bei Verpflichtungsermächtigungen

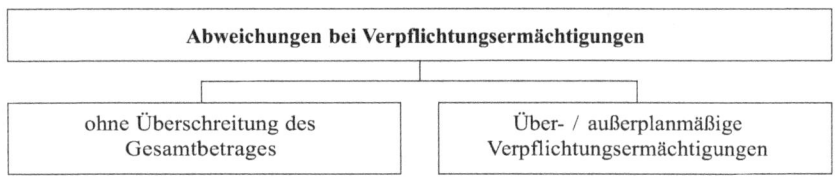

Abbildung 93: Planabweichungen bei Verpflichtungsermächtigungen

(1) Abweichung von den Jahresbeträgen

728 Die **vorherige Zustimmung des BMF** zur Inanspruchnahme der im Haushaltsplan enthaltenen Verpflichtungsermächtigungen ist nach § 38 Abs. 2 BHO für die Fälle vorgeschrieben, in denen
- von den nach § 16 Satz 2 BHO im Haushaltsplan angegebenen Jahresbeträgen erheblich abgewichen werden soll oder
- keine Jahresbeträge im Haushaltsplan (abweichend von § 16 Satz 2 BHO) angegeben sind.

729 Sind bei der Veranschlagung von Verpflichtungsermächtigungen nach § 16 Satz 2 BHO die Jahresbeträge im Haushaltsplan angegeben worden und wird von den Jahresbeträgen nicht erheblich abgewichen, entfällt nach § 38 Abs. 2 BHO das Erfordernis einer vorherigen Zustimmung des BMF zur Inanspruchnahme der Verpflichtungsermächtigungen, weil die Prüfung der finanziellen Mehrjahresauswirkungen im Hinblick auf die Finanzplanung bereits bei der Aufstellung des Haushaltsplans vorgenommen worden ist. Als **erheblich** ist nach den VV zu § 38 BHO eine Überschreitung eines Jahresbetrages um mehr als 5 % anzusehen.

730 Im Fall einer höheren Abweichung von den im Haushaltsplan angegebenen Jahresbeträgen sieht die BHO für das BMF eine **abgestufte Entscheidungskompetenz** vor, die in den VV zu § 38 BHO festgeschrieben worden ist:
- Bei Überschreitung eines Jahresbetrages bis zu 10 % ist dem BMF eine gleichwertige Einsparung für das Jahr der Überschreitung vorzuschlagen. Dem BMF steht danach nur die Entscheidung zu, ob der Einsparungsvorschlag zu einer gleichwertigen Einsparung führt,

• Bei Überschreitung eines Jahresbetrages um mehr als 10 % ist dem BMF für die Entscheidung über eine Einwilligung zusätzlich zu einem gleichwertigen Einsparungsvorschlag für das Jahr der Überschreitung ferner eine Begründung für die Notwendigkeit der Überschreitung zu übersenden.

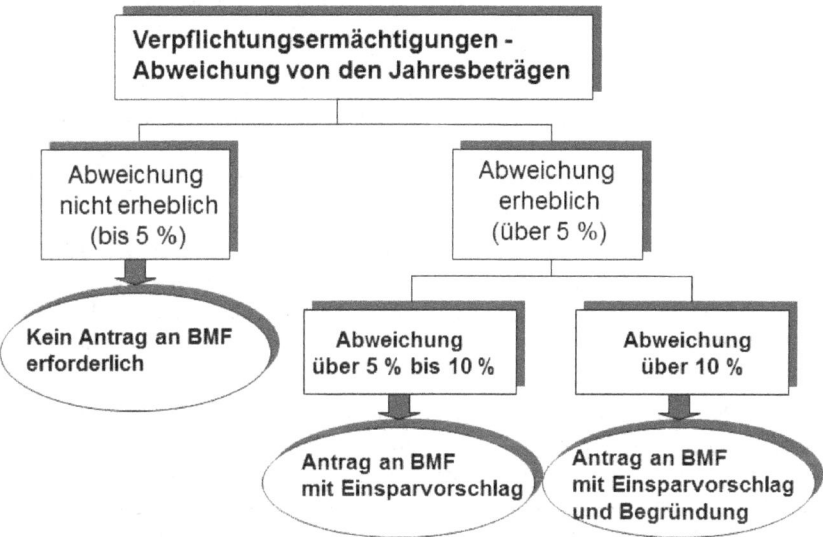

Abbildung 94: Erhebliche und nicht erhebliche Planabweichungen bei Verpflichtungsermächtigungen

Sind bei Verpflichtungsermächtigungen im Haushaltsplan **keine Jahresbeträge** angegeben,[213] bedarf die Inanspruchnahme solcher Verpflichtungsermächtigungen in jedem Einzelfall der vorherigen Zustimmung des BMF. In diesem Fall kann eine geordnete Haushaltsentwicklung im Rahmen der mehrjährigen Finanzplanung nur durch Beteiligung des BMF sichergestellt werden. Dem BMF ist anzugeben und zu begründen, welche Jahresbeträge beim Eingehen einer Verpflichtung auf künftige Haushaltsjahre voraussichtlich entfallen, d. h. welche kassenmäßigen Ausgaben voraussichtlich in den einzelnen Jahren zu leisten sind, bevor die Verpflichtung eingegangen wird. **731**

(2) Über- und außerplanmäßige Verpflichtungsermächtigungen

Sollen überjährig ausgabewirksame Verpflichtungen für einen Zweck eingegangen werden, für den im Haushaltsplan eine Verpflichtungsermächtigung nicht **732**

---

213 § 38 Abs. 2 Satz 1 Nr. 2 BHO.

oder nicht in der benötigten Höhe erteilt ist, so ist beim BMF zuvor eine außerplanmäßige bzw. überplanmäßige Verpflichtungsermächtigung zu beantragen.

730 Eine benötigte Verpflichtungsermächtigung ist
* **überplanmäßig**, wenn eine im Haushaltsplan für den vorgesehenen Zweck (nach § 16 Satz 1 BHO) erteilte Verpflichtungsermächtigung hinsichtlich ihres **Gesamtbetrags** überschritten wird (eine Überschreitung der **Jahresbeträge** richtet sich nach § 38 Abs. 2 BHO),

731 * **außerplanmäßig**, wenn für den vorgesehenen Zweck im Haushaltsplan überhaupt keine Verpflichtungsermächtigung erteilt ist (demgegenüber ist die Inanspruchnahme einer im Haushaltsplan enthaltenen Verpflichtungsermächtigung, für die lediglich keine Jahresbeträge angegeben sind, nicht außerplanmäßig, sondern regelt sich nach § 38 Abs. 2 BHO).

734 Über- oder außerplanmäßige Verpflichtungsermächtigungen sind beim BMF zu beantragen, bevor die beabsichtigten Verpflichtungen eingegangen werden. Für die Einwilligung des Bundesministers der Finanzen müssen nach § 38 Abs. 1 Satz 2 BHO dieselben Voraussetzungen vorliegen wie bei über- oder außerplanmäßigen Ausgaben.

735 Wie für über- und außerplanmäßigen Ausgaben ist auch für über- und außerplanmäßige Verpflichtungsermächtigungen im jährlichen Haushaltsgesetz eine **Mindestbetragsregelung** enthalten, nach der es eines Nachtragshaushalts nicht bedarf, wenn für über- oder außerplanmäßige Verpflichtungsermächtigungen, bei denen die Ausgaben nur in einem Haushaltsjahr fällig werden, der Betrag 5 Mio. €, bei mehrjährigen Verpflichtungsermächtigungen 10 Mio €, nicht überschreitet (§ 4 Abs. 2 HG 2017). Wenn überplanmäßige oder außerplanmäßige Ausgaben und überplanmäßige oder außerplanmäßige Verpflichtungsermächtigungen zusammentreffen, gilt insgesamt der Betrag von 10 Mio €.

d) Haushaltssperren

Haushaltssperren können auf mehrere Arten entstehen: **736**

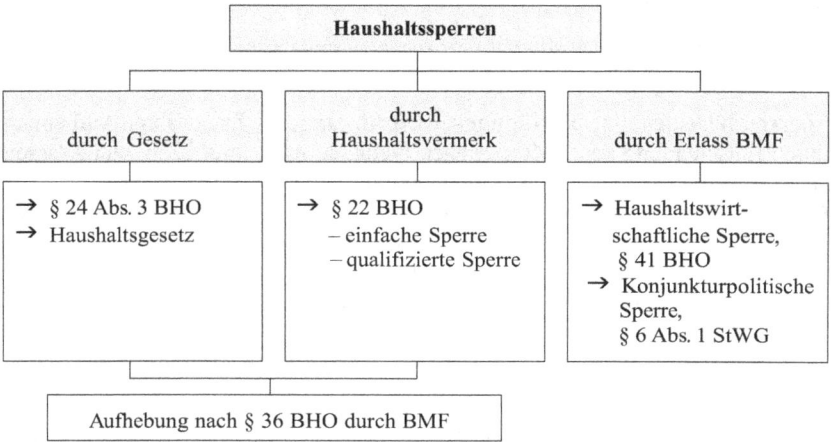

Abbildung 95: Haushaltssperren

Sind durch Gesetz (§ 24 Abs. 3 BHO, Haushaltsgesetz) oder im Haushaltsplan (s.   **737**
§ 22 BHO) bestimmte Ermächtigungen des Haushaltsplans als „gesperrt" bezeichnet, so bedeutet dies, dass über diese Haushaltsermächtigungen **nur mit vorheriger
Zustimmung des BMF** verfügt werden darf. Dasselbe gilt, sobald das BMF von
sich aus eine Sperre nach § 41 BHO anordnet (oder ein Fall des § 6 Abs. 1 StWG
gegeben ist). Demgemäß stellt § 36 BHO klar, dass Ausgaben, die durch Gesetz
oder im Haushaltsplan als gesperrt bezeichnet sind, nur mit vorheriger Zustimmung
(Einwilligung) des Bundesministers der Finanzen geleistet werden dürfen.

Den Sperrvermerk gibt es in der „normalen" Form und als **qualifizierten** Sperr-
vermerk. Der Unterschied besteht in der Kompetenz zur Freigabe der gesperrten
Ausgaben. Im Normalfall kann der Bundesminister der Finanzen bei Eintritt der
Bedingung, an die der Sperrvermerk geknüpft ist, diesen aufheben. Bei einem
qualifizierten Sperrvermerk bedarf die Freigabe der Mittel eines Beschlusses des
Haushaltsausschusses des Deutschen Bundestages[214].

einfache **Sperre:**	„Die Ausgaben sind gesperrt" *oder* „Die Ausgaben sind in Höhe von … T€ gesperrt"
qualifizierte **Sperre:**	„Die Ausgaben sind in Höhe von … T€ gesperrt; *die Aufhebung der Sperre bedarf der Einwilligung des Haus- haltsausschusses des Deutschen Bundestages. "*

---

214 Siehe § 36 BHO.

738 Ist eine Inanspruchnahme bestimmter Haushaltsermächtigungen von der Einwilligung des BMF abhängig, ist es seinem pflichtmäßen Ermessen überlassen, zu entscheiden, ob und ggf. unter welchen Bedingungen oder Auflagen eine Einwilligung erteilt wird.

Haushaltssperren können sowohl bei Ausgabeermächtigungen als auch bei Verpflichtungsermächtigungen bestehen.

739 **Sperren** bedeuten eine **Verfügungsbeschränkung**, die bis zu ihrer Aufhebung durch Entscheidung des BMF bestehen bleibt. Je nach ihrer Zielsetzung lassen sie sich zumindest wie folgt unterscheiden:

• Sperren zu **Einsparungszwecken** (etwa nach § 41 BHO, § 6 StWG) werden grundsätzlich nicht aufgehoben, sondern bleiben beim Haushaltsvollzug bestehen. Zur Verbesserung der Verfügbarkeitskontrolle kann im HKR-Verfahren durch Kassenanweisung ein Sperrkonto (bei Sperrung bestimmter Titel) oder ein vorläufiges Deckungskonto (bei Globalsperren) eingerichtet werden, das bis zum Abschluss der Bücher mit Kassenanweisung durch Zuführung der Einsparungsmittel auszugleichen ist.

• Sperren zu **sonstigen Zwecken** (etwa nach §§ 22, 24 Abs. 3 BHO) bedeuten eine vorläufige Verfügungsbeschränkung, die auf Antrag vom BMF aufgehoben werden kann, wenn im Antrag nachgewiesen ist, dass inzwischen die Voraussetzungen erfüllt sind, deren Mangel für die bisherige Sperre maßgebend gewesen sind (z. B. nachträgliche Vorlage einer HU-Bau). Solche Sperren werden vom BMF allerdings nur mit der Maßgabe aufgehoben, dass anderweitige Sperren zu Einsparungszwecken bestehen bleiben.[215] Reicht die Einwilligung des BMF allein nicht aus, weil darüber hinaus zur Aufhebung die Einwilligung des Bundestages (in der Praxis: des Haushaltsausschusses) erforderlich ist.

740 Es ist folgendes Verfahren vorgesehen:
1. Das mittelbewirtschaftende Ressort beantragt beim BMF die Entsperrung und fügt diesem Antrag einen Bericht bei, den das BMF für den Fall seiner Einwilligung an den Haushaltsausschuss des Bundestages weiterleitet.
   Hiernach hat das BMF zu entscheiden, ob und mit welcher Begründung es diesen Bericht dem Parlament zur Letztentscheidung vorlegt. Ggf. lautet die Schlussformel im Anschreiben des BMF: „Ich beabsichtige, die Sperre aufzuheben, und bitte um Einwilligung."
2. Sobald der Haushaltsausschuss des Bundestages über die vom BMF beantragte Einwilligung beschlossen hat, erteilt mit dieser Maßgabe das BMF seine Einwilligung; sie ist dem antragstellenden Ressort etwa mit der Formel mitzuteilen: „Ich hebe die bei Titel… ausgebrachte Sperre auf; der Haushaltsausschuss des Bundestages hat seine Einwilligung am … erteilt."

---

215 Siehe § 22 Satz 3 BHO.

V. Die Kontrolle der Haushaltswirtschaft

1. Überblick

Der Ablauf der Kontrollphase ist durch Art. 114 GG bestimmt.

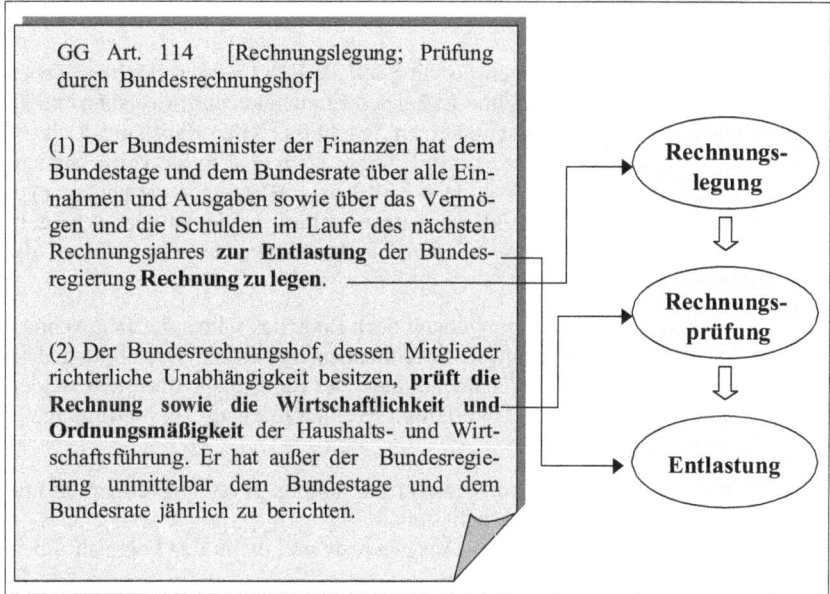

GG Art. 114 [Rechnungslegung; Prüfung durch Bundesrechnungshof]

(1) Der Bundesminister der Finanzen hat dem Bundestage und dem Bundesrate über alle Einnahmen und Ausgaben sowie über das Vermögen und die Schulden im Laufe des nächsten Rechnungsjahres **zur Entlastung** der Bundesregierung **Rechnung zu legen.**

(2) Der Bundesrechnungshof, dessen Mitglieder richterliche Unabhängigkeit besitzen, **prüft die Rechnung sowie die Wirtschaftlichkeit und Ordnungsmäßigkeit** der Haushalts- und Wirtschaftsführung. Er hat außer der Bundesregierung unmittelbar dem Bundestage und dem Bundesrate jährlich zu berichten.

Abbildung 96: Phasen der Haushaltskontrolle

2. Rechnungslegung

Der BMF hat dem Bundestag und Bundesrat nach Art. 114 GG über alle Einnahmen und Ausgaben sowie über das Vermögen und die Schulden im Laufe des nächsten Jahres Rechnung zu legen. Damit soll   **741**
- der Nachweis über die ordnungsgemäße Haushalts- und Wirtschaftsführung erbracht,
- dem Bundesrechnungshof die ihm übertragene Prüfung der Haushalts- und Wirtschaftsprüfung des Bundes ermöglicht und
- die Unterlagen für die Entlastungserteilung durch das Parlament erstellt werden.

Die Verpflichtung zur Rechnungslegung ergibt sich aus Art. 114 Abs. 1 GG und   **742**
§ 80 Abs. 1 BHO. Die Rechnungslegung erfolgt durch **Vorlage der Haushalts-**

rechnung, die auf der Grundlage der abgeschlossenen Bücher der Kassen vom Finanzminister aufgestellt wird. Die Rechnungslegung erstreckt sich beim Bund auch auf die Verpflichtungen und Forderungen sowie auf das Vermögen und die Schulden. Für die Rechnungslegung über den Bundeshaushalt gibt der BMF jährlich das **Rechnungslegungsrundschreiben** (RLRdschr.) heraus, in dem für die Rechnungslegung und die damit zusammenhängenden Vorlage der Belege und Unterlagen durch die Verwaltung und die Kassen die erforderlichen Weisungen erteilt werden.

743   Der **Inhalt** der Haushaltsrechnung ist in §§ 81 ff. BHO vorgeschrieben. Neben der Gegenüberstellung von Soll und Ist bei den Einnahmen und Ausgaben enthält die Haushaltsrechnung den kassenmäßigen Abschluss,[216] den Haushaltsabschluss (§ 83 BHO) und den Abschlussbericht,[217] ferner noch eine Reihe von Übersichten.[218] Die Haushaltsrechnung soll nach § 80 Abs. 2 BHO auch die eingegangenen Verpflichtungen und die Geldforderungen umfassen. Die Aufgabe der Rechnungslegung liegt insbesondere bei den Bundeskassen. Grundlage bilden die abgeschlossenen Bücher.

744   Die Bundeskassen übersenden umgehend nach Ende des Jahres die Jahreskontoauszüge für Verpflichtungen an die anordnenden Stellen zur Bestätigung. Das KKR[219] erzeugt die Entwürfe der Rechnungen der Einzelpläne und stellt sie den obersten Bundesbehörden im IT-Verfahren Rechnungslegung zur Verfügung.

745   Die Entwürfe enthalten
- alle Titel des Einzelplans mit Zweckbestimmung, Haushaltsvermerken und Erläuterungen, sowie je Haushaltsstelle
- die in den Vorjahren gebildeten Ausgabereste und die in das Folgejahr übertragbaren Ausgabeermächtigungen,
- die gemäß § 50 BHO umgesetzten Mittel,
- die vermögenswirksamen Beträge,
- Angaben über Einsparungen und Deckungen bzw. Verstärkungen,
- die gesperrten Beträge,
- die eingegangenen Verpflichtungen für in der Zukunft liegende Jahre.

746   Die obersten Bundesbehörden sowie ggf. die nachgeordneten Dienststellen prüfen die vom KKR zur Verfügung gestellten Entwürfe auf **Vollständigkeit** und **Richtigkeit** und ergänzen und erläutern diese. So sind z. B. die angewendeten Deckungs- und Verstärkungsmöglichkeiten nach im Rahmen der Deckungsfähigkeit zu erläutern. Mit der Unterschrift unter dem Entwurf der Rechnung des Einzelplans wird die Vollständigkeit der Angaben versichert und zugleich erklärt, dass den Bundeskassen bzw. Zahlstellen keine Anordnungen zur Leistung oder

---

216   § 82 BHO.
217   § 84 BHO.
218   § 85 BHO.
219   Kompetenzzentrum für das Kassen- und Rechnungswesen des Bundes.

Annahme von Zahlungen außerhalb der Buchführung des Bundes erteilt worden sind. Für Bundesbetriebe, die nach den Regeln der kaufmännischen doppelten Buchführung buchen (§ 74 Abs. 1 BHO), sind die Bezeichnung, der Zweck des Betriebs sowie das Betriebsergebnis darzustellen und zu erläutern. Die der Rechnungslegung zu Grunde liegenden Unterlagen, d. h. die Bilanz sowie die Gewinn- und Verlustrechnung (§ 87 Abs. 1 BHO), sind beizufügen. Außerdem ist eine „Übersicht über die Einnahmeausfälle des Bundes" zu erstellen. In dieser sind die Einnahmeausfälle des Bundes unter der genauen Bezeichnung des Anspruchs, auf den verzichtet wird, der Angabe der Rechtsgrundlage, die den Verzicht rechtlich begründet und der Angabe des Betrages, auf den verzichtet wird, darzustellen.

Die obersten Bundesbehörden leiten den geprüften und überarbeiteten Entwurf **747** ihrer Einzelplanrechnung ausschließlich dem KKR zu. Das KKR erstellt die Übersichten nach den Vorgaben des BMF und übersendet sie dem BMF.

Im BMF werden die Übersichten ergänzt durch
* die Übersicht über die **Inanspruchnahme der Kreditermächtigungen des Bundes**,
* die Ist-Ergebnisse zum **Kreditfinanzierungsplan**, soweit es um die Aufnahme und die Tilgung von Krediten geht.

Die Fachreferate der Haushaltsabteilung des BMF erhalten einen Entwurf der **748** Rechnung des in Ihren Zuständigkeitsbereich fallenden Einzelplans und prüfen die Entwürfe auf Vollständigkeit und Richtigkeit. Änderungen werden mit der zuständigen obersten Bundesbehörde und dem KKR abgestimmt.

Danach erstellt das KKR auf der Grundlage der geprüften und ggf. berichtigten **749** Rechnungen der Einzelpläne und der weiteren Beiträge nach den Vorgaben des BMF die **Haushaltsrechnung des Bundes** für das vergangene Haushaltsjahr und übersendet sie dem BMF in elektronischer Form. Das BMF übersendet dem Bundesrechnungshof unmittelbar die Haushaltsrechnung des Bundes in elektronischer Form. Nach Abschluss der Rechnungslegung übersendet das KKR jeder obersten Bundesbehörde eine Ausfertigung ihrer Rechnung sowie zwei Ausfertigungen an das jeweils zuständige Prüfungsamt. Den Ausfertigungen für das Prüfungsamt werden als Anlagen die für die Prüfung der Rechnungen der Einzelpläne erforderlichen Entscheidungen des BMF hinzugefügt.

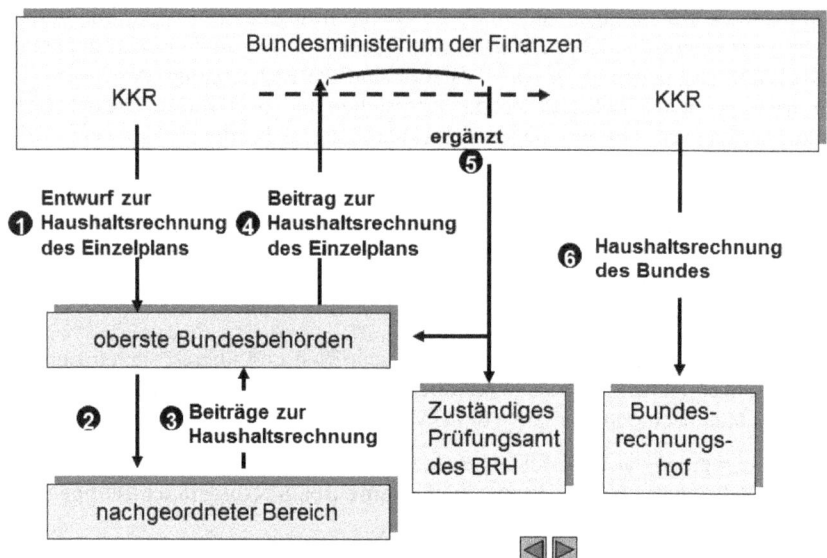

Abbildung 97: Stationen der Rechnungslegung

3. Rechnungsprüfung

750 Rechtsgrundlage für die Prüfung der Rechnung und der Haushalts- und Wirtschaftsführung der Verwaltung durch den Rechnungshof sind Art. 114 Abs. 2 GG sowie § 88 Abs. 1 BHO. Inhalt und Umfang der Prüfung bestimmt der Rechnungshof im Rahmen der §§ 89 und 90 BHO selbst. **Gegenstand** der Rechnungsprüfung ist eine umfassende Prüfung des gesamten Handelns der Verwaltung.

751 Der **Bundesrechnungshof** (BRH) ist eine oberste Bundesbehörde und als unabhängiges Organ der staatlichen Finanzkontrolle nur dem Gesetz unterworfen. Die Stellung des BRH und seiner Mitglieder sowie seine wesentlichen Aufgaben sind im Grundgesetz verfassungsrechtlich garantiert. Sitz des Bundesrechnungshofs ist Bonn, in Potsdam unterhält er eine Außenstelle. Der Bundesrechnungshof besteht zurzeit aus neun Prüfungsabteilungen mit 50 Prüfungsgebieten. Die Prüfungen werden in den Prüfungsgebieten geplant, organisiert und wahrgenommen. An deren Spitze steht die Prüfungsgebietsleiterin oder der Prüfungsgebietsleiter. Den Prüfungsgebieten gehören Prüfungsbeamtinnen und Prüfungsbeamte sowie weitere Bedienstete an.

752 Die Maßstäbe für die Prüfung des Bundesrechnungshofes sind Wirtschaftlichkeit und Ordnungsmäßigkeit des Verwaltungshandelns. Die **Prüfung der Ordnungsmäßigkeit** umfasst die Beachtung von Vorschriften, die der Leistung von Ausgaben, der Erhebung von Einnahmen sowie dem Eingehen von Verpflichtungen zugrunde liegen; sie umfasst auch die fehlerfreie Errechnung, Belegung und Buchung der Einnahmen und Ausgaben sowie die Einhaltung der für die Haushalts- und Wirtschaftsführung geltenden Vorschriften und Grundsätze. Bei der - **Prüfung der Wirtschaftlichkeit** wird untersucht, ob das günstigste Verhältnis zwischen dem verfolgten Zweck und den eingesetzten Mitteln angestrebt und erreicht wurde. Sie umfasst die Wirksamkeit und Zweckmäßigkeit des Verwaltungshandelns einschließlich der Zielerreichung (Erfolgskontrolle). Sie umfasst auch die Prüfung, ob die eingesetzten Mittel auf den zur Erfüllung der Aufgaben notwendigen Umfang beschränkt wurden (Grundsatz der Sparsamkeit).

Der Bundesrechnungshof bestimmt Zeit und Art seiner Prüfungen selbst. Er kann Erhebungen an Ort und Stelle vornehmen; Akten, Belege und Daten sind ihm ohne Einschränkung offen zu legen, die gestellten Fragen zu beantworten (§ 95 BHO).   753

Über die **Prüfungsvorhaben** wird bei der jährlichen Arbeitsplanung entschieden. Auch dabei ist der Bundesrechnungshof frei. Er kann Prüfungsschwerpunkte bestimmen und Prüfungen auf Stichproben beschränken. Hauptziel bei der Arbeitsplanung ist es, einen aussagefähigen Überblick über die Haushalts- und Wirtschaftsführung des Bundes zu gewinnen und so genannte prüfungsfreie Räume nach Möglichkeit zu vermeiden. Bei der Auswahl seiner Prüfungsschwerpunkte nutzt der Bundesrechnungshof sämtliche Informationen, die ihm bei seiner Prüfungstätigkeit, aber auch durch die Hinweise von Bürgerinnen und Bürgern oder durch die Berichterstattung in öffentlichen Medien zugänglich sind. Er stützt sich zudem auf eine systematische Analyse von Prüfungsfeldern, die insbesondere bewertet, ob bestimmte Bereiche des Verwaltungshandelns finanziell besonders bedeutend oder fehleranfällig sind. Prüfungswünsche des Parlaments und seiner Ausschüsse werden so weit wie möglich berücksichtigt.   754

In einer **Prüfungsmitteilung** wird der ermittelte Sachverhalt, dessen Würdigung, die nach Auffassung des Bundesrechnungshofes gebotenen Folgerungen sowie gegebenenfalls Empfehlungen, wie festgestellte Mängel zu beheben sind, festgehalten. Empfänger der Prüfungsmitteilung sind die Stellen, die von den Prüfungsergebnissen unmittelbar betroffen sind. Dies sind die geprüfte Stelle, in der Regel die vorgesetzte Stelle oder eine Dienststelle, die für Vorbereitung und Erlass von Rechtsvorschriften oder für Aufsichtsmaßnahmen zuständig ist. Die Prüfungsmitteilung oder die Prüfungsergebnisse werden mit einem Übersendungsschreiben zur Äußerung oder gegebenenfalls nur zur Kenntnisnahme übersandt. Prüfungsmitteilungen mit Ergebnissen von grundsätzlicher oder erheblicher finanzieller Bedeutung werden auch dem Bundesministerium der Finanzen zugeleitet (§ 96 Abs. 2 BHO). Der Bundesrechnungshof teilt der Stelle, die sich geäußert hat, mit, wie er nach Würdigung der Äußerung die einzelnen Prüfungsergebnisse beurteilt, ob seinem Anliegen hinreichend entsprochen wurde und welche Maßnahmen er noch erwartet.   755

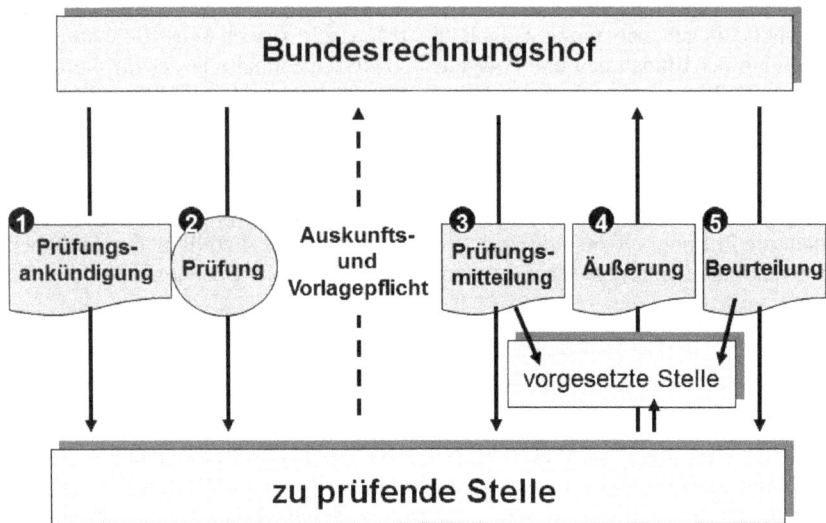

Abbildung 98: Stationen der Rechnungsprüfung

756 Die **Berichterstattung des Bundesrechnungshofes** an Bundestag, Bundesrat und Bundesregierung umfasst
- die Bemerkungen nach § 97 BHO,
- die Berichte über Angelegenheiten von besonderer Bedeutung nach § 99 BHO und
- die Beratung aufgrund von Prüfungserfahrungen nach § 88 Abs. 2 BHO.

Die Bemerkungen enthalten die Ergebnisse der Prüfung der Rechnungen für das Haushaltsjahr, das zur Entlastung ansteht, sowie wesentliche Feststellungen über die Haushalts- und Wirtschaftsführung unabhängig vom Entlastungsjahr (besondere Prüfungsergebnisse). Zur Vorbereitung der Beratungen des Rechnungsprüfungsausschusses stellt der Bundesrechnungshof dem Vorsitzenden eine aktualisierte Zusammenfassung des Bemerkungsinhalts und einen Beschlussvorschlag zur Verfügung.

4. Entlastung der Bundesregierung

757 Der BMF legt die Jahresrechnung gleichzeitig dem Bundestag und dem Bundesrat vor und stellt den Antrag, der Bundesregierung **Entlastung** zu erteilen. Beratungsgegenstand des Entlastungsverfahrens sind die Haushalts- und Vormögensrechnung[220] einschließlich des dazugehörigen kassenmäßigen Abschlusses und

220   §§ 81, 86 BHO.

des Haushaltsabschlusses,[221] des Abschlussberichtes,[222] der Übersichten zur Haushaltsrechnung[223] und der Jahresbericht des Bundesrechnungshofes.[224]

Das eigentliche Entlastungsverfahren beginnt – häufig erst im Herbst des über- **758** nächsten Jahres – mit der Vorlage des Jahresberichts (den sogenannten Bemerkungen) des Bundesrechnungshofs unmittelbar an Bundestag, Bundesrat und Bundesregierung.

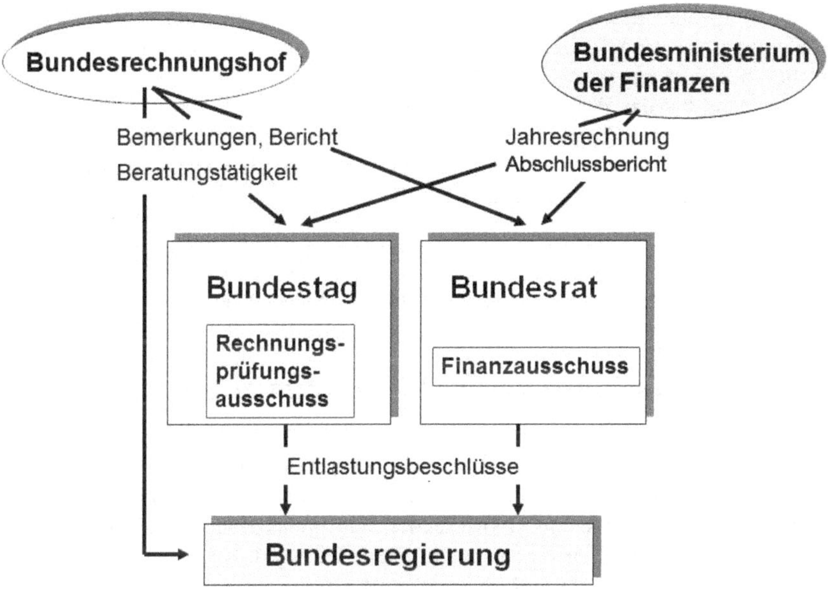

Abbildung 99: Stationen der Entlastung

Nach den Beratungen im Finanzausschuss beschließt der Bundesrat, der Bundes- **759** regierung die Entlastung zu erteilen und teilt dies i. d. R. gleichzeitig dem Bundestag (als Stellungnahme des Bundesrates) mit. Im Bundestag wird der Entlastungsantrag der Bundesregierung einschließlich der Jahresrechnung und der Bemerkungen des Bundesrechnungshofes dem Haushaltsausschuss und von diesem dem Rechnungsprüfungsausschuss zugeleitet.

Die Mitglieder des **Rechnungsprüfungsausschusses** sind zugleich Mitglieder **760** des Haushaltsausschusses. Im Rechnungsprüfungsausschuss werden die Bemer-

---

221 §§ 82, 83 BHO.
222 § 84 BHO.
223 § 85 BHO.
224 „Bemerkungen des BRH": § 97 BHO.

kungen des Bundesrechnungshofs bei Anwesenheit von Vertretern des betreffenden Ressorts, des Bundesfinanzministeriums und des Bundesrechnungshofs im Einzelnen behandelt. Der Rechnungsprüfungsausschuss erstellt den Entwurf von Beschlussempfehlungen, die über den Haushaltsausschuss an das Plenum des Deutschen Bundestages geleitet werden. Die Behandlung dieser Beschlussempfehlungen erfolgt im Entlastungsverfahren.

761   Bundestag und Bundesrat beschließen jeweils selbstständig und voneinander unabhängig über die Entlastung. Die **Entlastung** hat lediglich eine politische Bedeutung, es sind keine unmittelbar verfassungsrechtlichen oder sonstigen rechtlichen Wirkungen mit ihr verbunden. In der Geschichte der Bundesrepublik Deutschland hat das Parlament der Regierung – abgesehen von den Jahresrechnungen 1972 und 1973[225] – noch nie die Entlastung verweigert. Selbst wenn sich die politischen Mehrheitsverhältnisse verändert hatten, wurde der Regierung stets die Entlastung erteilt. Es geht bei der Entlastung nicht um eine politische Bewertung der Regierungsarbeit, sondern um die parlamentarische Diskussion der gesamten Haushalts- und Wirtschaftsführung der Bundesverwaltung.[226]

Mit der Entlastung schließt die vierte Phase des Haushaltskreislaufs.

VI. Der Haushaltskreislauf (Zusammenfassung)

762   Der Haushaltsplan als Grundlage für die Haushalts- und Wirtschaftsführung erfährt in seinem „Leben" einen Ablauf, der – in vier Phasen eingeteilt – als Haushaltskreislauf bezeichnet wird. Jeder Haushaltskreislauf beginnt mit dem Aufstellungsverfahren zu einem bestimmten Zeitpunkt, unabhängig davon, ob ein früherer Haushaltskreislauf abgeschlossen ist.

763   1. Die **Aufstellung des Bundeshaushaltsplans** ist geprägt von Vorgaben der Bundesregierung (Top-Down) und der Bedarfsanmeldung durch die einzelnen Behörden (Bottom-up).
Nach Vorbereitung durch das Bundesministerium der Finanzen und einer regierungsinterne Abstimmung der Haushaltseckwerte erfolgt in der Regel bis spätestens Mitte März des Vorjahres der Kabinettbeschluss über Einzelplanplafonds und andere wesentliche Eckwerte. Der **Eckwertebeschluss** legt Obergrenzen der Ausgaben für jeden Einzelplan fest. Parallel zur Vorbereitung des Eckwertebeschlusses im Bundesministerium der Finanzen und zur regierungsinternen Abstimmung der Haushaltseckwerte werden in den einzelnen Ressorts die Vorschläge für die Einzelpläne erstellt. Auf Basis der vom Kabinett beschlossenen, verbindlichen Eckwerte erfolgt ein technisches BMF-Rundschreiben zur Haushaltsaufstellung. Daraufhin erfolgen die

---

225   Teilweise durch den Bundesrat, vgl. BR-Drs. 549/77, BT-Drs. 8/1138.
226   Mit weiteren Nachweisen: *v. Mutius/Nawrath* in: Heuer, KHR, Rn. 4 zu Art. 114 GG.

Anmeldungen der Ressorts in Form der **Voranschläge für die Einzelpläne.** Der in der Regel bis spätestens Mitte Juli gefasste Kabinettsbeschluss über den Entwurf des Haushaltsgesetzes und -plans bildet den förmlichen Abschluss der Aufstellungsphase des Haushaltskreislaufs. Zusammen mit dem Haushaltsentwurf für das kommende Jahr verabschiedet das Kabinett auch den Finanzplan, dessen Planungszeitraum im laufenden Jahr beginnt.

2. Die **Feststellung des Haushaltsplans** erfolgt im Haushaltgesetzgebungsverfahren durch das Parlament. Es handelt sich um ein normales Gesetzgebungsverfahren, wobei das Haushaltsgesetz und der Haushaltsplan als Anlage dazu ein sogenanntes Einspruchsgesetz darstellen, d. h. dem Bundesrat steht das Einspruchsrecht zu (mit der Möglichkeit einer Zurückweisung durch den Bundestag) und nicht das Recht der Zustimmung. **764**

Drei Besonderheiten unterscheiden das Haushaltsgesetzgebungsverfahren von dem „normalen" Gesetzgebungsverfahren:

– Beim üblichen Gesetzgebungsverfahren des Bundes können Gesetzesvorlagen aus der Mitte des Bundestages, durch die Bundesregierung oder durch den Bundesrat eingebracht werden (Art. 76 Abs. 1 GG). Das Gesetzesinitiativrecht hat beim Haushaltsgesetzgebungsverfahren nur die Bundesregierung.

– Vorlagen der Bundesregierung werden zunächst dem Bundesrat zuzuleiten und erst nach dessen Stellungnahme dem Bundestag (Art. 76 Abs. 2 GG). Die Entwürfe des Haushaltsgesetzes und des Haushaltsplans werden zur Beschleunigung des Verfahrens gleichzeitig mit der Zuleitung an den Bundesrat beim Bundestag eingebracht (Art. 110 Abs. 3 GG).

– Nach Art. 82 Abs. 1 GG werden die nach den Vorschriften des GG zustande gekommenen Gesetze mit allen Anlagen im Bundesgesetzblatt verkündet. Im Haushaltsgesetzgebungsverfahren wird jedoch zusammen mit dem Haushaltsgesetz nur der Gesamtplan, nicht auch die Einzelpläne verkündet.

3. Die **Ausführung des Bundeshaushaltsplans** erfolgt durch die Exekutive. Der gesetzlich festgestellte Haushaltsplan ermächtigt die Verwaltung, Ausgaben zu leisten und Verpflichtungen einzugehen (§ 3 Abs. 1 BHO/LHO). Das bedeutet nicht, dass der Haushaltsplan die Verwaltung auch verpflichtet, die vorgesehenen Ausgaben zu leisten. Derartige Verpflichtungen müssen sich aus anderen Anordnungen des Gesetzgebers, d. h. aus Leistungsgesetzen, die auch im Haushaltsgesetz enthalten sein können, ergeben. **765**

Mit der Verteilung der Haushaltsmittel ist den mittelbewirtschaftenden Dienststellen die Ermächtigung zur Bewirtschaftung erteilt worden (**Bewirtschaftungsbefugnis**). In den Behörden liegt die Bewirtschaftung der Mittel zunächst bei der oder dem Beauftragten für den Haushalt. Die oder der Beauftragte für den Haushalt ist regelmäßig der Zentralabteilung zugeordnet, häufig die Leiterin oder der Leiter des Haushaltsreferats. Daneben bestehen Fachabteilungen, bei denen schwerpunktmäßig die Aufgabenerfüllung liegt. Die **766**

Delegation der Bewirtschaftungsbefugnis durch die oder den Beauftragten für den Haushalt auf die Titelverwalterinnen und Titelverwalter in Referaten der Zentralabteilung und der Fachabteilungen bedeutet eine Zusammenführung der Ausgaben- mit der Aufgabenzuständigkeit. Die oder der Beauftragte für den Haushalt ist bei allen Maßnahmen von finanzieller Tragweite zu beteiligen.

767 Unter Bewirtschaftungsbefugnis versteht man das Recht, eine selbstständige Bewirtschaftung der Haushaltsmittel unter Beachtung der Haushaltsgrundsätze vorzunehmen. Neben der Bewirtschaftungsbefugnis gibt es die **Anordnungsbefugnis**. Grundlage einer Zahlung ist eine auf schriftlichem oder elektronischem Weg gefertigte und von der oder dem Anordnungsbefugten erteilte Kassenanordnung (§ 70 BHO). An einer Anordnung, die zu einer Einzahlung oder einer Auszahlung führt, darf nicht nur eine Person beteiligt sein. Neben der Unterschrift der oder des Anordnungsbefugten muss mindestens eine weitere Person die sachliche und/oder die rechnerische Richtigkeit durch Unterschrift bescheinigen.

768 Technisch abgewickelt wird die Ausführung des Haushaltsplanes durch das **automatisierte HKR-Verfahren**. In diesem Verfahren werden die kameralistischen Buchungen für den gesamten Bundesbereich und alle Dienststellen, die Bundesmittel verwalten durchgeführt. Das HKR-Verfahren ist mit den Verfahren zur Haushalts- und Finanzplanung des Bundes verzahnt. Durch das HKR-Verfahren ist das BMF ständig über den aktuellen Bewirtschaftungsstand des Bundeshaushalts informiert und kann eine tagesgenaue Liquiditätsplanung vornehmen.

Zu Abweichungen vom planmäßigen Ablauf der Haushaltswirtschaft kann es bei den Einnahmen kommen durch Niederschlagung (interner Vorgang, befristet oder unbefristet), Stundung (Hinausschieben der Fälligkeit) oder Erlass (Verzicht auf die Forderung). Bei den Ausgaben kann es zu Sperren oder zu über- oder außerplanmäßigen Ausgaben nach Art. 112 GG kommen. Sind bei einem Titel Verpflichtungsermächtigungen für mehrere Jahre ausgebracht, kann es zu Abweichungen von den Jahresbeträgen kommen, ohne dass der Gesamtbetrag der Verpflichtungsermächtigung überschritten wird. Wird der Gesamtbetrag der Verpflichtungsermächtigung überschritten, liegt eine überplanmäßige Verpflichtungsermächtigung vor.

Besondere Gebiete bei der Ausführung des Haushaltsplans sind das Vergaberecht, dass bei öffentlichen Aufträgen zu beachten ist sowie das Zuwendungsrecht, dass sowohl bei der institutionellen Förderung als auch bei der Projektförderung zur Anwendung kommt.

769 4. Die **Kontrolle des Haushaltsplans** besteht aus drei Abschnitten:
Die Rechnungslegung führt zur Haushaltsrechnung. Dies ist eine Zusammenfassung der Einzelpläne mit der Darstellung, wie sich der Haushaltsvollzug während des Rechnungsjahres im Vergleich zum Haushaltsplan entwickelt hat. Die **Haushaltsrechnung** hat somit den Nachweis über die betragsmäßige

Verwendung der Haushaltsmittel zu erbringen. Der Inhalt der Haushaltsrechnung wird durch die §§ 81 ff. BHO sowie ergänzende Vorschriften bestimmt. In der **Vermögensrechnung** sind der Bestand des Vermögens und der Schulden zu Beginn des Haushaltsjahres, die Veränderungen während des Haushaltsjahres sowie der Bestand zum Ende des Haushaltsjahres darzustellen (§ 86 BHO).

In der folgenden **Rechnungsprüfung** prüft der Bundesrechnungshof die Rechnung sowie die Wirtschaftlichkeit und Ordnungsmäßigkeit der Haushalts- und Wirtschaftsführung des Bundes. Geprüft werden auch die Sozialversicherungsträger und das Handeln des Bundes bei privatrechtlichen Unternehmen, an denen er beteiligt ist. Insgesamt sind dies vielfältige Aufgaben in unterschiedlichen Bereichen, z. B. Verteidigung, Straßenbau, Steuern oder die Betätigung des Bundes z. B. bei der Deutschen Bahn AG, der Post AG und der Telekom AG. Der BRH fasst seine Prüfungsfeststellungen in Prüfungsmitteilungen zusammen, die den geprüften Stellen zur Stellungnahme zugehen. Der BRH hat außer der Bundesregierung unmittelbar dem Bundestage und dem Bundesrate jährlich zu berichten. Diese „Bemerkungen" (Jahresberichte) sind Grundlage für die Entlastung der Bundesregierung durch das Parlament. auf der Grundlage der „Bemerkungen" des Bundesrechnungshofes findet die parlamentarische Prüfung im Rechnungsprüfungsausschuss des Deutschen Bundestags statt.   **770**

Der Rechnungsprüfungsausschuss gibt dem Plenum des Deutschen Bundestages zum Abschluss seiner Beratungen eine Beschlussempfehlung. Bundestag und Bundesrat beschließen unabhängig voneinander die **Entlastung** der Bundesregierung für das entsprechende Haushaltsjahr. Diese Entlastung der Bundesregierung stellt die abschließende politische Beurteilung der Haushalts- und Wirtschaftsführung der Bundesregierung dar.   **771**

Anhang

Gesetz über die Feststellung des Bundeshaushaltsplans für das Haushaltsjahr 2017 (Haushaltsgesetz 2017)

vom 20.12.2016 (BGBl. I S. 3016)

Abschnitt 1
Allgemeine Ermächtigungen

§ 1
Feststellung des Haushaltsplans

(1) Der diesem Gesetz als Anlage beigefügte Bundeshaushaltsplan für das Haushaltsjahr 2017 wird in Einnahmen und Ausgaben auf 329 100 000 000 Euro festgestellt.

(2) Der dem Kapitel 6002 des Bundeshaushaltsplans für das Haushaltsjahr 2017 als Anlage 3 beigefügte Wirtschaftsplan des Sondervermögens „Energie- und Klimafonds" wird für das Jahr 2017 in Einnahmen und Ausgaben auf 3 210 702 000 Euro festgestellt.

§ 2
Kreditermächtigungen

(1) [1]Im Haushaltsjahr 2017 nimmt der Bund keine Kredite zur Deckung von Ausgaben auf. [2]Die folgenden Absätze bleiben hiervon unberührt.

(2) [1]Das Bundesministerium der Finanzen wird ermächtigt, Kredite zur Tilgung von im Haushaltsjahr 2017 fällig werdenden Krediten aufzunehmen; deren Höhe ergibt sich aus dem Saldo der im Kreditfinanzierungsplan (Teil IV des Gesamtplans) ausgewiesenen Ausgaben zur Tilgung von Krediten (Nummer 2) und den sonstigen Einnahmen zur Schuldentilgung (Nummer 1.2). [2]Dem Kreditrahmen nach Satz 1 wachsen im Falle eines unvorhergesehenen Bedarfs Beträge in Höhe von bis zu 15 000 000 000 Euro zum Rückkauf von Wertpapieren des Bundes oder zur Rückzahlung von Darlehen zu, soweit die in Satz 1 genannte Summe der Beträge zur Tilgung überschritten wird. [3]Das Bundesministerium der Finanzen wird ermächtigt, Mehreinnahmen bei Kapitel 6002 Titel 133 01 zur Tilgung der Schulden des Bundes zu verwenden; insoweit vermindert sich die Ermächtigung nach Satz 1. [4]Bei Mehreinnahmen nach Satz 3 können Maßnahmen nach § 60 Absatz 2 der Bundeshaushaltsordnung ergriffen werden.

(3) [1]Das Bundesministerium der Finanzen wird ermächtigt, ab Oktober des Haushaltsjahres im Vorgriff auf die Kreditermächtigung des nächsten Haushaltsjahres Kredite bis zur Höhe von 4 Prozent des in § 1 Absatz 1 festgestellten

Betrages aufzunehmen. [2]Diese Kredite sind auf die Kreditermächtigung des nächsten Haushaltsjahres anzurechnen.

(4) [1]Auf die Kreditermächtigung ist bei Diskontpapieren der Nettobetrag anzurechnen. [2]Fremdwährungsanleihen sind mit den Euro-Gegenwerten auf die Kreditermächtigung anzurechnen, die sich aus den spätestens gleichzeitig abgeschlossenen ergänzenden Verträgen zur Begrenzung des Währungsrisikos ergeben.

(5) [1]Das Bundesministerium der Finanzen wird ermächtigt, zum Aufbau von Eigenbeständen Kredite bis zur Höhe von 10 Prozent des Betrages der umlaufenden Bundesanleihen, Bundesobligationen, Bundesschatzanweisungen und unverzinslichen Schatzanweisungen aufzunehmen, dessen Höhe sich aus der jeweils letzten im Bundesanzeiger veröffentlichten Übersicht über den Stand der Schuld der Bundesrepublik Deutschland ergibt. [2]Auf die Kreditermächtigung sind die Beträge anzurechnen, die aufgrund von Ermächtigungen früherer Haushaltsgesetze aufgenommen worden sind. [3]Das Bundesministerium der Finanzen wird ferner ermächtigt, Eigenbestände in Form der Wertpapieranleihe oder zur Besicherung von Zinsswapgeschäften zu verwenden oder sie im Rahmen der Kreditermächtigungen des Satzes 1 und des Absatzes 2 Satz 1 zu verkaufen.

(6) [1]Das Bundesministerium der Finanzen wird ermächtigt, im Rahmen der Kreditfinanzierung und der Kassenverstärkungskredite im laufenden Haushaltsjahr ergänzende Verträge abzuschließen
1. zur Optimierung der Zinsstruktur und zur Begrenzung von Zinsänderungsrisiken mit einem Vertragsvolumen von bis zu 80 000 000 000 Euro sowie
2. zur Begrenzung des Zins- und Währungsrisikos von Fremdwährungsanleihen mit einem Vertragsvolumen von bis zu 30 000 000 000 Euro.
[2]Auf diese Höchstgrenzen werden zusätzliche Verträge nicht angerechnet, die Zinsrisiken aus bereits bestehenden Verträgen verringern oder ausschließen.

(7) [1]Das Bundesministerium der Finanzen wird ermächtigt, auch im folgenden Haushaltsjahr bis zum Tag der Verkündung des Haushaltsgesetzes im Rahmen der Kreditaufnahme folgende Verträge abzuschließen:
1. Kreditverträge bis zur Höhe der Ermächtigung nach Absatz 2 Satz 1, wenn die Kredite zur Tilgung fällig werdender Kredite aufgenommen werden;
2. Verträge nach Absatz 6 in dem in dieser Vorschrift bestimmten Umfang.
[2]Die so in Anspruch genommenen Ermächtigungen werden auf die jeweiligen Ermächtigungen des folgenden Haushaltsjahres angerechnet.

(8) Vor Inanspruchnahme der über 1 Prozent des in § 1 Absatz 1 festgestellten Betrages liegenden Kreditermächtigungen nach § 18 Absatz 3 Satz 1 der Bundeshaushaltsordnung ist der Haushaltsausschuss des Deutschen Bundestages zu unterrichten, sofern nicht aus zwingenden Gründen eine Ausnahme geboten ist.

(9) [1]Das Bundesministerium der Finanzen wird ermächtigt, Kassenverstärkungskredite bis zur Höhe von 10 Prozent des in § 1 Absatz 1 festgestellten

Betrages aufzunehmen. [2]Für Geschäfte, die den gleichzeitigen Ver- und Rückkauf von Bundeswertpapieren beinhalten, können weitere Kassenverstärkungskredite bis zur Höhe von 10 Prozent des in § 1 Absatz 1 festgestellten Betrages aufgenommen werden. [3]Das Bundesministerium der Finanzen wird ferner ermächtigt, Kassenverstärkungskredite bis zur Höhe von 10 Prozent des in Absatz 6 Satz 1 Nummer 1 genannten Betrages zur Besicherung von Zinsswapgeschäften aufzunehmen. [4]Zur Besicherung von Zinswährungsswapgeschäften können weitere Kassenverstärkungskredite bis zur Höhe von 10 Prozent des in Absatz 6 Satz 1 Nummer 2 genannten Betrages aufgenommen werden. [5]Auf die Kreditermächtigungen der Sätze 1 bis 4 sind die Beträge anzurechnen, die aufgrund von Ermächtigungen früherer Haushaltsgesetze aufgenommen worden sind.

(10) [1]Das Bundesministerium der Finanzen wird ermächtigt, zur Finanzierung der der Bundesanstalt für Landwirtschaft und Ernährung nach § 2 Absatz 1 Satz 2 Nummer 2 des Gesetzes über die Errichtung einer Bundesanstalt für Landwirtschaft und Ernährung vom 2. August 1994 (BGBl. I S. 2018, 2019), das zuletzt durch Artikel 364 der Verordnung vom 31. August 2015 (BGBl. I S. 1474) geändert worden ist, obliegenden Aufgabe Kassenverstärkungskredite bis zur Höhe von 7 000 000 000 Euro aufzunehmen. [2]Auf die Kreditermächtigung sind die Beträge anzurechnen, die aufgrund von Ermächtigungen früherer Haushaltsgesetze aufgenommen worden sind.

§ 3
Gewährleistungsermächtigungen

(1) [1]Das Bundesministerium der Finanzen wird ermächtigt, Bürgschaften, Garantien oder sonstige Gewährleistungen bis zur Höhe von insgesamt 494 180 000 000 Euro zu übernehmen, davon
1. bis zu 160 000 000 000 Euro im Zusammenhang mit förderungswürdigen oder im besonderen staatlichen Interesse der Bundesrepublik Deutschland liegenden Ausfuhren,
2. bis zu 65 000 000 000 Euro
   a) für Kredite an ausländische Schuldner zur Finanzierung förderungswürdiger Vorhaben oder bei besonderem staatlichen Interesse der Bundesrepublik Deutschland,
   b) zur Absicherung des politischen Risikos bei förderungswürdigen Direktinvestitionen im Ausland,
   c) für Kredite der Europäischen Investitionsbank an Schuldner außerhalb der Europäischen Union,
3. bis zu 28 470 000 000 Euro
   a) für Kredite zur Mitfinanzierung entwicklungspolitisch förderungswürdiger Vorhaben der bilateralen Finanziellen Zusammenarbeit,
   b) für zinsverbilligte Kredite für entwicklungspolitisch förderungswürdige Vorhaben der bilateralen Finanziellen Zusammenarbeit,

c) für Förderkredite der Kreditanstalt für Wiederaufbau für entwicklungspolitisch förderungswürdige Vorhaben der bilateralen Finanziellen Zusammenarbeit sowie

d) für zinsverbilligte Kredite der Kreditanstalt für Wiederaufbau für bilatera-
le Vorhaben des internationalen Klima- und Umweltschutzes,

4. bis zu 700 000 000 Euro für Marktordnungs- und Bevorratungsmaßnahmen
auf dem Ernährungsgebiet,

5. bis zu 158 000 000 000 Euro zur Förderung der Binnenwirtschaft und zur
Abdeckung von Haftungslagen im In- und Ausland,

6. bis zu 66 000 000 000 Euro im Zusammenhang mit der Beteiligung der Bundesrepublik Deutschland an europäischen oder internationalen Finanzinstitutionen und Fonds,

7. bis zu 1 010 000 000 Euro für die Nachfolgeeinrichtungen der Treuhandan-
stalt,

8. bis zu 15 000 000 000 Euro zur Absicherung des Zinsrisikos bei der Refinanzierung von Krediten für den Bau von Schiffen auf deutschen Werften.

[2]Einzelheiten ergeben sich aus den verbindlichen Erläuterungen zu Kapitel 3208
des Bundeshaushaltsplans.

(2) [1]Auf die in Absatz 1 Satz 1 genannten Höchstbeträge werden die aufgrund
der Ermächtigungen früherer Haushaltsgesetze übernommenen Gewährleistungen angerechnet, soweit der Bund noch in Anspruch genommen werden kann. [2]In
diesem Fall erfolgt eine Anrechnung auch, soweit er in Anspruch genommen
worden ist und für die erbrachten Leistungen keinen Ersatz erlangt hat.

(3) Gewährleistungen nach Absatz 1 Satz 1 können auch in ausländischer
Währung übernommen werden; sie sind auf der Basis desjenigen Euro-Referenz-
kurses der Europäischen Zentralbank auf den Höchstbetrag anzurechnen, der vor
der Ausfertigung der Gewährleistungserklärung zuletzt festgestellt worden ist.

(4) [1]Eine Bürgschaft, Garantie oder sonstige Gewährleistung ist auf den
Höchstbetrag der entsprechenden Ermächtigung in der Höhe anzurechnen, in der
der Bund daraus in Anspruch genommen werden kann. [2]Zinsen und Kosten sind
auf den jeweiligen Ermächtigungsrahmen nur anzurechnen, soweit dies gesetzlich bestimmt ist oder bei der Übernahme ein gemeinsamer Haftungsbetrag für
Hauptverpflichtung, Zinsen und Kosten festgelegt wird.

(5) Soweit in den Fällen der Gewährleistungsübernahme nach Absatz 1 Satz 1
der Bund ohne Inanspruchnahme von seiner Haftung frei wird oder Ersatz für
erbrachte Leistungen erlangt hat, ist eine übernommene Gewährleistung auf den
Höchstbetrag nicht mehr anzurechnen.

(6) Die in Absatz 1 Satz 1 Nummer 1 bis 8 genannten Ermächtigungsrahmen
können mit Einwilligung des Haushaltsausschusses des Deutschen Bundestages
auch für Zwecke der jeweils anderen Gewährleistungsermächtigungen verwendet
werden.

(7) ¹Das Bundesministerium der Finanzen wird ermächtigt, zusätzliche Gewährleistungen nach Absatz 1 Satz 1 bis zur Höhe von 20 Prozent des in Absatz 1 Satz 1 bestimmten Ermächtigungsrahmens mit Einwilligung des Haushaltsausschusses des Deutschen Bundestages unter den Voraussetzungen des § 37 Absatz 1 der Bundeshaushaltsordnung zu übernehmen. ²Eine Ausnahme von der Einwilligung des Haushaltsausschusses des Deutschen Bundestages ist nur aus zwingenden Gründen gestattet.

(8) Vor Übernahme von Bürgschaften, Garantien und sonstigen Gewährleistungen nach Absatz 1 Satz 1, die eine Übernahme einer Eventualverpflichtung von 1 000 000 000 Euro oder mehr vorsehen, ist der Haushaltsausschuss des Deutschen Bundestages zu unterrichten, sofern nicht aus zwingenden Gründen eine Ausnahme geboten ist.

§ 4
Über- und außerplanmäßige Ausgaben und Verpflichtungsermächtigungen

(1) ¹Der Betrag nach § 37 Absatz 1 Satz 4 der Bundeshaushaltsordnung wird auf 5 000 000 Euro festgesetzt. ²Über- und außerplanmäßige Ausgaben, die im Einzelfall den in Satz 1 festgelegten Betrag, im Falle der Erfüllung von Rechtsverpflichtungen einen Betrag von 50 000 000 Euro überschreiten, sind vor Einwilligung des Bundesministeriums der Finanzen dem Haushaltsausschuss des Deutschen Bundestages zur Unterrichtung vorzulegen, sofern nicht aus zwingenden Gründen eine Ausnahme geboten ist.

(2) ¹Der Betrag nach § 38 Absatz 1 Satz 3 der Bundeshaushaltsordnung wird auf 10 000 000 Euro festgesetzt. ²Für überplanmäßige oder außerplanmäßige Verpflichtungsermächtigungen, bei denen die Ausgaben nur in einem Haushaltsjahr fällig werden, wird der Betrag auf 5 000 000 Euro festgesetzt. ³Die Betragsgrenze nach Satz 2 wird auch überschritten, wenn bei mehrjährigen überplanmäßigen oder außerplanmäßigen Verpflichtungsermächtigungen der in Satz 2 genannte Betrag in einem Fälligkeitsjahr überschritten wird. ⁴Wenn überplanmäßige oder außerplanmäßige Ausgaben und überplanmäßige oder außerplanmäßige Verpflichtungsermächtigungen zusammentreffen, gilt insgesamt der in Satz 1 genannte Betrag; Absatz 1 bleibt unberührt. ⁵Überplanmäßige und außerplanmäßige Verpflichtungsermächtigungen, die die in den Sätzen 1 bis 4 festgelegten Beträge überschreiten, sind vor Einwilligung des Bundesministeriums der Finanzen dem Haushaltsausschuss des Deutschen Bundestages zur Unterrichtung vorzulegen, sofern nicht aus zwingenden Gründen eine Ausnahme geboten ist. ⁶Bei überplanmäßigen und außerplanmäßigen Verpflichtungsermächtigungen ist § 37 Absatz 4 der Bundeshaushaltsordnung entsprechend anzuwenden.

(3) Das Bundesministerium der Finanzen wird ermächtigt, mit Einwilligung des Haushaltsausschusses des Deutschen Bundestages bei Aktiengesellschaften, an denen der Bund beteiligt ist, einem genehmigten Kapital im Sinne des § 202

des Aktiengesetzes zuzustimmen und sich zur Leistung des auf den Bundesanteil entfallenden Erhöhungsbetrages zu verpflichten.

Abschnitt 2
Bewirtschaftung von Einnahmen, Ausgaben und Verpflichtungsermächtigungen

§ 5
Flexibilisierte Ausgaben

(1) Auf die in Teil I Buchstabe D des Gesamtplans aufgeführten Kapitel des Bundeshaushalts sind die Absätze 2 bis 5 anzuwenden, soweit im Einzelfall keine andere Regelung durch Haushaltsvermerk getroffen ist.

(2) [1]Innerhalb der einzelnen Kapitel sind jeweils gegenseitig deckungsfähig:
1. Ausgaben der Hauptgruppe 4, ohne Ausgaben der Titel der Gruppe 411, sowie Ausgaben der Titel 634.3,
2. Ausgaben der Titel 511.1, 514.1, 517.1, 518.1, 519.1, 523.1, 525.1, 526.1, 526.2, 527.1, 527.3, 532.1, 532.2, 532.3, 539.9, 543.1, 544.1 und 545.1,
3. Ausgaben der Titel 632.9, 636.9, 671.9, 681.8, 681.9, 684.9, 686.9 und 687.9,
4. Ausgaben der Titel der Gruppen 711 bis 739,
5. Ausgaben der Titel der Hauptgruppe 8.

[2]Ausgaben anderer als der in den Nummern 1 bis 5 aufgeführten Titel, die durch Haushaltsvermerk in die flexibilisierten Ausgaben einbezogen werden, sind innerhalb der einzelnen Kapitel dem jeweiligen Ausgabenbereich nach Maßgabe ihrer Hauptgruppenzugehörigkeit zuzuordnen.

(3) Im Verhältnis der in Absatz 2 genannten Ausgabenbereiche zueinander dürfen zusätzliche Ausgaben bis zur Höhe von 20 Prozent der Summe der Sollansätze des jeweiligen Ausgabenbereichs aus Einsparungen bei den anderen in Absatz 2 genannten Ausgabenbereichen geleistet werden.

(4) Die Ausgaben der in Absatz 2 genannten Ausgabenbereiche sind übertragbar.

(5) Für die flexibilisierten Ausgaben in den Kapiteln 0111, 0211, 0311, 0411, 0431, 0451, 0511, 0611, 0711, 0811, 0911, 1011, 1111, 1211, 1411, 1511, 1611, 1711, 1911, 2011, 2111, 2311 und 3011 gilt in Ergänzung zu den Absätzen 2 bis 4 folgende Regelung: Mehrausgaben dürfen gegen Einsparung innerhalb der flexibilisierten Ausgaben desselben Ausgabenbereichs nach Absatz 2 der anderen Kapitel des jeweiligen Einzelplans geleistet werden, wenn über das Soll und die Ausgabereste des deckungsberechtigten Titels vollständig für dessen Zweck verfügt ist.

(6) Das Nähere bestimmt das Bundesministerium der Finanzen.

§ 6
Verstärkungsmöglichkeiten, Deckungsfähigkeit, Zweckbindung

(1) Innerhalb eines Kapitels fließen die Einnahmen den Ausgaben bei folgenden Titeln zu:

1. Titel der Hauptgruppe 4 aus Personalkostenzuschüssen für die berufliche Eingliederung behinderter und schwerbehinderter Menschen sowie für Arbeitsbeschaffungsmaßnahmen und weitere Maßnahmen zur Eingliederung Arbeitsloser sowie aus Erstattungsleistungen nach dem Altersteilzeitgesetz vom 23. Juli 1996 (BGBl. I S. 1078), das zuletzt durch Artikel 3 des Gesetzes vom 18. Juli 2016 (BGBl. I S. 1710) geändert worden ist,

2. Titel der Hauptgruppen 5 bis 8 aus Sachkostenzuschüssen für die berufliche Eingliederung behinderter und schwerbehinderter Menschen,

3. Titel der Obergruppe 44 aus Erstattungen und Schadenersatzleistungen Dritter.

(2) Innerhalb eines Kapitels fließen die Einnahmen den Ausgaben bei den Titeln zu, die den flexibilisierten Ausgabenbereichen gemäß § 5 Absatz 2 Satz 1 Nummer 1 oder 2 zugeordnet sind, soweit es sich bei den Einnahmen um Erstattungen und Beiträge Dritter handelt.

(3) Für die Kapitel des Bundeshaushalts, auf die § 5 Absatz 2 bis 5 nicht anzuwenden ist, gilt:

1. Die obersten Bundesbehörden können die Deckungsfähigkeit der Ausgaben bei Titeln der Gruppen 511 bis 525, 527 und 539 innerhalb eines Kapitels anordnen, soweit die Mittel nicht übertragbar sind, die Mehrausgaben des Einzeltitels nicht mehr als 20 Prozent betragen und die Maßnahme wirtschaftlich zweckmäßig erscheint.

2. Soweit eine Deckung nach Nummer 1 nicht möglich ist, kann das Bundesministerium der Finanzen in besonders begründeten Ausnahmefällen zulassen, dass Mehrausgaben bei Titeln der Gruppen 514 und 517 bis zur Höhe von 30 Prozent des Sollansatzes durch Einsparungen anderer Ausgaben innerhalb der Hauptgruppe 5 desselben Einzelplans gedeckt werden.

3. Mehrausgaben bei Titel 526 .1 können gegen Einsparungen bei anderen Ausgaben der Obergruppen 51 bis 54 desselben Einzelplans gedeckt werden.

(4) Innerhalb eines Kapitels dürfen Mehrausgaben für Mieten und Pachten im Zusammenhang mit dem Einheitlichen Liegenschaftsmanagement bei Titel 518 .2 bis zur Höhe der Einsparungen bei den in die Flexibilisierung nach § 5 einbezogenen Titeln geleistet werden.

(5) [1]Das Bundesministerium der Finanzen wird ermächtigt, mit Einwilligung des Haushaltsausschusses des Deutschen Bundestages innerhalb des Einzelplans 14 die Deckungsfähigkeit der Ausgaben bei Titeln der Gruppen 551 bis 559 der Kapitel 1404 bis 1408 sowie bei Titel 514 03 in Kapitel 1407 anzuordnen, falls dies aufgrund von Umständen, die nach Inkrafttreten des Haushalts-

gesetzes eingetreten sind, wirtschaftlich zweckmäßig erscheint. [2]Diese Regelung gilt auch für übertragbare Ausgaben. [3]Das Bundesministerium der Finanzen wird darüber hinaus ermächtigt, mit Einwilligung des Haushaltsausschusses des Deutschen Bundestages innerhalb des Einzelplans 14 die Deckungsfähigkeit der Ausgaben bei einzelnen Titeln mit Ausnahme der Titel der Gruppe 529 anzuordnen, wenn unvorhergesehen und unabweisbar Mehrausgaben geleistet werden müssen, um die Wirtschaftlichkeit des Betriebs der Streitkräfte zu verbessern.

(6) [1]Bei Titel 537 02 des Kapitels 6003 fließen Erstattungen der obersten Bundesbehörden für die Inanspruchnahme des Flugdienstes zwischen Köln/Bonn und Berlin den Ausgaben zu. [2]Bei den Titeln 527 .1 und 453 .1 der obersten Bundesbehörden fließen Erstattungen des nachgeordneten Bereichs sowie von Dritten im Zusammenhang mit dem Flugdienst zwischen Köln/Bonn und Berlin den Ausgaben zu.

(7) [1]Innerhalb eines Kapitels können Mehreinnahmen aus der Veräußerung von Dienstkraftfahrzeugen herangezogen werden, um die Ausgaben für die Ersatzbeschaffung von Dienstkraftfahrzeugen zu verstärken. [2]Das Nähere bestimmt das Bundesministerium der Finanzen.

(8) Das Aufkommen an Mineralölsteuer, das nach Artikel 1 des Straßenbaufinanzierungsgesetzes in der im Bundesgesetzblatt Teil III, Gliederungsnummer 912-3, veröffentlichten bereinigten Fassung, das zuletzt durch Artikel 468 der Verordnung vom 31. August 2015 (BGBl. I S. 1474) geändert worden ist, und nach Artikel 3 des Verkehrsfinanzgesetzes 1971 vom 28. Februar 1972 (BGBl. I S. 201), das zuletzt durch Artikel 99 des Gesetzes vom 8. Dezember 2010 (BGBl. I S. 1864) geändert worden ist, für Zwecke des Straßenwesens gebunden ist, ist auch für sonstige verkehrspolitische Zwecke im Bereich des Bundesministeriums für Verkehr und digitale Infrastruktur zu verwenden.

(9) [1]Ergibt sich zum Abschluss des Haushaltsjahres gegenüber dem Haushaltssoll per Saldo eine Entlastung des Bundeshaushalts, so dient dieser Betrag zur Leistung von Mehrausgaben bei Kapitel 6002 Titel 919 01, soweit dadurch keine Kredite zur Deckung von Ausgaben aufgenommen werden müssen. [2]Die Erhebung von Mehreinnahmen bei Kapitel 6002 Titel 359 01 bedarf der Einwilligung des Haushaltsausschusses des Deutschen Bundestages.

(10) [1]Innerhalb eines Kapitels dürfen für interne Verrechnungen nach § 61 der Bundeshaushaltsordnung bei Titel 981 .3 Mehrausgaben bis zur Höhe der Einsparungen geleistet und Ausgabetitel bis zur Höhe der Einnahmen bei Titel 381 .3 verstärkt werden. [2]Das Bundesministerium der Finanzen wird ermächtigt, diese Titel auszubringen.

§ 7
Überlassung und Veräußerung von Vermögensgegenständen sowie Verzicht auf Auslagenerstattung

(1) [1]Nach § 63 Absatz 3 Satz 2 der Bundeshaushaltsordnung wird zugelassen, dass Software, die von Bundesdienststellen im Bereich der Datenverarbeitung entwickelt worden ist, unentgeltlich an Stellen der öffentlichen Verwaltung im Inland abgegeben wird, soweit Gegenseitigkeit besteht. [2]Das gilt auch für Software, die von Bundesdienststellen erworben worden ist. [3]Für erworbene Lizenzen an Standardsoftware ist die jeweilige Lizenzvereinbarung maßgebend.

(2) Nach § 63 Absatz 3 Satz 2 der Bundeshaushaltsordnung wird zugelassen, dass Vorschriften in elektronischer Form, beispielsweise über das Internet, unentgeltlich oder gegen ermäßigtes Entgelt bereitgestellt werden können.

(3) [1]Es wird zugelassen, dass bei Maßnahmen zur Bewältigung der Flüchtlingskrise insbesondere im Rahmen der Amtshilfe auf eine Auslagenerstattung gemäß § 8 Absatz 1 Satz 2 des Verwaltungsverfahrensgesetzes verzichtet werden kann. [2]Entsprechendes gilt für Mehrausgaben im Personalbereich für diese Maßnahmen im Rahmen der Amtshilfe.

§ 8
Bewilligung von Zuwendungen

(1) Ausgaben und Verpflichtungsermächtigungen für Zuwendungen im Sinne des § 23 der Bundeshaushaltsordnung zur Deckung der gesamten Ausgaben oder eines nicht abgegrenzten Teils der Ausgaben einer Einrichtung außerhalb der Bundesverwaltung (institutionelle Förderung) sind gesperrt, solange der Haushalts- oder Wirtschaftsplan des Zuwendungsempfängers nicht von dem zuständigen Bundesministerium und dem Bundesministerium der Finanzen gebilligt ist.

(2) [1]Die in Absatz 1 genannten Zuwendungen zur institutionellen Förderung dürfen nur mit der Auflage bewilligt werden, dass der Zuwendungsempfänger seine Beschäftigten nicht besserstellt als vergleichbare Arbeitnehmerinnen und Arbeitnehmer des Bundes. [2]Entsprechendes gilt bei Zuwendungen zur Projektförderung, wenn die Gesamtausgaben des Zuwendungsempfängers überwiegend aus Zuwendungen der öffentlichen Hand bestritten werden. [3]Das Bundesministerium der Finanzen kann bei Vorliegen zwingender Gründe Ausnahmen zulassen. [4]Die Sätze 1 und 2 gelten nicht, soweit eine Wissenschaftseinrichtung gemäß § 2 des Wissenschaftsfreiheitsgesetzes vom 5. Dezember 2012 (BGBl. I S. 2457), das durch Artikel 122 der Verordnung vom 31. August 2015 (BGBl. I S. 1474) geändert worden ist, den bei ihr beschäftigten Wissenschaftlerinnen und Wissenschaftlern Gehälter oder Gehaltsbestandteile aus Mitteln zahlt, die weder unmittelbar noch mittelbar von der deutschen öffentlichen Hand finanziert werden. [5]Satz 4 gilt auch für sonstige im wissenschaftsrelevanten Bereich Beschäftigte,

wenn sie im Rahmen der Planung, Vorbereitung, Durchführung, Auswertung oder Bewertung von Forschungsvorhaben einen wesentlichen Beitrag leisten.

§ 9
Baumaßnahmen der Bundesanstalt für Immobilienaufgaben

Die §§ 24 und 54 der Bundeshaushaltsordnung bleiben für Baumaßnahmen zur Deckung des Raumbedarfs für Bundeszwecke nach § 2 Absatz 1 Satz 2 des Gesetzes über die Bundesanstalt für Immobilienaufgaben vom 9. Dezember 2004 (BGBl. I S. 3235), das durch Artikel 15 Absatz 83 des Gesetzes vom 5. Februar 2009 (BGBl. I S. 160) geändert worden ist, die im Wirtschaftsplan der Bundesanstalt für Immobilienaufgaben veranschlagt werden, unberührt.

§ 10
Bezüge

(1) [1]Abweichend von § 50 Absatz 3 der Bundeshaushaltsordnung können die Personalausgaben für abgeordnete Beschäftigte für die Dauer von bis zu drei Jahren von der abordnenden Verwaltung weitergezahlt werden. [2]Weiterzahlungen über drei Jahre hinaus bedürfen, sofern sie nicht durch Haushaltsvermerk geregelt sind, der Einwilligung des Bundesministeriums der Finanzen.

(2) [1]Innerhalb eines Kapitels dürfen Zulagen nach § 45 des Bundesbesoldungsgesetzes in der Fassung der Bekanntmachung vom 19. Juni 2009 (BGBl. I S. 1434), das zuletzt durch Artikel 2 des Gesetzes vom 21. November 2016 (BGBl. I S. 2570) geändert worden ist, für Beamtinnen und Beamte bis zur Höhe von 0,1 Prozent der veranschlagten Ausgaben der Titel 422 .1 geleistet werden. [2]Innerhalb der Kapitel 1403 und 1412 dürfen Zulagen nach § 45 des Bundesbesoldungsgesetzes für Soldatinnen und Soldaten bis zur Höhe von 0,1 Prozent der veranschlagten Ausgaben des Titels 423 01 geleistet werden.

(3) Soweit Soldatinnen und Soldaten Leistungsprämien, Leistungszulagen oder Leistungsstufen gewährt werden, sind die Titel der Gruppe 423 der Kapitel 1403 und 1412 gegenseitig deckungsfähig.

§ 11
Verbriefung von Verpflichtungen

Das zuständige Bundesministerium wird ermächtigt, die Beteiligungen, Zuschüsse und Beiträge der Bundesrepublik Deutschland zugunsten der in Kapitel 0904 Titel 687 04, Kapitel 1605 Titel 896 02, Kapitel 2303 Titel 687 04 und 896 09, Kapitel 2304 Titel 687 01, 687 02, 687 03, 687 04 und 687 05 des Bundeshaushaltsplans erwähnten internationalen Finanzinstitutionen und Fonds durch Hingabe unverzinslicher Schuldscheine zu erbringen.

§ 12
Liquiditätshilfen, Fälligkeit von Zuschüssen und Leistungen des Bundes an die Rentenversicherung

(1) [1]Die Liquiditätshilfen an die Bundesagentur für Arbeit nach § 364 des Dritten Buches Sozialgesetzbuch sind auf 8 000 000 000 Euro begrenzt. [2]Der Ermächtigungsrahmen darf wiederholt in Anspruch genommen werden.

(2) Die Liquiditätshilfe an die Bundesanstalt für Finanzdienstleistungsaufsicht ist auf 10 000 000 Euro begrenzt.

(3) Die Liquiditätshilfe an die Bundesanstalt für Immobilienaufgaben ist auf 200 000 000 Euro begrenzt.

(4) [1]Die Zuschüsse des Bundes an die allgemeine Rentenversicherung und seine an die allgemeine Rentenversicherung zu entrichtenden Beiträge für Kindererziehungszeiten werden in zwölf gleichen Monatsraten gezahlt. [2]Abweichend von Satz 1 kann im Einvernehmen mit dem Bundesministerium der Finanzen die Zahlung vorgezogen werden, soweit dies zur Stabilisierung der Finanzlage der allgemeinen Rentenversicherung erforderlich ist.

(5) [1]Liquiditätshilfen an den Gesundheitsfonds nach § 271 Absatz 3 des Fünften Buches Sozialgesetzbuch dürfen bis zu einem Betrag von 2 000 000 000 Euro geleistet werden. [2]Der Ermächtigungsrahmen darf wiederholt in Anspruch genommen werden. [3]Die Zahlung von Leistungen des Bundes nach § 221 Absatz 1 des Fünften Buches Sozialgesetzbuch kann im Einvernehmen mit dem Bundesministerium der Finanzen vorgezogen werden, soweit dies zur Vermeidung von Liquiditätshilfen nach § 271 Absatz 3 des Fünften Buches Sozialgesetzbuch erforderlich ist.

(6) [1]Das Bundesministerium der Finanzen wird ermächtigt, eine zinslose, zur Aufrechterhaltung einer ordnungsgemäßen Kassenwirtschaft notwendige Liquiditätshilfe an die Postbeamtenversorgungskasse bis zu einer Höhe von 250 000 000 Euro zu leisten. [2]Das Darlehen ist so bald wie möglich zurückzuzahlen, spätestens jedoch mit dem Ende des Haushaltsjahres.

(7) [1]Das Bundesministerium der Finanzen wird ermächtigt, nach Maßgabe des Satzes 2 der Bundesanstalt für Landwirtschaft und Ernährung zur Erfüllung ihrer Aufgabe nach § 2 Absatz 1 Satz 2 Nummer 2 des Gesetzes über die Errichtung einer Bundesanstalt für Landwirtschaft und Ernährung vom 2. August 1994 (BGBl. I S. 2018, 2019), das zuletzt durch Artikel 364 der Verordnung vom 31. August 2015 (BGBl. I S. 1474) geändert worden ist, verzinsliche Liquiditätshilfen bis zu einer Höhe von insgesamt 7 000 000 000 Euro zu leisten. [2]Die Liquiditätshilfen dürfen nur in dem Umfang bereitgestellt werden, in dem die Bundesanstalt für Landwirtschaft und Ernährung Ausgaben zu leisten hat und entsprechende Mittel aus dem Haushalt der Europäischen Union noch nicht zur Verfügung gestellt sind. [3]Die Liquiditätshilfen sind so bald wie möglich zurückzuzah-

len, spätestens jedoch mit Erhalt der Mittelzuweisungen aus dem Haushalt der Europäischen Union.

(8) [1]Das Bundesministerium der Finanzen wird ermächtigt, der Bundesanstalt für Finanzmarktstabilisierung verzinsliche Liquiditätshilfen zu gewähren. [2]Die Liquiditätshilfen sind auf 20 000 000 Euro begrenzt. [3]Der Ermächtigungsrahmen darf wiederholt in Anspruch genommen werden. [4]Die Liquiditätshilfen sind so bald wie möglich zurückzuzahlen, spätestens jedoch mit Erhalt der Mittel aus der Umlage gemäß § 3f Absatz 1 des Finanzmarktstabilisierungsfondsgesetzes vom 17. Oktober 2008 (BGBl. I S. 1982), das zuletzt durch Artikel 6 des Gesetzes vom 2. November 2015 (BGBl. I S. 1864) geändert worden ist. [5]Mit dem Ende des Haushaltsjahres sind die gewährten Liquiditätshilfen vollständig zurückzuzahlen.

(9) [1]Das Bundesministerium der Finanzen wird ermächtigt, dem „Fonds zur Finanzierung der kerntechnischen Entsorgung" auf Grundlage des Entsorgungsfondsgesetzes verzinsliche Liquiditätshilfen zu gewähren. [2]Die Liquiditätshilfen sind auf 20 000 000 Euro begrenzt. [3]Der Ermächtigungsrahmen darf wiederholt in Anspruch genommen werden. [4]Die Liquiditätshilfen sind so bald wie möglich zurückzuzahlen, spätestens jedoch mit Ende des Haushaltsjahres.

§ 13
Rückzahlung, Titelverwechslung

(1) Die Rückzahlung zu viel erhobener Einnahmen kann aus dem jeweiligen Einnahmetitel geleistet werden und ist dann bei dem betreffenden Einnahmetitel abzusetzen.

(2) [1]Bei einer unrichtigen Zahlung, bei Doppelzahlungen oder Überzahlungen darf die Rückzahlung, soweit § 5 gilt, stets von der Ausgabe abgesetzt werden, im Übrigen nur, wenn die Bücher noch nicht abgeschlossen sind. [2]Die Rückzahlung zu viel geleisteter Personalausgaben ist stets beim jeweiligen Ausgabetitel abzusetzen.

(3) Titelverwechslungen dürfen nur berichtigt werden, solange die Bücher noch nicht abgeschlossen sind.

Abschnitt 3
Bewirtschaftung der Planstellen und Stellen

§ 14
Verbindlichkeit des Stellenplans

(1) [1]Die Erläuterungen zu den Titeln 428.1 sind hinsichtlich der Zahl der für die einzelnen Entgeltgruppen angegebenen Stellen verbindlich. [2]Abweichungen von den verbindlichen Erläuterungen bedürfen der Einwilligung des Bundesministeriums der Finanzen. [3]Pauschale Abweichungen kann das Bundesministeri-

um der Finanzen unter der Bedingung zulassen, dass dadurch die Personalausgaben der einbezogenen Stellen um mindestens 5 Prozent gemindert werden.

(2) [1]Die Erläuterungen zu den Titeln, aus denen Verwaltungskosten erstattet oder Zuwendungen im Sinne des § 23 der Bundeshaushaltsordnung zur institutionellen Förderung geleistet werden, sind hinsichtlich der Zahl der für die einzelnen Entgeltgruppen angegebenen Stellen verbindlich. [2]Dies gilt nicht für Stellen, die für Projektaufgaben ausgebracht sind. [3]Die Wertigkeit außertariflicher Stellen ist durch Angabe der entsprechenden Besoldungsgruppen zu kennzeichnen. [4]Abweichungen von den verbindlichen Erläuterungen bedürfen der Einwilligung des Bundesministeriums der Finanzen. [5]Für die Fälle unvorhergesehener und tarifrechtlich unabweisbarer Höhergruppierungsansprüche kann das Bundesministerium der Finanzen seine Befugnisse auf die obersten Bundesbehörden übertragen.

§ 15
Ausbringung von Planstellen und Stellen

(1) [1]Das Bundesministerium der Finanzen wird ermächtigt, mit Einwilligung des Haushaltsausschusses des Deutschen Bundestages Planstellen für Beamtinnen und Beamte und Stellen für Arbeitnehmerinnen und Arbeitnehmer sowie Planstellen oberhalb der Besoldungsgruppe B 3 für Soldatinnen und Soldaten zusätzlich auszubringen, wenn hierfür ein unabweisbarer, auf andere Weise nicht zu befriedigender Bedarf besteht. [2]Die neu ausgebrachten Planstellen und Stellen sind in finanziell gleichwertigem Umfang durch den Wegfall anderer Planstellen und Stellen einzusparen. [3]Die für den Einzelplan zuständige Stelle gibt dem Bundesrechnungshof Gelegenheit zur Stellungnahme.

(2) [1]Das Bundesministerium der Finanzen wird ermächtigt, Planstellen und Stellen auszubringen, um Bedienstete folgender Einrichtungen zu übernehmen:
1. von bundesunmittelbaren juristischen Personen des öffentlichen Rechts,
2. von Unternehmen im Sinne von § 65 der Bundeshaushaltsordnung,
3. von Sondervermögen des Bundes oder
4. von Zuwendungsempfängern, die durch den Bund institutionell gefördert werden.

[2]Die Ausbringung dieser Planstellen und Stellen setzt voraus, dass für diese Bediensteten keine Planstellen und Stellen im Bundeshaushalt ausgebracht sind, ein Personalüberhang bei den genannten Einrichtungen besteht, ein unabweisbarer, auf andere Weise nicht zu befriedigender Bedarf besteht, die Finanzierung der neu ausgebrachten Planstellen und Stellen auf Dauer sichergestellt ist und die Übernahme der Bediensteten zu einer Entlastung des Bundeshaushalts an anderer Stelle führt.

§ 16
Ausbringung von Planstellen und Stellen für Überhangpersonal

(1) Das Bundesministerium der Finanzen wird ermächtigt, bei nachgewiesenem Bedarf Planstellen und Stellen auszubringen, wenn feststeht, dass sie mit Überhangpersonal von Bundesbehörden besetzt werden; mit der Versetzung des Überhangpersonals fallen die freiwerdenden Planstellen und Stellen weg.

(2) Die im Bundeshaushalt ausgebrachten Haushaltsvermerke, wonach Planstellen und Stellen nur mit Überhangpersonal besetzt werden dürfen, entfallen nach der Versetzung des Überhangpersonals.

(3) Zur Deckung eines nachgewiesenen Mehrbedarfs bei Personalausgaben für die nach Absatz 1 ausgebrachten Planstellen und Stellen dürfen Haushaltsmittel von den abgebenden Bundesbehörden umgesetzt werden.

§ 17
Ausbringung von Ersatzplanstellen und Ersatzstellen

(1) [1]Soweit ein unabweisbarer Bedarf besteht, einen Dienstposten wiederzubesetzen, gilt eine Planstelle für die Beamtin oder den Beamten, die oder der als Ersatzkraft die Funktion wahrnehmen soll, als ausgebracht, wenn die bisherige Inhaberin oder der bisherige Inhaber des Dienstpostens
1. nach § 14 des Deutschen Richtergesetzes in der Fassung der Bekanntmachung vom 19. April 1972 (BGBl. I S. 713), das zuletzt durch Artikel 132 der Verordnung vom 31. August 2015 (BGBl. I S. 1474) geändert worden ist, in einem Land als Richterin oder Richter kraft Auftrags verwendet werden soll oder
2. mindestens sechs Monate im Rahmen der internationalen Zusammenarbeit ohne Wegfall der Dienstbezüge verwendet oder auf eine entsprechende Verwendung vorbereitet werden soll.

[2]Die Planstelle ist bis zur Rückkehr der bisherigen Inhaberin oder des bisherigen Inhabers des Dienstpostens befristet und hat die Wertigkeit der Besoldungsgruppe der Beamtin oder des Beamten, die oder der als Ersatzkraft die Funktion wahrnehmen soll; die Wertigkeit der Planstelle der bisherigen Inhaberin oder des bisherigen Inhabers des Dienstpostens wird nicht überschritten.

(2) Absatz 1 gilt entsprechend für Richterinnen und Richter, Soldatinnen und Soldaten sowie für Arbeitnehmerinnen und Arbeitnehmer.

§ 18
Ausbringung von Leerstellen

(1) Eine Leerstelle der entsprechenden Besoldungsgruppe gilt von Beginn der Beurlaubung oder Verwendung an als ausgebracht für planmäßige Beamtinnen und Beamte,

1. die nach § 92 Absatz 1, § 95 Absatz 1, § 90 Absatz 3 Satz 1 Nummer 2 des Bundesbeamtengesetzes vom 5. Februar 2009 (BGBl. I S. 160), das zuletzt durch Artikel 5 des Gesetzes vom 21. November 2016 (BGBl. I S. 2570) geändert worden ist, oder nach § 7 des Dienstrechtlichen Begleitgesetzes vom 30. Juli 1996 (BGBl. I S. 1183), das zuletzt durch Artikel 15 Absatz 1 des Gesetzes vom 5. Februar 2009 (BGBl. I S. 160) geändert worden ist, ohne Dienstbezüge mindestens für sechs Monate beurlaubt werden,

2. die nach § 6 der Mutterschutz- und Elternzeitverordnung vom 12. Februar 2009 (BGBl. I S. 320), die zuletzt durch Artikel 9 des Gesetzes vom 19. Oktober 2016 (BGBl. I S. 2362) geändert worden ist, mindestens sechs Monate ohne Unterbrechung Elternzeit in Anspruch nehmen,

3. die im unmittelbaren Anschluss an eine Elternzeit nach Nummer 2 zum Zwecke der Fortsetzung der Kinderbetreuung ohne Dienstbezüge beurlaubt werden,

4. die nach § 24 des Gesetzes über den Auswärtigen Dienst vom 30. August 1990 (BGBl. I S. 1842), das zuletzt durch Artikel 5 des Gesetzes vom 14. November 2011 (BGBl. I S. 2219) geändert worden ist, unter Wegfall der Besoldung für die Dauer der Tätigkeit der Ehepartnerin oder des Ehepartners an einer Auslandsvertretung beurlaubt werden,

5. die im dienstlichen Interesse des Bundes unter Wegfall der Dienstbezüge mindestens sechs Monate für eine der folgenden Verwendungen beurlaubt werden:

   a) bei einer Fraktion oder Gruppe des Deutschen Bundestages oder eines Landtages,

   b) bei einer juristischen Person des öffentlichen Rechts,

   c) bei einer öffentlichen zwischenstaatlichen oder überstaatlichen Einrichtung,

   d) im Rahmen der entwicklungspolitischen Zusammenarbeit oder bei einer Tätigkeit im Rahmen der Hilfe beim Aufbau des Rechtssystems der Staaten Mittel- und Osteuropas oder der Gemeinschaft Unabhängiger Staaten oder bei einer Auslandshandelskammer,

   e) bei einem zu mindestens 50 Prozent aus Zuwendungen des Bundes institutionell geförderten Zuwendungsempfänger oder bei einer vergleichbaren Mitgliedseinrichtung der Wissenschaftsgemeinschaft Gottfried Wilhelm Leibniz e. V.

   oder

6. die beim Bundeskanzleramt oder beim Bundespräsidialamt verwendet werden.

(2) Kehren mehrere Beamtinnen und Beamte gleichzeitig in den Bundesdienst zurück, kann das Bundesministerium der Finanzen Sonderregelungen zur Nachbesetzung treffen.

(3) Die Absätze 1 und 2 gelten entsprechend für Richterinnen und Richter, Soldatinnen und Soldaten sowie für Arbeitnehmerinnen und Arbeitnehmer.

(4) Werden planmäßige Bundesrichterinnen oder Bundesrichter an einem obersten Gerichtshof des Bundes zu Richterinnen oder Richtern des Bundesverfassungsgerichts gewählt, kann die zuständige oberste Bundesbehörde für diese Richterinnen oder Richter eine Leerstelle der bisherigen Besoldungsgruppe ausbringen.

(5) ¹Das Bundesministerium der Finanzen wird ermächtigt, Leerstellen, die nach Absatz 1 Nummer 1 bis 5 als ausgebracht gelten oder die für die in Absatz 1 Nummer 1 bis 5 genannten Tatbestände ausgebracht sind, anzupassen, wenn eine Beförderung erfolgen soll. ²Das Bundesministerium der Finanzen wird ermächtigt, die Befugnis nach Satz 1 auf die obersten Bundesbehörden zu übertragen. ³Leerstellen, die nach Absatz 1 Nummer 6 als ausgebracht gelten oder die für die in Absatz 1 Nummer 6 genannten Tatbestände ausgebracht sind, gelten als angepasst, wenn die oder der Bedienstete auf einer Planstelle oder Stelle des Bundeskanzleramtes oder des Bundespräsidialamtes befördert oder höhergruppiert worden ist.

§ 19
Umwandlung von Planstellen und Stellen

Die obersten Bundesbehörden werden ermächtigt, Planstellen in gleichwertige Stellen und Stellen in gleichwertige Planstellen umzuwandeln, soweit dafür ein unabweisbarer Bedarf besteht.

§ 20
Sonderregelungen bei kw-Vermerken

(1) ¹Das Bundesministerium der Finanzen wird ermächtigt zuzulassen, dass von einem kw-Vermerk mit Datumsangabe abgewichen wird, wenn die Planstelle oder Stelle weiter benötigt wird, weil sie nicht rechtzeitig frei wird. ²In diesem Fall fällt die nächste frei werdende Planstelle oder Stelle der betreffenden Besoldungs- oder Entgeltgruppe weg.

(2) ¹Die obersten Bundesbehörden werden ermächtigt, Planstellen und Stellen, die einen kw-Vermerk tragen, nach ihrem Freiwerden mit schwerbehinderten Menschen wiederzubesetzen, wenn es sich um eine Neueinstellung oder eine beamtenrechtliche Anstellung handelt und eine nach den §§ 71 bis 76 des Neunten Buches Sozialgesetzbuch berechnete Beschäftigungsquote schwerbehinderter Menschen von 6 Prozent bei den Planstellen und Stellen des Einzelplans nicht erreicht ist. ²Mit Ausscheiden des schwerbehinderten Menschen aus der Planstelle oder Stelle fällt diese weg. ³Sie bleibt ausnahmsweise erhalten, wenn die Beschäftigungsquote nach Satz 1 zu diesem Zeitpunkt noch nicht erreicht ist und die Planstelle oder Stelle wieder mit einem schwerbehinderten Menschen besetzt wird. ⁴Die Sätze 1 bis 3 gelten nicht, wenn die Planstelle oder Stelle den Vermerk „kw mit Wegfall der Aufgabe" trägt, sowie für Ersatzplanstellen und Ersatzstel-

len, die nach § 17 oder aufgrund der entsprechenden Regelungen früherer Haushaltsgesetze ausgebracht wurden oder als ausgebracht gelten.

§ 21
Überhangpersonal

Freie Planstellen und Stellen sind vorrangig mit Bediensteten zu besetzen, die bei anderen Behörden der Bundesverwaltung wegen Aufgabenrückgangs oder wegen Auflösung der Behörde nicht mehr benötigt werden.

Abschnitt 4
Übergangs- und Schlussvorschriften

§ 22
Fortgeltung

§ 2 Absatz 2 Satz 3 und 4, Absatz 4 und 5 sowie die §§ 3 bis 21 gelten bis zum Tag der Verkündung des Haushaltsgesetzes des folgenden Haushaltsjahres weiter.

§ 23
Inkrafttreten

Dieses Gesetz tritt am 1. Januar 2017 in Kraft.

Gesamtplan des Bundeshaushaltsplans 2017

Teil I: Haushaltsübersicht
    A. Einnahmen
    B. Ausgaben
    C. Verpflichtungsermächtigungen und deren Fälligkeiten
    D. Flexibilisierte Ausgaben nach § 5 des Haushaltsgesetzes

Teil II: **Berechnung der zulässigen Kreditaufnahme nach § 5 des Artikel 115-Gesetzes sowie der Verordnung über das Verfahren zur Bestimmung der Konjunkturkomponente nach § 5 des Artikel 115-Gesetzes**

Teil III: **Finanzierungsübersicht**

Teil IV: **Kreditfinanzierungsplan**

Gesamtplan – Teil I: Haushaltsübersicht

A. Einnahmen

| Epl. | Bezeichnung | Summe Einnahmen | | gegenüber 2016 mehr (+) weniger (-) |
		2017 1 000 €	2016 1 000 €	1 000 €
1	2	3	4	5
01	Bundespräsident und Bundespräsidialamt ...	193	193	–
02	Deutscher Bundestag.............................	1 648	1 653	–5
03	Bundesrat..	97	69	+28
04	Bundeskanzlerin und Bundeskanzleramt	2 885	42 165	–39 280
05	Auswärtiges Amt................................	149 501	148 792	+709
06	Bundesministerium des Innern..................	620 433	486 543	+133 890
07	Bundesministerium der Justiz und für Verbraucherschutz................................	541 623	527 319	+14 304
08	Bundesministerium der Finanzen...............	308 471	334 550	–26 079
09	Bundesministerium für Wirtschaft und Energie..	458 554	465 940	–7 386
10	Bundesministerium für Ernährung und Landwirtschaft..................................	67 079	67 815	–736
11	Bundesministerium für Arbeit und Soziales..	1 986 581	1 930 071	+56 510
12	Bundesministerium für Verkehr und digitale Infrastruktur..................................	5 620 029	6 018 409	–398 380
14	Bundesministerium der Verteidigung	412 030	242 070	+169 960
15	Bundesministerium für Gesundheit.............	99 166	110 936	–11 770
16	Bundesministerium für Umwelt, Naturschutz, Bau und Reaktorsicherheit..............	764 752	659 305	+105 447
17	Bundesministerium für Familie, Senioren, Frauen und Jugend...........................	76 150	69 399	+6 751
19	Bundesverfassungsgericht	40	40	–
20	Bundesrechnungshof	4 189	1 685	+2 504
21	Die Bundesbeauftragte für den Datenschutz und die Informationsfreiheit..................	11	11	–
23	Bundesministerium für wirtschaftliche Zusammenarbeit und Entwicklung............	930 552	620 175	+310 377
30	Bundesministerium für Bildung und Forschung...	36 276	83 876	–47 600
32	Bundesschuld....................................	1 253 448	1 529 420	–275 972
60	Allgemeine Finanzverwaltung..................	315 766 292	303 559 564	+12 206 728
	Einnahmen	**329 100 000**	**316 900 000**	**+12 200 000**

Zu Spalte 3: Darin enthalten sind
- Steuereinnahmen in Höhe von 301 029 400 T€,
- Einnahmen aus Krediten in Höhe von – T€ sowie
- Sonstige Einnahmen in Höhe von 28 070 600 T€.

Epl.	Bezeichnung	Steuern und steuerähnliche Abgaben 2017 1 000 €	Verwaltungs- einnahmen 2017 1 000 €	Übrige Einnah- men 2017 1 000 €
1	2	6	7	8
01	Bundespräsident und Bundespräsidialamt.....	–	3	190
02	Deutscher Bundestag..................................	–	1 648	–
03	Bundesrat..	–	66	31
04	Bundeskanzlerin und Bundeskanzleramt	–	2 847	38
05	Auswärtiges Amt......................................	–	149 101	400
06	Bundesministerium des Innern.....................	–	614 064	6 369
07	Bundesministerium der Justiz und für Ver- braucherschutz..	–	541 339	284
08	Bundesministerium der Finanzen.................	–	252 581	55 890
09	Bundesministerium für Wirtschaft und Energie...	–	447 371	11 183
10	Bundesministerium für Ernährung und Landwirtschaft.......................................	–	56 780	10 299
11	Bundesministerium für Arbeit und Soziales..	–	56 130	1 930 451
12	Bundesministerium für Verkehr und digitale Infrastruktur...	–	5 448 916	171 113
14	Bundesministerium der Verteidigung	–	321 404	90 626
15	Bundesministerium für Gesundheit..............	–	98 526	640
16	Bundesministerium für Umwelt, Natur- schutz, Bau und Reaktorsicherheit	–	60 676	704 076
17	Bundesministerium für Familie, Senioren, Frauen und Jugend....................................	–	11 881	64 269
19	Bundesverfassungsgericht	–	40	–
20	Bundesrechnungshof	–	9	4 180
21	Die Bundesbeauftragte für den Datenschutz und die Informationsfreiheit........................	–	11	–
23	Bundesministerium für wirtschaftliche Zusammenarbeit und Entwicklung..............	–	11 004	919 548
30	Bundesministerium für Bildung und For- schung...	–	30 245	6 031
32	Bundesschuld..	–	646 909	606 539
60	Allgemeine Finanzverwaltung.....................	301 344 400	5 618 082	8 803 810
	Summe Haushalt 2017...............................	**301 344 400**	**14 369 633**	**13 385 967**
	Summe Haushalt 2016.............................	**288 367 600**	**14 564 479**	**13 967 921**
	gegenüber 2016 mehr(+)/weniger(-)..........	**+12 976 800**	**–194 846**	**–581 954**

B. Ausgaben

Epl.	Bezeichnung	Summe Einnahmen		gegenüber 2016 mehr (+) weniger (-)
		2017 1 000 €	2016 1 000 €	1 000 €
1	2	3	4	5
01	Bundespräsident und Bundespräsidialamt ...	36 535	34 320	+2 215
02	Deutscher Bundestag	870 237	856 981	+13 256
03	Bundesrat	28 494	24 996	+3 498
04	Bundeskanzlerin und Bundeskanzleramt	2 798 010	2 413 099	+384 911
05	Auswärtiges Amt	5 232 408	4 810 140	+422 268
06	Bundesministerium des Innern	8 977 588	7 801 488	+1 176 100
07	Bundesministerium der Justiz und für Verbraucherschutz	838 622	745 492	+93 130
08	Bundesministerium der Finanzen	6 193 961	5 885 151	+308 810
09	Bundesministerium für Wirtschaft und Energie	7 734 979	7 621 783	+113 196
10	Bundesministerium für Ernährung und Landwirtschaft	6 002 552	5 595 168	+407 384
11	Bundesministerium für Arbeit und Soziales	137 582 419	129 888 984	+7 693 435
12	Bundesministerium für Verkehr und digitale Infrastruktur	27 911 432	24 571 659	+3 339 773
14	Bundesministerium der Verteidigung	37 004 839	34 287 847	+2 716 992
15	Bundesministerium für Gesundheit	15 159 227	14 572 911	+586 316
16	Bundesministerium für Umwelt, Naturschutz, Bau und Reaktorsicherheit	5 621 259	4 544 396	+1 076 863
17	Bundesministerium für Familie, Senioren, Frauen und Jugend	9 523 221	9 103 673	+419 548
19	Bundesverfassungsgericht	31 564	29 191	+2 373
20	Bundesrechnungshof	150 927	148 610	+2 317
21	Die Bundesbeauftragte für den Datenschutz und die Informationsfreiheit	15 395	13 716	+1 679
23	Bundesministerium für wirtschaftliche Zusammenarbeit und Entwicklung	8 541 040	7 406 751	+1 134 289
30	Bundesministerium für Bildung und Forschung	17 649 867	16 400 265	+1 249 602
32	Bundesschuld	19 991 040	21 727 120	−1 736 080
60	Allgemeine Finanzverwaltung	11 204 384	18 416 259	−7 211 875
	Ausgaben	329 100 000	316 900 000	+12 200 000

Zu Spalte 4: In der Fassung des Regierungsentwurfs zum Nachtragshaushalt 2016.

Epl.	Bezeichnung	Personal-ausgaben 2017 1 000 €	Sächliche Verwal-tungsausga-ben 2017 1 000 €	Militärische Beschaffun-gen, Anla-gen usw. 2017 1 000 €	Schulden-dienst 2017 1 000 €
1	2	6	7	8	9
01	Bundespräsident und Bundespräsidial-amt	21 115	10 282	–	–
02	Deutscher Bundestag	602 043	134 007	–	–
03	Bundesrat	16 667	10 840	–	–
04	Bundeskanzlerin und Bundeskanzler-amt	295 817	997 345	–	–
05	Auswärtiges Amt	989 088	413 550	–	–
06	Bundesministerium des Innern	4 140 736	1 848 260	–	–
07	Bundesministerium der Justiz und für Verbraucherschutz	494 992	137 338	–	–
08	Bundesministerium der Finanzen	3 296 556	855 878	–	–
09	Bundesministerium für Wirtschaft und Energie	780 113	300 511	–	–
10	Bundesministerium für Ernährung und Landwirtschaft	350 222	241 689	–	–
11	Bundesministerium für Arbeit und Soziales	218 950	135 337	–	–
12	Bundesministerium für Verkehr und digitale Infrastruktur	1 650 683	2 729 654	–	–
14	Bundesministerium der Verteidigung	17 822 030	6 111 199	11 228 090	–
15	Bundesministerium für Gesundheit	238 271	175 432	–	–
16	Bundesministerium für Umwelt, Natur-schutz, Bau und Reaktorsicherheit	363 108	350 463	–	–
17	Bundesministerium für Familie, Senio-ren, Frauen und Jugend	132 728	46 680	–	–
19	Bundesverfassungsgericht	25 283	3 205	–	–
20	Bundesrechnungshof	122 216	20 448	–	–
21	Die Bundesbeauftragte für den Daten-schutz und die Informationsfreiheit	10 760	3 897	–	–
23	Bundesministerium für wirtschaftliche Zusammenarbeit und Entwicklung	89 139	59 107	–	–
30	Bundesministerium für Bildung und Forschung	118 815	69 608	–	–
32	Bundesschuld	–	44 071	–	18 461 969
60	Allgemeine Finanzverwaltung	208 948	466 270	30 000	–
	Summe Haushalt 2017	**31 988 280**	**15 165 071**	**11 258 090**	**18 461 969**
	Summe Haushalt 2016	**30 989 204**	**13 700 085**	**10 185 930**	**20 271 629**
	gegenüber 2016 mehr(+)/weniger(-)	**+999 076**	**+1 464 986**	**+1 072 160**	**–1 809 660**

Epl.	Bezeichnung	Zuweisungen und Zuschüsse (ohne Investitionen) 2017 1 000 €	Ausgaben für Investitionen 2017 1 000 €	Besondere Finanzierungs- ausgaben 2017 1 000 €
1	2	10	11	12
01	Bundespräsident und Bundespräsidialamt.....	4 140	998	–
02	Deutscher Bundestag................................	110 564	23 623	–
03	Bundesrat..	392	595	–
04	Bundeskanzlerin und Bundeskanzleramt	1 111 139	398 532	–4 823
05	Auswärtiges Amt....................................	3 637 882	234 094	–42 206
06	Bundesministerium des Innern....................	2 089 165	976 258	–76 831
07	Bundesministerium der Justiz und für Verbraucherschutz..................................	191 703	14 589	–
08	Bundesministerium der Finanzen.................	1 746 581	296 395	–1 449
09	Bundesministerium für Wirtschaft und Energie..	5 049 805	1 704 579	–100 029
10	Bundesministerium für Ernährung und Landwirtschaft......................................	4 685 647	782 226	–57 232
11	Bundesministerium für Arbeit und Soziales...	137 214 150	13 982	–
12	Bundesministerium für Verkehr und digitale Infrastruktur..	6 838 223	16 927 007	–234 135
14	Bundesministerium der Verteidigung	1 525 049	318 471	–
15	Bundesministerium für Gesundheit..............	14 704 008	41 516	–
16	Bundesministerium für Umwelt, Naturschutz, Bau und Reaktorsicherheit..............	1 024 739	3 916 821	–33 872
17	Bundesministerium für Familie, Senioren, Frauen und Jugend.................................	8 879 146	469 667	–5 000
19	Bundesverfassungsgericht	1 578	1 498	–
20	Bundesrechnungshof	7 141	1 122	–
21	Die Bundesbeauftragte für den Datenschutz und die Informationsfreiheit.....................	323	415	–
23	Bundesministerium für wirtschaftliche Zusammenarbeit und Entwicklung.............	2 689 759	5 803 278	–100 243
30	Bundesministerium für Bildung und Forschung..	15 440 736	2 454 939	–434 231
32	Bundesschuld..	–	1 485 000	–
60	Allgemeine Finanzverwaltung....................	12 143 484	205 682	–1 850 000
	Summe Haushalt 2017............................	**219 095 354**	**36 071 287**	**–2 940 051**
	Summe Haushalt 2016............................	**207 357 218**	**34 984 286**	**–588 352**
	gegenüber 2016 mehr(+)/weniger(-)..........	**+11 738 136**	**+1 087 001**	**–2 351 699**

C. Verpflichtungsermächtigungen und deren Fälligkeiten

Epl.	Bezeichnung	Verpflichtungsermächtigung 2017	von dem Gesamtbetrag (Spalte 3) dürfen fällig werden				in künftigen Haushaltsjahren
			2018	2019	2020	Folgejahre	
		1 000 €	1 000 €	1 000 €	1 000 €	1 000 €	1 000 €
1	2	3	4	5	6	7	8
02	Deutscher Bundestag	25 677	11 408	2 665	978	–	10 626
04	Bundeskanzlerin und Bundeskanzleramt	1 038 176	248 876	299 727	201 038	288 535	–
05	Auswärtiges Amt	1 579 143	830 500	471 210	219 520	57 913	–
06	Bundesministerium des Innern...	1 459 214	447 336	273 192	171 946	566 740	–
07	Bundesministerium der Justiz und für Verbraucherschutz	49 989	17 915	17 687	13 607	780	–
08	Bundesministerium der Finanzen	1 093 591	163 240	127 239	107 206	695 906	–
09	Bundesministerium für Wirtschaft und Energie	3 989 011	1 065 427	1 076 584	765 235	281 765	800 000
10	Bundesministerium für Ernährung und Landwirtschaft	1 478 845	322 146	261 360	146 110	749 229	–
11	Bundesministerium für Arbeit und Soziales	4 376 920	2 290 922	1 318 118	498 990	268 890	–
12	Bundesministerium für Verkehr und digitale Infrastruktur	23 167 238	4 109 266	3 217 441	2 137 166	3 603 365	10 100 000
14	Bundesministerium der Verteidigung	25 043 388	2 594 281	2 986 569	2 938 933	12 663 605	3 860 000
15	Bundesministerium für Gesundheit	82 350	40 806	26 078	15 058	408	–
16	Bundesministerium für Umwelt, Naturschutz, Bau und Reaktorsicherheit	2 701 155	828 616	687 962	612 028	463 801	108 748

17	Bundesministerium für Familie, Senioren, Frauen und Jugend	984 717	569 469	239 935	162 063	13 250	–
20	Bundesrechnungshof	12 002	3 846	3 846	3 846	464	–
21	Die Bundesbeauftragte für den Datenschutz und die Informationsfreiheit	534	178	178	178	–	–
23	Bundesministerium für wirtschaftliche Zusammenarbeit und Entwicklung	9 092 180	1 131 799	1 002 034	734 117	287 480	5 936 750
30	Bundesministerium für Bildung und Forschung	7 031 546	1 876 452	1 764 621	1 383 858	1 706 615	300 000
60	Allgemeine Finanzverwaltung	873 600	228 300	70 300	55 000	520 000	–
	Summe	**84 079 276**	**16 780 783**	**13 846 746**	**10 166 877**	**22 168 746**	**21 116 124**

D. Flexibilisierte Ausgaben nach § 5 des Haushaltsgesetzes

Epl.	Bezeichnung	Kapitel	Summe		gegenüber 2016 mehr (+) weniger (-)
			2017 1 000 €	2016 1 000 €	1 000 €
1	2	3	4	5	6
01	Bundespräsident und Bundespräsidialamt	01, 11, 12, 13	25 908	24 193	+1 715
02	Deutscher Bundestag	11, 12, 13, 16	317 938	332 556	−14 618
03	Bundesrat	11, 12	21 446	18 553	+2 893
04	Bundeskanzlerin und Bundeskanzleramt	10, 11, 12, 13, 31, 32, 51, 52, 53, 54, 55	320 218	298 380	+21 838
05	Auswärtiges Amt	04, 11, 12, 13	1 266 259	1 222 004	+44 255
06	Bundesministerium des Innern	11, 12, 14, 15, 16, 17, 18, 19, 20, 23, 24, 25, 28, 29, 33, 34, 35	5 167 979	4 483 112	+684 867
07	Bundesministerium der Justiz und für Verbraucherschutz	10, 11, 12, 13, 14, 15, 16, 17, 18, 19	465 288	460 493	+4 795
08	Bundesministerium der Finanzen	11, 12, 13, 15, 16	3 268 095	3 126 245	+141 850
09	Bundesministerium für Wirtschaft und Energie	11, 12, 13, 14, 15, 16, 17, 18	886 093	870 244	+15 849
10	Bundesministerium für Ernährung und Landwirtschaft	11, 12, 13, 14, 15, 16, 17, 18	435 806	407 578	+28 228
11	Bundesministerium für Arbeit und Soziales	11, 12, 13, 14, 15, 16	236 847	228 599	+8 248
12	Bundesministerium für Verkehr und digitale Infrastruktur	11, 12, 13, 14, 15, 17, 18, 19, 20, 21, 22, 23, 24	1 603 891	1 512 085	+91 806
14	Bundesministerium der Verteidigung	03, 07, 11, 12, 13	5 980 005	5 467 626	+512 379
15	Bundesministerium für Gesundheit	11, 12, 13, 14, 15, 16, 17	319 003	300 684	+18 319
16	Bundesministerium für Umwelt, Naturschutz, Bau und Reaktorsicherheit	11, 12, 13, 14, 15, 16, 17	420 509	397 394	+23 115
17	Bundesministerium für Familie, Senioren, Frauen und Jugend	11, 12, 13, 14, 15	141 983	133 675	+8 308
19	Bundesverfassungsgericht	11, 12	24 888	22 779	+2 109
20	Bundesrechnungshof	11, 12	103 151	103 398	−247
21	Die Bundesbeauftragte für den Datenschutz und die Informationsfreiheit	11, 12	14 397	12 952	+1 445
23	Bundesministerium für wirtschaftliche Zusammenarbeit und Entwicklung	11, 12	103 672	99 901	+3 771
30	Bundesministerium für Bildung und Forschung	02, 11, 12	149 745	137 211	+12 534
	Summe		**21 273 121**	**19 659 662**	**+1 613 459**

Gesamtplan – Teil II:

Berechnung der zulässigen Kreditaufnahme nach § 5 des Artikel 115-Gesetzes sowie der Verordnung über das Verfahren zur Bestimmung der Konjunkturkomponente nach § 5 des Artikel 115-Gesetzes

	Komponenten zur Berechnung der zulässigen Kreditaufnahme	Betrag für 2017 Millionen €
	1	2
1.	Maximal zulässige strukturelle Nettokreditaufnahme (in % des BIP)	0,35
2.	Nominales Bruttoinlandsprodukt des der Haushaltsaufstellung vorangegangenen Jahres	3 032 820
3.	Maximal zulässige strukturelle Nettokreditaufnahme	10 615
	(Produkt aus 1. und 2.)	
4.	Saldo der finanziellen Transaktionen	–650
	(Differenz zwischen 4a. und 4b.)	
4a.	Finanzielle Transaktionen: Einnahmen	(1 260)
4aa.	Einnahmen aus finanziellen Transaktionen Bundeshaushalt	1 260
4ab.	Einnahmen aus finanziellen Transaktionen der Sondervermögen	–
4b.	Finanzielle Transaktionen: Ausgaben	(1 910)
4ba.	Ausgaben aus finanziellen Transaktionen Bundeshaushalt	1 910
4bb.	Ausgaben aus finanziellen Transaktionen der Sondervermögen	–
5.	Konjunkturkomponente	–1 949
	(Produkt aus 5a. und 5b.)	
5a.	Nominale Produktionslücke	–9 514
5b.	Budgetsemielastizität (ohne Einheit)	0,205
6.	Abbauverpflichtung aus dem Kontrollkonto	–
7.	**Zulässige Nettokreditaufnahme**	**13 214**
	(Differenz zwischen 3. und der Summe der Positionen 4., 5. und 6.)	
8.	Nettokreditaufnahme des Bundes	–
9.	Finanzierungssalden der Sondervermögen	–3 221
9a.	Finanzierungssaldo Energie- und Klimafonds	–1 471
9b.	Finanzierungssaldo Aufbauhilfefonds	–1 000
9c.	Finanzierungssaldo Kommunalinvestitionsförderungsfonds	–750
10.	**Für die Schuldenregel relevante Kreditaufnahme**	**3 221**
	(Differenz zwischen 8. und 9.)	
	Nachrichtlich: Stand des Kontrollkontos auf Basis des Haushaltsabschlusses 2015	–

Datengrundlage: Statistisches Bundesamt und gesamtwirtschaftliche Voraus-schätzungen der Bundesregierung.

zu 9.: Der Mittelabfluss des Energie- und Klimafonds, des Aufbauhilfe- und des Kommunalinvestitionsförderungsfonds basiert auf vorsichtigen Schätzungen.

Differenzen durch Rundung möglich.

Gesamtplan – Teil III:

Finanzierungsübersicht

Finanzierungsübersicht		Betrag für 2017	Betrag für 2016
		1 000 €	
1		**2**	**3**
1.	Berechnung des Finanzierungssaldos		
1.1	Einnahmen..	322 050 574	310 515 000
	(ohne Einnahmen aus Krediten vom Kreditmarkt, Entnahmen aus Rücklagen, Einnahmen aus kassenmäßigen Überschüssen und Münzeinnahmen)		
	davon:		
	Steuereinnahmen...	*301 029 400*	*288 082 600*
	Verwaltungseinnahmen..	*21 021 174*	*22 432 400*
1.2	Ausgaben..	329 100 000	316 900 000
	(ohne Ausgaben zur Schuldentilgung am Kreditmarkt, Zuführungen an Rücklagen und Ausgaben zur Deckung eines kassenmäßigen Fehlbetrages)		
	Finanzierungssaldo...	–7 049 426	–6 385 000
2.	Finanzierungssaldo		
2.1	Deckung des Finanzierungssaldos		
2.1.1	Münzeinnahmen..	315 000	285 000
2.1.2	Nettoneuverschuldung (Nettokreditaufnahme) am Kreditmarkt....	–	–
2.1.3	Entnahmen aus Rücklagen...	6 734 426	6 100 000
2.2	Verwendung des Finanzierungssaldos		
2.2.1	Zuführungen an Rücklagen..	–	–
2.3	Summe..	(7 049 426)	(6 385 000)

Zu Spalte 3: In der Fassung des Regierungsentwurfs zum Nachtragshaushalt 2016.

Gesamtplan – Teil IV:

Kreditfinanzierungsplan

Kreditfinanzierungsplan	Betrag für 2017	Betrag für 2016
	1 000 €	
1	**2**	**3**
1. **Einnahmen**		
1.1 Einnahmen aus Krediten (Bruttokreditaufnahme)......................	(178 118 249)	(193 588 189)
1.1.1 Laufzeit mehr als vier Jahre...................................	103 854 785	106 542 472
1.1.2 Laufzeit ein bis vier Jahre....................................	51 143 740	51 028 469
1.1.3 Laufzeit weniger als ein Jahr..................................	23 119 724	36 017 248
1.2 Sonstige Einnahmen zur Schuldentilgung.............................	(-)	(334)
1.2.1 Bundesbankmehrgewinn (Kap. 6002 Tit. 121 04)......................	–	–
1.2.2 Spenden......................	–	12
1.2.3 Teilaufhebung von Entschuldungsbescheiden nach Art. 25 Abs. 3 Einigungsvertrag......................	–	200
1.2.4 Rückbuchung erloschener Restanten....................	–	122
Einnahmen....................	**178 118 249**	**193 588 523**
2. **Ausgaben zur Tilgung von Krediten**		
2.1 Laufzeit mehr als vier Jahre....................	87 849 407	114 180 203
2.2 Laufzeit ein bis vier Jahre....................	58 532 751	50 725 276
2.3 Laufzeit weniger als ein Jahr....................	21 316 561	27 885 204
Ausgaben....................	**167 698 719**	**192 790 683**
3. **Herleitung der Nettokreditaufnahme**		
3.1 Bruttokreditaufnahme (aus 1.1)....................	178 118 249	193 588 189
3.2 Sonstige Einnahmen zur Schuldentilgung (aus 1.2)....................	–	334
	(178 118 249)	(193 588 523)
3.3 Tilgung von Krediten (aus 2.)....................	–167 698 719	–192 790 683
	(10 419 530)	(797 840)
3.4 Eigenbestandsveränderung (Marktpflege)....................	1 786 953	–4 077 558
	(12 206 482)	(–3 279 718)
3.5 Selbstbewirtschaftungsmittel		
3.5.1 Nicht kassenwirksame, NKA-erhöhende Haushaltsausgaben zur Finanzierung von Auszahlungen zur Verrechnung auf Selbstbewirtschaftungskonten....................	–	–
3.5.2 Kassenwirksame, nicht NKA-relevante Kreditaufnahme zur Finanzierung von Auszahlungen an Dritte aus Selbstbewirtschaftungskonten....................	–	–
3.6 Sondervermögen „Schlusszahlungsvorsorge"		
3.6.1 Nicht kassenwirksame, NKA-erhöhende Haushaltsausgaben zur Finanzierung der Zuführung zum Sondervermögen....................	636 521	48 630
3.6.2 Kassenwirksame, nicht NKA-relevante Kreditaufnahme zur Finanzierung von Auszahlungen aus dem Sondervermögen........	–	–2 181 300
3.7 Sondervermögen „Kinderbetreuungsausbau" und „Kinderbetreuungsfinanzierung"		

3.7.1	Nicht kassenwirksame, NKA-erhöhende Haushaltsausgaben zur Finanzierung der Zuführung zum Sondervermögen	–	–
3.7.2	Kassenwirksame, nicht NKA-relevante Kreditaufnahme zur Finanzierung von Auszahlungen aus dem Sondervermögen	–	–
3.8	Sondervermögen „Aufbauhilfe"		
3.8.1	Nicht kassenwirksame, NKA-erhöhende Haushaltsausgaben zur Finanzierung der Zuführung zum Sondervermögen	–	–1 500 000
3.8.2	Kassenwirksame, nicht NKA-relevante Kreditaufnahme zur Finanzierung von Auszahlungen aus dem Sondervermögen	–1 000 000	–700 000
3.9	Sondervermögen „Kommunalinvestitionsförderungsfonds"		
3.9.1	Nicht kassenwirksame, NKA-erhöhende Haushaltsausgaben zur Finanzierung der Zuführung zum Sondervermögen	–	3 500 000
3.9.2	Kassenwirksame, nicht NKA-relevante Kreditaufnahme zur Finanzierung von Auszahlungen aus dem Sondervermögen	–750 000	–150 000
3.10	Sondervermögen „Energie- und Klimafonds"		
3.10.1	Nicht kassenwirksame, NKA-erhöhende Haushaltsausgaben zur Finanzierung der Zuführung zum Sondervermögen	–	–
3.10.2	Kassenwirksame, nicht NKA-relevante Kreditaufnahme zur Finanzierung von Auszahlungen aus dem Sondervermögen	–1 471 000	–200 000
3.11	Rücklage „Asylbewerber und Flüchtlinge"		
3.11.1	Nicht kassenwirksame, NKA-erhöhende Zuführungen zur Rücklage	–	–
3.11.2	Nicht kassenwirksame, NKA-verringernde Entnahmen aus der Rücklage	–6 734 426	–
3.12	Umbuchung zum Haushaltsausgleich gemäß dem Haushaltsvermerk zu Kap. 3201	–2 887 577	4 462 388
	Nettokreditaufnahme	–	–

Zu Spalte 3: In der Fassung des Regierungsentwurfs zum Nachtragshaushalt 2016.

Stichwortverzeichnis